世界を知る新しい教科書

THE LAW BOOK
法の歴史大図鑑

ポール・ミッチェル ほか著
屋敷二郎 日本語版監修　湊麻里 訳

河出書房新社

世界を知る新しい教科書

THE LAW BOOK 法の歴史大図鑑

ポール・ミッチェル ほか著

屋敷二郎 日本語版監修　湊麻里 訳

河出書房新社

Original Title: The Law Book

Japanese translation rights arranged with
Dorling Kindersley Limited, London
through Fortuna Co., Ltd. Tokyo.

For sale in Japanese territory only.

Printed and bound in UAE

For the curious
www.dk.com

世界を知る新しい教科書
法の歴史大図鑑

2024年10月20日　初版発行

著　者　ポール・ミッチェルほか

日本語版監修　屋敷二郎

訳　者　湊麻里

装丁者　松田行正＋杉本聖士

発行者　小野寺優

発行所　株式会社河出書房新社
〒162-8544
東京都新宿区東五軒町2-13
電話　(03) 3404-1201［営業］
　　　(03) 3404-8611［編集］
https://www.kawade.co.jp/

組　版　株式会社キャップス

Printed and bound in UAE
ISBN 978-4-309-23156-3

■日本語版監修
屋敷二郎(やしき・じろう)
一橋大学法学研究科長・法学部長、法学研究科教授。専門は西洋法制史。著書に『フリードリヒ大王　祖国と寛容』(山川出版社)、共著書に『教養としての法学・国際関係学』(国際書院)、『よくわかる西洋法制史』(ミネルヴァ書房)、監訳書にピーター・スタイン『ローマ法とヨーロッパ』(ミネルヴァ書房)など。

■翻訳
湊麻里(みなと・まり)
翻訳家。訳書にトラビス・エルボラフ、マーティン・ブラウン『世界から消えゆく場所　万里の頂上からグレート・バリア・リーフまで』、キンドラ・ホール『心に刺さる「物語」の力ーストーリーテリングでビジネスを変える』、クリスティン・ネフ『自分を解き放つセルフ・コンパッション』など。

執筆者一覧

ポール・ミッチェル(編集顧問)

イギリスのユニバーシティ・カレッジ・ロンドンの法学教授。専門は法史、ローマ法、義務に関する現行法。著書に *The Making of the Modern Law of Defamation*、*A History of Tort Law 1900-1950* などがある。また、*Chitty on Contracts*、*Goff and Jones on Unjust Enrichment* の編集にも携わっている。

ピーター・クリスプ

作家。古代史に強い関心を寄せている。現在までに90冊以上の著書があり、うち25冊はDK社から刊行。代表作に *Ancient Greece*、*Ancient Rome*、*Prehistory*、*Crime and Punishment*、*Chrisp's Crime Miscellany* など。

クレア・コック=スターキー

ヴィクトリア朝の歴史と時事問題を専門とするライター兼編集者。*The Book Lovers' Miscellany*、*The Real McCoy and 149 Other Eponyms*、*Seeing the Bigger Picture: Global Infographics* など、12冊の著書がある。

フレデリック・コーウェル

ロンドン大学バークベック校で不法行為法および人権法の講師を務める。研究者としては、国際人権団体の法的義務、欧州人権条約の歴史、国際刑事裁判所の政治に関心を寄せている。国際人権法を専門とする非政府組織の法律顧問でもある。

トーマス・カサンス

多くの歴史書に寄稿を行う作家兼歴史家。寄稿した主な作品に、DK社の *Timelines of World History*、*History Year by Year*、*History: The Ultimate Visual Guide* などがある。過去には *The Times History of the World*、*The Times Atlas of European History* を出版。その他にも、*The Times Kings and Queens of the British Isles*、*The Holocaust* といった著書がある。

ジョン・ファーンドン

作家。科学史、思想史、そして現代の問題を扱った著書が多くある。科学や環境問題についても広範に執筆しており、王立協会科学図書賞ジュニア部門の最終候補に5度選ばれた。

フィリップ・パーカー

古代および中世の世界を専門とする歴史家。DK社から出版された *DK Companion Guide to World History*、*The Empire Stops Here*：*The Empire Stops Here: A Journey Around the Frontiers of the Roman Empire*、*A History of Britain in Maps* の著者であり、同じくDK社の *The History Book* にも寄稿。過去には外交官として、イギリスとギリシャおよびキプロスとの関係強化に取り組んだ。ジョンズ・ホプキンス大学の高等国際研究学院で国際関係の学位を取得している。

マーカス・ウィークス

哲学を学び、教師として働いた後、作家に。芸術、人文科学、ポピュラー・サイエンスに関する多くの書籍に寄稿を行なっている。

目次

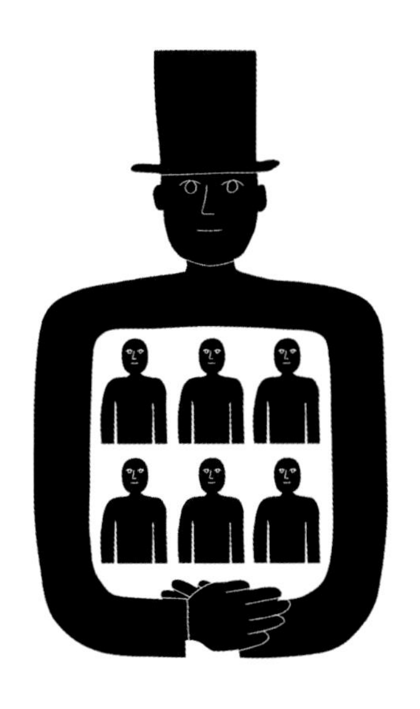

第4章

法の支配の台頭

1800年～1945年

第5章

新たな国際秩序
1945年〜1980年

第6章
現代の法
1980年〜現在

イントロダクション

法は、単に社会構成員の行動を律する規則体系として存在しているわけではない。法の豊かな複雑さは、その歴史、その制定と施行の経緯、その機能、その運用方法、その効力に由来している。

約1万年前、人間はかつてないほど広大な集落に集まるようになったことで、円満に共生・協力するための新たな手段を見つけなければならなくなった。争いを解決するための明確な法が必要とされた。知られているなかで最古の法典――紀元前2100年頃、メソポタミア（現在のイラク）の都市ウルで、ウル・ナンム王の命令により定められたもの――には、数々の犯罪に見合った刑罰が記載された。たとえば、殺人罪なら死刑で罰せられた。これは、罪に見合う正義を確保しようとする初期の試みであり、後世の多くの法典にも反映された。

古来、支配者は神を引き合いに出して法を権威付けていた。ユダヤ教のトーラーに謳（うた）われた法は、モーセが神から授けられた教えに基づくものだった。紀元前1046年頃、中国の周王朝の武王は、自身が統治権を得たのは神の命令であるとやはり主張した。4世紀にはキリスト教カトリックの教会法が発展し、やがて現代の民法や慣習法に影響を及ぼした。さらにイスラムのシャリーア法は、コーランに記されたアッラーの言葉にその基礎を置いている。

新たな文明においては、法が確実に守られるよう、手続や公職者を伴った法的枠組みが確立された。哲学者たちは正義の本質について議論し、政治理念を形成した。最古の民主主義が実践されたギリシャの古代都市アテネでは、徳としての理性および正義の概念が、プラトンやアリストテレスの法理論における指針となった。共和政ローマ初期の十二表法では、法の内容が説明され、市民の権利が明確化された。紀元前476年から前221年にかけての中国では、学者たちの提案により、自由放任主義から権威主義までの性質を有する根本的に多様な制度――道教、儒教、法家――が生まれた。これらの制度は、いずれも長期的な影響力を保った。

> **法の目的は、**
> **自由を廃止したり**
> **制限したりすることではなく、**
> **自由を保護し**
> **拡大することである。**
>
> **ジョン・ロック**
> イギリスの哲学者
> （1632～1704年）

法の大部分は、社会の構成員とその財産を守るために存在しており、法は執行されることで正義を確保すると同時に、抑止力としても働く。貿易が発達すると、取引や業務を管理する目的で民事法が作成された。知られている限り最古の海事法であるロード海法は、国家間の貿易を促進するためのものとして、ギリシャの古典期（前500～前300年）に発展した。

罰と権利

ギリシャ・ローマ文明の衰退後しばらくの間、中世ヨーロッパでは野蛮な形態の正義が存在していた。確かな証人や証拠が存在しない場合でも、犯罪者と疑われた人々（たいていは貧しい人々）は神明裁判による裁きの対象となったのだ。彼らは熱湯に手を入れさせられたり、鉄火をつかまされたりといった肉体的試練を課せられ、その傷の治りが早ければ無罪だと判定された。係争者のなかには、身体的な喧嘩、つまり決闘による裁判で裁かれる人もいた。

神明裁判は13世紀の教皇令によって禁じられたが、決闘裁判はさらに長く存続した。法制度が変化したのは、限られた支配的なエリート層以外の人々が裕福になり、優れた教育を受けるようになった頃からである。最貧層を除き、一般市民はそれまで以上に大きな権利と手厚い保護を得るようになったのだ。1215年

に調印されたマグナ・カルタの第39条では、すべての自由人に裁判を求める権利が認められ、その後1679年の人身保護法にも同様の権利が記された。イングランドおよびウェールズでは、1601年の救貧法で貧困についても明記されており、この法は社会の底辺にいる人々のためのごく基本的なセーフティネットとなった。

犯罪、財産、商業に関する法が古代から存在し、着実に整備され改良されてきたのに対し、公民権や人権に関わる法律は常に闘争の的であり続け、今日でも全世界的に採用されてはいない。選出議会の権力を確保したイギリスの権利章典（1688～1689年）は、イングランド内戦、チャールズ1世の処刑、さらにチャールズ2世とジェームズ2世の両者による独裁的な支配を受けて誕生した。1804年のナポレオン法典は、フランス革命の始まりに生まれた人と市民の権利の宣言を主要理念とし、この理念を中心に構築された。奴隷制度の大半を廃止するための運動や、女性の選挙権を確保するための流血を伴う抗議行動は、それぞれ1世紀をかけて展開された。

18世紀から19世紀に産業革命が具体化すると、労働者は自らの集団的影響力を理解するようになった。1871年にはイギリスで労働組合法が成立し、労働者が政治的発言力を獲得。労働組合主義は世界中で勢いを増し、労働条件の改善と健全化が進んだ。ドイツでは1883年から1884年にかけて、負傷した労働者向けの疾病基金を雇用主に用意させる新たな法が可決された。

法の刷新や改正の必要性を認めるためには、政府が変化に対して柔軟でなければならない。50万人以上の人口を有する国の半数以上では、現在までに何らかの形態の民主政治が発展し、独立した機関、すなわち立法府、行政府、司法府によって法の制定、管理、執行がそれぞれ行われている。こうした権力の分散を通じて、権力の濫用を防ぎ、各機関が他の機関の権力を抑制し均衡させることが可能になっているのだ。

国際立法

過去1世紀にわたり、国際的な商取引は財とサービスの両方で大きく増加し、多くの新たな国際法が必要となりつつある。国家はまた、互いに協力して法的措置を確認し、悪化する国際犯罪に立ち向かわなければならない。第二次世界大戦後の平和維持を目的に設立された国際連合などの機構や、欧州連合などの通商圏は、その権限を拡大して数々の組織を創設し、これらの組織に、通商、人権、国際犯罪などの問題に関わる法的拘束力のある規則を作らせてきた。国際刑事警察機構（インターポール）は190カ国以上の警察と連携し、組織犯罪、テロ、サイバー犯罪に対処している。新たな領域の懸念は、環境保護のための対策をどう実施すればいいかということだ。

本書では、おおよそ年代順に、法に影響を与えた重要な思想の一部を紹介する。いずれの場合も、その思想を生んだ社会的・政治的風土やその思想を擁護した人々について述べ、そうした概念が、彼らの生きた社会やその後の社会を形成するうえで果たした役割についても述べる。◆

法は、多数派の意思以上の何かによって、その正しさを証明されなければならない。法は、公正さという永続的な土台の上に存在しなければならないのだ。

カルビン・クーリッジ
アメリカ合衆国第30代大統領
（1923～1929年）

第1章

法の始まり

紀元前2100年〜西暦500年

ウルの王ウル・ナンムが、知られているなかで**最古の法典**をつくる。

紀元前 **2100** 年頃

ラビの伝承によると、モーセがシナイ山において、**ユダヤ法の基礎**となるトーラーを神から授かる。

紀元前 **1300** 年頃

ロドス島出身のギリシャ商人が長距離間での貿易関係を確立した後、**地中海全域**で広く採用される**国際海事法典**をつくる。

紀元前 **500** 年～前 **300** 年

新設された**共和政ローマの最初の法典**が、**12枚の銅板**に刻まれ、主要な公共空間であるフォルムに掲示される。

紀元前 **450** 年頃

紀元前 **1750** 年頃

ハンムラピ王により、**バビロン中心地**の石碑に**282カ条の法が刻まれる**。

紀元前 **1046** 年頃

武王が**中国**に周王朝を築き、自らの統治を「**天命**」によるものと主張する。

紀元前 **476** 年～前 **221** 年

戦国時代の中国に、**儒教**、**道教**、**法家**の説に基づく**法制度が誕生**する。

人間は社会的な動物である。先史時代の人々は親族集団や部族で暮らし、年長者に統治されていた。何千年もかけて文明が発達すると、さまざまな統治体制ができあがった。慣習や宗教的信念を当初の基盤としていた行動準則が形式化され、法が成文化された。世界初の文明であるメソポタミア（現在のイラク）では、ウルの王ウル・ナンムが、知られているなかで最古の法典を4000年前に発布した。

宗教は初期の文明において大きな役割を果たし、必然的に立法に影響を与えた。法、特に道徳や宗教的慣習を規定する法には、神の権威があると広く信じられていた。ユダヤ教の言い伝えによると、神はモーセにヘブライ語聖書の最初の5書であるトーラーを授けた。十戒を含むトーラーは、モーセの律法の基礎を築いた。トーラー、そして後世のタルムード（ユダヤ教の口伝からなる文書群）は、ユダヤ法の主要な典拠となっている。

中国でも同様に、統治者は自らの統治権を神から与えられたもの、すなわち天命だと主張した。前1046年頃、西周王朝の初代王となる武王は、当時の統治王朝だった殷を倒し、自身に「天命」が下ったのだと宣言した。しかし、正しい統治を行うという神聖な義務を怠った場合、この命令は撤回されることになると彼は考えていた。

複雑な社会のための法

メソポタミア、エジプト、インド、中国、ギリシャ、ローマといった古代世界各地の文明では、巨大化し複雑化する社会を整備し、法の支配の適切な運用を徹底するための枠組みが確立された。互いに貿易を行うにあたり、国家は共通理解に基づく商業規則も必要とした。前500年頃から発達し、海事法典として最初に広く認知されたロード海法は、地中海における商業の一大拠点であったロドス島にその名をちなんでいる。

国家がますます洗練されるにつれ、その国の思想家たちは、より優れた社会整備の方法を模索するようになった。

中国では前5世紀以降、根本的に異なる3つの統治制度が生まれた。儒教は、徳や尊敬という伝統的価値観への回帰を提案し、手本を示すことによって人々を導いた。道教は、統治者の意思によってではなく自然との調和による法の枠組みづくりを主張した。これに対して、法家の説は、犯罪への厳しい刑罰を伴う独裁的統治を強いた。前2世紀、250年以上にわたる戦国時代の末に法家王朝がようやく体制を確立したが、その厳しさはすぐに信用を失うこととなった。代わって儒教が支配的イデオロギーとなったが、

紀元前 **348** 年

プラトンが『法律』において、都市国家には**賢明な立法者**に導かれる**独裁政権**がまず必要であり、**選ばれた公職者**による統治が可能になるのはその後だと述べる。

紀元前 **340** 年頃

アリストテレスが、法は**普遍的かつ不変の自然法**に沿うものであるべきだという思想に基づき、自身の**正義論**を概説する。

紀元前 **286** 年

ローマの護民官アクィリウスが、**財産に対する不法な損害への金銭的賠償**を認める**アクィリウス法**を提案する。

紀元前 **2** 世紀

サンスクリット語で書かれた**『実利論』と『マヌ法典』**の2書において、**インドの慣習法**が説明される。

70 年

エルサレムの第二神殿が破壊された後、ユダヤ人は**トーラーの法**をいっそう忠実に守ることでこれに応じる。

212 年～ **222** 年

法学者のドミティウス・ウルピアヌスが、200以上の**ローマ法に関する注釈書や論文**を執筆する。

313 年頃

ミラノ勅令によってローマ帝国での**キリスト教信仰**が解禁され、**最初の体系的なカノン法令集**への道が開かれる。

こちらもまた厳格な法典に支えられていた。

前5世紀以降、アテネの都市国家はある種の直接民主制を敷き、すべての成人市民に政治への参加を認めた。しかし、ギリシャの哲学者プラトンは『国家』や『法律』において、政治は少数者によって行われるべきだと論じた。ここでいう少数者とは、理想国家における「哲人王」の階級に属する人々、または賢明な立法者に導かれる初期の独裁者のことである。そうした哲学的訓練を受けた人間でなければ、統治や正義の概念を理解できないとプラトンは断言した。一方で、プラトンの弟子のアリストテレスは、人民によるある種の立憲政治を支持し、立法は自然法に則していなければならないと考えた。

インドでは対照的に、前2世紀の『実利論』や『マヌ法典』で提唱されたような、カーストに分かれた厳格な階層社会が好まれた。

ローマと教会

前509年頃、ローマ人は専制的な王のルキウス・タルクィニウス・スペルブスを倒し、選ばれた執政官2人に統治される立憲政体、共和政ローマを樹立した。前450年頃、共和政ローマは、この国にとって最初の法典を公布する。それは12枚の銅板に刻まれた十二表法と呼ばれる法典で、ローマ市民の権利と義務を提示したものだった。ローマ帝国の拡大に伴い、十二表法はウルピアヌスなどの法学者によって修正されたが、1000年にわたってローマ法の基礎を成した。

313年頃、キリスト教への改宗者である皇帝コンスタンティヌスは、ミラノ勅令を発布した。この勅令を通じてローマ帝国全体に宗教的寛容性を示し、キリスト教への迫害を終わらせた。380年、キリスト教はローマ帝国の正式な宗教となり、その教義に基づいた法がキリスト教神学者によって形成されることが可能になった。

人は何を信じるべきかという議論から導き出された初期のカノン法は、ローマ・カトリックのカノン法、すなわち、教会組織を規制しキリスト教信仰を集成する法の基礎となった。カノン法は、中世ヨーロッパにおける市民法の発展に影響を及ぼした。◆

正義の言葉を守る

初期の法典（紀元前2100年～前1750年）

背景

焦点
最初期の成文法典

それ以前
前4000年頃　世界初の都市ウルクがメソポタミアのシュメールに設立される。

前3300年頃　最古の表記法である楔形文字がウルクで発明される。

前2334年頃　メソポタミアの都市国家アッカドの王サルゴンがシュメールを征服し、世界初の帝国を創設する。

それ以後
前600年頃　「目には目を」というモーセの律法の要素を述べることで、『出エジプト記』がバビロニアの法に同調する。

前450年頃　報復のための法的基盤となる同害報復の原則が、ローマの成文法である十二表法に記される。

約6000年前のメソポタミア（現在のイラク）では、世界初の文明人であるシュメール人がウルクやウルなどの都市を築き始め、やがてそれらをエンシ（王）が統治するようになった。小さな農耕集落の住民にとって、個人に対して行われた不正に報復する責任は一族にあった。一方で、都市においては、血縁関係のない多くの人々が円満に共生・協力するための手段を見つけなければならなかった。法は、こうした背景から、争いの解決や不和の予防のために考案されたものである。都市国家が最初の帝国を形成するほどに強力になると、領土全体に広がった人々を支配するための法が発布された。

記録の保存

はじめのうち、法は口づてに伝えられていた。前3300年頃、シュメール人は、楔形文字という表記法を用いて情報の記録を始める。楔形文字は記号で構成され、粘土板に刻まれていた。現存する最古の楔形文字による法準則（法典）は、前2100年頃にウルの王ウル・ナンムによって定められたものである。各法は特定の犯罪とそれに付随する刑罰というかたちで記され、たとえば「ある者が殺人を犯した場合、その者は殺されなければならない」などと書かれていた。

前1792年から前1750年までバビロニアの王だったハンムラビが編纂した、さらに完成度の高い法典は、20世紀の初頭に発見された。この法典は高さ2.25メートルの玄武岩ステラ（石柱）に楔形文字で刻まれ、序文には、自身が神々から「この国に正義の統治をもたらし、悪事や悪人を滅ぼし、強者が弱者を虐げることのないよう」命じられたとい

ハンムラビ法典が刻まれた玄武岩の柱の頂部にあるレリーフ。メソポタミアの正義の神シャマシュ（座っている）と、その前に立つハンムラビが描かれている。

参照：十戒とモーセの律法（p20～23）■十二表法（p30）
■『実利論』と『マヌ法典』（p35）■神明裁判と決闘裁判（p52～53）

ジッグラトは、頂上に神殿を備えた巨大な階段ピラミッドで、メソポタミアの都市の宗教的中心地だった。

うハンムラピの言葉がある。誰もがそれを見て法を遵守できるよう、柱はバビロニアの諸都市に立てられた。

目には目を

ハンムラピの法は、ウル・ナンムの法典と同じく、条件文として提示されている。282の判決からなるそのリストの第196条には、「ある者が他人の目を害したならば、その者の目も害されなければならない」とある。この原則は、ヘブライ語トーラーの要素として『出エジプト記』や『レビ記』に再登場し、のちに同害報復の原則としてローマ法にも記載された。ただし、その目的は報復を勧めることではなく、犯罪に見合うように報復を制限することだった。

ウル・ナンムの法典に記された暴力犯罪への報復法は、そこまで強烈なものではなかった。この法典では、人体の各部に、銀の重さを単位とする価値が与えられていた。したがって、他人の足を切り落とした者であれば、「10シェケル」の罰金を科せられる。物理的に報復するのではなく、罰金を払わせるというこの発想は、現代の刑罰の発想に近い。◆

> 将来、今後のあらゆる世代を通して、この国に君臨するであろう王に……私が授けたこの国の法を変えさせてはならない。
>
> 『ハンムラピ法典』

司法手続

粘土板に記録された裁判の様子を見ると、メソポタミアでどのように司法が運営されていたかがわかる。当時は正式な裁判所は存在せず、弁護士もいなかった。告訴人と被告人は、証人と一緒に、地域住民や長老の前に——重大事件の場合は、3～6人の審判団の前に——姿を現し、口頭または書面による証言を行う。今日同様に、参加者は真実を話すことを厳粛に誓った。こうした裁判は、公共空間、王宮、都市の寺院などで行われ、被告人は地域の神の象徴に誓いを立てた。なかには、偽りの誓いを立てて神を怒らせることを恐れ、罪を自白する人もいた。

事件が解決されない場合、判決は神々に委ねられた。ハンムラピ法典における解決策は神明裁判を行うことであり、被告人はユーフラテス川に飛び込むことを強要された。「被告人が川に沈めば、告訴人はその者の家を押収することができる。しかし、被告人の無罪が川によって証明され、その者が無傷で抜け出してきたならば、告訴人は死刑に処されなくてはならない」

秩序を象徴するバビロニアの主神マルドゥク（中央）が、悪と混沌を象徴する蛇のような海神ティアマトを倒す。

これを汝にとっての永遠の法とせよ

十戒とモーセの律法（紀元前1300年頃～前6世紀）

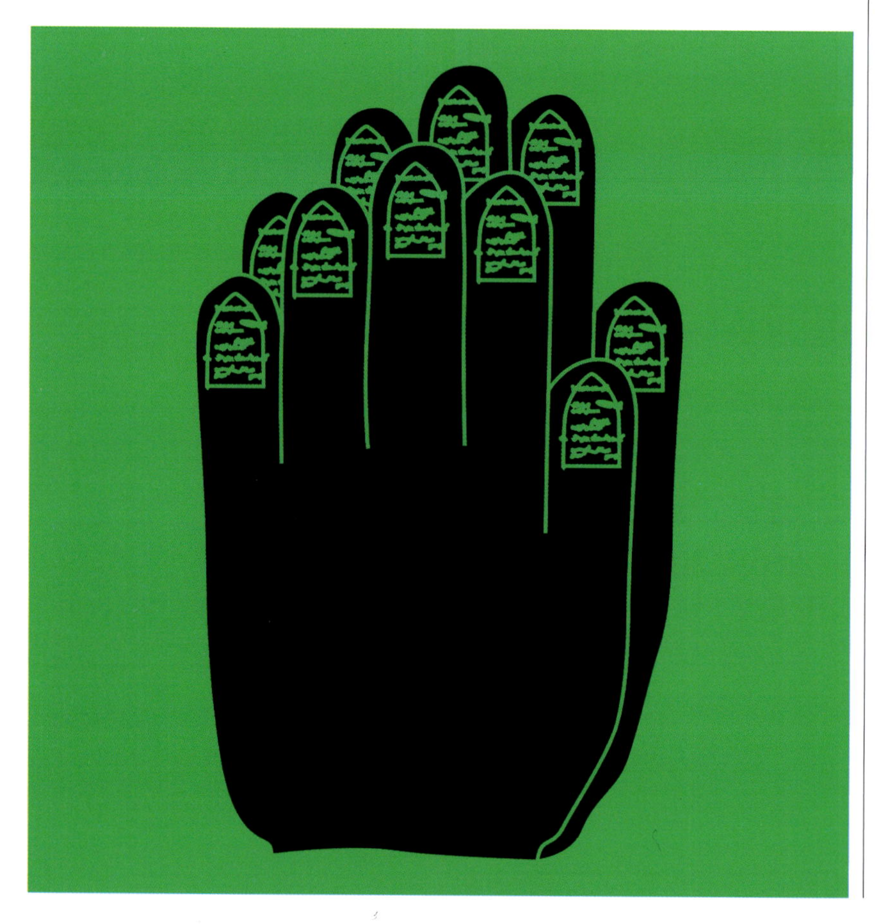

背景

焦点
神の法

それ以前
前1750年頃　バビロニアのハンムラビ王が法典を記す。

それ以後
前1207年頃　エジプトのファラオ・メルエンプタハによる石碑内で、カナンのイスラエル人に関する最初の言及があり、「イスラエルは荒廃している」と刻まれる。

前3世紀　トーラーが『Pentateuch』（「5書」）の題名でギリシャ語に翻訳される。

200年頃　パレスチナの律法学者たちが、ユダヤ教の口伝を成典化した『ミシュナ』を編纂し、トーラーの法を深く解釈するための指針を示す。

350年～550年頃　学者たちが『ミシュナ』を分析・解明した『ゲマラ』を出版し、これら2書がタルムードをかたちづくる。

モーセの律法とは、トーラーに提示された古代の法制度のことであり、トーラーとは、ユダヤ教の聖書であるタナハ、つまりキリスト教でいう旧約聖書の最初の5書のことである。トーラー（「指示」）には多数の法が収録されており、それらはユダヤ民族の創始者で立法者のモーセが、神から直接授かったものとされている。トーラーに描かれた出エジプトの伝説によると、モーセは前1300年頃に神の命令を受け、奴隷化されていたイスラエルの民を率いてエジプトを脱出し、彼らを約束の地カナンへ導いた。モーセは民を最初にシナイ山へ連れて行き、自身が山に登ると、その頂上で神から十戒を与えられた。同時に、道徳的行動、宗教的礼拝、そして

参照：初期の法典（p18〜19）▪『実利論』と『マヌ法典』（p35）▪ミシュナとタルムード（p38〜41）▪カノン法の起源（p42〜47）▪コーラン（p54〜57）

フランスの肖像画家フィリップ・ド・シャンパーニュによる17世紀の絵画「十戒を持つモーセ」には、文字が刻まれた2枚の石板が描かれている。

日常生活のあらゆる部分を網羅する多くの細かな規範も授かった。そのうち最も重要なのは、「あなたは、わたしの上にいかなる神ももってはならない」という第1戒だった。イスラエルの民はさらに40年間を砂漠で過ごした後、カナンに到達したが、モーセ自身はカナンを目前にして世を去った。

モーセの律法は、神とイスラエル人との契約、つまり正式な合意の一部と見なされていた。イスラエル人が神の法に従うなら、神はイスラエル人を守り、彼らにカナンの地を与えることを約束したと信じられていたのである。『出エジプト記』の第19章5節によると、神は次のように言った。「今、もしあなたがたが、まことにわたしの声に聞き従い、わたしの契約を守るならば、あなたがたはすべての民の間にあって、わたしの宝となる」

トーラーの著者

ヘブライ語で書かれたトーラーは、モーセ自身によって記されたものと考えられていた。しかし18世紀以降、学者が歴史的手法を展開してトーラーを読んでみると、その物語は多くの著者が長い時間をかけて、さまざまな語彙や文体を用いながら書き上げたらしいことがわかってきた。文書内に含まれる脚注は、古代の地名を説明したり、今日までよく知られている過去の出来事が実際に起きた証拠を示したりするために、後世の人々によって挿入されたものである。

19世紀のドイツの学者たちは、トーラーの原資料を4つの種類に分けた。それらはE資料、J資料、D資料、P資料（エロヒスト資料、ヤハウィスト資料、申命記資料、祭司資料）と名付けられ、トーラーの最も古い部分（『創世記』の大部分、『出エジプト記』の多く、『民数記』の一部）はE資料とJ資料に由来するとされた。E資料は北方部族の伝統を述べ、神を「エロヒム（神）」の敬称で呼んでいる。J資料は主に南イスラエルのユダ族と関連しており、神を「YHWH」という4文字の名前で呼んでいる。YHWHは「ヤハウェ」と発音するようだ。

トーラーの第5書である『申命記』は、

トーラーの5書

『創世記』
天地創造、そしてアダムとイブに始まるイスラエル人の祖先について。

『出エジプト記』
エジプトからの脱出、そして十戒を含む法について。

『レビ記』
犠牲、司祭職、清めの儀式に関する法について。

『民数記』
イスラエル人が砂漠で過ごした40年間と、人口調査について。

『申命記』
死を前にしたモーセによって語られた、礼拝、犯罪、刑罰に関する法について。

十戒（『出エジプト記』第20章）

1. あなたは、わたしの上にいかなる神ももってはならない。

2. あなたは、自分のために、偶像を造ってはならない。

3. あなたは、あなたの神、主の御名を、みだりに唱えてはならない。

4. 安息日を覚えて、これを聖なる日とせよ。

5. あなたの父と母を敬え。

6. 殺してはならない。

7. 姦淫してはならない。

8. 盗んではならない。

9. あなたの隣人に対し、偽りの証言をしてはならない。

10. あなたの隣人の家を欲しがってはならない。

D資料から派生したと考えられている。この書と関連するテーマは、前7世紀にイスラエルのユダ王国（前930年頃に北方部族と南方部族が分裂して形成された）を統治していたヨシヤ王による宗教改革だ。ヨシヤはユダヤ教の礼拝所をエルサレム神殿に集中させ、厳格な一神教を強いた。北方のイスラエル王国は前722年にアッシリアに征服されたため、『申命記』におけるイスラエル史はユダ王国側の視点から書き直されている。

トーラーの最も新しい部分は、前586年にバビロニアの王ネブカドネザルがエルサレムの都市と神殿を破壊した後、P資料から書かれたものである。ネブカドネザルが祭司をはじめとするユダヤ人指導者をバビロンに追放すると、祭司たちはこの地で『創世記』と『出エジプト記』を改訂し、『レビ記』と『民数記』を執筆した。祭司資料の物語においては、ヤハウェは1つの場所に拘束されることなく、ユダヤ人とともに、その追放先を含むどこへでも行くことができた。「わたしは幕屋をあなたがたのうちに建て……わたしはあなたがたのうちに歩み、あなたがたの神となり、あなたがたはわたしの民となるであろう」（『レビ記』第26章11～12節）

モーセの律法は、新たな状況に応じて改訂を繰り返されながら、時間をかけて発展していった。ただし、法が新たに提示される場合でも、「モーセがシナイ山で神から授かった」という前提があることには変わりがなかった。

唯一の超越的な神

初期のイスラエル人は、ヤハウェを崇めると同時に、他のカナンの神々をも崇めていた。トーラーには、イスラエル人が雨と豊穣の神バアルや、母なる女神アシェラを崇めていたという物語が多く見られる。ヤハウェをはじめとする神々は、たいてい丘の上にある聖域（神聖な場所）に祀られていた。

第1戒の「あなたは、わたしの上にいかなる神ももってはならない」という文言は、ヤハウェを最も尊びさえすれば、それ以外の神々を崇めてもよいという意味に読み取れる。J資料とE資料から派生した物語では、ヤハウェは人間の姿で登場し、「日の涼しい風の吹くころ、園の中を歩まれ」（『創世記』第3章8節）たり、アブラハムを訪ねて彼の天幕の前に現れたりした（『創世記』第18章）。しかし、『申命記』が書かれる頃には、神は被造世界を超えたところにいる超越的な存在となり、ユダヤ教は一神教となった。ヨシヤ王は自身の宗教改革の過程で、エルサレム神殿からアシェラ像を撤去して焼き払い、丘の上の神殿をすべて破壊した。

ユダヤ教が一神教になると、イスラエル人がアシェラやバアルを崇めていたという初期の物語は、モーセの律法からの退行事例として解されるようになった。そして、バビロン捕囚は、このことに対する神罰と見なされるようになったのである。

祭司の国

バビロンでの追放生活の間、ユダヤ教の祭司たちはこう主張した。神がイスラエル人に聖なる民、祭司の国となるよう命じたのは、神がイスラエル人とともに暮らすことを可能にするためである、と。

イスラエル人は食事や清潔についての厳格な規則を守ることで、自らをバビロニアの隣人から切り離しておくよう指示された（ヘブライ語の「カドーシュ」は「聖なる」と訳される言葉だが、その厳密な意味は「分離する」である）。古代世界において、祭司が清潔に関する規則を守るのは一般的なことだった。たとえば、エジプトの祭司は1日に4回冷水を浴び、パピルス製のサンダルを履き、革や羊毛ではなく麻の服を着なければならなかった。だが、このような掟に国全体が従うべきだという発想は、ユダヤ独特のものだった。

トーラーには、ユダヤ教の規則と儀式について詳しく記述されている。『レビ記』第11章47節は、「汚れたものと清いもの、食べてよい生き物と食べてはならない生き物とを」区別せよと人々に命じている。豚肉や甲殻類、それ以外にも多くの食べ物が禁じられた。食べてもよい動物は、その動物が儀式的に解体され血抜きされた場合に限り、食べることができた。『レビ記』第11章39節によると、「あなたがたの食べる獣が死んだ時、その死体に触れる者は夕まで汚れる」。『レビ記』第14章48～53節には、壁にかびが生えた家を清めるための入念な儀式が描かれている。祭司は、杉の木、緋色の糸、ヒソプ、生きている小鳥を獲り、それらを犠牲となった小鳥の血と真水の中に浸してから、家に7回振りかける。「その生きている小鳥は町の外の野に放して、その家のために、あがないをしなければならない。こうして、それは清くなるであろう」

> 「イスラエルの人々の
> 全会衆に言いなさい、
> 『あなたがたの神、
> 主なるわたしは、聖であるから、
> あなたがたも聖で
> なければならない』」
>
> **『レビ記』第19章1～2節**

絶対的な真実

ハンムラピ法典をはじめとする古代初期の法典は、個別の事例において取られた手続を述べ、そこから一般原則を導き出すという決議論のかたちで書かれていた。これに対して、十戒は「殺してはならない」などのように、善悪を絶対的に述べる定言のかたちで書かれている。しかしながら、モーセの法典には、メソポタミア法やバビロニア法に似た多くの法が収められた。たとえば、ハンムラピ法典の第251条には、次のように書かれている。「その牛は人を突く性格ありとして、その地区委員が知らせたのに、持ち主が角を被覆せず、また牛を繋ぎもしなかったため、子を刺して殺したなら、2分の1マナの銀を支払う」。『出エジプト記』第21章29～30節によると、牛が「もし以前から突く癖があって、その持ち主が注意されても、これを守りおかなかったために、男または女を殺したならば、その牛は石で打ち殺され、その持ち主もまた殺されなければならない。……すべて課せられたほどのものを、命の償いに支払わなければならない」。

メソポタミアの王は、神々に代わって統治を行うと主張したものの、神々自身が法の起草者であるとは決して言わなかった。法を破ることは、同胞に対して罪を犯すことであり、その犯罪者が同胞から許される可能性もあることを意味していた。しかし、トーラーにおいて法を破ることは許されざる行為だった。なぜなら、それは同胞に対する犯罪であるばかりでなく、神に対する罪でもあったからだ。◆

トーラーの巻物の朗読は、ユダヤ教の祈りの儀式の一部である。朗読は安息日やユダヤ教の祝日といった特定の日に行われる。

トーラーの巻物

モーセが神から授かった法を含むトーラーが記された巻物は、すべてのユダヤ教のシナゴーグにおける最も神聖な物だ。それぞれの巻物、すなわちセーフェル・トーラー（「セーフェル」とは「本」や「文書」のこと）は、伝統的な羽根ペンや葦ペンを用いて特別な羊皮紙に手書きされる。トーラーに含まれる304,805字のヘブライ語は、熟練の書士によって完璧に書き上げられなくてはならない。1カ所でも間違えれば、巻物全体が無効になってしまうからだ。

巻物は豪華に飾られた戸棚、通称「箱舟」に保管される。シナゴーグの最も神聖な部分にして、祈りの中心でもある箱舟は、エルサレムに面する壁の上につくられている。シナゴーグではたいてい週に数回、トーラーの巻物の何節かが読み上げられる。また、安息日の朝ごとに決められた章が朗読され、1年かけてトーラー全体が読まれるようになっている。この年間サイクルは、シムハット・トーラーという祭りで締めくくられる。

天の命令

中国の周王朝（紀元前1046年頃～前256年）

背景

焦点
統治権

それ以前
前1600年頃～前1046年頃　中国最古の王朝である殷が中国東部の大半を統治する。殷の王が最初の中国法をつくり、犯罪者は死刑、身体の切断、重労働を伴う投獄などによって罰せられる。

それ以後
前770年～前476年　周王朝の勢力が弱まり、地方の統治者が覇権を争う。

前476年～前221年　周代の中国が7つの戦国国家に分裂するが、周王は、その最後の王である赧王が紀元前256年に廃されるまで、儀礼的役割を果たし続ける。

前221年　秦国が勝利し、秦朝の初代皇帝である始皇帝が中国を統一する。

前1046年頃、周国の武王は、中国を5世紀にわたって統治してきた殷王朝の最後の王を倒した。この新王朝・周の創始者は、自身の反乱を正当化するため、「天命（天の命令）」という概念に訴えた。王が統治を許されるのは、その王が天に寵愛された場合のみである。殷の王は神務を怠り、堕落した統治を行ったため、天は政権を別の王朝へ移したのだ——そう武王は主張した。

殷の王は占いを通じて祖先と交信できるとされ、この能力によって王の権威を得ていた。占いは、獣の骨や亀の甲羅にできたひび割れを読み解くことで行われた。この流れを汲んで、武王と、後代王朝の統治者を含む彼の後継者たちは、天命という概念を利用して統治を正当化したのである。

王の義務

周の王たちは、自身に正しい統治を行う義務があり、それを怠れば天命を失う恐れがあると考えていた。この義務については、周の最古の文書に詳しい記述がある。武王によるものとされる『康誥（こうこう）』（康親王への通達）のなかで、王は弟の康叔に法的な助言を与えている。康叔は当時、周領の一部の統治を任されていた。武王は弟に対し、刑罰を「自分の意思に沿うように歪めてはならない」と警告し、法を重んじるよう説いた。◆

天命を守ることは簡単ではない。
あなたの周囲の人々で
それが終わることのないように。
あなたの素晴らしき
名声を誇示し、
その名声を輝かせるように……

文王を称える詩
文王（前1152～前1056年、武王の父）

参照：初期の法典（p18～19）■儒教、道教、法家の説（p26～29）
■マグナ・カルタ（p66～71）■チャールズ1世の裁判（p96～97）

海洋法

ロード海法（紀元前500年〜前300年）

背景

焦点
海事法

それ以前
前900年〜前500年　ロドス島出身のギリシャ人が地中海全域にわたって長距離間での貿易関係を確立し、シチリアとリキュア（トルコ西部）に植民地を築く。

それ以後
前408年頃　ロドス島の3つの都市国家、リンドス、イアリソス、カミルスが1つの連合国家に統合される。

前146年〜西暦44年　ローマ人が地中海周辺の全土を征服し、ローマ法の適用される単一国家を創設する。

533年　ビザンティン帝国の皇帝ユスティニアヌス1世によってローマ法がまとめられ、『学説彙纂（がくせついさん）』として公布される。

700年頃　ロード海法が発布される。この法は12〜13世紀まで影響力を維持する。

ロード海法（ロドス法）は、知られているなかで最古の海事法典である。この法典が発達したのは、ギリシャの古典期（前500〜前300年）にかけてのことだ。当時ギリシャのロドス島は、東地中海有数の裕福な海洋国家であった。ロード海法は極めて包括的であったため、スペインから黒海に至る他のギリシャ国家や植民地でも採用された。さらにローマ法にも影響を及ぼし、地中海全域における海洋紛争の解決手段として合意され、受け入れられた。

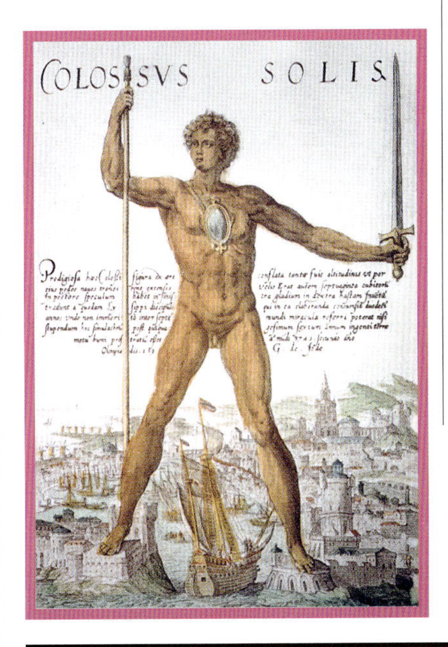

ロドス島の巨像は古代世界の七不思議の一つに数えられる。前280年に建てられたこの巨大な像は、太陽神ヘリオスを模したもので、ロドス島に入港する船乗りたちを出迎えていた。

投げ荷に関する法

ロード海法の一部はユスティニアヌス帝の『学説彙纂』（533年）に残されており、遭難船による投げ荷について次のように懸念を投げかけている。「……船を軽くするために荷物が投げられた場合、共同の利益のための犠牲は、共同で分担して補償されなければならない」。この損失共有の原則は「共同海損」と呼ばれるもので、今なお海事法に適用されている。ロード海法にはそれほどの威信があったため、ビザンティン帝国が700年頃に新たな海事法典を発した際には、この法典もまた「ロード海法」と名付けられた。◆

参照：アクィリウス法（p34）■法学者ウルピアヌス（p36〜37）
■レクス・メルカトリア（p74〜77）■世界貿易機関（p278〜283）

正しい統治の技術

儒教、道教、法家の説（紀元前476年～前221年）

背景

焦点
法と哲学

それ以前
前1046年頃～前771年　西周王朝の王が封建国家を統治し、地方領主がその代理として統治を行う。

前771年～前476年　春秋時代に周の王が支配を失い、地方国家間の内紛が起きる。大国が小国を征服し、楚、韓、斉、秦、魏、燕、趙の7国だけが残る。

それ以後
前221年　秦王朝（前221～前206年）が中国を統一し、法家の説を課す。

前141年　漢王朝（前206～西暦220年）が儒教を国家の哲学と定め、法家の説を否定する。

中国は、その戦国時代（前476～前221年）に敵対する7つの国家に分裂し、これらの国々は互いに戦争を繰り返していた。

この状況に応じて、中国の哲学者は3つの相反する信念体系を考案した。それが、儒教、道教、法家の説である。いずれもまったく異なる姿勢で政治や法の役割を研究しようというもので、どの思想も中国史に永続的な影響を与えた。

儒教

哲学者の孔夫子（前551～前479年）、通称「孔子」は、伝統に目を向けることで社会に安定をもたらそうとした。孔子は、祖先や神々を称えて行われる古代の儀礼的慣習（「礼」）、人間らしさや仲間

参照：初期の法典（p18～19）■中国の周王朝（p24）■プラトンの法（p31）
■『実利論』と『マヌ法典』（p35）

中国の戦国時代には、3つの相反する哲学が発達した。

儒教：
人々は**教育によって善くなる**ことができる。統治者は**徳と伝統**によって統治を行うべきである。

道教：
人々は自然や宇宙と**調和**して生きるべきである。統治者は**民衆に干渉すべきではない**。

法家の説：
人々は**利己的**である。統治者は**犯罪を防止**し、刑罰によって**社会秩序を保つ**べきである。

意識（「仁」）、子から親への敬意（「孝」）の重要性を強く説いた。孔子の主張によれば、「孝」は家族を超えて、社会全体にまで広げるべきものだった。各個人が社会に適切な居場所を持っているとき、そこには5つの重要な関係が成り立っている。君主と臣下、父と息子、夫と妻、兄と弟、友人同士という関係である。いずれの場合も、目上の者は優しい父親のように振る舞い、目下の者は尊敬と服従の念を持たなければならない。

孔子の考えでは、法や罰を必要とするのは粗野な社会、すなわち適切な慣習が守られない社会のみだった。教育を受けた権力者が良い手本を示せば、人々も良い振る舞いをするようになる。孔子は次のように言った。「法によって単純な統治を行い、刑罰という手段によって秩序を生み出せば、人々は刑罰を避けようとはしても、恥の感覚を身につけたりはしないだろう。徳によって統治を行い、儀礼的慣習によって秩序を生み出せば、人々は恥の感覚を身につけるだけでなく、さらに善良になる」

道教

道教の重要な書といえば、老子が書いたとされる『道徳経』だろう。老子は前6世紀に生まれた、おそらくは伝説上の教育者である。『道徳経』は複数の著者による作品とみられるが、その中心にあるのは、人々は宇宙の自然秩序、いわゆる「タオ（道）」と調和して生きなければならないという考え方だ。

『道徳経』では水を例にとり、この考え方の意味するところを述べている。「水は流動的で、柔らかく、しなやかである。しかし、水は、硬くてしなやかさのない岩をすり減らす。概して、あらゆる流動的で、柔らかく、しなやかなものは、あらゆる硬く強固なものを圧倒するということだ」

道教の信者は、人々が質素に暮らし、野心や欲を捨てれば、すべての社会問題は解決されるはずだと信じていた。また儒教の信者と同じく、法に対する不信感を抱いていた。しかし、政治が社会の利益になると考えていた儒教の信者とは異なり、道教の信者は個人生活を守り、統治者が民衆に干渉しないことを望んだ。

孔子

哲学者の孔丘は前551年、東方の小国・魯の下級貴族に生まれた。後世の信奉者の間では「孔夫子」として知られ、ここから「Confucius（孔子）」という西欧名がついた。魯の宮廷に長年仕えたものの影響力を得られなかった孔子は、国から国へと渡り歩き、大臣への登用を願って統治者を説き伏せようとした。しかし、その思想は当時の統治者から見て理想主義的かつ時代遅れであったため、官職に就くという望みは叶わなかった。それでも、孔子は教えることを通して自身の哲学を広め続けた。多くの生徒は、学識が高いと評判だった孔子に魅了され、彼のもとに通って古代の経典を学んだ。この経典とは、たとえば『礼記』や『詩経』のことである。

孔子は本を書かなかったが、前479年に死去した後、その教えは生徒たちによって『論語』に記された。

主要な功績

紀元前500年頃　『論語』

彼らにとって最善の生き方とは、無為（努力を避けた行動）を通じた生き方であり、完璧な君主とは、法をつくらず、臣下に一切の制限を課さず、自身は目立たないように行動する君主だった。

道教は個人主義と無為を重んじる哲学であることから、政治への実際の適用は限られていた。しかしながら、後世の哲学や宗教、とりわけ中国仏教に永続的な影響を及ぼした。

法家の説

戦国時代に最も普及した哲学は、西洋では法治主義として知られる「法家の説」である。法家の思想家たちは次のように考えていた。人間とは本来、利己的で、怠惰で、無知なものである。社会秩序を生み出して強力な国家を築くには、厳しい法と刑罰によって犯罪を防ぐことが必要だ。たとえ軽犯罪であっても、厳しく罰せられなくてはならない。

前4世紀、法家の説は、西方の秦国で宰相を務めていた商鞅（しょうおう）によって採用された。商鞅とその信奉者による著述は、『商君書』という書物にまとめられている。彼らは本書において儒教の信念を非難し、過去や伝統に対する崇拝は、人々を現在の統治者に対する批判へと駆り立てることになると述べた。

> **得がたい財貨に価値を与えなければ、民に盗みをさせることもない。**
>
> **老子**
> 『道徳経』
> 前4世紀

『商君書』は、悪人こそが権力の座に就くべきだと論じたうえで、その理由を2つ挙げている。1つは、人々の忠誠心が向かう先は法の執行者ではなく、法そのものであるべきだということ。もう1つは、悪人は他人の偵察を好むため、犯罪の通報率が高いのではないかということだ。

商鞅が科した刑罰は、屈辱と苦痛を伴うものだった。顔に刺青を施す、体を切断するなどのほか、釜茹で、四つ裂き、生き埋めといった公開処刑も各種行われた。また、刑罰は集団を対象としており、その範囲は犯罪者の家族や一族全体に及んだ。犯罪の通報を怠った場合も、犯罪を犯した場合同様に厳しい処分を受けた。

商鞅は法家の説を用いて、強い独裁国家を築き、農民兵士による強力な軍隊を創設した。封建勢力の貴族階級を解体し、貴族を一般人と同じ法の支配下に置いた。しかし、かつて屈辱を与えたことのある新たな統治者に権力を握られると、商鞅は失脚した。前338年、彼は自ら導入した厳しい法の適用対象となり、戦車に身体を引き裂かれた。彼の家族も皆殺しにされた。

歴史家の司馬遷（前145年頃～前86年）は、商鞅がそうした最期を迎えたのは当然だと綴りつつも、彼の政策が効果的だったことは認めている。「10年間が終わる頃には、秦の人々は穏やかになった。

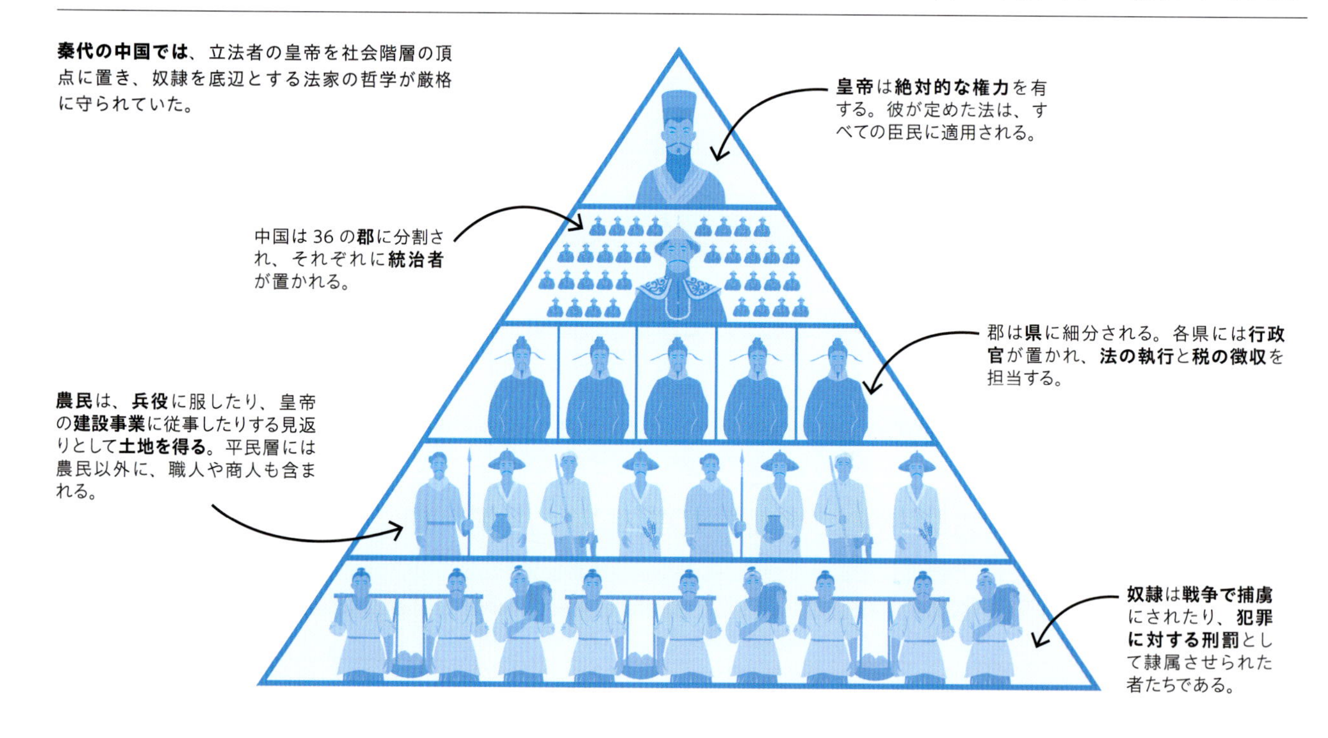

秦代の中国では、立法者の皇帝を社会階層の頂点に置き、奴隷を底辺とする法家の哲学が厳格に守られていた。

遺失物が道で拾われて領得されることはなくなり、丘に強盗はいなくなった。家庭はどこも繁栄した。男は戦場で勇敢に戦ったが、家庭では言い争いをしなかった」

最も偉大な法家哲学者の韓非子（前280年頃～前233年）によれば、普遍的に執行され、公に広く知られている法は、生活に秩序と予測可能性をもたらすことで万人の利益となる。法家思想の下では、人々は熱心に働いたり、戦争で戦ったりといった、あまり気乗りしないことにも励まなくてはならなかった。そうした法が不興を買うとすれば、それは人々が幼児のように未熟で、何が自分に役立つかを理解できていないからである。

秦の全体主義

秦国は他の戦国国家を次々に征服していった。前221年には、最後まで残っていた独立王国の斉を秦王政が倒し、秦の始皇帝を名乗った。

始皇帝は、中国全土にわたって法家思想と統一された生活様式を課し、標準通貨、度量衡、単一系統の文字群に基づく簡単な書法体系を導入した。強制労働を利用して、北部辺境に最初の万里の長城を築き、道路網を整備し、広大な墓所を建てた。後年、始皇帝は自身を護衛するテラコッタ製の軍隊とともに、この墓に埋葬された。

秦の始皇帝の墓所を護衛する兵馬俑は、皇帝をその死後も守るためのものだった。この軍隊には8,000体の戦士のほか、戦車や馬も含まれている。

人民が愚かならば、
彼らを統治するのは
簡単である。

商鞅（しょうおう）
『商君書』

秦代の中国は全体主義国家であり、国民生活のあらゆる側面が管理されていた。始皇帝の命によって大量の書物が焼かれ、司馬遷の伝えるところでは、460人の儒学者が生き埋めにされた。始皇帝の統治は極めて厳しいものであったため、秦朝は前210年の皇帝の死後、わずか4年で滅亡した。

漢の改革

前206年、反乱軍を率いる劉邦が権力を掌握し、新たに漢王朝を打ち立てると、中国に最初の黄金時代がもたらされた。戦争が絶えない時期には法家の説が有効であったものの、国が統一され安らいでいる時期には、社会的一体性や目上の者への忠誠心を強める儒教がよりふさわしいと考えられた。こうして漢の統治下では、哲学としての法家思想が信用を失い、極度に厳しい刑罰が廃止されることになる。前141年、漢の第7代皇帝である武帝は、儒教を国家のイデオロギーとして採用した。孔子の『論語』は聖典となり、何世代にもわたって生徒たちに暗記された。

とはいえ、中国が独裁国家であったことに変わりはなく、儒教は厳格な法の執行に支えられていた。現地のことわざにもあるように、中国は「外側は儒教的、内側は法家的」な国だったのである。孔子が理想とした社会、すなわち法や刑罰が不要な社会は、決して実現されなかった。◆

本件は法によって拘束される

十二表法（紀元前450年頃）

背景

焦点
ローマ法の成文化

それ以前
前510年または前509年　ローマ市民が最後の王を追放し、共和政を確立する。官職はパトリキ（貴族）が独占する。

前494年　プレプス（平民）がローマを離れると脅しをかけた後、自分たちの代表となる公職者を選ぶ権利を与えられる。この公職者は護民官と呼ばれ、プレプスの利益の保護や、法の提案を行う。

それ以後
前390年　ガリア人がローマに侵攻して略奪した際、十二表法の原典が破壊される。写本は残されたため、その内容は何世代にもわたりローマの子どもたちに暗記される。

前367年　プレプスが、ローマの国家元首として毎年2人選ばれる執政官の1人を務める権利をようやく獲得する。

前450年頃、共和政ローマは初となる成典を編纂した。成典は12枚の銅板に刻まれ、ローマの主要な公共空間であるフォルムに掲示された。当時、プレプス（平民）は少数の支配階級と長く闘争しており、高位を占めるパトリキ（貴族）や、政務官として古くから受け継がれてきた法を解釈する神官たちと対立していた。プレプスは法に関する知識がなく、そのために違反して処罰される恐れがあった。そこで、プレプスへの譲歩として、パトリキの政務官10人からなる「十人委員会」がローマの慣習法を書き記す任務を負った。こうして十人委員会による「十二表法」が完成すると、ローマ市民は自らの重要な権利について理解を深め、政務官の統治に抗議することが可能になった。

市民法の法典

十二表法では市民法（社会構成員同士の関係に関わる法）が論じられており、市民の権利と責任が概説されている。さらに、法的手続についての重要な規定も含まれ、法廷への召喚、裁判、証人の役割、判決の執行などが網羅されていた。

当時のローマはまだ農業都市であったため、新たに成文化された法の多くは、農業をめぐる争いに関するものだった。パトリキとプレプスの結婚を禁じる法もあったが、こちらはすぐに廃止された。それ以外の法も、やがて更新され置き換えられていった。しかしながら、ローマ市民は、ローマの法制度の基礎をなす十二表法にたびたび立ち返ることになった。◆

> 十二表法が書かれた、あの1冊の小さな書物は……私には、あらゆる哲学者の蔵書をはっきりと凌駕しているように見える。
>
> **キケロ**
> ローマの政治家
> （前106～前43年）

参照：初期の法典（p18～19）▪アクィリウス法（p34）▪法学者ウルピアヌス（p36～37）▪マグナ・カルタ（p66～71）

法は統治者の主人である

プラトンの法（紀元前348年）

背景

焦点
法の至上性

それ以前
前399年 ギリシャの哲学者ソクラテスがアテネで死刑を宣告され、弟子のプラトンが暴民統治としての民主政に憎しみを抱く。

前367年頃～前361年頃 プラトンがシュラクサイの新たな僭主ディオニュシオス2世の教師となる。しかし、ディオニュシオスを哲人王に育てる試みは失敗に終わる。

それ以後
前330年頃 プラトンの弟子アリストテレスが『政治学』において、国家は民主政と寡頭政（少数者による統治）を統合するべきだと述べる。

前130年頃 ギリシャの歴史家ポリュビオスが、共和政ローマを混合政体の成功例として称える。

1748年 モンテスキューが『法の精神』において、混合政体を提案する。

前350年代にアテネの哲学者プラトンによって書かれた『法律』は、彼の最後にして最長の著書である。主著『国家』において、プラトンは理想国家、すなわち哲人王の統治を受ける、法を必要としない国家について考察したが、『法律』では、法が何よりも重視される「次善の国家」に関心を向ける。『法律』では、クレタ島を舞台に、匿名のアテネ人、メギロスというスパルタ人、クレイニアスというクレタ人による対話が行われる。クレイニアスはそのとき、新たな都市マグネテス（マグネシア）設立に向かうところだった。3人はマグネテスの構造について話し合い、匿名のアテネ人は住民生活のあらゆる側面に及ぶ法典を提案した。

プラトンが理論化した都市国家では、権威的な体制と民主的な要素とが統合されている。ここでの法は、最初に独裁者と賢明な立法者によって作成され、次にその権限は選挙によって選ばれた公職者に委ねられる。いずれの法にも前文があり、国民に向けて、その法に従うことが彼らの利益になると説いている。人間が法以上に強力になることを防ぐため、抑制と均衡のシステムが存在する。都市の公職者は試験官の権威のもとに置かれ、試験官はその適格性を確かめ、責任を問うことができる。プラトンによる法の至上性と混合政体の原則は永続的な遺産となり、アリストテレスから18世紀フランスの裁判官モンテスキューに至るまで、数々の哲学者に影響を与えた。◆

バチカン市国にあるバチカン美術館のフレスコ画には、プラトン（左）と弟子のアリストテレスが描かれている。アリストテレスは、法や政治に関するプラトンの見方に影響を受けた。

参照：アリストテレスと自然法（p32～33） ■ 名誉革命とイングランドの権利章典（p102～103） ■ 連邦最高裁判所と司法審査（p124～129）

真の法とは正しい理性である

アリストテレスと自然法（紀元前340年頃）

背景

焦点
自然法

それ以前
前441年頃 ソフォクレスが悲劇『アンティゴネー』において、不文かつ不変の神の法が存在することを示唆する。

前375年頃 プラトンが『国家』において、理想的な社会は「自然に従って確立される」と主張する。

それ以後
1050年頃 イランのイスラム教学者アル・ビルニが、自然法は適者生存説に等しく、ムハンマドが明らかにした神の法によって克服されなければならないと主張する。

1140年頃〜1150年 グラティアヌスが『教令集』において、自然法を教会法と同一視する。

1265年頃〜1274年 トマス・アクィナスが、アリストテレスの哲学とキリスト教神学を『神学大全』にまとめる。

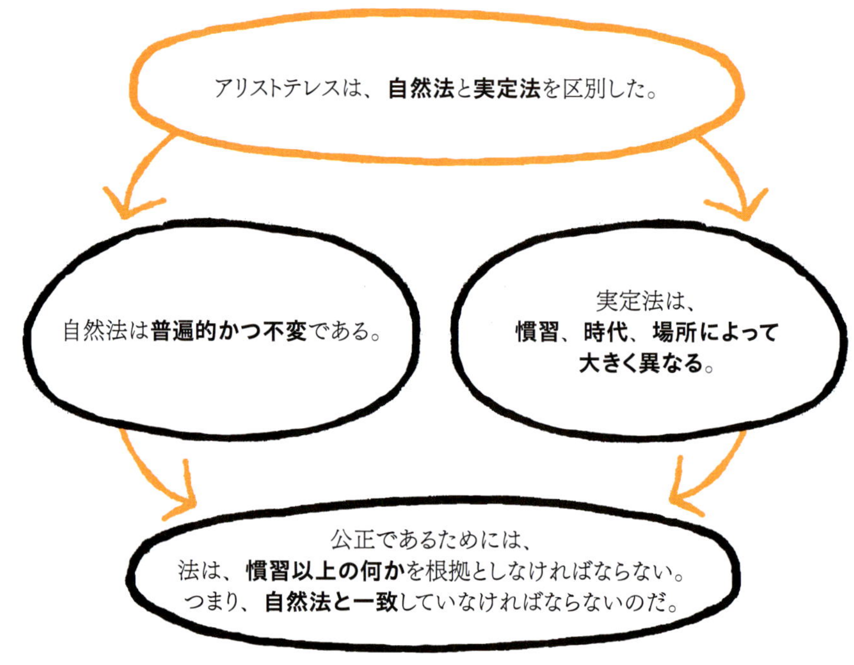

前4世紀、ギリシャの哲学者アリストテレスは自然法と実定法とを区別した。前者は不変かつ普遍的な法であり、後者は人類によって定められた、場所ごとに異なる法である。法が正しいものであるためには、その法は自然法と調和していなければならない。アリストテレスはそう主張した。

アリストテレスは著書『弁論術』において、自然法と実定法とが対立する例として、ギリシャの劇作家ソフォクレスによる前5世紀の悲劇『アンティゴネー』を挙げている。劇中、アンティゴネーは王の勅令を破り、兄ポリュニケスの葬儀を執り行う。王に嘆願する際、アンティゴネーは王の実定法を破ることを正当化するため、より高次の自然法に訴えた。「今日や明日のものではなく、いつの時代にも存在し、いつできたのか知っている者すらいない」法、それが自然法であ

参照：プラトンの法（p31） ■法学者ウルピアヌス（p36～37） ■カノン法の起源（p42～47） ■グラティアヌスの『教令集』（p60～63） ■トマス・アクィナス（p72～73）

誰もが感じているように、ただ自然によるもの、すべての人に共通するものが実際に存在する。

アリストテレス
『弁論術』（1巻第13章）
前4世紀

るとアリストテレスは述べている。

とはいえ、アリストテレスは、自然法と文化的信念の区別の仕方については明らかにしなかった。自然法の例として挙げられた埋葬の権利でさえ、普遍的な慣習とは言い難い。死者を埋葬せずに遺体を放置し、鳥に腐肉を食べさせて骨だけにするという社会は決して少なくないからだ。自然法に合理的根拠を見出すという課題は、後世の思想家に託された。

自然との調和

前300年頃、ギリシャの哲学者でストア派の創始者であるゼノンは、自然法を神的理性、すなわち自身の考える「宇宙に広がる目的ある秩序」と同一のものとした。人間も宇宙の一部であるため、自らの内に神的理性を宿す。よって、感情ではなく理性のみに従うことで、人間は自然法との調和のなかで生きられる。

すべての人間は神的理性と自然法の両方を共有している――そう信じていたストア哲学者たちは、人類を、誰もが平等な共同体であると考えた。ストア派の考える理想的な社会とは、そこにいる全員が神的理性による規則に従い、調和して生きる世界国家だったのだ。

その数世紀後、著名なウルピアヌスをはじめとする3世紀初頭のローマ法学者の一部は、人間は自然法のもとでは平等であり、奴隷制は自然に反しているというストア派の思想を受け入れた。しかし、この原則が市民法において実現されるべきだと主張するには至らなかった。

神的理性

ローマの政治家キケロは、ストア派に強い影響を受けた。『国家論』（前51年頃）において、彼は説いている。「真の法とは正しい理性であり、自然と一致し、1つの永久不変の法と（一致する）……すべての民族をすべての時代において拘束し……つまりただひとりの、われわれすべての支配者であり指揮官である神が存在するのであり、この神がこの法を記し、推進し、施行したのである」。キケロはストア派的な視点から「神」を神的理性と捉えていたが、その言葉は後世のキリスト教思想家たち――イタリアの修道士グラティアヌスやトマス・アクィナスなど――にも響いた。彼らは、キケロが描き出した普遍的な立法者にして裁判官を、キリスト教の神と見なしたのだ。◆

市民法に関する限り、奴隷は人間ではないと考えられている。しかし、自然法に言わせるとそうではない。自然法においては、すべての人間が平等と見なされるからだ。

法学者ウルピアヌス
『サビーヌス注解』（43巻）
212年頃

アリストテレス

アリストテレスは哲学者、科学者、博学者であり、その著書は古代から中世における哲学の発展をかたちづくった。前384年にトラキアのスタギラで生まれたアリストテレスは、17歳でアテネに出た。アテネでは20年間、プラトンのアカデメイアで学び、自身も教鞭を執った。前347年頃にプラトンが亡くなると、アリストテレスは小アジアを旅行する。前344年頃にはエーゲ海のレスボス島を訪ね、海洋生物を詳しく研究した。

アレキサンダー大王の家庭教師を短期間務めた後、前335年にアテネに戻り、ライシーアムという自身の学校を設立。ここには図書館や博物館などがあり、地図のコレクションも収められていた。アリストテレスは約200冊の書物を執筆し、そのテーマは当時知られていた科学や哲学のあらゆる分野に及んだ。前323年、カルキスに移住し、翌年に死去している。

アリストテレスの著書はローマ帝国崩壊後のイスラム世界でも持ちこたえ、西洋ではトマス・アクィナスによって復興された。

主要な功績

『ニコマコス倫理学』『弁論術』『政治学』

人は不法に損害を与えたことへの責任を負う

アクィリウス法（紀元前286年）

背景

焦点
市民法と私的財産

それ以前
前494年　公職から締め出されたプレブスが、独自の議会を設立する。

前450年頃　十二表法がローマで最初の成典となる。

前287年　ホルテンシウス法により、平民会が元老院の承認なしに立法する権限を得る。

それ以後
426年　皇帝ウァレンティニアヌス3世の『引用法』において、裁判の判決の指針とすべき専門家として、初期の著名な法学者5人（ウルピアヌス、ガイウス、パピニアヌス、パウルス、モデスティヌス）の名が挙げられる。

529年～533年　ユスティニアヌス帝が『勅法集』『学説彙纂』『法学提要』を公布し、これらを構成要素としてローマ法が完成する。

アクィリウス法は、財産に対する不法な損害への金銭的賠償を認めるローマ法である。制定者でプレブスの護民官（平民から選ばれた公職者）だったアクィリウスにその名をちなむアクィリウス法は、平民会が元老院の承認なく立法できる権限を与えられて以来、最初に定められた法である。これによりプレブスは、元老院で支配的立場にあるエリート層のパトリキが民事上の不法行為を行った場合でも、それに対する賠償を得られるようになった。

アクィリウス法には、さまざまな状況で支払われるべき賠償が記された。たとえば、奴隷や家畜を不法に殺害した者は、その所有者に前年の最高価格を支払わなければならない。その他、あらゆる種類の財産に対する損害を網羅した条項もあり、30日以内の損害額の査定と、適切な金額の支払が義務付けられた。

後世での定義

アクィリウス法は、不法な損害を取り扱うすべての旧法に取って代わり、その遺産が現代の法概念「デリクト」、すなわち、故意または過失による注意義務違反から生じる民事上の不法行為である。

ローマ法では解釈の余地が残されていたが、のちに法学者ウルピアヌス（170年頃～223年）は繰り返しこう述べた。不法な損害とは「非難に値するやり方」で引き起こされたものである。したがって、過失による損害はこれに含まれるが、事故の結果は含まれない。ウルピアヌスの言葉は、ユスティニアヌス帝が533年にまとめた『学説彙纂』に引用され、アクィリウス法の遺産を後世に残すこととなった。◆

> 石が荷馬車から落ちて……
> 何かを壊した場合、
> 荷馬車の御者が石を
> 乱雑に積んだのであれば、
> その御者は不法行為に
> 対する責任を負う。
>
> **ウルピアヌス**
> ユスティニアヌス帝の『学説彙纂』
> 533年

参照：十二表法（p30）▪法学者ウルピアヌス（p36～37）▪グラティアヌスの『教令集』（p60～63）▪ドナヒュー対スティーブンソン事件（p194～195）

カーストの神聖な法

『実利論』と『マヌ法典』（紀元前2世紀）

背景

焦点
カースト制度とヒンドゥー法

それ以前
前1500年～前1200年　最古のサンスクリット語の聖典である『リグ・ヴェーダ』が、インドの部族社会で書き上げられる。この社会では、族長によってラージャ（統治者）が選ばれる。

前1100年～前500年　インド北部に世襲の王国が現れ、4階級からなるカースト制度が誕生する。

それ以後
1794年　『マヌ法典』が英訳され、ヒンドゥー教の法典として英国植民地の統治者に利用される。

1905年　12世紀から行方不明になっていた『実利論』の写本が再び発見される。

1949年　新興独立国インドの憲法がカーストに基づく差別を禁じるが、この問題は21世紀に入っても継続している。

『実利論』と『マヌ法典』は古代ヒンドゥー教の聖典である。サンスクリット語で書かれ、前200年頃に成立したと考えられている。『実利論（繁栄の科学）』は王のための実用書であり、いかに権力を維持して強い国家を築くかという助言が述べられる。『マヌ法典（マヌの回想録）』は、神話上の人類の始祖マヌから得られたとされる規則や規範を集めたものだ。こちらは『実利論』に比べて、道徳的かつ社会的な行動や義務と深く関わっている。

『実利論』と『マヌ法典』では、4つのヴァルナ（カースト）、すなわち儀式的純粋性に基づく階層に分かれたインド社会が描かれる。この階層で最も純粋なのはバラモン（司祭）であり、次いでクシャトリヤ（統治者や戦士）、ヴァイシャ（商人や農民）、シュードラ（労働者）と続く。特定のカーストに生まれることは、前世での行為に対する褒賞または懲罰だと信じられていた。また、カースト間での混血は両書で禁じられていた。どちらの書も法典として機能したわけではないが、いずれにも、生活のあらゆる部分に関わる厳しい規則と罰が記されている。

18世紀後半、『マヌ法典』は新たな重要性を帯びることになる。当時のインドを統治していた英国人たちが、この書をヒンドゥー教徒にとっての正式な法典、イスラム教徒にとってのシャリーアに相当するものと捉えたのだ。こうして『マヌ法典』は『ヒンドゥーの法制度』という題名で英訳され、大英帝国の臣民となったヒンドゥー教徒のための法づくりに用いられた。◆

ビームラーオ・アンベードカル博士、1960年の郵便切手。インドの初代法務大臣であり、カースト制度に反対する運動家としても有名だった。

参照：初期の法典（p18～19）■儒教、道教、法家の説（p26～29）
■ミシュナとタルムード（p38～41）■コーラン（p54～57）

我々は正義という徳を身につける

法学者ウルピアヌス（170年頃〜223年）

背景

焦点
道徳と法の理論

それ以前
前450年頃　十二表法によってローマ法の成文化の歴史が始まり、この1000年にわたる歴史は、529年のビザンティン帝国皇帝ユスティニアヌス1世による『ユスティニアヌス（旧）勅法集』で終わりを迎える。

前27年〜西暦14年　皇帝アウグストゥスが特定の法の専門家や法学者を指名し、自身に代わって法的見解を述べさせる。

1世紀　ローマで2つの相反する法学派が隆盛する。サビヌス派は伝統と保守的な正統性を、プロクルス派は論理的思考と一貫性を推進する傾向がある。

それ以後
533年　ユスティニアヌス1世が、ローマの法学者の著述をまとめた『学説彙纂』を公布する。

1070年頃　イタリア北部でユスティニアヌスの『学説彙纂』の諸巻の写本が再発見され、ローマ法とウルピアヌスについての関心が復活する。

ドミティウス・ウルピアヌスは、古代ローマで最も影響力ある法学者だった。多作であり、10年余りの間に200冊以上の法学書を執筆した。彼の名声は、それから何世紀も経た中世の時代に再度高まることになる。このとき、「ウルピアヌス」の名はローマ法の代名詞となった。

輝かしい経歴

ウルピアヌスは2世紀後半、現在のレバノンにあるフェニキアの都市ティルスに生まれた。近隣の都市ベリュトス（ベイルート）にはローマ帝国で最も有名な法学校があり、ウルピアヌスはそこで学んだか、または教鞭を執っていたようだ。

ローマでは帝国政府の高官に上り詰めた。3世紀初頭には皇帝カラカラの下で請願書担当の秘書官を務め、皇帝に出された要望に返事を書いていた。カラカラが帝国の全自由人に市民権を拡大した212年以降、ウルピアヌスはとりわけ新たな市民のために、法に関する著書を執筆するようになる。222年、新皇帝アレクサンデル・セウェルスの任命を受け、ローマ近衛隊の指揮官に就任。しかし兵士と衝突し、223年に反乱を起こされて

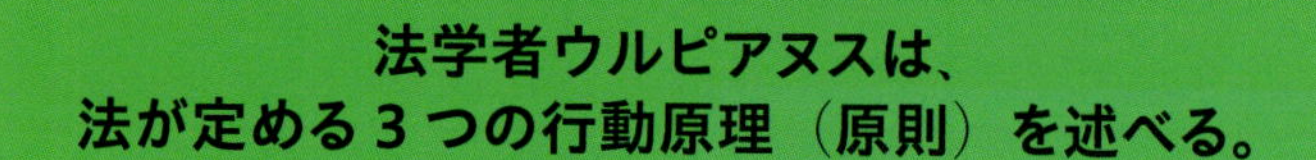

誠実に生きよ。
(*honeste vivere*)

何人も害してはならない。
(*alterum non laedere*)

各人に
各人のものを与えよ。
(*suum cuique tribuere*)

参照：十二表法（p30） ■アリストテレスと自然法（p32〜33） ■アクィリウス法（p34） ■カノン法の起源（p42〜47）
■トマス・アクィナス（p72〜73）

ローマで最も崇拝される5人の法学者の1人に数えられるウルピアヌス。ガイウス、パピニアヌス、パウルス、モデスティヌスと並び称される。彼の肖像は、1584年に出版されたフランス人の著作にも描かれている。

殺害された。

法の司祭

ウルピアヌスはローマ法を崇高なものと見ていた。それは普遍的かつ合理的で、アリストテレスが言うところの「自然法」に基づいていると考えていた。法を「善と衡平の術」と捉え、「我々（法学者）はその司祭と呼ばれるにふさわしい。なぜなら、我々は正義という徳を身につけ、何が善で何が衡平か認識していることを主張するからである」と述べた。

上記はウルピアヌスによる法の定義の一部であり、『学説彙纂』の最初の法文に選ばれた言葉でもある。『学説彙纂』とは、6世紀に皇帝ユスティニアヌス1世によって編纂された、著名な法学者の学説集のことだ。ローマ法を合理化するため、ユスティニアヌスは臣下の法の専門家に指示し、矛盾した既存の立法体系を評価して、明確なものに作り変えようとした。その結果、皇帝の法を包括的にまとめた『ユスティニアヌス（旧）勅法集』が529年に公布されることになる。続く533年には『学説彙纂』、そして法学生向けの教材である『法学提要』が公布された。

ウルピアヌスの著述の大半は、『学説彙纂』に収められた抜粋のかたちで今なお読むことができる。この法典の作成にあたり、編纂者はウルピアヌスを理想的な権威として選ぶことが多かった。それは、単にウルピアヌスが最後の偉大な法学者に数えられるからでも、彼が初期の法学者に精通していたからでもない。ウルピアヌスの文章の明瞭さと優雅さもその理由であり、結果として彼の著述は『学説彙纂』全体の3分の1を占めている。

ユスティニアヌスの諸法典において明文化された法原則の体系は、ローマ法の決定的な特徴と言える。この点において、ローマ法は、現在広く利用されている法体系であるシヴィル・ロー（大陸法）の基礎をなしているのだ。

> **法とは……正しいことと、正しくないことについての科学である。**
>
> **法学者ウルピアヌス**

ルネサンスの復興

『学説彙纂』では存在感を発揮したものの、それ以降のウルピアヌスはほぼ忘れ去られた人物だった。彼に再び注目が集まったのは、イタリアで古い写本が再発見された1070年頃のことである。その後、1583年には『学説彙纂』、『勅法集』、『法学提要』が『市民法大全』という題名のもとでまとめて印刷され、西ヨーロッパ全域における法学教育の基礎となった。◆

ウルピアヌスは皇居内で近衛隊に暗殺された。現場には、皇帝アレクサンデル・セウェルスと、その母で側近でもあったユリア・ママエアも居合わせた。

正義、真実、平和

ミシュナとタルムード（200年頃〜500年頃）

背景

焦点
神の法

それ以前
前516年　ペルシャのキュロス王により、バビロンに追放されたユダヤ人がエルサレムに戻り、神殿を再建することが許可される。

70年　ユダヤ人の反乱を受けて、ローマ人がエルサレムを略奪し、神殿を破壊する。

それ以後
1070年頃〜1105年　フランスで、ラビ・シュロモ・イッツァキ（ラシ）がタルムードの注釈書を執筆する。

1240年　タルムードがパリで裁判にかけられ、神への冒瀆の罪で有罪判決を受ける。フランス国内ではすべてのタルムードの写本が焼かれる。

1519〜1523年　イタリアのヴェネツィアで、ダニエル・ボンベルグがバビロニア・タルムードの初版を出版する。

タルムード（「学習」）は、敬虔なユダヤ人の生活のあらゆる部分を規定する、ユダヤ教の口承律法の要約書である。「ミシュナ」と「ゲマラ」で構成される本書は、西暦70年のローマ人によるエルサレム神殿破壊後に生まれたラビ・ユダヤ教の中心的な教典であり、ユダヤ教の主流をなしている。

前1世紀以降、ローマ人はエルサレムとその周辺のユダヤ属州を――はじめは傀儡王を通して、その後は総督を通じて――統治していた。前1世紀には、ユダヤ教は対立する会派に分かれ、それぞれがユダヤ法に対して異なる態度をとった。神殿礼拝を監督していたサドカイ派は、モーセのトーラーに概説された成文法のみを信じる貴族司祭だった。一方の

参照：十戒とモーセの律法（p20〜23） ■『実利論』と『マヌ法典』（p35） ■カノン法の起源（p42〜47） ■コーラン（p54〜57）

ミシュナの６つのセデル（命令）

ゼライム（種子）
祈り、祝福、トーラーの農業法について
11トラクテイト

モエド（祭り）
安息日、過越の祭り、その他の祭りについて
12トラクテイト

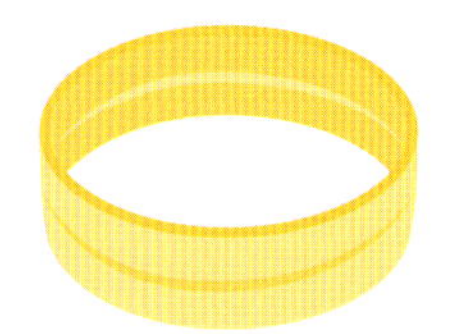

ナシム（女性）
結婚、離婚、誓いに関する規則について
7トラクテイト

ネズィキム（損害）
裁判所、民法、刑法、父祖の言葉について
10トラクテイト

コダシム（聖なるもの）
神殿礼拝、犠牲、食事の法について
11トラクテイト

トホロト（純潔）
儀式の清めについて
12トラクテイト

ファリサイ派は、サドカイ派以上に厳格なユダヤ法の遵守を信念としていた。純潔の法は司祭のみならず、すべてのユダヤ人の日常生活に適用されるべきだとファリサイ派は主張した。

ファリサイ派は、長い時間をかけて蓄積された口頭伝承からその信念を獲得した。ローマ・ユダヤの歴史家ヨセフスの言葉によれば、「ファリサイ派は、祖先から受け継がれた極めて多くの慣習を、モーセの律法には書かれていない慣習を人々に伝えた。それゆえ、サドカイ派はファリサイ派を拒む」。ファリサイ派が革新的だったのは、世の終わりの時に神が死者を復活させ、悪人を罰し、正しい人に報いると信じていたことだった。サドカイ派は、この「死後の世界」という発想を認めなかったのだ。

西暦70年、ユダヤ人の反乱を受けて、ローマ人はエルサレムを包囲・占領すると、神殿を徹底的に破壊した。サドカイ派は歴史から姿を消した。神殿の喪失は、ユダヤ人にとって破滅的な出来事だった。古代世界では神殿のない宗教など考えられず、エルサレム神殿は、ユダヤ人が贖罪のために犠牲をささげられる地球上で唯一の場所だったからだ。

ユダヤ教の保護

ユダヤ教が神殿なしで存続できたのは、ユダヤ教学者のラビ・ヨハナン・ベン・ザッカイによるところが大きい。ザッカイはローマ人を説得し、ユダヤ人の最高法院であるサンヘドリンをヤブネに再建する許可を得た。サンヘドリン側に対しては、トーラーの『ホセア書』第6章6節（「私はいつくしみを喜び、犠牲を喜ばない」）を引用し、動物の犠牲（神殿礼拝の保護）は、祈り、法の学習、博愛に置き換えることができると説いた。タルムードには、その根拠となる神からダビデ王への言葉が綴られている。「あなたが腰を下ろして律法にふける一日は、あなたの息子ソロモンが祭壇の上でわたしの前に捧げる千の燔祭（はんさい）より好ましい」

132年から136年にかけての第2次ユダヤ人反乱の後、皇帝ハドリアヌスはすべてのユダヤ人をエルサレムから追放し、エルサレムはローマの都市として再建された。ユダヤ教を守るため、ラビたちはヘブライ語で書かれた法典、通称「ミシュナ」（「繰り返し」または「教え」）を編纂した。

200年頃にラビ・ユダ・ハ・ナシの手によって完成したこの書は、タルムードの最古の構成要素である。ファリサイ派の口伝に基づき、ミシュナは6つのセデル（命令）に分けられている。セデルはさらに7〜12のトラクテイト（書物）に細分され、ユダヤ人の生活のあらゆる部分が網羅される。トラクテイトの1つである「ピルケイ・アヴォート（父祖たちの言葉）」では、口伝をたどりながら、権力者の系統をシナイ山のモーセまでさかのぼっている。

仮想の神殿建築

ミシュナの第5命令であるコダシムでは、エルサレム神殿が主題となった。その失われた建物や、犠牲の手順について、書き手はあらゆる詳細を愛情深く記述した。そうすることで、神殿礼拝をユダヤ人の宗教生活の中心に残そうとしたのだ。タルムードによれば、「犠牲の法の学習に従事する者は、その者自身を犠牲として捧げたかのように見なされるべきである」。西暦70年以来、ユダヤ人は日々、神殿が神によって修復され、そこでの礼拝が再開されるよう祈ってきた。したがって、神殿について学習することは、未来に向けて準備をすることでもあったわけだ。タルムードにはミシュナに加えて、「ゲマラ」（「完結」）という書が含まれる。こちらはミシュナよりはるかに長い注釈書で、後世のラビが日常の口語として使用していたアラム語で書かれている。ゲマラは2種類つくられ、350年から400年にかけて編纂されたパレスチナ版と、350年から550年にかけて書かれたバビロニア版が存在する。後者は前者に比べてはるかに長く、より大きな権威があると考えられている。

モーセはシナイ山で
トーラーを授かり、その内容を
ヨシュアに伝えた……
長老は預言者に伝え、
預言者は大集会の
人々に伝えた。

ピルケイ・アヴォート

כתובות　פרק רביעי　נערה שנתפתחה　90

印刷されたタルムードのページ。 中央にミシュナとゲマラが大きな字で書かれ、左側にはトーサフォート（「追加」）と呼ばれる中世の注釈が、右側には後世の学者による注記と並んでラシの注釈が添えられている。

ゲマラは、ミシュナで概説された法の意味を探り、その日常生活への適用を検討するための、膨大かつ多様な資料である。一般の法典とは異なり、ラビによる矛盾した判定が並べて提示されることが多く、そのどちらが正しいと決められることはない。ゲマラはユダヤ法を固定化するのではなく、それをめぐる学習と議論を可能にした、世界初の対話式の教典とされている。

バビロニア・タルムード（ミシュナとバビロニア・ゲマラで構成される）は、ユダヤ人が保護される立場にあったイスラム世界に広く行き渡った。イスラム教徒がスペインを征服した8世紀以降、コルドバの都市はユダヤ教の学問の中心地となった。ハラーハー（タルムードに由来するユダヤ法）はシャリーア（イスラム法）の発展に影響を与えた。法が教会会議で制定されていたキリスト教とは違い、ユダヤ法とイスラム法は学識を通じて導き出されていた。どちらも日常生活のあらゆる部分を規制する制度であり、どちらにおいても神の啓示の書（ユダヤ教では『トーラー』、イスラム教では『コーラン』）に基づく法と、後世の口頭伝承とが組み合わされている。

裁判にかけられたタルムード

タルムードはスペインからキリスト教ヨーロッパへ広まり、主要都市には専門の学校が設立された。一方で、ヨーロッパの統治者たちはタルムードについて何も知らず、ユダヤ人が学んでいるのはモーセのトーラーのみだと考えていた。

1238年、タルムードは、フランス系ユダヤ人で、キリスト教への改宗後にフランシスコ会修道士となったニコラ・ドナンから非難された。ドナンはローマ教皇グレゴリウス9世に対し、タルムードは攻撃的かつ侮辱的だと伝え、この書が存在しなければ、ユダヤ教徒はとうの昔にキリスト教に改宗していたはずだと訴えた。

1240年3月3日、フランス王ルイ9世

恐ろしく、悲惨な日……
太陽と月は暗く、天は砕け散り、
星々は駆逐され……
宇宙は嘆き悲しんでいる。

タルムードの裁判に関する
ヘブライ語の記述

は、国内のタルムードの写本をすべて押収してパリに運ばせ、冒瀆の罪で裁判にかけた。ドナンが起訴し、指導的なラビ4人がタルムードを弁護した。ドナンが発見したイエシュ（イエス）への言及には、イエシュは売春婦の息子であり、正当に処刑された偽の預言者であると書かれていた。ラビたちは、これはイエス・キリストのことではなく別人のことだと答え、「フランスで生まれたすべてのルイが王であるとは限らない」と言った。

タルムードは有罪となり、焼却処分を宣告された。写本は24台の荷馬車でパリの通りを運ばれ、大きなかがり火にくべられた。この裁判と、その後キリスト教ヨーロッパの各地で行われた公開焼却により、タルムードの完全な写本はほぼ残されていない。

タルムードの学習

タルムードの伝統的な学び方は、男性だけのペアで学ぶというものだった。生徒たちは1ページを読み、その意味について議論する。ゲマラの説明によれば、「トーラーの学習者が一緒に勉強すると、お互いを磨き合うことになる」のだという。今日では、女性もイェシーバー（タルムードやトーラーなどの宗教文書の学習に特化したユダヤ人学校）でタルムードへの理解を深めている。現在は、ライブストリーミングやビデオ会議を通じてネット上でもタルムードを読めるほか、生徒のハブルータ（学習パートナー）を探してくれるウェブサイトもある。

1923年、ポーランド人ラビのメイヤー・シャピロが、世界中のユダヤ人でタルムードを1日1ページずつ集団学習してはどうかと提案した。このアイデアは受け入れられ、数万人のユダヤ人が一緒にタルムードを読み始めた。彼らは7年半かけて全体を読み、1931年2月に最初のサイクルが完了した。2020年には13回目のサイクルが終わった。現在では、約35万人のユダヤ人が集団での読み合わせに参加している。◆

エルサレムのイエメン系ユダヤ人たちが、タルムードを一緒に読んで討論を行う。タルムードの学習は伝統的に男性の活動であり、男子がトーラーの学習を完了した後に行うものだった。

ラシ

1040年にフランス北部のトロワで生まれたラビ・シュロモ・イッツァキ、通称ラシは、歴史上最も影響力のあるタルムード注釈者だった。青年時代には、ドイツのヴォルムスにあるイェシーバーで学習を積んだ。25歳でトロワに戻り、ワイン製造者として働きながらラビとなる。その5年後、自身のイェシーバーを設立した。

ラシは、トーラーとバビロニア・タルムードの両方に幅広い注釈を加えた。明瞭かつ簡潔な書き方で、文章の一句一句を分析した。基本的にはヘブライ語で書いていたが、抽象的な語の意味はフランス語で説明した。1105年、トロワにて死去。

バビロニア・タルムードが初めて印刷された1520年代以来、この書の各ページの余白には、ラシの注釈が必ず掲載されている。

主要な功績

1070年頃〜1105年 トーラーの注釈
1070年頃〜1105年 タルムードの注釈

正しさの道を歩む

カノン法の起源（313年頃～380年）

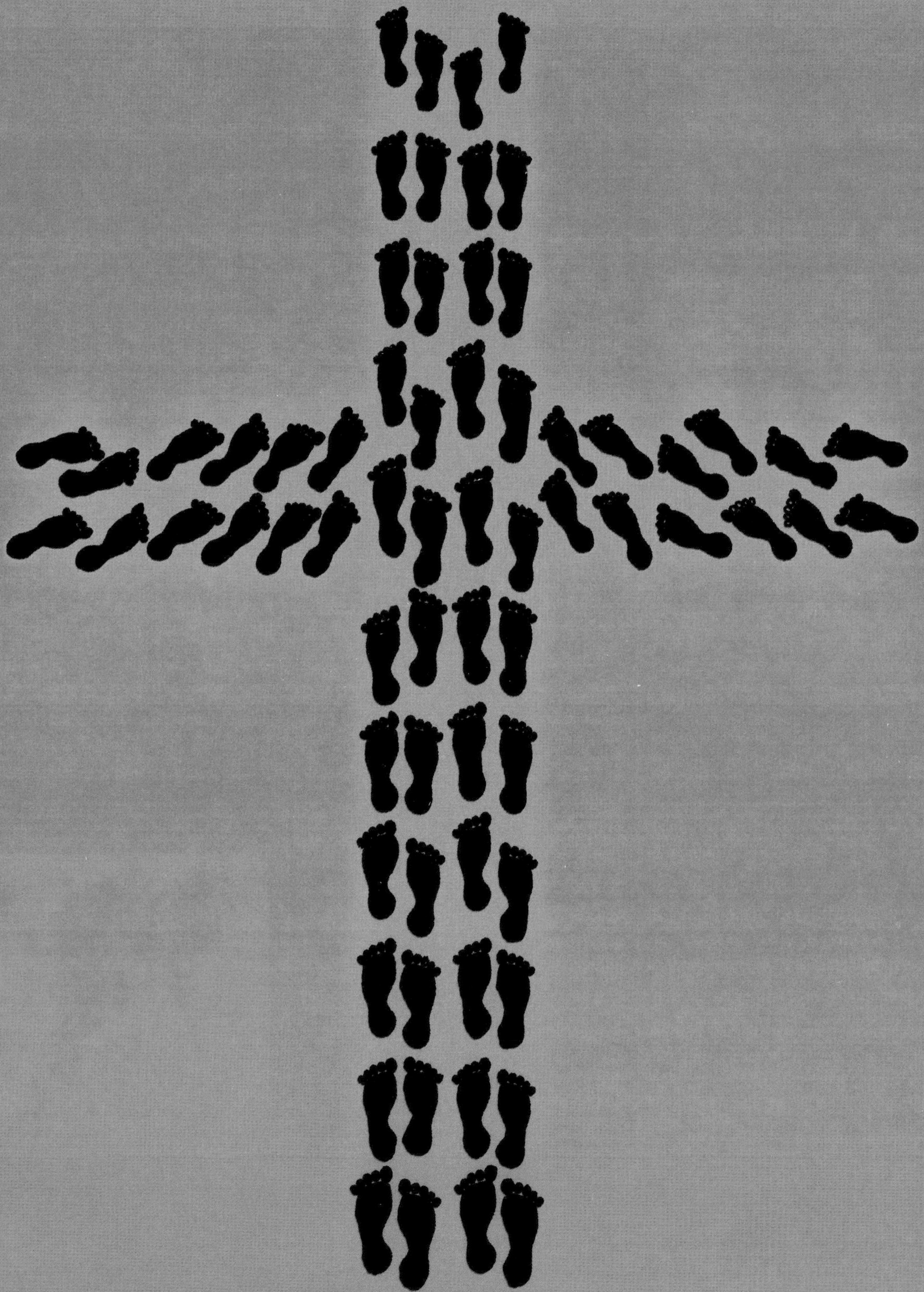

背景

焦点
カノン法

それ以前
30年頃 イエス・キリストがはりつけにされ、彼の信奉者が最初のキリスト教徒となる。

48年頃 エルサレムでの教会会議により、異邦人がキリスト教徒になる場合、モーセの律法に従う必要はないと規定される。

それ以後
406～476年 ゲルマン人が西ローマ帝国を征服するが、教会はローマの慣習と教会法を守る。

1054年 大分裂により、カトリック教会が東のギリシャ正教会と西のローマ・カトリック教会に分かれる。

1140年頃～1150年 グラティアヌスの『教令集』をきっかけに、神学から分離したカノン法という学問分野が生まれる。

ローマ・カトリックのカノン法は、今日まで機能している世界最古の法制度である。その起源はキリスト教の草創期にさかのぼるが、過去2000年にわたり、政治的、経済的、社会的、文化的、そしてもちろん宗教的な変化を反映するよう適応してきた。「カノン」という言葉は、真っ直ぐな棒や規則を意味するギリシャ語の「kanon」に由来している。初期のカノンは主に神学と関わっており、人は何を信じるべきかという討論から発展した。

イエス・キリストの最初の信奉者は、モーセの律法（旧約聖書においてモーセが授かったとされるヘブライ法）に従うユダヤ人たちだった。彼らは、キリストの12人の使徒（「使者」）が聖霊を受けたことを信じていた。聖霊とは、キリスト教の「三位一体」の概念における3番目の存在である。しかし、のちにパウロ（5年頃～67年）の名で知られることになるタルソのサウロも、キリストの幻を見たことを根拠に使徒を名乗っていた。新生のキリスト教教会で起きたこの最初期の神学論争は、48年頃、キリスト教指導者の会合であるエルサレム会議で解決された。パウロは使徒ペテロの支援を受け、「イエスを信じる異邦人（非ユダヤ人）がキリスト教徒となるにあたって、先にユダヤ人になったりモーセの律法に従ったりする必要はない」と主張したのである。エルサレム会議は、これを発効させるためのカノンを広めた。

指導力と信仰

パウロが仲間とともに設立したキリスト教の共同体では、「監督者」を意味するエピスコポイ（司教）が信者を統率し、「奉仕者」を意味するディアコノイ（助祭）がそれを補佐していた。彼らは聖餐（キリストの死を象徴する、パンとぶどう酒からなる神聖な食事）などの儀式を取り仕切り、改宗者に洗礼を授けた。教会が誕生してまもないうちは、キリスト教徒は、地元の司教や助祭を自分たちで選ぶことができた。

キリスト教の普及に伴い、司教の権威は増大していった。司教は「長老」を意味するプレスビタ（司祭）を指名し、自らの代理として儀式を執り行わせた。1世紀後半、ローマの司教クレメンス1世は、自身が聖ペテロにさかのぼる連綿とした司教の系譜の一員であると主張した。クレメンスの教会のような、使徒が設立した教会の司教には、カノンに対する使徒的権威があると論じたのだ。100年頃、やはり使徒によって設立されたアンティオキア教会の司教イグナティウスは、次のように書いている。「我々は、神その人を見つめるかのごとく、司教を見つめるべきである」

司教がカノンを発布するのは、地元の教会組織、儀式、信者の行動を管理するためでもあったが、主としてそれは何を信じるべきかを人々に指示するためだった。それ以前の宗教において教義は決して重視されなかったが、キリスト教においてはそうではなく、信心深い者には救済があり、誤った信仰をもつ者には天罰があるとされた。異端（教会指導者の意見に矛盾する意見）や冒瀆（神聖な存在を侮辱すること）などの重大な罪には、「アナセマ」という処分が下った。これは、違反者をキリスト教の共同体から破門または追放するという刑罰である。軽微な罪は、聖餐から排除されることで罰せられた。

また、信仰を管理するために文書が利用されることもあった。2世紀、司教たちは聖典一式を集め、モーセの旧約聖書と並ぶ書にまとめた。この新約聖書は、使徒やその仲間によって書かれたとされる書物や手紙だけで構成されていた。グノーシス派をはじめとする各宗派がこの

ダマスカスの途上で劇的な回心を遂げたパウロ。 キリスト教の迫害者だった彼は、有力なキリスト教宣教師へと回心した。

参照：十戒とモーセの律法（p20～23）■アリストテレスと自然法（p32～33）コーラン（p54~57）
■グラティアヌスの『教令集』（p60～63）■トマス・アクィナス（p72～73）

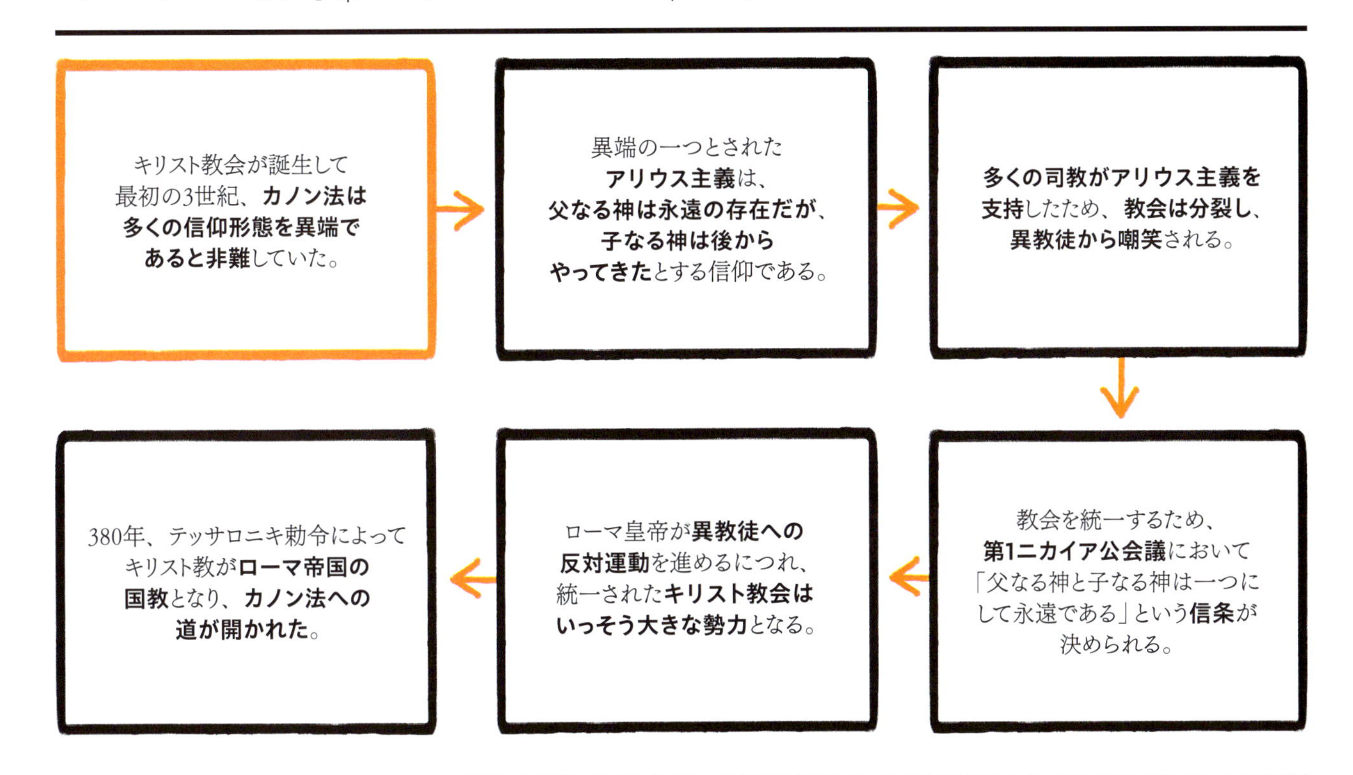

使徒的権威に異議を唱えると、教会はグノーシス派の書物を異端として非難した。

キリスト教徒の迫害

キリスト教徒はローマの神々や皇帝に犠牲をささげることを拒んだため、初期にはほとんどのローマ人から疑いと敵意の目で見られていた。64年からは、皇帝ネロのもとで始まった一連の散発的な迫害に苦しんだ。3世紀には、帝国全体で目立った少数集団となり、迫害は劇的に増加した。

250年、皇帝デキウスはユダヤ人以外の全員に対し、ローマの神々に犠牲をささげるか、さもなくば死を受け入れよと命じた。一部のキリスト教徒はこれに従ったため、「ラプシ」(「信仰を捨てた者」)と呼ばれた。迫害終了後、教会はラプシの再入信を認めるか否かの決断を迫られた。251年、カルタゴの司教キプリヌスは司教による教会会議を開き、ラプシは個人の罪に応じて裁かれるべきだという裁定を下した。同年後半にローマで開かれた2回目の教会会議でも、この裁定が確認された。教会はいまや、教会会議に集まった司教の多数決で法を決めるようになったのだ。303年から305年には皇帝ディオクレティアヌスのもとで最大の迫害が起き、その後継者である東ローマまたはビザンティン帝国（285年に西ローマ帝国から分裂）のガレリウスの時代にも、比較的小規模な迫害が数年間続いた。

300年代初頭、19人のスペイン人司教がエルビラ（現在のスペインのグラナダ）で会議を開き、信者の行動を規制するカノンを発布した。あるカノンでは、洗礼を受けた女性がユダヤ人、異教徒、異端者と結婚することが禁じられた。

異教徒の神殿で犠牲をささげた者や姦通した妻は、たとえ死の床についていても、聖餐をとることを認められなかった。司教、司祭、助祭は独身でいる必要があり、そうでなければ解任された。とはいえ、エルビラのカノンは、当地の会議に参加した教会のみを拘束するものだった。聖職者による恒久的な独身主義の習慣は西ローマ帝国内の他の教会にも広まったが、東ローマ帝国では緩やかに解釈され、司祭は結婚することが許されていた。

ミラノ勅令

312年、キリスト教に改宗したばかりのコンスタンティヌス1世が、西ローマ帝国の統治者となった。翌年には東ローマ皇帝のリキニウスと連名でミラノ勅令を発布し、キリスト教徒に初めて信仰の自由を与えた。さらに、ディオクレティアヌスによる迫害中にキリスト教徒から没収した財産の返還も命じた。

324年、コンスタンティヌスはローマ帝国の単独統治者となる。この時点でキリスト教は国家の宗教ではなかったが、コンスタンティヌスの統治下で、司教は市民的権威の地位を担い、その服装を身につけ、その義務を負うようになった。常に司教に付き添われていたコンスタンティヌスは、自身のバチカン移住前の皇居で、後にラテラノ宮殿と称される建物をローマの司教に贈った。また、いくつかの勅令を発することで、教会にそのカノンを執行する権限を与えた。

コンスタンティヌスは、同胞のキリスト教徒と民事訴訟で争っているキリスト教徒について、誰でもその事案を世俗の裁判所から司教の仲裁に移すことができると定めた。歴史家エウセビオスによると、コンスタンティヌスはまた、「教会会議で司教が定めた法令に自身の刻印を押したため、（司教に）承認された事柄を属州の統治者が覆すことは違法となった。なぜなら、神の祭司はいかなる権力者にも勝るからである」。別の勅令では、異端者が礼拝のために集まることが禁じられ、その財産は教会に引き渡された。

コンスタンティヌスがリキニウスを倒したのは、イエス・キリストの本質をめぐる大きな対立が教会で生じていたときだった。そのきっかけはアレクサンドリアで、アリウスという司祭が次のように主張したことから始まる。父なる神はいつの時代も存在していたが、神の子は後から生まれており、始まりの時がある。

> 我らの人生を過ちから解放し、
> 神の慈悲を頼って、
> 正しい道に導こうではないか。
>
> **コンスタンティヌス1世**
> ヌミディアの司教への手紙
> 330年

つまり、子は父に従属するということだ。アレクサンドリアの司教アレクサンドロスは、アリウスを異端者として非難した。ところが、多くの司教や指導的キリスト教徒はアリウスを支持し、議論は帝国全土に広がった。この争いは異教徒を喜ばせ、彼らはそれを利用してキリスト教の思想をあざ笑った。

ニカイア公会議

神学に関心のなかったコンスタンティヌスは、教会が分裂し、異教徒にあざ笑われる様子を見て震え上がった。教会を団結させるため、コンスタンティヌスは世界規模の司教会議を初めて招集し、司教たちは325年に現在のトルコにあるニカイアに会した。この会議は「公会議」と表現されたが、それは司教たちが「全世界」（ギリシャ語で「オイコウメニコス」）から集まったためである。じつに250人以上の司教が、のちに「第1ニカイア公会議」と呼ばれることになる会議に出席し、コンスタンティヌスはそれを監督した。

第1ニカイア公会議では、アリウス主義（アリウスが述べた見方）が否定され、父と子は「同一の実体」であり、子は「すべての時に先立って」父から生まれたと宣言するニカイア信条が承認された。異議を唱えた2人の司教はアリウスとともに追放され、その著書は焼かれた。この会議はまた、イースターの日付や教会階層の構成などに関する多くのカノンを発布した。州都の司教、いわゆる首都大司教は、州内の他の司教に対する権限を与えられていた。しかし、ローマ、アンティオキア、アレクサンドリアの司教は、他のどの司教よりも上位に位置付けられていた。第1ニカイア公会議で合意されたカノンは、あらゆる教会を法的に拘束するものだったが、ローマ帝国で

コンスタンティヌス大帝

皇帝として最初のキリスト教徒となったコンスタンティヌス1世は、272年頃に生まれた。前帝マクセンティウス（276年頃〜312年）との内戦に勝利し、312年に西ローマ帝国の統治者となる。ミルウィウス橋の戦いに挑む前、コンスタンティヌスは夢の中で、部下の兵士たちの盾をキリスト教の象徴であるキーロー（「キリスト」を意味するギリシャ語の最初の2文字を組み合わせたもの）で飾るよう告げられた。この戦いに勝利を収めると、コンスタンティヌスはキリスト教の神を自分の守護神とみなし、その宗教を広めることに全力を注いだ。

324年、コンスタンティヌスは東ローマ皇帝のリキニウスを倒し、ローマ帝国の単独統治者となる。330年にローマからビザンティウムへ遷都し、新たなキリスト教都市のコンスタンティノープル（現在のイスタンブール）を築いた。キリスト教徒になる以前は、ローマ帝国の正式な太陽神であり、ローマ軍の守護神でもあったソル・インウィクトゥス（「不敗の太陽」）を崇拝していた。改宗後も数年間は自身の硬貨をソル・インウィクトゥスで飾り続け、またキリスト教の洗礼は337年に死の床で受けたのみだった。

第1ニカイア公会議には、ブリテンやペルシャを含むローマ帝国全土から司教が参加した。この会議で多数派を形成したのは、東方の司教たちであった。

はキリスト教徒が依然として少数派だったため、皇帝の臣民すべてに適用されることはなかった。

後代のローマ皇帝が異教信仰に反対する運動を行うと、キリスト教会はいっそう強大になった。380年には、テオドシウス1世がテッサロニキ勅令を発し、全帝国民にキリスト教徒となるよう命じたことで、ついにキリスト教が国教となる。この命令を拒否した者は「気が狂った異常者」と判断された。この時点で、教会はほぼすべての異端書を焼くことが可能になった。テッサロニキ勅令は極めて重要な勅令であったため、529年には、皇帝法を包括的に収集した皇帝ユスティニアヌスの『勅法集』の最初の項目として記された。

カノン法を課す

381年、テオドシウスはコンスタンティノープルで2回目の公会議を開く。この場では、ニカイア信条がキリスト教の思想を示す唯一の正当な声明であることが再確認された。この公会議ではまた、聖霊が父から「出た」とする新たな条項も加えられた。こうして、ユダヤ人を除くすべてのローマ帝国民は、カノン法に従うことを余儀なくされた。つまり、教会に行き、断食を守り、ニカイア信条を信じなければならなくなったのだ。カノン法は、市民法と並ぶ独立した法制度として発展を続け、やがて独自の裁判所、裁判官、強制的な罰が整備された。

約700年間、キリスト教の教会は1つしか存在しなかったが、11世紀にその状況は一変する。ローマ教皇ベネディクトゥス8世がニカイア信条に「filioque（と子から）」という言葉を加え、聖霊は父からも子からも出ると主張したためだ。1054年、このことがきっかけで西のローマ・カトリック教会と東のギリシャ正教会の大分裂が起こり、後者は新たな言葉の採用を拒んだ。正教会には初期のカノンをまとめた法令集（『ペダリオン（手引書）』）があるが、そこにはカトリック教会の完全な法典は含まれていない。

カトリック教会の法令が増えると、そこに何らかの秩序をもたらそうという試みが多方面から行われた。その集大成となったのは、グラティアヌスという12世紀の修道士による著作物である。自ら編纂した『矛盾教会法令調和集』（後世では『グラティアヌス教令集』と称される）において、グラティアヌスは、教会の規律に関する約3,800の文章を分析して整理した。この著作を通じて、カノン法は神学とは区別された法学へと発展し、それ自体が研究に値するものとなった。◆

カノン法は独特な現象である……というのも、教会が独特な性質を有しているからである。教会は、その慣習においては神的な起源をもちながら、その権威の担い手においては人間的な社会なのだ。

シュテファン・クットナー
ドイツの歴史家
（1907～1996年）

第2章

中世の法

500年〜1470年

529年～533年

東ローマ（ビザンティン）皇帝ユスティニアヌスが、一連の**ローマ法の編纂物による**『市民法大全（ローマ法大全）』を公布する。

632年

預言者ムハンマドへの神の啓示を記録した「**コーラン**」が**イスラム法の基礎**を築く。

8世紀

イマーム・アブー・ハニーファが**イスラム法の大学派**を初めて確立する。

840年頃

イマーム・アル＝ブハーリーの権威ある**ハディース集**などが、イスラムの**カーディー**（**裁判官**）や**ムフティー**（**法学者**）の指針となる。

1066年

ウィリアム征服王がイングランドに**決闘裁判**を導入し、**財産や土地をめぐる紛争**を解決する。

1086年

イングランドの**土地所有を調査**する「ドゥームズデイ・ブック」が作成されたことで、**君主制下での中央集権化**が進む。

1088年頃

イタリアのボローニャに**ヨーロッパ初の大学**が設立される。当初は**カノン法と市民法**のみが教えられる。

1140年頃～1150年

グラティアヌスの『教令集』がローマ・カトリック教会における**カノン法の正式な典拠**となる。

西ローマ帝国が崩壊してもなお、ローマ・カトリック教会は中世を通じて、ヨーロッパを文化的・政治的に支配する力を保った。印刷術の到来以前には、文書とそこに含まれる知識を独占的に広めていたため、政治や法に大きな影響を及ぼした。だがこの時期には、教会と君主、君主とその臣民との間で、法の管理をめぐる争いも生じた。

一方、7世紀のアラビアでは、預言者ムハンマドがイスラム教を創始した。ムハンマドは神の言葉である託宣の語り手で、610年にメッカで説教を開始し、632年に亡くなるまで活動を続けた。

託宣はムハンマドの信奉者によって文章化され、コーランにまとめられた。ムハンマドは優れた軍事的・政治的指導者でもあったため、交戦中の部族を単一の組織の下で統合し、軍隊を編成した。彼の死から1世紀も経たないうちに、イスラム教はアラビア半島から南アジア、さらには北アフリカにまで広がり、イスラム帝国を生み出した。

宗教法の成文化

イスラム帝国では高度な法制度が発達したが、これはムハンマドの先例を参考に、コーランの研究に基づいて構築された制度だった。ムハンマドの弟子たちはまた、預言者自身とその家族や仲間の言行に関する伝承であるハディースを数多く記録していた。イスラム教の裁判官や法学者によってその信憑性が確認されると、これらのハディースはコーランに注釈や解釈をもたらした。ハディースはコーランと共に、のちのシャリーア（イスラム法）の基礎となった。

ローマ・カトリック教会は、「カノン」と呼ばれる独自の法も考案した。カノンは信念や行動を規定する法であり、当初は聖職者を中心に適用されていたが、やがて信徒もその対象となった。イタリアの法学者グラティアヌスはカノンを初めて包括的な著書にまとめ、これは『グラティアヌス教令集』と呼ばれるようになった。『グラティアヌス教令集』は、14世紀に完成した『カノン法大全』に収められた6編の編纂物のうち最初のもので、カノン法の正式な典拠となった。

イスラム教学者やキリスト教学者はまた、自然法の概念をはじめとする古典ギリシャ哲学者の思想を自らの文化に取り入れた。グラティアヌスは『教令集』において、自然法は「すべての国家に共通する法」であると述べた。アリストテレスに影響を受けたイタリアの神学者トマス・アクィナスは、法の概念それ自体について検討し、特に教会法と、教会の問題には関与しない市民法との違いを考察

イングランドのコモン・ロー（先例に基づく慣習法）が、国王ヘンリー2世の依頼を受けた重臣のラヌルフ・ド・グランヴィルによる**法書によって明確化**される。

1187年～1189年

イングランドで**神明裁判**が国王ヘンリー3世によって**廃止**される。

1219年

トマス・アクィナスが『神学大全』において、**人定法が不変の神の法または自然法と対立する場合**、それは**不当な可能性**があると述べる。

1265年～1274年

1166年

クラレンドン法によってイングランド王の権力と**巡回裁判**が拡大され、裁判手続に**神明裁判や陪審員**が利用される。

1215年

イングランド王ジョンが**マグナ・カルタ**に署名する。マグナ・カルタとは、**君主が法の上にはない**ことを確認する憲章である。

1225年

ヘンリー3世がイングランドの**マグナ・カルタを再発給**する。これにより、**国王は法を遵守し、すべての人民が王権の濫用から守られる**。

13世紀～15世紀

商人間の慣習法、すなわちレクス・メルカトリア（商慣習法）が、**国際貿易における一種の自主規制**として発展する。

した。アクィナスによれば、法はさまざまな種類に分類でき、神から与えられた不変の法、普遍的に存在する自然法、人間によって考え出された法などがある。このうち最も重要なのは自然法であり、あらゆる種類の法は自然法と一致していなければならない。アクィナスのこうした見方は、以後何世紀にもわたって法思想に影響を及ぼした。

法と国家

イングランドの法制度は、中世に起きた重要な変化の例とされた。1066年にノルマン人の侵攻を受けるまで、サクソン人の統治者はヴァイキング法とキリスト教法の混合法を施行し、即決裁判や厳しい刑罰を科していた。新たにノルマン人の王となったウィリアム征服王は、新たな封建制度を通じて土地所有権を掌握。これを行うにあたり、自らの王国に関する詳細な目録を作成し、「ドゥームズデイ・ブック」に記録した。この記録は、のちに財産法に関する訴訟で先例として利用された。

12世紀のイングランドにおける重要な改革は、巡回裁判の導入であった。巡回裁判とは、巡回する裁判官の主宰により、町や都市で時折開かれていた裁判のことである。こうした裁判は教会から法の管理権を奪い取り、コモン・ローの思想を強化した。また、地元の陪審員に証言を求めて被告の有責性を判断させるという点では、神明裁判の廃止後に陪審制度の先駆けとなった。イングランド法におけるもう一つの画期的な出来事は、1215年、バロン（貴族）たちがジョン王との契約をまとめ、のちに「マグナ・カルタ」と呼ばれることになる文書に記録したことだ。ジョン王は、法に違反した行為を今後は行わないという内容に同意した。さらにこの文書では、あらゆる「自由人」が巡回裁判を通じて法を利用できることや、確立された法的手続以外によっては逮捕されたり罰せられたりしないことが約束された。

中世ヨーロッパは市民法とカノン法という二重の法制度の下でおおむね機能していたが、13世紀以降は商人がヨーロッパ社会に大きな影響を及ぼし、新たな商法や国際協定をも誕生させた。こうした取り決めは国家間の貿易の発展にとって不可欠なものとなり、その適用可能性は近代まで維持された。◆

神は公正な裁判官か?

神明裁判と決闘裁判(6~12世紀)

背景

焦点
有罪の立証

それ以前
紀元前1750年頃　有名な法典のなかでは世界で最も古いハンムラビ法典に、神明裁判の使用が盛り込まれる。

それ以後
1215年　ローマ教皇インノケンティウス3世により、火神判や水神判への聖職者の関与が禁じられる。

1219年　イングランド王ヘンリー3世の治世下で、神明裁判の一般的使用が廃止される。

1396年　スコットランドのパースで、史上最後の大規模な決闘戦闘に数えられる「氏族の戦い」が行われる。

16世紀~17世紀　ヨーロッパや植民地時代の北米で、魔女狩りに水神判が使用され、沈むことが無実の証明であるとされる。

1819年　イギリスで決闘裁判が廃止される。

ローマ帝国崩壊後の6世紀にゲルマン諸部族の法典が生まれ、この法典が発展すると、訴訟事件は神明裁判(神判)によって裁かれるようになった。神判は、被告や原告が他の方法で証明を果たせない場合、たとえば自分が見たものを事実と断言できるだけの証人の数を揃えられなかった場合などに行われた。被告が証人を揃えられなかったり、あるいは信用できないと判断されたりした場合、指名された裁判官や首長は神判の利用を認められていた。

水神判と火神判

イングランドやヨーロッパ本土では、複数の形態の神判が普及した。フランク人のサリカ法典(507年頃~511年)には、熱湯神判に関する歴史上初の記述が見られる。この神判にかけられた被告人は、熱湯に手を入れて石を取り出すよう求められた(湯の深さは犯罪の重大性に応じて変化した)。手には包帯が巻かれ、3日経ってから解かれる。このとき傷が治っていれば、被告人は無罪とされた。

鉄による神判は、被告人に赤熱した鉄や石炭の上を歩かせ、その火傷が悪化したか治ったかを調べるというものだった。十字架神判では、被告と原告が両腕を広げて立つよう命じられ、先に腕を下ろした方が敗訴となった。

罪を犯した人間は神判を受けたがらず、罰金を払ったり逃亡したりする傾向があった。罪なき人間は、自分が傷を負うことはないと信じていたため、素直に指示に従った。神判を行う聖職者はこのことを理解しており、罪なき人間が苦しむことを望まなかった。そこで、「熱湯」をぬるま湯にするなどして、不正を働くことが少なくなかった。

決闘裁判

神判は一般に下層階級に対して行われていたが、富裕層は証明の手段として決闘裁判を多用した。これは、富裕層が彼らの代理となる代闘士の雇用を一部の制度で許可されていたためであり、また少なくともイングランド法においては、富

> もし宣誓しないというのなら、その者を三重の試練にかけよ。
>
> **エゼルレッド王のウッドストック法典、997年**

参照：初期の法典（p18〜19） ■ドゥームズデイ・ブック（p58〜59） ■クラレンドン法（p64〜65） ■マグナ・カルタ（p66〜71） ■チャールズ1世の裁判（p96〜97） ■セイラム魔女裁判（p104〜105）

裕層のみが所有する土地の権利についても決闘裁判で争うことが可能であったためである。この慣行は西ヨーロッパで9世紀頃から普及し、1066年のノルマン征服以降にイングランドへ持ち込まれた。決闘裁判の交戦規則は国ごとに異なっていた。イングランドでは、裁判官の監督下で双方が規則に同意し、勝負を受諾したことを象徴的に示すためにガントレットを交換した。彼らの決めた方法で事件が解決されるか否かを判断するのは裁判官の役割だった。決闘は、当事者のどちらかが殺されるか、致命傷を負うか、あるいは「参った」と叫んで戦いをやめるまで続けられた。被告が負けた場合は、その罪に対して本来科せられる刑罰を受け、さらに財産を失うこともあった。原告が負けた場合は、訴訟を放棄して罰金を支払わなければならなかった。

使用停止と廃止

1215年、ローマ教皇インノケンティウス3世は、聖職者による火神判や水神判の実施を禁止した。その4年後には、国王ヘンリー3世が、イングランドにおける神判の一般的使用を禁じた。決闘裁判は次第に使われなくなり、その実施に対する懸念から陪審裁判への道が開かれた。1819年、イギリスの法令集から決闘裁判が削除される頃には、この形式の裁判は古い法をめぐる好奇心の対象となっていた。◆

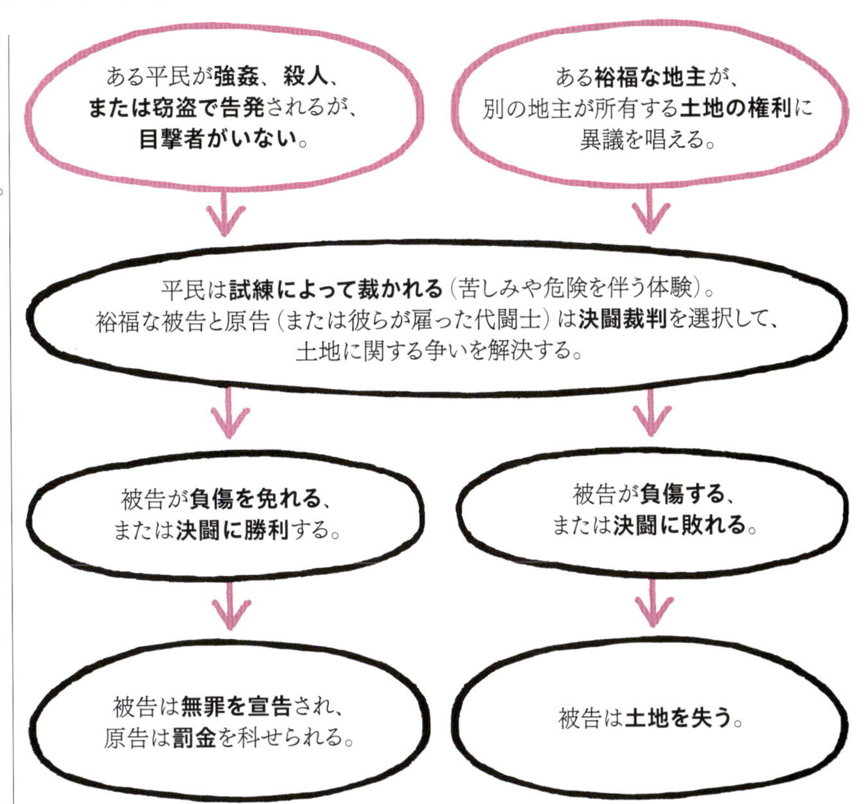

2人の司教（ミトラを着用している）が2人の騎士の決闘を裁いている。中世のフランスでは、1386年に最後の決闘裁判が行われた。

神の法と導き出された道

コーラン（632年）

背景

焦点
神の法

それ以前
610〜632年 預言者ムハンマドが神の啓示であるコーランを授かる。

それ以後
660年頃 最初のカーディー（イスラムの裁判官）が任命される。

8世紀 アブー・ハニーファがイスラム法学の初期の学派を創始する。

840年頃 ムハンマド・アル＝ブハーリーが、ハディース集の決定版を編纂する。

900年頃 「イジュティハードの門」の閉鎖がイスラム法学者によって宣言され、裁判官が独自に推論を行う慣習が断たれる。

イスラム法は宗教改革から生じた。7世紀初頭に預言者ムハンマドが受けた神の啓示は、神の唯一性をその中核としていた。この唯一性は、アラビア半島に結束をもたらすものでもあった。それまでのアラビア半島は、ユダヤ教コミュニティ、キリスト教コミュニティ、多神教の異教徒との間で宗教的に分裂し、多数の砂漠遊牧民と沿岸の定住民との間でも政治的に分裂していたのだ。

イスラム以前の時代は後世でジャーヒリーヤ、すなわち「無知の時代」と位置付けられたが、この時代に法が皆無というわけではなかった。沿岸都市やオアシス都市で取引を行う商人たち――そのなかにはメッカ出身のムハンマドの一族もいた――は、契約を結ぶ際、慣習法を適用していた。

砂漠の奥地では、血の復讐が、被害者

参照：十戒とモーセの律法（p20〜23）■『実利論』と『マヌ法典』（p35）■ミシュナとタルムード（p38〜41）
■カノン法の起源（p42〜47）■グラティアヌスの『教令集』（p60〜63）■トマス・アクィナス（p72〜73）

コーランはすべてのイスラム法の源である。

ハディース（ムハンマドとその仲間の言行）は**コーランを補う**。

コーランとハディースから**特定の法的問題に対する答えを得られない場合**、裁判官は**キヤース**（類推）を用いて、**同様の問題**にコーランやハディースがどう対処しているかを確かめることがある。

イジュティハード（独自の推論）を行うと、**コーランやハディース以外の配慮事項**、たとえばマスラハ（公共の利益）などを法的判断の指針とすることが可能になる。

裁判官は**イジュマー**（**イスラム法の要点に関する法学者間の合意**）を用いて裁定を下すこともある。

と加害者間の賠償交渉によって制限された。

ムハンマドが伝道した新たな宗教であるイスラム教の信者は、メッカでの迫害を逃れ、622年にヤスリブ（現在のメディナ）へ避難した。その後すぐ、仲間同士の小集団は数千人のコミュニティ（ウンマ）へ急成長し、彼らを統治する法が必要になった。この法については、632年に初めて編纂された『コーラン』、つまりムハンマドの啓示をまとめた聖典に記載されている。神の言葉の忠実な記録とされるコーランは、不変かつ不可侵なものであり、そこに記された指示や掟――1日5回の祈りを捧げる義務、貧しい人々に施しをする義務など――は、イスラム法の原則の基盤であるシャリーア（「正しい道」）をかたちづくっている。

イスラム法の源

コーランは公式な法的文書ではない。コーランには、本文で直接言及されていない状況にも適用できる原則が含まれているものの、その原則を解釈する手段が欠けているのだ。ムハンマドが没した632年から1世紀以内に、イスラム教はアラビア半島から南・中央アジア、北アフリカ、スペインをはじめとする世界の大部分に広まった。信者の数が大幅に増えると、一貫性のあるイスラムの法的枠組みを構築することがいっそう重要になった。結果として、660年代以降のウマイヤ朝下ではフィクフ（イスラムの法学体系）が発展し、この流れを加速させるようにカーディー（イスラムの裁判官）が任命された。ムフティー（法学者）は宗教法の問題に関するファトワー（意見）を述べて、カーディーの審議を補佐した。

彼らはまず、ムスリムの生き方と指針となる社会的・法的慣習を体系化した

イマーム・アル＝ブハーリー（p56を参照）は、有数の権威あるハディース集を編纂し、ウズベキスタンにあるこの霊廟に埋葬されている。ここは、イスラム教の重要な巡礼地となっている。

9世紀のクーフィー体で、コーランの一部を羊皮紙に記したもの。クーフィー体はアラビア文字の最古の書法であり、コーランの初期の写本に用いられた主要な書体である。

「スンナ」の正確な地位を決定した。イスラム法は、預言者とその家族や仲間の言行であるハディースに依拠することがほとんどだったが、こうした言行には神の言葉であるコーランそれ自体と同等の地位は与えられなかった。

裁判官のための指針

法学者は、こうしたハディースの伝承経路をさかのぼり、根拠が不十分だと認められたものについては廃棄した。9世紀半ばに学者のアル＝ブハーリーが編纂した著名なハディース集では、その数が中核となる2,762まで絞られたとされている。

エジプトの法学者アル＝シャーフィイー（820年没）は、カーディーに向けて、イスラム法という難解な領域をくぐり抜けるための手順を詳しく述べた。シャーフィイーによれば、カーディーはまずコーランを調べ、そこに特定の法的問題への答えが見つからなければ、次にハディースを検討すべきである。コーランとハディースがその事象に言及していない場合や、両者に矛盾が見られる場合、カーディーはキヤースを行使（類推を利用）し、同様の状況がコーランまたはハディースでどのように扱われているかを調べることができる。それでも不十分な場合には、法学者の意見を検証することを必須としたうえで、イジュマー（学術的な総意）を模索することが許される。この理性的な手順全体はイジュティハードと呼ばれ、コーランやハディース以外への配慮も認めていた。ここで配慮されたのは、ある事象が常に許容される（または禁じられる）とみなされていた場合、その現状は継続するというイスティスハーブ（「継続性」）や、裁判において共同体全体の利益が勘案されうるというマスラハ（公共の利益）などの要素である。

10世紀には、主要な法的問題はすべて決着済みだとする学術的判断が主流になり、他に必要とされるのは、古い判例を踏まえて新事象を解決するための類推くらいであろうと考えられるようになった。アブー・ハニーファ、マーリク・イブン・アナス、アル＝シャーフィイー、イブン・ハンバルなどによって創始されたフィクフの正式な学派は、ハナフィー、マーリク、シャーフィイー、ハンバルの各法学派を生み出し、これらは今なおムスリムの最重要学派であり続けている。7世紀から8世紀にかけて、イスラム共同体はムハンマドの後継者問題をめぐって分裂していた。多数派のスンニ派は、預言者に付き従った5人のカリフ（イスラム共同体の長）と、これらのカリフの後継者であるウマイヤ朝、アッバース朝を支持した。少数派のシーア派は、ムハンマドの娘婿であるアリーの系統の人々が指導者の地位を受け継ぐべきだと考えた。儀式に関する小さな違いがあるだけでなく、シーア派はザイド派やジャファリ派といった独自の法学派を有する。これらの学派は、スンニ派で優勢となったタクリード（過去の決定を「模倣」すること）よりも、（イランのアーヤトッラーのような）宗教的権力者による独自の推論に重きを置いている。

犯罪と法

イスラム法では、すべての事象が義務（ファルド）、推奨（マンドゥーブ）、任意（ムバーフ）、忌避（マクルーフ）、禁止（ハラーム）に区別され、このうち最後の2範疇には刑罰が規定されている。殺人や性的暴行といった一部の重罪はハッドと呼ばれ、コーランやハディースに定められている厳しい刑罰が科された（泥棒の手を切断する、姦通者に投石するなど）。ただし、これらの立証にあたっては、さらに厳しい条件が求められた。ほとんどの

> 知識を求めて道を歩むのであれば、それが誰であれ、アッラーはその者が楽園へ向かう道を容易にしてくださる。
>
> **イブン・マージャ**
> 9世紀イランのハディース編纂者
> （824～887年頃）

スレイマン1世はオスマン帝国最盛期のスルタンで（在位1520～1566年）、16世紀イスラム世界において最大の権力を持った。

犯罪では男性2名（または男性1名と女性2名）の証人が必要だったが、姦通罪では成人男性4名の証人が必須とされた。

十分な数の証人を確保するのが難しかったこともあり、9世紀のアッバース朝下（タクリードがイジュティハードに代わって法的推論の中核となった時期とほぼ同時）では、刑法の多くの側面が国家裁判所に委ねられた。家族法や財産法は依然として宗教裁判官の領分にあったが、このような変化を受けて、イスラム社会では世俗法と宗教法との間で長く緊張が続くことになる。かつては宗教的権力者が法を作成していた――あるいは少なくとも、法に基づく判断を下していた――のに対し、9世紀には世俗的統治者が法を定めるようになったのだ。こうした統治者の代表はオスマン帝国のスルタンたちであり、たとえば16世紀のスルタンであるスレイマン1世は、「カーヌーン」と呼ばれる行政法体系を築いた。

今日のシャリーア法

理想的なイスラム国家とは、コーランやハディースを拠り所とし、さらにはカリフと聖職者とカーディーの連携に基づいてイスラム法に支配される国家であると考えられていた。ムスリムが少数派である国々においては、このバランスが保たれないことは明らかだが、宗教的事象の判断についてシャリーア裁判所の権限を認めるよう政府に求める声もないわけではない。一方、それは国家法をイスラムの宗教法に従属させることだとする見方もあり、物議を醸している。

ムスリムが多数派を占めるパキスタンなどの国々では、シャリーア法に世俗的な国家法の枠組み内での役割を持たせるべきだとする圧力が強まっている。アフガニスタンのタリバン政権のような極端な例では、こうした圧力の結果、シャリーアが法的正当性の唯一の源として位置づけられるに至った。また、いくつかの国々では、法が女性をはじめとする社会の特定集団に対して抑圧的であると見なされ、改革が求められている。たとえばサウジアラビアでは、女性の運転禁止は、イスラム法よりも伝統的・文化的慣習に基づく規制だと認められた。世界20億人のムスリムを統治する法を定義し解釈するための闘いは、今も継続中だ。◆

> 証言にあたって
> アッラーのため
> 公正を堅持しなさい。
>
> **コーラン第4章135節**

アブー・ハーミド・アル＝ガザーリー

アル＝ガザーリーは1058年にイランのタバランに生まれた。1091年、バグダッドのシャーフィイー・マドラサ（教育機関）の校長に任命され、ここで5年間教鞭を執る。70作以上の著書を執筆し、のちにムジャッディド、すなわち「法の改革者」として認められると、その解釈はとりわけ尊重されるようになった。

アル＝ガザーリーは、シャリーアの秘密を独自に暴いたと主張する指導者に忠誠を誓うことを咎め、これを異端だと非難した。この非難は、定期的に暗殺者を派遣して敵を殺害していたイスラム教のアサシン派に向けられたものだった。アル＝ガザーリーは少なくとも1110年まで講義を続け、その翌年に没した。

主要な功績

11世紀後半 『宗教科学の復興』
1105年頃 『幸福の錬金術』

1ヤードの土地も残らず記録された

ドゥームズデイ・ブック(1086年)

背景

焦点
土地所有

それ以前
1066年 ノルマンディー公ウィリアムがイングランドを征服する。

1069年〜1070年 「北部の蹂躙」において、ウィリアムが反乱を鎮圧し、続いて大規模な土地の没収が行われる。

それ以後
1166年 ヘンリー2世が自身の直属受封者に、現在の直属受封者とその下位受封者が所有する土地を新たにリスト化した「カルタエ・バーローヌム」の編纂を指示する。

1334年 ウェールズ国境地帯の直属受封者が、この地帯が「ウェールズにある」とドゥームズデイ・ブックに記されていることを理由に、同地はイングランドの課税対象にはならないと主張する。

1977年 ドゥームズデイ・ブックに記された国王の土地所有状況に基づいて判決を下していた固有王領裁判所が、儀式的機構を除いて廃止される。

1066年のイングランド侵攻後、ウィリアム征服王——イングランド王となったウィリアム1世は、故郷のノルマンディー公国を頻繁に訪れ、自身の留守中用に令状(書面での指示)を残した。しかし、征服の結果として生じた土地所有の大きな変化はきちんと記録されておらず、法的にも行政的にも混乱を招く恐れがあった。ウィリアムは、イングランドにおける新たな王領地(私有地)に関する詳細な説明を望んだ。また、緊急に資金を必要としていたため、地代の総収入額を確かめなくてはならなかった。

ドゥームズデイの編纂

1085年12月、ウィリアム1世は、土地ごとの所有者と収益価値(その土地にいるアヒルの数に至るまで)を確定するために委員を派遣した。各地域には土地所有者と村人からなる陪審集団がおり、彼らが宣誓のうえで委員に報告を行った。次いでこの報告結果は要約され、ウェストミンスター宮殿に戻された。そして1086年には、現在知られている『ドゥームズデイ・ブック』(キリスト教における最後の審判の日、通称「ドゥームズデイ」同様に拘束力のある書という意味)の最初の草稿にまとめられたのである。

ウィリアムはドゥームズデイ調査を利用することなく1087年に死去したが、この調査には大きな意義があった。イングランドのほぼ全域が行政的に地図化されると、新たな政治体制を反映するかのように、領主権と土地所有は不可分となったのである。

国王の土地

ノルマン征服以前のイングランドの財産法では、土地には王などの単一の所有者は存在しないものと考えられていた。そのため、個人は土地の一区画を絶対的

> この最も影響力ある王は、イングランドの……あらゆる州に自身の正義を届け、宣誓審問によってなされるべき調査を実施し、ハイドの数が……各村にどれだけあるか、どんな家畜がいるかを調べた。
>
> **ヘンリー・オブ・ハンティンドン**
> イングランドの歴史家
> (1088年頃〜1157年頃)

参照：アクィリウス法（p34）▪グラティアヌスの『教令集』（p60〜63）▪マグナ・カルタ（p66〜71）
▪ヴェネツィア特許法（p82〜85）▪トルデシリャス条約（p86〜87）▪アン法（p106〜107）

ノルマンディー公ウィリアムが**イングランドを征服**し、
アングロ・サクソンの貴族から**土地を没収**する。

ウィリアムは土地の**6分の1を自分のために確保**し、
残りを貴族の直属受封者に**分配する**。直属受封者は
土地を所有する見返りとして、ウィリアムに奉仕する。

ドゥームズデイ・ブック委員が派遣され、
貴族の所有地とその価値のリストを編纂する。

ドゥームズデイ調査の結果は、
国全体の**土地所有に対する法的根拠**となる。

に所有できていた。さらには、記録上の所有者がいない土地を占拠して私有地を得ることも可能だった。こうした伝統的権利は、ウィリアムの新たな土地所有形態によって一掃されることになる。

貴族の直属受封者は、軍役や地代をはじめとする一定の条件付きで、国王から領地（そこで暮らす小作人とそこから得られる収入を伴う土地）を与えられた。新たな直属受封者は自領の権利証書のようなものを初めて授与され、今度はその領地の一部を自身の下位受封者に授けた。

これにより、自己の権利で土地を所有する者は国王以外にいなくなった。かつてのアングロ・サクソン時代の自由人は小作人となったが、（農奴と呼ばれる）一部の人々は土地に縛られ、そこから離れることを許されなかった。

ドゥームズデイと法

ドゥームズデイ・ブックは、土地所有者に関する圧倒的な詳細さを誇ったため、所有権に絡む裁判に用いられた。所有権をめぐる判例の道筋をつくり、イングランドの財産法の礎となった。各所有地の「ハイド」（一世帯を養うために必要な土地単位）数などの情報も、遅くとも1193年には利用が始まった。その詳細さの価値は時間と共に薄れたとはいえ、ドゥームズデイ・ブックは900年間にわたり、イギリスの法制度・政治制度の基礎を成す書として存在していた。◆

ノルマン征服

ウィリアムは1035年、わずか8歳でノルマンディー公となった。1066年にイギリス海峡を渡り、アングロ・サクソンのエドワード懺悔王から自分に約束があったとして王位を要求。エドワードの後継者であるハロルド王をヘイスティングズの戦いで破り、ウィリアム征服王の名を手に入れた。

ウィリアムは約7,000人の騎士と重騎兵を同伴していた。ハロルドを破った後には、200万人以上に及ぶイングランド住民を管理し、一連の反乱を鎮め、デーン人による侵攻の脅威を防がなければならなかった。そこでウィリアムは、自身に追従するノルマン人たちに報酬としてイングランドの土地を与えた。その土地の大部分はアングロ・サクソンの貴族から没収したものであったため、1080年代には、土着の土地所有貴族が大きく数を減らすことになった。ドゥームズデイ・ブックは、そうした土地所有における改革の記録である。

ハロルド王はヘイスティングズの戦いで目に矢を受けて死亡したとされる。バイユーのタペストリーの場面より。

告発は繰り返されてはならない

グラティアヌスの『教令集』（12世紀半ば）

背景

焦点
カノン法

それ以前
325年　コンスタンティヌス帝がニカイア（現在のトルコにあるイズニク）でキリスト教会初の大規模な公会議を開く。

380年　テオドシウス1世がテッサロニキの勅令を発し、キリスト教をローマ帝国の国教とする。

529年　ユスティニアヌス帝が、カノン法の重要な法源となる『ユスティニアヌス法典』を公布する。

1100年　フランドル人司祭であるリエージュのアルジェが『慈悲と正義の書』を著し、のちにグラティアヌスがこの書から文章を借用する。

それ以後
1234年　教皇グレゴリウス9世の権威下で『リベル・エクストラ』が公布される。

1917年　グラティアヌスの『教令集』に代わる新たなカノン法の法典がようやく公布される。

キリスト教会がその最初の数世紀間に勢力を増すにつれ、また313年にコンスタンティヌス帝の下で迫害の影から脱して以降は特に、教会を統治する法が必要になった。新約聖書から得られる規則は比較的少数しかなく、より細かな枠組みを追加しなければならなかった。こうしたことは、教会組織自体の行動を規定するためだけでなく、市民法よりも自分たちが優先されるべきだと教会権威側が考えていた結婚や家庭生活などの領域を規定するためにも必要とされた。

コンスタンティヌス以降の数世紀にわ

参照：十戒とモーセの律法（p20～23）■アリストテレスと自然法（p32～33）■アクィリウス法（p34）
■法学者ウルピアヌス（p36～37）■トマス・アクィナス（p72～73）

ドイツにあるヴォルムス大聖堂のステンドグラスに描かれた、ヴォルムスのブルクハルト。彼の『教皇令の書』は、グラティアヌスの『教令集』以前のカノン法集成として特に重要な書とされる。

たって発達したカノン法（キリスト教会に関する法）は、断片的な性質を有していた。そのため、325年の第1ニカイア公会議をはじめとする一連のキリスト教公会議での判断は、状況に応じた教皇令（カノン法の諸問題に関する命令）によって補足された。これらの決定は、司祭に対して血縁関係にない女性との同居を禁じるなど、教会の規律に関わるものが多かった。

一貫性の欠如

宗教生活のあらゆる側面を規定する一貫した規則が見られたのは、修道院の会則――6世紀に書かれた聖ベネディクトの会則がその代表である――などの、極めて特殊な例に限られた。さらに言えば、これらの明確に定められた規則を法的推論によって正当化することはほとんど行われなかった。

カノン法の矛盾は、カノン法と並んで発達したローマ法の矛盾を反映していた。ローマ法の発達過程においても、皇帝によって次々と断片的に法が定められ、それと並行して大量の法的文書が執筆されることで、不完全かつ矛盾した法的枠組みが生じたのである。

カノン法の編纂

この混乱に何らかの形態の秩序をもたらそうという試みは早期から行われた。まずは6世紀初頭に、ローマ教皇ヨハネ1世に仕えた学者のディオニュシウス・エクシグウスが『使徒的カノン』をまとめた。これは、イースターの祝日をいつにすべきかといった問題について、多くの教会公会議で定められたカノンを集めたものだった。

9世紀から10世紀にかけては、膨大なカノン法を集成しようという試みへの新たな切迫感が生じた。この「古法」の時代に編纂された選集には、906年にドイツの大修道院長プリュムのレギーノが著した『宗教会議の理念と教会の規律に関する二書』や、1020年頃にドイツの司教ヴォルムスのブルクハルトがまとめた『教皇令の書』などがある。このうち『教皇令の書』は、贖罪行為に関するそれまでの教会の判断を集成したもので、戦場で殺害を行った人間に懺悔が必要かどうか、正当な統治者の命令を受けずに殺害した場合はいっそう深く懺悔すべきかどうか、などの内容が含まれていた。

こうした集成が作成された反面、12世紀初頭の時点では、ユスティニアヌスの『市民法大全』がローマ法に対して行ったような（p62の囲みを参照）、カノン法の広範な集合体に一貫性を与えようとする体系はまだ存在しなかった。この不足を埋めたのが、イタリアの法学者グラティアヌスによる『矛盾教会法令調和集』である。同書は教会運営、教会組織、秘跡に関する問題を扱う3部構成となっており、教会公会議、教皇令、ローマ皇帝の勅答（法的質問への皇帝の返書）、7世紀スペインで百科事典を編集したセビリアのイシドールの著書などの多様な権威が引用された。

のちに『グラティアヌス教令集』と呼ばれることになる集成の著者、グラティアヌスについてはほぼ何も明らかになっていない。おそらくはベネディクト派の修道士、または司教だったのではないかとされているが、彼に関する唯一の信頼できる情報は、1143年にヴェネツィアで起きた訴訟で、教皇使節（教皇の事務的な代理人）から権威として引き合いに出されたというものだ。どうやらグラティアヌスは名高いボローニャの法学校と関わりがあったようである。その生涯については情報が少ないものの、『教令集』の大きな影響力によって、グラティアヌスは「カノン法の父」という称号を獲得することになった。

『教令集』は2段階で執筆された。1139年以降のどこかの時期に書かれ、その後1150年頃に再び書かれたのである（2種類の『教令集』が存在するということだと主張する学者もいる）。同書の第1部

> **正義とは、**
> **各人に各人のものを与えんとする恒常不変の意思なり。**
>
> **ユスティニアヌス**
> ローマ皇帝
> （482年頃～565年）

ローマ市民法

4世紀の時点で、ローマ市民法は多くの場当たり的な勅令と膨大な法的文書で成り立っていた。この雑然とした勅令に秩序をもたらそうという試みは何度か行われ、特に438年の『テオドシウス法典』ではそれが顕著に見られた。

ユスティニアヌス帝は、法委員会を設置してすべての有効な法を確かめさせ、機能しない法や欠陥のある法、矛盾する法を排除させることで、いっそう見事な改革を実現した。529年には、東ローマ帝国全体に効力が及ぶ『ユスティニアヌス（旧）勅法集』を公布。その4年後には、前世紀までの法学者による文書を要約してまとめた『学説彙纂』の公布を指示した。同じく533年に公布された『法学提要』は法学生向けの基本的な手引書であり、同書によって完成した『市民法大全』は、のちにグラティアヌスの極めて有益な法源となった。

ユスティニアヌスは527年から565年まで東ローマ（ビザンティン）帝国の皇帝だった。ローマ帝国の失われた西半分の再征服を試み、ある程度の成功を収めた。

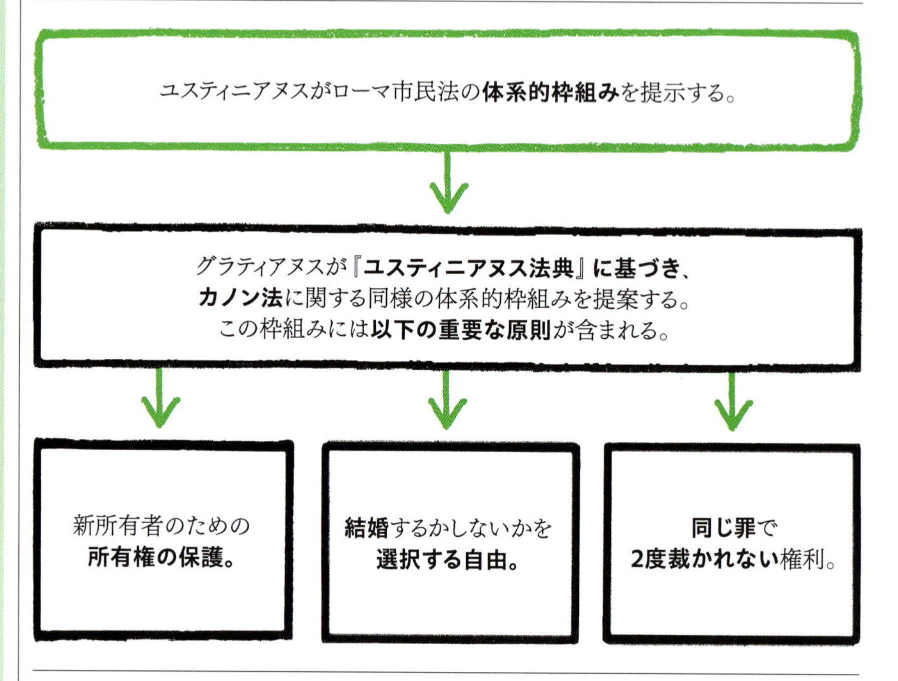

は101の小節に分かれ、第2部では36の特定の問題を扱う。第3部は秘跡に関わる事柄に言及している。

グラティアヌスは全般にわたって体系的手法を採用し、初期の権威を手本にしながら、論理的思考で問題を解決していった。『市民法大全』をローマ法の貴重な法源として利用し、1150年以降はユスティニアヌスの『学説彙纂』を重点的に用いて、近親婚制限や離婚に養子縁組がどのような影響を及ぼすかといった問題を説明した。それ以外の領域、たとえばローマ法に先例のない聖職者の行動規則や10分の1税の支払規定などについては、聖書、教会会議、教皇令から規則を得る必要があった。

善意、一事不再理、結婚

いくつかの具体的な領域では、グラティアヌスの制定した教会法によって、教会の広範囲に影響を及ぼしうる決定が確立された。たとえば、『教令集』の第2部においてグラティアヌスが1章を費やした土地所有権というテーマは、大土地所有者である教会にとって深刻かつ重要な問題だった。ここでいう問題とは、教会の土地が頻繁に「譲渡」されていたこと――つまり、賃貸されたり、新たな所有者による使用を認められたりしていたことだ。新たな所有者、すなわち土地を譲渡された第三者は、その土地を違法な手段で入手した可能性があり、そうでなくとも所有の権原を欠いている可能性があった。グラティアヌスはこの問題に取り組んだ。ローマ法から先例を引き継ぐかたちで、それが――たとえ厳密には適法でなかったとしても――善意の取得であった場合、譲渡から40年が経過した時点で、その土地に対する新たな所有者の権利に以前の所有者（この場合は教会）が異議を申し立てることはできないとした。この取り決めは、市民の土地所有者が新たな所有者に対して自身の権利を要求できる期限を10年延長するものでもあった。

グラティアヌスの『教令集』は、同じ罪で2度は裁かれないことを原則とする「二重の危険（一事不再理）」の確立にも寄与した。グラティアヌスが出発点としたのは、旧約聖書のナホム書にある「神は同じ問題に2度審判を下すことはない」という一節だった。それでもなお、

命令に従わないことが
悪であるとは限らない。
なぜなら、権力者の命令が
神に反している場合、
その権力者に従うべきでは
ないからである。

グラティアヌス
『教令集』11章3節

教会裁判所は、聖職者の地位剝奪を目的とした民事訴訟を起こすことを認め、さらに同一の問題について別の刑事訴訟を起こすことを認める場合もあった。
『教令集』における結婚についての節は、結婚の同意は自由に得られるべきであり、誰も結婚を強要されてはならないという見解を強固にした。しかし、修道誓願を立てた男性がのちに心変わりして結婚することを許されるかどうかという疑問に関しては、グラティアヌスは極めて難しい問題だと考えた。彼は40に及ぶ過去の権威を引用し、最終的には、単式誓願としての貞潔は破られてはならないと結論づけている。

カノン法大全

グラティアヌスの『教令集』は、「新法」と呼ばれる教会法の時代の幕開けとなった。この時代にカノン法は正規化され、真剣な学術研究の対象となった。早くも1140年代には、注釈学者（自分以外の著者の作品に注釈や注解を付す著述家）たちが『教令集』への補足を行うようになり、この作業は16世紀に入っても続けられた。
『教令集』は、スペインの司祭ペニャフォルトのライムンドによる『リベル・エクストラ』（1234年に教皇グレゴリウス9世が承認）、教皇ボニファティウス8世による『第六書』（1298年）、教皇クレメンス5世による『クレメンス集』（1317年）と共に、『カノン法大全』を構成する6編のうちの1編であった。この集成は、ローマ・カトリック教会が16世紀にトリエント公会議を開き、プロテスタントの批判に応じてカトリックの教義を明確化するまで、カノン法の主要な法源となっていた。16世紀以降も、教皇ベネディクトゥス15世が改正版のカノン法典を公布する1917年まで、『カノン法大全』はキリスト教会の法に重要な影響を及ぼし続けた。1959年、教皇ヨハネ23世は教皇委員会を設置し、新たな改正に着手する。1,752のカノン（規則や原則）を含み、7冊の書物に分かれた新法典は、1983年に発効した。
教会から公式に認められたことはなかったものの、グラティアヌスの『教令集』は750年以上にわたって必須の法的テキストとして大学で使用され、史上最も影響力ある法的作品に数えられている。◆

市民法であれ、
カノン法であれ、
信義なき規定を有効と
してはならない。

第2ラテラノ公会議の勅令
1139年

カノン法は、家庭生活、結婚、性道徳に関わる領域を支配した。グラティアヌスの『教令集』のこの挿絵には、貞操帯の着用を命じられた女性が描かれている。

真実を語れ

クラレンドン法（1166年）

背景

焦点
陪審裁判

それ以前
1154年 ヘンリー2世（1133～1189年）がイングランド王に即位する。

1164年 クラレンドン制定法が世俗裁判所に対し、罪を犯した聖職者の裁判や刑罰といった多くの問題について、カノン法を上回る権限を与える。

それ以後
1170年 「シェリフ審問」が実施され、裁判所の腐敗防止のため21人のシェリフ（ほとんどは封建領主や世襲貴族）が国王任命のシェリフに置き換えられる。

1176年 ノーサンプトン法により、陪審の権限と刑罰が拡大される。

1215年 第4ラテラノ公会議で、聖職者による神明裁判への参加が禁じられる

1353年 エドワード3世の制定法により、審理陪審と告発陪審の両方を務めることが禁じられる。

イングランドの**巡回裁判官**が国内を巡回する。

自由人（主人または土地に法的に縛られない人間）で構成される地域の**陪審団**が、殺人、強姦、窃盗の**被疑者を裁判官に報告**する。

裁判官は、被告を**水神判で裁くべきか否かを決定**する。

有罪となった被告は**財産を押収**され、**片足を切断**される。
無実となった場合でも、評判の悪い被告は**追放されることがある**。

ヘンリー2世がイングランド王国を継承した際、この国の法と秩序は、ヘンリーの母マティルダと先王スティーブンとの内戦である無政府時代（1135～1153年）の間に崩壊していた。ヘンリーはまた、カノン法という課題――教会の正義に基づく法制度が世俗法と並行して存在すること――にも向き合わなければならなかった。1163年に彼が受けた報告によると、1154年以来、殺人容疑をかけられた聖職者の100人以上が国王裁判所ではなく教会裁判所で裁かれていたのだ。

ローマ教皇の発言力の拡大は、国王裁判所のみならず、ヘンリーの権威をも脅かした。ヘンリーは法の管理権を取り戻

参照：初期の法典（p18～19）■神明裁判と決闘裁判（p52～53）■グラティアヌスの『教令集』（p60～63）■マグナ・カルタ（p66～71）■チャールズ1世の裁判（p96～97）■名誉革命とイングランドの権利章典（p102～103）

水裁判では、教会の規則を記した9世紀の写本『ランバセンシス写本』に描かれている通り、被告人が池や湖や川に落とされる。そのまま沈めば、被告は無罪とされた。

す必要から、まずは教会裁判所が有する聖職者に対する刑罰権を制限した。その後1166年には、ウィルトシャーのクラレンドン宮殿で会議を開催。これにより、クラレンドン法と呼ばれる一連の法が定められ、国王の裁判をロンドンから地方へ届ける「巡回裁判官」（定期的な巡回を行う裁判官）が任命された。

巡回裁判官による訪問はヘンリー1世（在位1100～1135年）の治世下で始まっていたが、長いこと廃れていた。クラレンドン法では新たな条件が追加され、「ハンドレッド」（100世帯を養うのに十分な広さの土地）ごとに12人、または「ヴィル」（ハンドレッドの一部で、村とほぼ同等の広さ）ごとに4人の自由人が告発陪審員となることが決められた。

陪審員の役割

告発陪審においては、陪審員が裁判官に宣誓を行ったうえで、最も重大な犯罪にあたる殺人、強姦、窃盗を犯したとされる地元の人物を報告しなければならなかった。陪審員は被疑者の有罪を確定する必要はなかった。罪を犯している最中に逮捕されれば、その人物は有罪と推定されたからである。

クラレンドン法はまた、それまで行われていた雪冤宣誓、つまり被告人が必要な人数の証人を揃えて宣誓することにより無罪を証明できるという慣習に取って代わった。かつては下層階級にしか用いられていなかった水神判が、クラレンドン法の制定後には、刑事裁判における立証のための法的手続として主要な役割を果たすようになった。神判によって有罪判決を受けた者は、罰金を科され、財産を没収され、片足を切断された。無罪となった者も、本人の評判が悪ければ追放される場合があった。被告人の多くは神判を受けずに逃亡したが、それでも財産は取り上げられることが珍しくなかった。

1176年のノーサンプトン法では、巡回裁判官が扱う犯罪として放火罪と偽造罪が加えられた。刑罰はいっそう厳しくなり、有罪となった者は片足だけでなく片手も切断されることになった。

陪審の発展

1215年の第4ラテラノ公会議（ローマで開かれたローマ・カトリック教会の公会議）において、聖職者による神明裁判への参加が禁じられると、そうした裁判は有罪決定のための実用的な方法とは見なされなくなった。代わりに、陪審員が依頼を受け、被告が有罪か無罪かを判断するようになった。この新たな役割は、告発陪審の役割との利益相反を招くものであったため、1353年にはエドワード3世の制定法により、同一人物が両方の形式で陪審を務めることが禁止された。

クラレンドン法によって設立された大アサイズ（裁判）と同様に、土地争いなどの特別事件を扱う小アサイズも発展し、後者には12人の陪審員が用意された。後続の別の法令、たとえば1215年のマグナ・カルタ第39条では、同輩による判決を経ずして自由人の土地を差し押さえることが禁じられている。

クラレンドン法から始まった陪審の使用は徐々に広がり、やがて陪審裁判は定着して、イギリスの法的伝統の特徴となった。ヘンリーの改革はまた、コモン・ロー（万人に適用される法）の基礎を築いた。◆

> **君主たる王は……**
> **法によって無罪とされた者が、**
> **極めて悪い評判の**
> **持ち主だった場合……**
> **王の土地を放棄すべき**
> **だと望む。**
>
> **クラレンドン法**

我々はいかなる者に対しても、権利や裁判を否定したり、先延ばしにしたりしない

マグナ・カルタ（1215年）

背景

焦点
立憲政治

それ以前
1100年　イングランド王ヘンリー1世の戴冠憲章が、王室の不当な慣習すべてを断つことを保証する。

1166年　ヘンリー2世のクラレンドン法により、バロン裁判所に対する王の権力が拡大される。

1214年　ジョン王がフランドルでのブーヴィーヌの戦いで、ついにノルマンディーの支配権を失う。

それ以後
1216年　ヘンリー3世の即位に際して、マグナ・カルタが再発給される。

1297年　エドワード1世がマグナ・カルタを制定法として承認する。

1969年　まだ効力のあるマグナ・カルタの大部分を廃止する法案が成立し、4カ条のみが有効なまま残される。

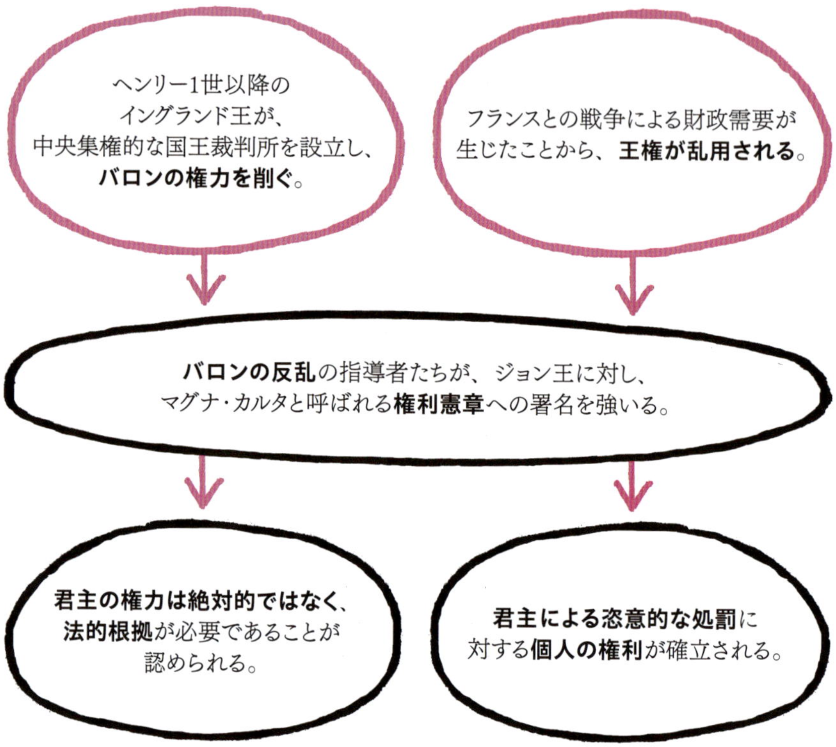

ヘンリー1世以降のイングランド王が、中央集権的な国王裁判所を設立し、**バロンの権力を削ぐ**。

フランスとの戦争による財政需要が生じたことから、**王権が乱用される**。

バロンの反乱の指導者たちが、ジョン王に対し、マグナ・カルタと呼ばれる**権利憲章**への署名を強いる。

君主の権力は絶対的ではなく、法的根拠が必要であることが認められる。

君主による恣意的な処罰に対する**個人の権利**が確立される。

中世イングランドの君主たちは問題を抱えていた。ウィリアム1世によって1066年に導入された封建制度が崩壊しつつあったのだ。この制度下におけるバロン（貴族）は上位の「臣下」であり、君主に忠誠を誓い、兵士を提供し、庇護と土地（「領地」と呼ばれる）を与えられる見返りとして王に税を納めていた。バロンにも臣下がおり——その多くは信頼できる騎士たちだった——、彼らは領主に忠誠を誓い、場合によっては領地を監督した。その下には小作人がいた。小作人のなかには自由人もいたが、たいていは法的に領主に縛られる「ヴィレン」だった。封建制度の基礎にあるのはヴィレンを含む農奴であり、彼らは領主に所有されていた。農奴と小作人は何の権利も持たなかった。

1190年代以降、イングランドがフランスにおける領土防衛のために続けている戦争に資金を投じるには、封建税や自身の所有地から得られる王の収入ではまったく足らなくなった。王はバロンからますます資金を巻き上げるようになり、バロンはいっそう苦境に陥った。

ジョン王下での法の濫用

イングランドの司法制度は改革を必要としていた。12世紀の時点で、それまでの王に適していた法的手続は厳しい試練にさらされていた。ヘンリー2世の改革は中央裁判制度における核となり、コモン・ローの成文化の発端となった（p.70の囲み参照）。とはいえ、この改革はバロンが所有する地方裁判所の権力を制限するものであり、改革で提示された譲歩案は、愚王によって自分勝手に濫用されたり、撤回されたりする場合があった。そうした王の代表が、1199年に即位したジョンである。

フランスに一連の軍事遠征を行い、1204年にノルマンディーを失うという悲惨な結果に終わると、ジョンは深刻な資金不足に陥った。新たに軍資金を調達するため、彼は封建税の大規模な濫用を開始する。軍役代納金（軍役の代わりに現金で納める税金）は増額され、軍務が必要とされない時期にも引き上げられた。国王裁判所はいっそう強力になり、曖昧な理由で罰金を科すために利用された。バロンがその地位と土地を受け継ぐ際に取り立てられる税金は膨れ上がった。さらに、「王の不興」を買わないようにとの名目でバロンから巻き上げられる金額も上昇した。税金と賄賂がどちらも集まったおかげで、1211年の王室収入は145,000ポンド（1190年代の典型的な収入の約10倍以上）にはね上がった。

1214年から1215年に再びフランスで戦争が行われると、資金は浪費され、バロンの間にかろうじて残っていた信用も損なわれた。中世イングランドの王政に

参照：ドゥームズデイ・ブック（p58～59）■クラレンドン法（p64～65）■チャールズ1世の裁判（p96～97）
■名誉革命とイングランドの権利章典（p102～103）■アメリカ合衆国憲法と権利章典（p110～117）

イングランド教会は自由であり、その諸権利はこれを完全に保持し、その自由は侵されることがない……朕はこの自由を自ら遵守し……

マグナ・カルタ、第1条

は契約的な要素があり、君主の権威は臣下との契約に基づくものと見なされていた。したがって、王が自分の側の条件を守らなければ、その封建臣下には忠誠を捨てる権利があった。

この状況は、教皇インノケンティウス3世との紛争によって悪化した。教皇の選んだカンタベリー大主教候補のスティーブン・ラングトンをジョンが拒否すると、教皇はイングランドにおける教会礼拝を禁じる聖務禁止令を発令。1209年にはジョンを破門した。礼拝を禁じられたことを痛切に感じ、バロンたちはいっそう忠誠心を試されることになる。

バロンの反乱

ジョンはやがて教皇に降伏したが、1215年にバロンの激しい反乱を受けた。反乱軍は北部に集まり、ロンドンへ向けて進軍。ジョンは大主教ラングトンから血なまぐさい対立を避けるよう圧力をかけられ、交渉に応じた。6月15日、サリー州ラニーミードにあるテムズ川沿いの野原で両者は対面を果たす。バロンたちは、ジョンの治世中に生じたほぼすべての王権濫用をやめさせるべく、「バロンの要求条項」を提示した。ジョンはこれに同意し、文書に押印した。

大憲章

1218年、この新たな文書はマグナ・カルタ（ラテン語で「大憲章」の意味）と名付けられた。今日、マグナ・カルタは近代民主主義と法の支配の基礎文書として崇められているが、発給された当時は保守的な契約書であり、バロンの法的権利を国王に侵害されないよう守ることがその主目的だった。

63カ条にわたる憲章の冒頭では、イングランド教会は国王の干渉から自由でなければならず、その諸権利を「完全に」保持すべきであることが（大主教ラングトンの要求に応じて）確認される。憲章の残りの部分を占めるのは、バロンの不満を解消するための決まりだった。第2条では、伯爵や男爵の相続人が遺産を受け取る際、君主に支払う金額は100ポンド以下でなければならないと定められた。第18条においては、寡婦がその意に反して再婚を強要されることはないと明記された（裕福な寡婦は王の寵愛を受けた者との再婚を強いられることが多かった）。第12条では、「朕の王国の一般評議会」に認められない限り軍役代納金を集めてはならないとして、王に抵抗した。しかし、ジョンは王室顧問会議のメンバーを一般評議会に選んだため、この条項に直接的効力はほぼなかった。第16条は、いかなる者も、「騎士の封」（軍役代納金）のために法的義務以上の奉仕を強いられてはならないと述べることで、君主に対する貴族の大きな不満を総括している。

より重大な影響をもたらした条項もある。第18条では、裁判官2名と騎士4名の巡回委員会による巡回裁判が各州で年4回以上開かれることが定められ、結果として誰もが迅速に司法制度を利用で

マグナ・カルタに署名するジョン王。古代から集会に使用されていた場所、ラニーミードにて。実際には、ジョンは国璽を押すことでこの文書への同意を示した。

きるようになった。それ以前は、1178年にウェストミンスターに設立された裁判所を除き、保証された法的な場が存在しなかったのだ。第39条は、1679年の人身保護法に将来的に記される権利を含んでいたという点で、さらにいっそう重要だった。この条項では、自由人は、「その同輩の合法的裁判」によるか、または国法によるのでなければ、逮捕、投獄、差押、追放、法外放置、またはその他の方法によって侵害されることはないと述べられている。第40条においては、裁判を受ける権利は、買収されることも、拒否されることも、遅延されることもないと認められている。第39条と第40条を受け入れることで、ジョン王は法に拘束されることを初めて誓ったのである。

初期の生き残り

バロンたちは、ジョンがこの憲章を破ろうとすることがわかっていた。そこで念のため、第61条において、王が契約を破った場合はバロン25名からなる委員会がその責任を追及可能であると言明した。ジョンは自らの権威に対するこうした挑戦を受け入れられず、憲章の破棄を認める大勅書（ローマ教皇による公的な命令）を8月に獲得。すると、フランス軍の支援を受けたバロンは王に対して集団で蜂起し、第一次バロン戦争が勃発した。ジョンは1216年10月に没したが、彼の後継者であるヘンリー3世は当時わずか9歳で、父王のようにバロンに反撃できる状況にはなかった。敵対していたバロンの大半はひそかに再び体制側に寝返り、1217年までに反乱は崩壊した。

この憲章は、ヘンリー3世が即位した1216年に初めて再発給され、マグナ・カルタと命名された1218年にまたしても再発給された。1225年の再発給版では、憲章の保護対象が「すべての自由人（all free men）」から「すべての人間（all men）」へと拡大された。当時でいう「人間（men）」とは「不特定多数の人々（people）」を指すのではないかと主張する人もいるが、女性も同様に保護されるというはっきりした記述はない。

1225年の再発給版は決定的なものと見なされ、法に組み込まれた。この1225年版は、コモン・ロー（過去の判決に基づいて定められた法）から制定法（議会で可決された法）への権利の移行を示すものだった。1297年の再発給版では、エドワード1世もこれを確認している。13世紀には、コモン・ローの法的整備も進められた。ラヌルフ・ド・グランヴィル（下の囲み参照）がその道を開いた後、1235年頃には別の人物の著書――聖職者で法学者のヘンリー・ド・ブラクトンによるものとされる『イングランドの法と慣習について』がこのテーマを発展させた。同書はまたメンズ・レア（犯意）の発想を導入し、マグナ・カルタに影響を受けた王権論を打ち立てた。つまり、王は合法的に権利を獲得し行使する場合にのみ、正当な君主たりうると論じたのだ。エドワード3世の治世下では、いわゆる「6つの制定法」によってマグナ・カルタの保護対象が拡大された。代表的なものとして明示されているのは、財産または動産を押収されない権利（1331年）や、告発された場合に誰もが法の適正手続（デュー・プロセス）を求める権利（1368年）などである。

マグナ・カルタは、当時の法言語であったラテン語で発給された。17ほどの写本が現存しており、ソールズベリー大聖堂、リンカーン大聖堂、オックスフォードのボドリアン図書館などに保管されている。

議会による強化

13世紀を象徴する出来事は、議会制民主主義の誕生である。王が自分の望む人物を王室顧問会議の行政官や助言者に任命できるという権利は、時代と共に失われていった。ヘンリー3世に対するバロンの新たな反乱の結果、1258年にはオックスフォード条項が定められた。

ラヌルフ・ド・グランヴィルとコモン・ロー

コモン・ローに関する最初期の権威ある書といえば、1187年から1189年にラヌルフ・ド・グランヴィルが著したとされる『イングランド王国の法と慣習』である。1112年頃に生まれたグランヴィルは、イングランドの行政長官として、1180年から1189年までヘンリー2世に仕えた。

当時のイングランドには、独立した司法制度が生まれつつあった。1178年、ウェストミンスターでは裁判官5名が出席して訴訟を審問すべしという命令が出され、これがのちに王座裁判所の起源となる。裁判官が決定を下し、そうした決定から判例がつくられ、旧来の慣習法が参照されることで、イングランドのコモン・ローはできあがっていった。『イングランド王国の法と慣習』は、王が動乱の時代に平和を構築すべく作成を命じたものであり、当時の法的手続を明確に定義した。

グランヴィルは1189年にリチャード1世により解任・投獄され、1190年に十字軍遠征中のパレスチナで没した。

朕の自発的な善意に基づき、
朕の王国すべてに、
以下に記された自由を……
授け、これを認める。

ヘンリー3世
1225年の再発給版マグナ・カルタ

この条項により、イングランドの政治は、バロン15名からなる委員会と年3回招集される議会（構成員は主に貴族）の手に委ねられることになる。こうした体制はすぐに崩壊したが、1264年にシモン・ド・モンフォール率いる反乱（第二次バロン戦争）が起きたことを受け、1265年に最初の議会が招集された。ここには裕福なエリート層の代表者ばかりでなく、一般市民の代表者も含まれていた。後者には、それぞれの大きな町からバージェス（代議員）2名と、それぞれの州から騎士2名が選ばれた。

14世紀になると、議会はマグナ・カルタ第12条を「国王といえども議会の同意をまず求めなければ増税はできない」とする条項と捉え、この解釈に従って権利を行使するようになった。チューダー朝の君主制が強固になった15世紀の間は、この憲章の影響力は衰えた。しかし17世紀には、イングランド内戦時にスチュアート朝の権力から議会の権利を守ることに役立ち、結果的にこの内戦はチャールズ1世の処刑、チャールズ2世の追放、そしてクロムウェルの統治へとつながった。

広範かつ永続的な影響力

18世紀後半、王室の圧政に対する防衛策としてのマグナ・カルタは、イギリスの統治から独立しようと奮闘するアメリカ入植者の共感を呼んだ。1789年に施行されたアメリカ合衆国憲法と後年の権利章典の文言は、統治者の専断的権力を制限するという点で、その500年以上前に規定されたマグナ・カルタの影響を受けた。

イギリスにおいては、19世紀の時点で、マグナ・カルタの大半は時代と合わなくなっていた。1828年以降、その条項のほとんどは法令集から削除されている。今日も有効なのは4条のみで、具体的には、イングランド教会の自由に関する第1条、ロンドン市の特権に関する第13条、適法な裁判を受ける権利と王による恣意的な押収の禁止に関する第39条および第40条である。この第39条と第40条により、マグナ・カルタは今なおイギリスの法的権利の土台にして、立憲政治と人権における転換点と見なされている。◆

民主主義への憧れは、
人類史のごく最近の時期に
生じたものではない。
この憧れについては、
マグナ・カルタに記されていた。

フランクリン・D・ルーズベルト
アメリカ合衆国第32代大統領
（1933～45年）

ジョン王によるマグナ・カルタへの同意を示す記念碑。1957年、アメリカ法曹協会（ABA）がラニーミードに借りた土地の上に建てられた。同協会のウィリアム・ハバード会長は、この憲章を「永続的かつ世界的な自由と法の支配の象徴」であると述べた。

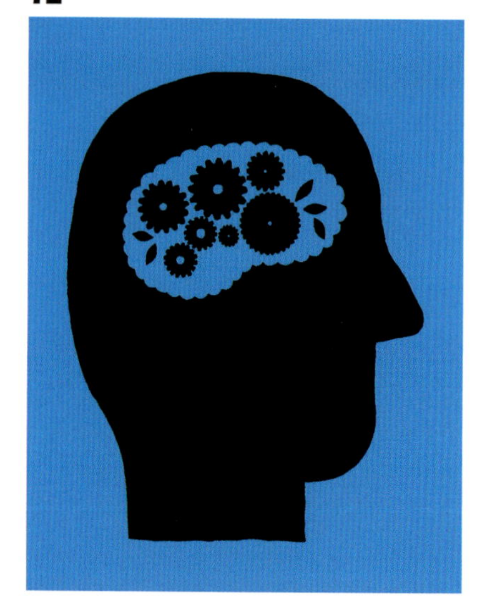

すべての法は公共の利益のために定められる

トマス・アクィナス（1225年頃～1274年）

背景

焦点
自然法

それ以前
前54～前51年　キケロの『国家論』において、自然法や自然権の考え方が検討される。

388～395年　聖アウグスティヌスが『自由意志論』において、キリスト教の教義と自然法の調和を試みる。

1140年頃～1150年頃　グラティアヌスの『教令集』で、自然法が「すべての民族に共通する法」と記される。

それ以後
1323年　トマス・アクィナスがローマ教皇ヨハネス22世によって列聖される。

1689年　イギリスの哲学者ジョン・ロックが『統治二論』において、自然法は政治が始まる以前の、人間本来の自然状態に存在していたと主張する。

1948年　世界人権宣言が、すべての国に共通する基本的人権を提示する。

人間は**理性**を有し、**有徳な生き方を模索**する。

人間は**自然に組み込まれた**自然法を、**神の命令を通して**発見する。

自然法は、**変更されやすく不当なものとなることがある人定法**に優先する。

不変かつ普遍的な**自然法**は、人間が**善良で道徳的な生き方**を送ることを可能にする。

法理論が古代から発達するにつれて、一連の哲学的問題が学者たちをひどく悩ませるようになった。その代表は３つの難問、すなわち、法はどこから生じるのか、法は普遍的に適用可能なのか、法に従わなくてもいいという道徳的理由は存在するのか、である。こうした問題に答えようとするなかで、自然法論では、自然そのものに原理として組み込まれた普遍的な法が存在すると考えられた。また、哲学者で神学者のトマス・アクィナスによれば、自然法は神の命令によって定められる法であった。この考え方から言えば、人定法――国家の法などがその例だ――が公正なものであるためには、自然法の原則と一致していなければならないというわけだ。

理性と徳

自然法論はギリシャの哲学者、たとえば紀元前４世紀のアリストテレスなどを始祖としている。アリストテレスは著書『政治学』において、法とは理性であり、社会を正しく整備しようとする人間の合理的努力の一部であると述べた。紀元前１世紀のローマの政治家で雄弁家だったキケロは、幸せをつかむための最善の方法とは有徳な人生を生きることだと論じ、自然と一致するようにつくられた自然法こそがそれを可能にすると主張

参照：十戒とモーセの律法（p20～23）■アリストテレスと自然法（p32～33）
■カノン法の起源（p42～47）■グラティアヌスの『教令集』（p60～63）

人間における理性は、世界における神に似ている。

トマス・アクィナス
『神学大全』
1265～1274年

した。中世初期には、この思想を聖アウグスティヌスなどのキリスト教の著述家が発展させ、自然法に反する法は不当であり、必ずしもそれに従わなくてもいいと結論づけた。

13世紀になると、自然法に関する重要な節を含む『神学大全』の著者アクィナスによって、これらの意見は集約され、洗練された。アクィナスは法を4種類に区別した。永久法はすべてのものを超え、神の計画や、神による宇宙への命令に関する法である。神法は、創造や救済への道に関わる法である。自然法は人類と神を結びつける法であり、人間の理性の力や善を認識する力によって実現される。

アクィナスによる法の階層の最下位に位置するのは人定法である。この法は特定の状況に応じてつくられ、自然法とは異なり、たやすく変更されうる。しかしそうであっても、アクィナスいわく、人定法は自然法の命令に従わなければならない。従わない場合、それは不当な法と見なされるだろう。

自然法と正義

アクィナスは、自然法と人定法がともに目指すのは公共の利益であると信じていた。だが時として、この信念は意外な、現代人から見れば根拠のない結論を生んだ。たとえば、アクィナスから見て奴隷制は自然法に準じた制度であり、神に定められた社会階層の支えとなっていた。しかしながら、そうすることでさらに大きな悪を防げるのであれば、自然法の文言ではなく精神に従うべきだと彼は考えた。

アクィナスの自然法に関する思想は、彼の死後も影響力を保ち、暴君を倒す権利を擁護するため、そして「正当戦争」論を支持するために利用された。20世紀には再び花開き、世界人権宣言に盛り込まれた普遍的規範の概念と共に流行した。さらに21世紀に入っても、不当な政府の法に対抗する手段としての「自然的正義」を求めることで、この思想は存続している。◆

著書『神学大全』において、トマス・アクィナスはキリスト教、イスラム教、ユダヤ教、そして異教からも出典を挙げている。ここに示したのは、13世紀の装飾写本の1ページである。

トマス・アクィナス

カトリック教会で最も影響力ある中世の神学者アクィナスは、1225年頃、ナポリとローマの中間にあるフォッサノヴァで、下級貴族の家庭に生まれた。家族の意向に背き、20歳のときにドミニコ会士となる。パリで神学者アルベルトゥス・マグヌスに師事すると、たちまち名を成し、1256年には同地で神学の正規教師に任命された。

1265年、アクィナスはローマ教皇の神学者を務めるよう命じられた。ローマのサンタ・サビーナ聖堂にドミニコ会の神学校を設立し、学生向けの教材として『神学大全』の執筆を始める。1268年にパリに招聘されたが、1272年にはイタリアに戻り、ナポリに自身の神学校を創設。ここで幻視による恍惚状態を味わったことから筆を折り、『神学大全』は未完のまま、アクィナスは1274年に世を去った。

主要な功績

1265～1274年　『神学大全』

商人の手引き

レクス・メルカトリア（13～15世紀）

背景

焦点
国際商法

それ以前
700年頃　ロード海法によって、さまざまな既存の法や慣習が統合され、海事法の体系が形成される。

1010年頃　アマルフィ法典が、海事法の体系として初めて地中海広域で認められる。

それ以後
1622年　イングランドの商人で自由貿易の擁護者であるジェラール・ド・マリーンズの著書『商慣習法あるいはレクス・メルカトリア』が、商法を明確に解説する。

1940年　UNIDROIT（私法統一国際協会）が設立されたことで、私的な商事訴訟の仲裁法廷が用意され、商慣習法の新たな時代が始まる。

国際的な取引を行う商人をどの法で規制すべきかという問題は、商業それ自体と同じくらい古くから存在している。ギリシャの商人、フェニキアの商人、ローマの商人はいずれも、紛争を解決するため、そして信頼に依存する貿易ネットワークの確実性を高めるために、実質的に私法に属する――国による規制を受けない――制度を構築した。

なかでもローマ人は、ローマ市民と帝国臣民でない者との取引を規制する手段を考案した。この「万民法」は紀元前3世紀に端を発するが、西暦5世紀の帝国崩壊後は必要とされなくなった。というのも、ローマは一連の蛮族による後継国家に分裂し、それぞれが独自の地域法

参照：ロード海法（p25）■ブラックストンの『釈義』（p109）■国際連合と国際司法裁判所（p212～219）
■世界貿易機関（p278～283）

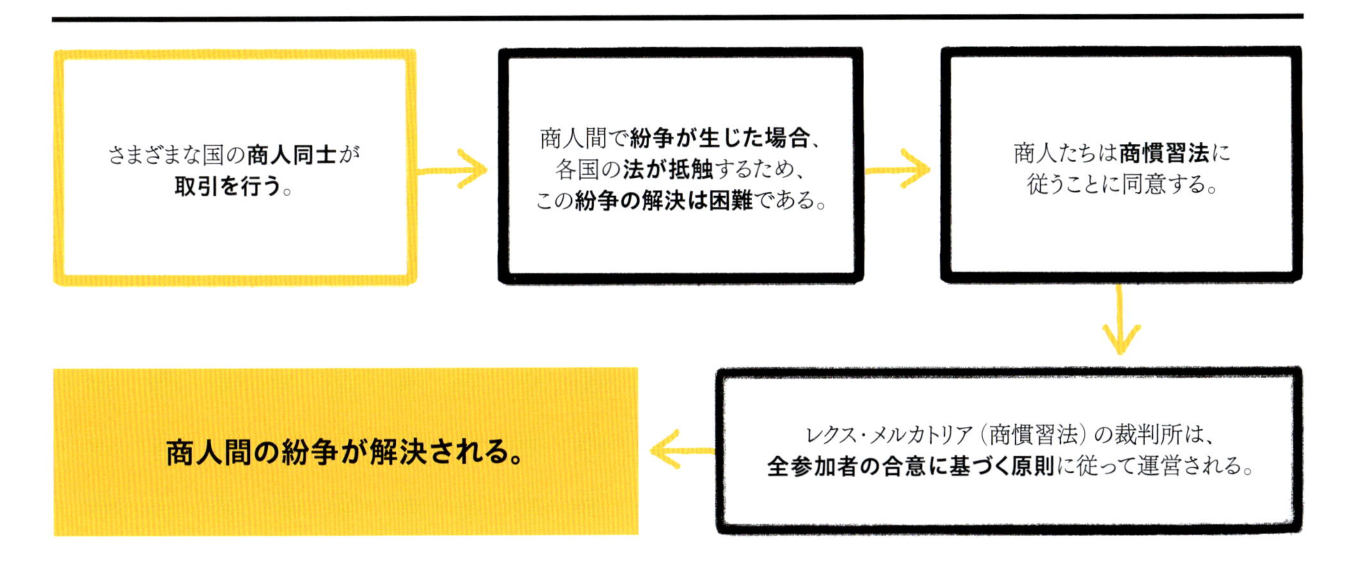

を有するようになったからである。だが、9世紀以降に北ヨーロッパ各地で経済成長が起きると、結果として商業が復興した。交易の中心地、たとえばオランダのドレスタットなどが栄えた。南部ではアラブの海賊が地中海貿易を脅かしていたが、11世紀に彼らの拠点が占拠されて以降は、イタリアのアマルフィ、ピサ、ジェノヴァ、ヴェネツィアといった海洋貿易共和国によって商業が活発化した。

取引が増えると、それに伴って紛争も増えた。外国の業者から受け取った商品の質に異議を唱えるとき、あるいは運送業者の不注意により海上で紛失した商品の価値を回復しようとするとき、商人が通常の法制度に頼ることは少なかった。というのも、国家間の国際条約は商人の待遇に広く適用される反面、個別の事案にはほぼ役立たなかったからだ。法廷が存在する場合も、判断に時間がかかり、官僚的で、柔軟性を欠くことが多かった。その解決策となったのが、初期の形式の自主規制――すなわち、商人の間で数世紀にわたって発達した慣習法である。この法は、13世紀までにレクス・メルカトリア（商慣習法）として知られるようになった。

自主的な受け入れ

商業に影響を及ぼす法は個々の国においても成立していたが、商業社会は国の命令によるのではなく、自主的に商慣習法に従った。

ヨーロッパにおける高額取引の大部分は、広範囲に及ぶ海上ネットワークに支えられていた。したがって、完成された商法の先駆けとして海事法が生まれたことは、驚くには値しない。早くも8世紀から9世紀には、（ビザンティン帝国が地中海全域に導入した）ロード海法のような法典を通じて、慣習的な海事規則が集約された。イタリアにおける交易都市の成長も、この動きを加速させた。一部の法は幅広い支持を獲得し、11世紀のアマルフィ法典などは、そのうち66の条項が西地中海全域で遵守された。イタリアの都市国家は独自の海商法を有し、ジェノヴァは1186年に、ヴェネツィアは1258年にこれを導入した。北西ヨーロッパにおけるそうした法体系として最初のものは、オレロン海法である。オレロン海法は1160年にフランスのラ・ロシェル付近で採用されると、後年にはいっそう広く受け入れられた。

13世紀初頭までに、ハンブルクをはじめとする北ヨーロッパの港町では、海賊行為に対処するための法体系が設けられた。1356年には貿易組織であるハンザ同盟が正式に設立され、その保護下では、バルト海周辺の多くの町や遠隔地か

ハンザ同盟（ここに示したのはその印章である）は、北ヨーロッパの広域にわたって海上貿易を規制していた。1356年に設立され、17世紀までその役割を維持した。

らやってくる商人たちの安全な取引が可能になった。

これらの法体系はやがて、海上貿易とはあまり関連のない事柄を扱う項を含むようになった。具体的には、借金の返済や、外国商人に対する「オーベイン」の免除、すなわち外国人が死亡した際にその財産を統治者に没収されない権利などを取り上げるようになったのだ。11世紀から13世紀にかけては、ドイツのライプツィヒやフランクフルト、またフランスのトロワやラニーなどで大規模な貿易見本市が開かれ、各国の商人間の関係を定める規則の必要性が高まった。そうすることが極めて重要だったのは、多くの場合、このような見本市は地方領主の直轄下にあり、王法の保護外に置かれていたためだ。商人たちは、自らの権利（と商品）が守られるという保証をいっそう必要としたのである。

他の地域同様に、イングランドにおいても、商慣習法は紛争解決と外国貿易促進に役立つ手段として認められた。1303年には国王エドワード1世がカルタ・メルカトリアを発布し、これによって外国商人に取引の自由を与え、彼らを特定の規制から免除した。役人に対しては、「商人法に従って……迅速に正義を行使せよ」と命じた。外国の業者が関わる事件は王座裁判所において、王に任命された通常の裁判官ではなく、専門の鑑定人または陪審員によって審理された。彼らは裁判の当事者自身に選ばれ、イングランドの法よりも商慣習法に従って事件を裁いた。

この商慣習法は……商業における……十二表法として尊重されるべきである。

ジェラール・ド・マリーンズ
『商慣習法あるいはレクス・メルカトリア』（1622年）

商人裁判所

ヨーロッパ全土には、商慣習法を執行する商人裁判所が誕生した。ジェノヴァのロタ・キウィリス、ピサのクリア・マリス、バルセロナのコンソラート・デル・マーレなどがその例である。1206年にはジェノヴァにコンスル・マリスが登場し、以来、商人裁判所は貿易の慣習や規範に精通した役人に管理されるようになった。この制度は商人にとって、紛争が申し分なく迅速に解決されることを保証するものだった。また、この保証によって、約束手形をはじめとする金融商品の支払いへの利用も促進された。というのも、商人たちは支払いが履行されるであろうことや、必要に応じて裁判所がそれを強制するであろうことを確信できるようになったためだ。

有志団体である商人裁判所は、正式な司法裁判所というよりも現代の仲裁裁判所に近かった。だが、そこでの判決は極めて柔軟で統一性に欠けたため、厄介な問題を引き起こした。商人裁判所が一般的な法理の下で運営されることは少なく、そうした普遍的だと考えられていた法理、たとえば「手付金」（契約を締結するために支払われる内金）に関する原則にすら差

14世紀のヴェネツィアの描写。港に船が集まり、埠頭に商人たちが立つ、にぎやかな街であることがわかる。ヴェネツィアは、独自の海上貿易法を最も古くから有する港町の一つだった。

異があった。

商人は、自分で自由に選択した法制度の下で事件が審理されるよう請願できたため、これにより当事者間の紛争がさらに激しくなることも珍しくなかった。アントワープの商人がロンドンの商人と取引を行う際、ロンドンの法に従うことを拒む事例もあれば、イープル〔現在のベルギー西部の小都市〕の当局者が、現地で取引を行う商人は誰であれイープルの法に従うべきだと述べる事例もあった。各国政府が同時に懸念したのは、外国商人がレクス・メルカトリアによる裁判に訴えることで不当な利益を得るのではないかということだった。そこで、イングランド議会はこれをコモン・ローに組み入れようとした。1353年以降、国王エドワード3世はイングランド、ウェールズ、アイルランドに主要な産物や重要な商品のための港を築き、ここで特定の商品を取引できるようにした。これらの港には、国王が管理する独自の裁判所が設けられ、商事紛争が裁定された。それでもなお、1473年に司教のロバート・スティリントンが大法官を務めた裁判所では、外国商人はレクス・メルカトリアに従って裁かれるべきだと主張することが可能だった。そうした状況が徐々に変化していったのは17世紀のことであり、法学者エドワード・クックをはじめとするコモン・ローの支持者が、その優位性をめぐって争うようになった。

1760年代になると、主席裁判官のマンスフィールド伯爵ウィリアム・マレーが、レクス・メルカトリアのような独立した法的枠組みは存在しないと述べた。法学者ウィリアム・ブラックストンの著書『イングランド法釈義』の1809年版においては、商慣行を取り扱うのは国法であり、レクス・メルカトリアはもはや有効でないとの見方が強調された。

新たなレクス・メルカトリア

20世紀の非植民地化に煽られて貿易が活発化し、独立した法的管轄区域が増加すると、国際貿易が法的障害に抑制されないことを保証すべきだという認識が高まった。

1940年、民商法を調和させ、国際契約のための一般的な合意原則を確立することを目的としたUNIDROIT（私法統一国際協会）が設立された。本来のレクス・メルカトリアと同様に、その指針は強制的なものではなく、当事者がそれに従うことを選んだ場合にのみ適用される。国際連合をはじめとする他の国際機関が誕生すると、法的紛争解決のための仕組みも並行して発展を遂げた。なかでもUNCITRAL（国連国際商取引法委員会）は、それが定めるところのウィーン条約（1988年）を通じて、契約違反などについて相互に受諾される規則を整備し、世界貿易を妨げる法的障害の排除に努めている。

国家法の支配

ヨーロッパ全域では、各国の司法と議会が勢力を増すのに伴い、その管轄区域内で競合するような法の存在が許容されなくなった。国ごとに異なる商法――1807年のフランス商法典、1861年の普通ドイツ商法典など――が制定され、レクス・メルカトリアに取って代わった。レクス・メルカトリアは廃れたかのように思われたが、しかし、完全に無効となったわけではなかった。

20世紀に国際貿易の量が急増すると、国の関与しない個人間の取引を扱う民商法の新たな波が起こった（上の囲みを参照）。1000年以上前、ローマ崩壊後にヨーロッパが再建されるなかで誕生したレクス・メルカトリアは、今なお国際貿易の分野でその重要性を保っている。◆

スペインの『海洋法典』は、中世におけるレクス・メルカトリアの発展に寄与した海事慣習集である。この版は1523年に印刷されたもの。

第3章

帝国と啓蒙思想

1470年～1800年

ヴェネツィア特許法が、**世界最初の成文化された特許制度**を確立する。

1474年

1494年

コロンブスがアメリカ大陸から帰還した後、スペインとポルトガルがトルデシリャス条約を結び、この大陸の**領有権を両国間で分割**する。

イングランドとウェールズの救貧法が、**定住している貧民**に対し、教区税と地方税を通じた**支援を提供**する。

1601年

1625年

フーゴー・グロティウスが『戦争と平和の法』のなかで、**国際法における外交**を支持する。

天文学者ガリレオ・ガリレイが、地球は宇宙の静止した中心ではないと述べた件で、カトリック教会から**異端審問にかけられる**。

1633年

1648年

ウェストファリア講和が**国家主権の原則**を確立し、平和の保障を目的とした**外交的手段**の原則を強化する。

イングランド内戦中、議会が高等法院を設立し、**国王チャールズ1世を反逆のかどで裁く**。

1649年

17世紀

カリブ海地域と北米の**奴隷法**が、奴隷を**所有者の財産**として扱う。

15世紀末、ヨーロッパでは大きな文化的・政治的変化が実現し始め、ルネサンスと呼ばれる時代を迎えた。国民国家は自らの独立を主張するようになり、貿易や帝国建設を通じて繁栄を手に入れた。こうした変化によって宗教から人間固有の自然法へ重点が移ると、カトリック教会の権威に異議が唱えられるようになった。

商業大国の一つとして生じたのはヴェネツィア共和国である。この国は特許法などの商事法を導入して商人の利益を保護した。スペインとポルトガルは最も野心的な大国であり、陸路のシルクロードの代替手段として、大西洋を渡ってアジア市場へ至る経路を模索した。クリストファー・コロンブスがその発見の航海中にアメリカ大陸を偶然見つけた後、イベリア半島に位置するスペインとポルトガルは、トルデシリャス条約という協定をまとめた。この協定において、世界は実質的に2つの半球に分割され、スペインには西側の土地が、ポルトガルには東側の土地が与えられることになった。こうした要求が示すように、当時の一般的な見方では、世界はヨーロッパの新興貿易国によって「発見」され、征服され、搾取されるための場所だったのである。16世紀の宗教改革は、教会の権威に対するさらなる挑戦となった。

国際秩序

貿易や領土をめぐる対立は、覇を競う国家間の戦闘へ発展し、17世紀には国際的な法規範を確立する取り組みが進められた。1625年、オランダ人学者のフーゴー・グロティウスは『戦争と平和の法』を著し、国際問題における人間の理性と協調を支持した。グロティウスの提言はその後、1648年にウェストファリア講和として実を結ぶ。この講和は三十年戦争を終結させ、国家主権を守る外交交渉の先例を打ち立てた。

それから1世紀後には、スイス人外交官エメル・ド・ヴァッテルの『国際法』によって、真の国際法の基礎が築かれた。

アメリカ大陸と一部のアフリカ・アジア地域は、まもなくヨーロッパ帝国の植民地となり、無限に思われるほどの資源をもたらした。しかし、取引されたのは品物だけではなかった。アメリカ大陸の植民地に労働力を供給するため、アフリカから何十万人という奴隷が輸送されたのだ。これは、奴隷を「動産」(所有者の財産)として扱う西インド諸島やアメリカの奴隷法において、法的正当性を与えられていた慣行だった。

名誉革命において、オレンジ公ウィリアムと妻メアリーがイングランド王位を受け入れ、**権利章典**に同意する。

1688年～1689年

アン法において、**著者の著作権**の原則がイギリス法に謳われる。

1710年

ウィリアム・ブラックストンの『イングランド法釈義』が、**イングランドのコモン・ロー**を包括的かつ利用可能な形で提示する。

1765年～1769年

フランスで「人と市民の権利の宣言」が定められ、**すべての人間は法の下で平等である**との原則が記される。

1789年

1692年

マサチューセッツでのセイラム魔女裁判で、200人以上が**魔女として告発**され、19人が偽の証拠によって死刑を宣告される。

1758年

エメル・ド・ヴァッテルが『国際法』を著し、**諸国が国際法の下で協力**するための基礎を築く。

1787年

代議員がフィラデルフィアに集まって**アメリカ合衆国憲法**を立案し、この憲法は1790年までに全州で批准される。

1791年

10の修正条項、総称して「**権利章典**」がアメリカ合衆国憲法に加えられる。

信仰を超えた理性

ヨーロッパの新たな繁栄によって促進された知的・科学的探究は、17世紀後半から18世紀にかけての啓蒙主義、あるいは「理性の時代」をもたらした。カトリック教会は依然として大きな権力を振るい、その権力は、ガリレオ・ガリレイなどの「異端者」による科学理論を却下する試みにおいて行使された。とはいえ、王権神授の概念や民衆に対する君主の権威と同様に、教会の権威はひどく弱体化した。啓蒙主義の理論家は、宗教的信仰よりも理性的思考を、旧来の政治秩序による教会や王権への服従よりも進歩や自由や寛容を推し進めた。そればかりか、市民の権利を守る立憲政治を提唱したのである。

こうした動きの兆しが最初に見られたのはイングランド内戦（1642～1651年）中、1649年に国王チャールズ1世が裁判を経て処刑され、次いでイギリス連邦が樹立されたときのことだった。1689年、イギリス議会は国王ウィリアムと女王メアリーの統治を受け入れる条件として権利章典を導入し、そのうえで法の力が国王の至上権に優越することを確認した。

政治秩序の変化に触発されたイギリスの哲学者ジョン・ロックは、イギリス市民の自由と権利を守る政府への支持を表明した。ロックの理念はすぐに他の地域にも取り入れられたが、イギリス人統治者への反感を募らせ、より民主的で公正な政府下での独立を模索していたアメリカ植民地もその例外ではなかった。

アメリカは1776年に独立を宣言した際、生命、自由および幸福追求に対する万人の権利を主張した。こうして法典の中心となる権利の概念が確立されると、この概念は、1787年のアメリカ合衆国憲法において具体的に述べられた。フランスも同様に、1789年に抑圧的な統治者を倒し、国民による国民のための政府を設立。自由、平等、友愛というその理想は、「人と市民の権利の宣言」において具体化された。◆

あらゆる独創的な装置の保護

ヴェネツィア特許法（1474年）

背景

焦点
特許法

それ以前
前500年　ギリシャのシバリスの料理人たちが、彼らの考案した料理に1年間の独占権を与えられたとされる。

1421年　フィレンツェのフィリッポ・ブルネレスキに、知られている限り最初の発明の特許が付与される。

1449年　イングランド王ヘンリー6世が、ウティナムのジョンにステンドグラス製造の専売権を与える。

それ以後
1624年　イングランドで、注目に値する発明に特許権を認める専売条例が成立する。

1790年　米国特許法によって、発明者に14年間の排他的特許権が与えられる。

1474年のヴェネツィア特許法は、近代特許法（新たな発明を保護する法）の真の始まりと言える。ヴェネツィア共和国で制定されたこの法は、特許権保護という意味では最初の実例ではないが、あらゆる発明に適用される包括的制度を確立したという意味では世界初のものだった。

15世紀初頭、ルネサンス期イタリアの都市国家は繁栄し、それぞれが競い合うように芸術、科学、技術に関する新たなアイデアを生み出していた。発明は、究極的に言えば、金銭と地位をもたらしてくれる。しかし、アイデアが実現した瞬間にたちまち模倣されてしまうようなら、これらのメリットは失われる。発明者からすれば、手間や費用をかけてアイ

参照：レクス・メルカトリア（p74〜77） ■アン法（p106〜107） ■連邦取引委員会（p184〜185）
■WIPO 著作権条約（p286〜287）

フィレンツェの大聖堂のドームは、中央の支えがない状態で建築された。その革新的なデザインを代表するのはドームの内殻と外殻であり、これらはドームの膨張を防ぐために連動してアーチを描く。

デアを練る動機も、ましてやそのアイデアを他者と共有しようという意欲もなくなってしまうはずだ。

発明の特許権

交易網がヨーロッパ全土に広がり、イタリアの都市国家間での商業的・政治的競争が激化するにつれ、発明者が保護されるべきであること、そのために各自がアイデアの所有権を認めるべきであることが明らかになった。アイデアは財産にならなければならなかった。発明者には独占的な法的権利が付与される必要があり、そうすることで、彼らの許可なく発明が模倣されるのを防がなければならなかった。こうして、特許という発想が次第に生まれていったのである。

知られているなかで最初の特許は、1421年にフィレンツェで認められた。取得者はフィリッポ・ブルネレスキという建築家で、フィレンツェの大聖堂のドームを設計したことで有名だった。ただし、彼の特許は建築上の革新に対するものではなく、アルノ川を経由して大聖堂まで建材を運んだ特殊な荷船に対するものであった。不幸にも、1427年、ブルネレスキの船は初航海中に沈没した。特許という発想はフィレンツェではしばらく放棄されることになったが、当時は職人や芸術家のギルドが大きな権力を振るっており、構成員のアイデアや技術革新の「所有権」はこうしたギルドの私的規則によって守られていた。

ヴェネツィア特許法

法的特許権という発想が実際に生まれた場所はヴェネツィアだった。ヴェネツィアはまず、フィレンツェのブルネレスキに与えられたものと同様の、個人に対する特許を単発で発行するようになった。その後、1474年3月19日に、ヴェネツィアの元老院が最初の一般特許法を公布した。この画期的な法により、特許を自由に登録することで発明者が守られるという制度が確立された。

ヴェネツィアの制度は、現在の特許権を連想させる特徴のほとんどを備えていた。たとえば、発明は何らかの形で有用でなくてはならない。特許の存続期間は決まった年数に制限されている。特許の使用権は、特許権者の生前・死後どちらでも譲渡することが可能である。一定期間内に特許が使用されなかったり、特許に関連する発明がその種の発明として最初のものではなかったことが後に証明されたりした場合、特許権は失効する。こうした基準はいずれも、現代の特許法の支えとなっている。

独創的な仕掛け

ヴェネツィア特許法は口語で書かれ、「以前につくられたことのない、新しく独創的なあらゆる装置」を保護した。また、ヴェネツィアには「ありとあらゆる独創的な仕掛けを考案・発明できる、極めて有能な人々」が集まっていると、堂々と述べている。さらに、彼らのアイデアが保護されれば、この有能な人々は街の利益となるものづくりのためだけに尽力するだろうと主張した。

> ヴェネツィアでは……
> あらゆる新たな芸術や
> 神秘をもたらし、
> そうすることで人々を仕事に
> 従事させてくれるすべての
> 人に報酬を与え、
> 大切にしている。
>
> **トーマス・スミス卿**
> 『イングランド王国の繁栄についての一論』
> （1581年）

独占権は市場に対して過剰な影響力を持ち、
取引に損害を与えるが、**発明者**は何らかの方法で
自身の知的財産を守らなければならない。

独占権は禁止すべきだが、**有益な発明**には、
期間限定で排他的な権利を与えるべきである。

これによって**有能な人々の意欲**が高まり、
今まで以上に**斬新かつ独創的な発明**が生まれるはずだ。

こうして、ヴェネツィア特許法は次のように定めた。自身の発明が実用化された創作者は誰であれ、その発明の独占権を最長10年間にわたって保持すべきである。違法に模倣したすべての者には、それを破棄し、100ダカットの罰金を支払うことが求められる。100ダカットは現代の金額で約15,000ドルに換算される。つまり、ヴェネツィア特許法の明確な目的は、それを真剣に受け止めてもらうことにあったのだ。

この法を通じて、ヴェネツィアは、発明者保護のための継続的かつ一貫した制度を構築した最初の国家となった。歴史上初めて、知的財産権を守る適切な法的枠組みが設けられたのである。言い換えれば、知識が「所有」されるようになったことで、人々は発明のために技術や技能を磨く動機を与えられた。自分の研究が成功した場合に、その研究で金を稼ぐ権利が保障されるという確信を得たわけだ。

こうした主張は、資本主義的思想の中心をなしている。金銭上の利益という潜在的な見返りがなければ、人はわざわざ創作したり発明したりすることはない——そう考えるのが資本主義である。特許権を与えるという戦略がヴェネツィアで機能したことは明らかだった。15世紀末の時点で、この街の商業的卓越性は、ヨーロッパにおいて比類ないほどに高まっていたからだ。ヴェネツィアは技術開発の中心地となり、地中海を越えてインドや中央アジアにまで広がる貿易帝国の拠点として君臨した。1495年、フランス人作家で外交官のフィリップ・ド・コミーヌはヴェネツィアを訪れた際、同地について「私がこれまで見たなかで、最も勝利した都市」だと述べた。

需要あるヴェネツィア

付与された特許の件数から判断すれば、ヴェネツィア特許法は大きな成功を収めた。1474年から1600年の間には、平均で年間5件、合計621件の特許が授与された。翌世紀には、さらに605件が与えられた。

ヴェネツィアの製品には大いに需要があったため、ヴェネツィアの商人や職人はこの街を離れてヨーロッパの他地域に移り住むとき、特許という考え方を一緒に持ち出した。そのブランドや利益を希薄化させかねない模倣行為から、自分の製品を守ろうとしたのである。たとえば、1551年には、ヴェネツィア出身のテセオ・ムティオというガラス職人が「ヴェネツィアの方式に従って」ガラスを製造したとして、フランスで初めて特許を付与された。(ムラーノ島で作られる)ヴェネツィアのガラス製品は大人気を博し、アントワープやドイツで暮らすヴェネツィアのガラス職人にも初期の特許が与えられた。1565年には、イタリア人技師のヤーコポ・アコンチオが水車で動く機械を考案し、技術革新に対して付与される特許をイングランドで初めて取得した(右上の囲みを参照)。

バロヴィエ・カップは、1470年頃、結婚の贈り物として製作された。作者であるガラス工芸の名人アンジェロ・バロヴィエは、ムラーノ島の知名度を高めた透明ガラスの製造方法を初めて発見した人物である。

排他的権利

イングランドにおいて、発明に関する特許の発想は拡大され、特定の製品や技能を独占的に販売する権利、いわゆる専売権を含むまでになった。早くも14世紀には、外国の職人や発明者に渡英を促すため、「保護状」と呼ばれる許可証が付与された。1331年には、ジョン・ケンペというフランドルの織工がその恩恵を受けた。1449年になると、国王ヘンリー6世がウティナムのジョンに対し、ステンドグラス製造の20年間の専売権

を与えた。ジョンはイートン・カレッジのステンドグラス窓を製作するため、故郷のフランドルからイングランドに招かれていた。

それから90年後、国王ヘンリー8世の秘書トマス・クロムウェルは、ヴェネツィアの絹物商アントニオ・グイドッティに20年間にわたる絹製造の専売権を与えた。これは、ヴェネツィアの絹製造業者をイングランドに誘致しようという試みの一環だった。専売権を与えるという慣行がイングランドの君主に普及したのは、特権に多額の対価を求めることができたためである。結果的に、ますます多くの産業が専売の範囲に含まれるようなり、塩やでんぷんといった生活必需品の製造もその対象となった。

16世紀末には、専売による支配が極端化したことで、強い反感を招いた。1601年、イングランド議会は女王エリザベス1世に対し、専売を規制する権限の委譲と、一部の極めて抑圧的な専売事業の排除を迫った。主席裁判官で政治家のエドワード・クック卿率いる苦情処理委員会が設置され、専売を制御するようになった。しかし、エリザベスの後継者であるジェームズ1世は、専売を確立する特許状の発行を続けた。

反感が高まるなか、ジェームズ1世は最も悪質な3つの専売を無効にすると約束したが、議会は我慢の限界に達していた。1621年、クックは専売条例を導入し、この条例は3年後に立法化された。イングランド君主の絶対的権力に対抗してビジネス上の利益を主張するという点で、これは先駆的な出来事だった。

専売条例

クックの条例によって、イングランドでは過去、現在、未来にわたり、すべての特許状と専売が無効化されることになった。また、刑事司法の管理を個人や民間企業に委託する目的で特許が王に利用されてはならないと定められ、これを利用できるのは議会のみであることが明言された。

すべての特許状が無効化されることに対しては、ある重要な例外が存在した。原発明に関する特許は厳重に守られたのである。ただし、この除外は14年間しか継続せず、したがって発明者は彼らが「真実かつ最先の発明者」であった場合、14年間の排他的権利を認める特許を付与された。さらに、あらゆる斬新な製造方法にも特許が与えられた。裁判所が特許法施行のための一貫した仕組みを構築するまでには1世紀以上を要したが、専売条例は、イングランドが封建制経済から資本主義経済へ発展を遂げるうえでの転機となった。以来、ヴェネツィア特許法を明らかに参考にしたその規定によって、特許法は形作られてきたのである。

◆

イングランド初の特許

イングランドで最初に特許を与えられたのは、ヴェネツィア人技師のヤーコポ・アコンチオだった。アコンチオは北イタリアの出身で、ストラスブールに移住していた。ここで女王エリザベス1世の国務大臣だったウィリアム・セシル卿に見出され、1559年にイングランドへ渡る。エリザベス体制が極めて脆弱であった当時、アコンチオはヴェネツィアの工学知識を持ち込み、イングランドの要塞を強化した。イングランドとスコットランドの境界上にあるバーウィック城の要塞の一部を視察し、設計を改めたのだ。

イングランドにやってきてわずか数カ月後、アコンチオは水車を使ったさまざまな機械の特許や、染色家や醸造家に提供する炉の特許を申請した。出願にあたっては、「大衆に役立つものを探し求めて発見した人間は、自らの権利と労働の成果を受け取るべきである」と主張した。アコンチオの特許は1565年に付与された。

国王は人の下にあってはならず、神と法の下にあるべきである。

エドワード・クック卿
『イングランド法提要』
1628〜1644年

イングランドの法廷弁護士、裁判官、政治家であったエドワード・クック卿による専売条例は、1624年に立法化された。この条例は、真に新しい発明にのみ特許の付与を認めるというものだった。

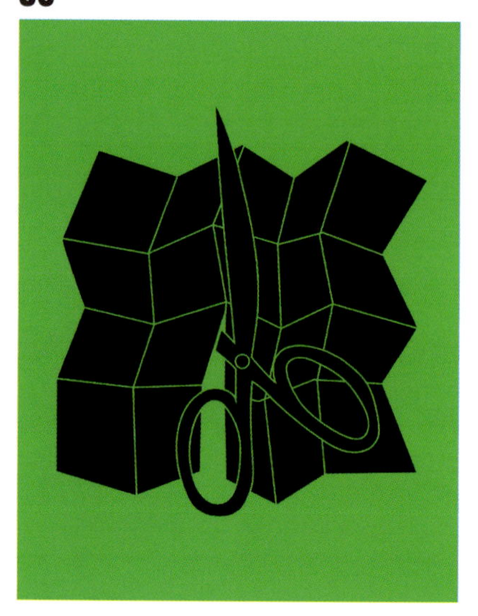

極地から極地への境界線

トルデシリャス条約(1494年)

背景

焦点
国際法

それ以前
前2100年　メソポタミアの都市国家ラガシュとウンマが石板上に境界線を引く。

前387年　アシリセネの講和条約によって、アルメニアがサーサーン朝ペルシャと東ローマ(ビザンティン)帝国間で分割される。

1266年　パース条約によって、北部諸島の支配権がノルウェーとスコットランド間で分割される。

それ以後
1739年　エル・パルド条約を通じて、アメリカの海運と貿易をめぐるスペインとイギリスの紛争が解決される。

1750年　マドリード条約によって、南米、スペイン、ポルトガルの植民地間の境界線が引き直される。

1885年　ベルリン会議の場で、ヨーロッパの指導者たちがアフリカを分割する。

ポルトガルとスペインの両者が、新たな領土を**発見**したこと、
したがってその**所有権は自らにある**と主張する。

これら2つの敵対するカトリック帝国間に
損害をもたらす戦争が起きないよう、
ローマ教皇アレクサンデル6世が**仲裁**を依頼される。

トルデシリャス条約によって、
世界がスペイン領とポルトガル領に分割される。

1492年、探検家のクリストファー・コロンブスが新世界からの帰途ポルトガルのリスボンに上陸すると、これをきっかけに、世界初の宗主大国であったスペインとポルトガルとの何世紀にもわたる外交騒動が勃発した。コロンブスは元々、スペインの共同統治者であるアラゴン王フェルナンド2世とカスティーリャ女王イサベル1世によって航海に派遣されていた。しかし、その歴史的発見を最初に耳にした人物は、ポルトガル王ジョアン2世だった。

当時のヨーロッパ列強は、彼らの「発見した」あらゆる地域がすでに古くから知られていることや、そこで先住民が暮らしていることを軽視していた。こうした新参の国々にとって、「発見すること」は所有権を持つことと同義だった。ポルトガルは、他国に先駆けて航海を行っていた——ポルトガル人航海士たちはかねてから西アフリカ沿岸やインド沿岸を探索していた——ことを理由に、「未発見」だった領土を主張する権利は当然自分たちにあると考えた。ところが、コロンブ

参照：ドゥームズデイ・ブック（p58〜59） ▪ レクス・メルカトリア（p74〜77） ▪ ウェストファリア講和（p94〜95）
▪ ヴァッテルの『国際法』（p108） ▪ ヴェルサイユ条約（p192〜193） ▪ ヘルシンキ条約（p242〜243）

クリストファー・コロンブスは西インド諸島のある島に上陸し、「サン・サルバドル島」と名付けた。コロンブスと仲間は東アジアに到達したと思い込み、現地の人々を「インディアン」と呼んだ。

スから国王ジョアン2世への報告は衝撃的なものだった。コロンブスは、ジョアンの敵であるスペイン人たちの代理として新世界を発見したと述べたのだ。

ジョアンは国王フェルナンドと女王イサベルに脅迫めいた書簡を送り、1479年のアルカソヴァス条約と1481年の大勅書（法的拘束力を伴う教皇の命令）に基づき、カナリア諸島以南のすべての土地は——要するに、コロンブスが発見したすべての土地は——ポルトガルの領土だと主張し、また、この主張を達成するために艦隊を派遣するつもりだと予告した。

大勅書

ポルトガルの海軍力を理解していたフェルナンドとイサベルは、ローマ教皇アレクサンデル6世に援助を求めた。同胞のスペイン人であるアレクサンデルなら、同情的に話を聞いてくれるはずと確信していたからだ。対してアレクサンデルは、ヨーロッパの自信を象徴するかのような、今となっては驚くべき声明を出した。当時には丸いことが知られるようになっていた世界全体を、2つに分けよという大勅書を発布したのである。この分割線は極地から極地へ伸びており、アゾレス諸島とヴェルデ岬の西100レグア（約550キロ／345マイル）の大西洋上を北から南へ通過し、現在のブラジル最東端と交差していた。以降、この線の西側にあり、それまでキリスト教君主による統治を受けていなかったすべての土地はスペインに、東側にあるすべての土地はポルトガルに帰属することになった。

アレクサンデルの解決策によって緊張が高まると、両国は境界線をさらに東または西へ動かそうとした。最終的には1494年、スペインの町トルデシリャスにスペインとポルトガルの外交官が集まり、「トルデシリャス条約」という協定を提案。これにより、世界を二分するという方針は維持されたものの、ポルトガルの海軍力に鑑みて境界線は270レグア西方に押しやられた。

トルデシリャス条約が定めた新たな境界線は、現在の計算では西経46度30分付近に引かれたようである。当時は経度を正確に測定する方法が存在せず、そこに異議が生じることは避けられなかった。また、この線は大西洋を南北に縦断して世界を二分するものだったが、そのまま世界中へ続いて太平洋をも二分するのかどうかについては明示されなかった。

分割された南米

大きな欠点を有してはいたが、トルデシリャス条約は驚くほど有効だった。この条約のおかげで、ポルトガルは後年イギリスに取って代わられるまで、アフリカ回りのインド航路を掌握した。

その6年後には、インドを目指して大西洋を南に航行中だったペドロ・アルヴァレス・カブラルがブラジルに上陸し、同地の支配権をポルトガルにもたらした。一部の歴史家の主張によれば、トルデシリャス条約が結ばれた当時、ポルトガルは南米東方に大きく突出したこの地域のことを知りながら、それを黙っていたようである。真実がどうあれ、トルデシリャス条約の遺産によって、ポルトガルはブラジルの富を手に入れた。一方、スペインはブラジル以外の南米と中央アメリカ全体に影響力を及ぼし、現在ラテンアメリカと呼ばれる地域を支配した。◆

この境界線は……
ヴェルデ岬諸島の
西方370レグアの距離に……
引かれるものとする。

トルデシリャス条約

すべての統治者は貧困者を守るべきである

救貧法（1535年、1601年）

背景

焦点
社会福祉

それ以前
1351年　イングランド議会の労働者規制法によって、働くことのできるすべての人間に労働が義務付けられる。

1388年　ケンブリッジ法によって、「丈夫な」乞食と「虚弱な」乞食が区別される。

1494年　浮浪者・乞食法が、「浮浪者、怠惰者、不審者」は処罰されるべきだと宣言する。

それ以後
1662年　定住法が、教区からの部外者の排除を認める。

1696年～1698年　ブリストルで、救貧社がイングランドで初となる2つの救貧院を開く。

1834年　改正救貧法を通じて、教区の「連合」によって運営される特設の救貧院が導入される。

1948年　国民扶助法によって、旧救貧法が廃止され、16歳以上で「資産を持たない」すべての人への救済が保証される。

1601年のイングランドおよびウェールズの救貧法は、国家の法的枠組みを定めて貧困を解消しようとした世界初の試みの一つである。この試みは、14世紀半ばから制定されてきたさまざまな法を踏まえ、貧困によって個人や広範な経済にもたらされる結果に取り組む法が必要であることや、貧困者の運命を偶然や慈善に委ねるべきではないことを先例として打ち立てた。

1601年の救貧法では、困窮に直面した人が支援を受けられる法的権利までは

参照：アリストテレスと自然法（p32～33）■カノン法の起源（p42～47）■トマス・アクィナス（p72～73）
■労働者災害保険制度（p164～167）■世界人権宣言（p222～229）

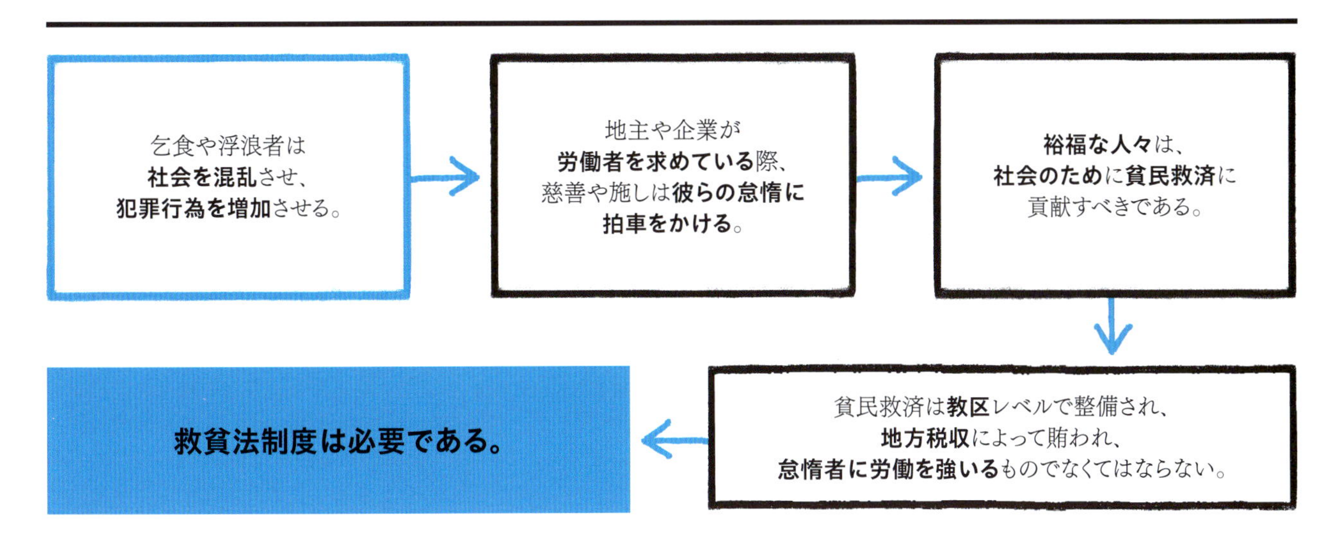

確立されなかった。しかし、法の管理者が法的義務として税収を通じた金銭的支援を行うべきであることが確認された。貧困者に対する責任は中央政府にあるという発想は、19世紀後半からドイツやイギリスなどで発達した国家福祉制度の法的起源となった。

労働力不足

救貧法への圧力は、黒死病の余波が広がる1348年から1350年に生じた。この疫病はイングランド市民の30～40パーセントを死に至らしめ、深刻な労働力不足を引き起こした。そこで1351年、イングランド議会は労働者規制法を通過させた。この法は、すべての健常者を仕事に従事させ、黒死病以前の賃金水準を維持することを目的としたものだった。一方で労働者たちは、労働力への需要を、自分たちが移りたい場所へ移るための手段、以前より高い賃金を得るための手段になると考えた。

1388年、議会はケンブリッジ法でこれに対抗した。この法は、「丈夫」であると認められた乞食などの労働者の移動を制限し、領主に安価な労働力を保持させるためのものだった。それと引き換えに、「ハンドレッド」と呼ばれる地方行政区には、労働が不可能と見なされた「虚弱な貧困者」への基本的救済を与える責任を課した。つまり、貧民救済のためのアプローチには2つの側面があったのだ。救貧法は、ある面では貧困者への支援を目指していたが、別の面では、貧困者に低賃金労働を強いるこん棒となったのである。

乞食と浮浪者

「丈夫」な者、すなわち労働に適していると認められた者は、労務から逃れられなかった。1536年の「丈夫な浮浪者・乞食処罰法」に従い、地元の教区を離れ

1349年の写本には、黒死病の犠牲者を埋葬する様子が描かれている。アジアから襲ってきたこの疫病により、ヨーロッパでは2,000万人以上が死亡した。

チューダー朝イングランドの経済的圧力

穀物価格が1490年から1569年の間に3倍以上になり、1569年から1609年の間にさらに73パーセント上昇したことで、パンがますます高価になった。

農業労働者、**建築労働者**、熟練の職人の賃金は、16世紀にわたって約60パーセント減少した。

1536年から1549年の間に、修道院（および修道会が運営するギルドや病院）が解散させられ、伝統的な慈善事業や貧民救済の財源が途絶えた。

て放浪している無職の者は「浮浪者」と見なされ、むち打ち、耳の切断、最終的には死刑といった厳罰の対象となった。

16世紀には法律がさらに追加され、罰がいっそう厳しくなった。浮浪者は、たとえそれがどれだけ恐ろしいものであっても、最初に提示された仕事に就くよう強いられた。身体障害のある乞食のうち、自宅での労働を拒んだ者は、罰として「矯正施設」へ送られた。

教区への依存

チューダー朝の時代（1485～1603年）、イングランドの人口は劇的に増加した。これによる物価の上昇や賃金の底打ちに伴い、自活できない人々はますます増えていった。同時にヘンリー8世が修道院を解散させ、その富や所有地を奪ったことで、貧困者はもはや教会の慈善に頼ることができなくなった。体制が崩壊寸前に陥ったことを受け、1601年、法的な貧困対策のための包括的な枠組みを提供する救貧法が導入された。この法は、主に「定住している」貧困者、つまり失業中だが本人に落ち度はないと認められた者を救済し、乞食や浮浪者を罰するためのものだった。それ以前に存在したあらゆる救貧法は、ここで単一の法令にまとめられた。

救貧法はチューダー朝時代の王国全土に適用されたが、その規定は全国的にというよりは地域的に、15,000の地方教区を通じて用いられた。各教区は、貧困者に支給する資金を集めるため、不動産所有者から救貧税を徴収することを余儀なくされた。教区では毎年2人ずつ無給の「民生委員」が選ばれ、この民生委員が救貧税を定め、不動産所有者からそれを徴収したのである（支払に応じない者には罰金を科した）。そのうえで、民生委員は金銭や食料をそれを必要とする人々に支給したり、彼らを強制的に働かせたりした。この法はまた、親と子に対して、互いに面倒を見合うことを法的に義務付けた。たとえば、親が高齢なら、その世話は子どもがすべきというわけだ。

救貧法が具体化したのは、貧困者が苦しむときには、社会全体も苦しむという考え方だった。貧困者や弱者を支える資金を準備するため、全国民から税を徴収することは当たり前になった。裕福な人々は、単なる慈善心だけで貧困者を支援することはなくなった。そうした支援は、税金を支払う余裕のあるすべての人々にとっての、法的義務となったからである。

貧困者の分類

1601年の救貧法では、「屋外」と「屋内」という2種類の救済が定められた。

16世紀の経済的圧力によって、チューダー朝時代の路上には乞食の数が増えた。むち打ちや（常習者には）絞首刑などの刑罰が一般化した。

ブライドウェル刑務所、1720年。この当時は、軽犯罪者や貧困層の見習い労働者と同様に、浮浪者や「怠惰な」貧困者と見なされた人々も収容されていた。

ブライドウェル刑務所

「矯正施設」の原型ともいうべきロンドンのブライドウェル刑務所は、ヘンリー8世の住居の一つであるブライドウェル宮殿として建てられた。1553年、ヘンリーの息子エドワード6世は、老朽化したブライドウェル宮殿をロンドン市自治体に譲渡し、ここを孤児院として、または「風紀を乱す」女性――すなわち売春婦の「矯正」施設として利用させることにした。1556年までに、その敷地の一部はブライドウェル刑務所となった。1601年には救貧法が制定され、この刑務所は、働く意欲のない者や軽罪を犯した者に「短期の厳罰」を与えるという発想の見本となる。ブライドウェルは刑務所、病院、救貧院の複合施設であり、その被収容者は重労働をこなすことを強いられた。定期的に与えられる罰には、週2回の公開むち打ちなどがあった。

ブライドウェルは後世の矯正施設のモデルとなったため、矯正施設が「ブライドウェル」と呼ばれることも少なくなかった。ブライドウェル刑務所は1666年のロンドン大火で焼け落ちたが、すぐに再建され、1860年代まで使用された。

屋外救済は最も一般的なもので、貧困者は自宅にとどまることを認められた。彼らには「ドール」と呼ばれる金銭が与えられるか、あるいは衣服や食料などの現物が支給された。屋内救済の場合、住むところのない貧困者は救貧院（慈善により運営される住居）、孤児院、または矯正施設へ送られ、そこで働くことを余儀なくされた。

貧困者のうち「肢体不自由、虚弱、高齢、盲目」に該当する者、つまり労働が不可能な者は、屋外救済の対象となることもあれば、救貧院や病院に部屋を与えられることもあった。健常だが家のない貧困者は、場合によっては、救貧院の原型である「勤労の家」に送られた。ここで材料を与えられ、加工する仕事に従事したのである。こうした施設では意図的に過酷な生活条件が保たれていたが、その目的は、貧困に陥った者が公的支援に依存するのを防ぐことだったという。

浮浪者や「怠惰な」貧困者（労働意欲がないという烙印を押された者）は、いっそう過酷な場所である矯正施設へ送られた。ここで彼らは、麻を打ち延ばしてロープを作るなどの重労働を強いられた。

救貧法の規定の実効性は、教区ごとに大きく異なっていた。貧困者に寛容な教区もあれば、無慈悲な教区もあったが、多くは貧困者を別の教区に移すことで責任転嫁を図ろうとした。それでも、1601年の救貧法は、最貧者を基本レベルで支援するという先例を打ち立てた。そして2世紀以上にわたり、社会の底辺に生きる人々のための唯一のセーフティネットとして機能した。

貧困の処罰

慈善の原則をその中核としていたにもかかわらず、救貧法制度は諸刃の剣だった。この制度は、貧困の支援と共に貧困の処罰を目的としており、貧困救済への依存を防ぐのに十分なほど厳しいものだった。

犯罪としての貧困問題が表面化したのは、18世紀後半にイギリスで産業革命が始まり、都市の人口が増えてきた頃である。実業家は自身の工場で働かせる労働者を必要とし、労働者はますます増加する市民を養うために農業に従事することを求められた。哲学者、法学者、社会改革者のジェレミー・ベンタムは、貧困救済は怠け者を懲らしめて罰するものであるべきだと強く主張した。一方で、政治経済学者のデイヴィッド・リカードは、いかなる種類の貧困救済も「賃金鉄則」、すなわち賃金は需要に応じて支払われるという鉄則を傷つけると論じた。

こうした思想は、1834年の新たな救貧法への道を開いた。この法によって屋外救済は廃止され、抑止力としての過酷な生活条件を課す救貧院制度に置き換えられた。チャールズ・ディケンズが小説『オリバー・ツイスト』で生々しく描写したように、救貧院は悪夢のような場所だった。それから100年以上の組織的な運動を経た1948年、救貧院は廃止され、それに代わる近代的な福祉制度が整備された。◆

> （1834年の改正救貧法は、）イングランドにおいて貧困は犯罪であることを世界に知らせるものである。
>
> **ベンジャミン・ディズレーリ**
> イギリス首相
> （1868年、1874～1880年）

平和は輝かしく、有益である

グロティウスの『戦争と平和の法』（1625年）

背景

焦点
国際法

それ以前
前54年～前51年　キケロの『国家論』で、自然法と自然権の考え方が紹介される。

それ以後
1648年　ウェストファリア講和の締結をもって、国家の主権と平等が認められ、ヨーロッパの宗教戦争が終結する。

1758年　スイスの外交官エメル・ド・ヴァッテルによる『国際法』が出版される。本書はグロティウスの思想に基づき、国際法を詳しく定義し、さらにわかりやすくしたものである。

1863年　リーバー法によって、紛争時の兵士に求められる振る舞い方が初めて規定される。

1864年　「戦地軍隊における傷病者の状態の改善に関するジュネーヴ条約」が批准される。

オランダの哲学者で法学者のフーゴー・グロティウス（1583～1645年）は、1625年の影響力ある著書『戦争と平和の法』により、「国際法の父」として知られている。グロティウスは、自然法を不変かつ普遍的な法と見なす自然法論の提唱者だった。自然法は自然権と人間の理性に由来するため、神によっても組織的宗教によっても変更されることはない、と信じていたのである。

グロティウスはこうした思想を国際関係に当てはめ、法原理は自然に存在し、国家間のあらゆる交渉を支えるものでなければならないと主張した。国家は平等な権利と主権的地位を有するべきであり、国家も個人と同じ法に従うべきだと考えた。国家間の紛争は外交的に解決されることが望ましく、戦争は他に解決策が見つからない場合にのみ行われるべきだ、と捉えていた。グロティウスはまた、戦時および平時の国際関係を支配する原理の体系を構築した。

戦争はかつて、フィレンツェの政治家ニッコロ・マキアヴェッリ（1469～1527年）が世に広めたように、正当な政治手法と見なされていた。しかしグロティウスは、戦争が許容されるのは、それが正しい場合に限られると論じた。たとえば、ある国が差し迫った脅威に直面し、その脅威に均衡した軍事力を行使する場合などがそうである。外交努力を行うことで戦争を回避すべきだという彼の主張は、近代的な国際法の概念の基礎を築いた。◆

フーゴー・グロティウスの見解に影響を与えたのは、彼の存命中に起きた流血の惨事、なかでも八十年戦争と三十年戦争だった。

参照：ウェストファリア講和（p94～95）■ヴァッテルの『国際法』（p108）■ジュネーヴ諸条約（p152～155）■ハーグ条約（p174～177）

そなたの重大な過ちと罪

ガリレオ・ガリレイの裁判（1633年）

背景

焦点
異端の罪

それ以前
1542年　ローマ異端審問所がカトリック教会によって設立され、異端に対抗する。

1543年　ニコラウス・コペルニクスの著書『天球の回転について』が出版される。

1600年　ローマ異端審問所が、イタリアの宇宙論者ジョルダーノ・ブルーノに、異端の罪で死刑判決を下す。星は遠い太陽であるというブルーノの発言がその理由の一つである。

それ以後
1757年　カトリック教会がガリレオの『天文対話』の禁書を解く。

1989年　イラン・イスラム政府が、作家のサルマン・ラシュディを異端者として非難する。

1992年　ガリレオがコペルニクスの説を採用したことは正しかったと、バチカンが認める。

ポーランドの天文学者ニコラウス・コペルニクスは、1543年に自著『天球の回転について』を出版した。彼は当時受け入れられていた「地球中心説」、すなわち静止した地球の周りを太陽が回っているという見解に反し、のちに知られるところの「太陽中心説」、すなわち太陽の周りを地球が回っているという説を提唱した。

太陽中心説は、アリストテレスの自然哲学にも、カトリック教会の伝統的思想にも疑問を投げかけた。コペルニクスの説はこじつけだとして一般に否定されたが、1616年、著名なイタリアの天文学者ガリレオ・ガリレイによって復活を遂げる。すると、教会はガリレオに対し、太陽中心説的な思想を教示したり擁護したりすることを禁じた。地球が宇宙の中心であるという、一般に認められていた教会の見解以外は支持しないよう警告したのだ。

太陽中心説

ガリレオは研究を続け、1632年に『天文対話』を出版すると、この本で再び太陽中心説を考察した。1633年、教会はガリレオをローマ異端審問所に召喚した。ガリレオは過ちを認めなかったが、太陽中心説を広めないことに同意する司法取引を受け入れた。ガリレオは異端の罪で有罪となり、自宅に軟禁され、その著書は禁書となった。1822年になってようやく、カトリック枢機卿団は、太陽中心説が真実である可能性を認めた。ガリレオの異端容疑がついに晴れたのは、1992年のことである。◆

> 太陽が世界の中心で動かずにいるという主張は……不条理で、哲学的に誤っており、まさしく異端である……。
>
> **ガリレオ・ガリレイに対する起訴状**
> **1633年**

参照：アリストテレスと自然法（p32～33）■カノン法の起源（p42～47）■グラティアヌスの教令集（p60～63）■セイラム魔女裁判（p104～105）

国際関係史の転換点

ウェストファリア講和（1648年）

背景

焦点
国際法

それ以前
1555年　アウクスブルク和議によって、神聖ローマ帝国内の各諸侯が自国の宗教を定めることを許可される。

1568年　低地地方17州がスペインのフェリペ2世に反抗し、八十年戦争が始まる。

1618年　神聖ローマ帝国内で、プロテスタントとカトリック間の三十年戦争が勃発する。

それ以後
1919年　ヴェルサイユ条約によって、第一次世界大戦が正式に終結し、ハプスブルク家のオーストリア・ハンガリー帝国を含む旧帝国領から多くの新国家が生まれる。

1920年　国際連盟（国際連合の前身）が設立される。

17世紀半ばの時点で、神聖ローマ帝国（中央ヨーロッパの領土と西ヨーロッパの領土から成り、当時はハプスブルク王朝に統治されていた）は数十年にわたる紛争に悩まされていた。結果として飢餓が広まり、地域全体が不安定に陥った。

三十年戦争（1618～1648年）の発端は、神聖ローマ皇帝フェルディナント2世がプロテスタントの弾圧とカトリックの普及を通じ、帝国に宗教的統一を強いようとしたことだった。多くのプロテスタント国家は反発し、プロテスタント同盟を結成して、対抗する皇帝フリードリヒ5世を立てた。

この宗教戦争は、王朝の野望をめぐる紛争へと様相を変えた。ハプスブルク家の神聖ローマ帝国は、支配的なブルボン家のフランス、そして軍事力を高めるスウェーデンと対立することになったのである。一方で、同じくハプスブルク家が統治するスペインと、独立を模索する低地帯諸国の間では、八十年戦争（1568～1648年）が続いていた。これら2つの紛

リュッツェンの戦いは、1632年にザクセンで起こった。プロテスタントのスウェーデン王グスタフ2世アドルフは、フェルディナント2世の軍隊と戦って死亡した。三十年戦争では800万人が命を落とした。

参照：グロティウスの『戦争と平和の法』（p92） ■ヴァッテルの『国際法』（p108） ■アメリカ合衆国憲法と権利章典（p110〜117） ■ハーグ条約（p174〜177） ■国際連合と国際司法裁判所（p212〜219）

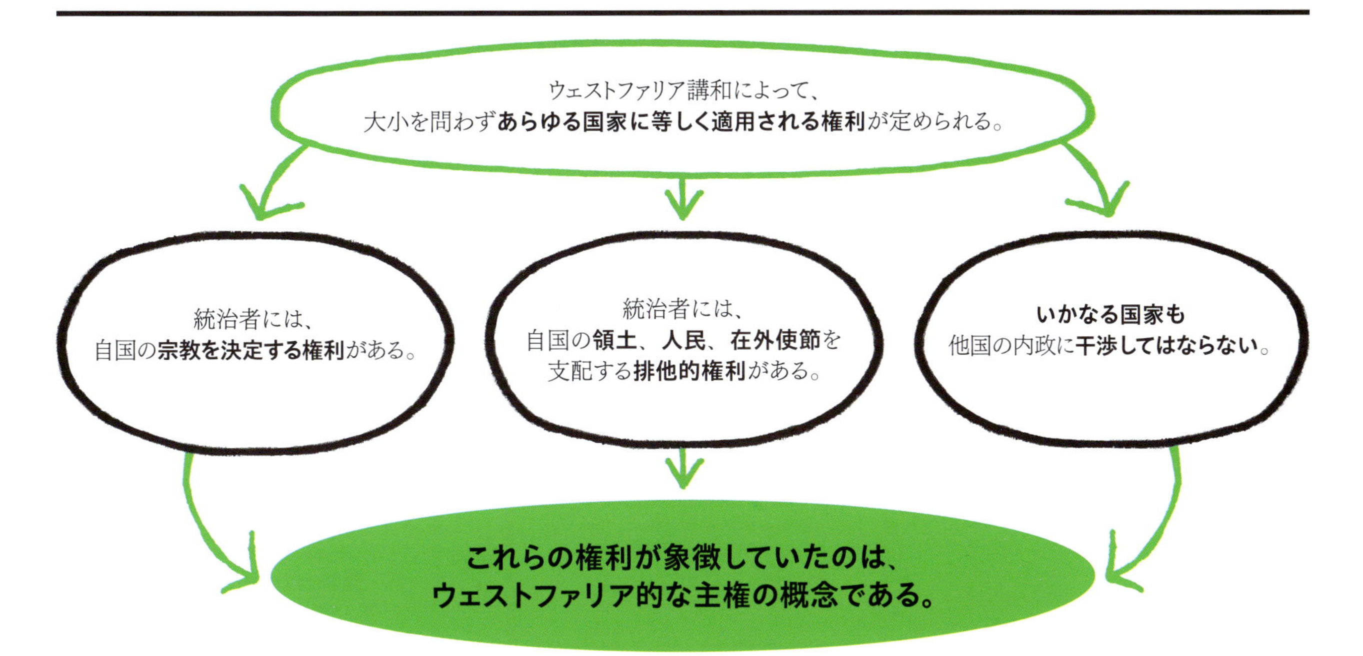

争は地域全体を大きく混乱させたため、17世紀半ばには、すべての関係諸国が平和を求めるようになった。

和平交渉

194カ国が参加して1644年から1648年まで長期の交渉を続けた末、オスナブリュック市とミュンスター市で、ウェストファリア講和と総称される2つの条約が結ばれた。すべての国家は、1555年のアウクスブルク和議の原則である「統治者の領土では彼の宗教」を守ることに同意し、この同意によって、統治者が自身の国家または領邦の宗教を決定できることを確認した。ウェストファリア講和においては、この権利が拡大され、国教に従わない臣民のほとんどが自らの信仰を守る権利を手に入れた。

重要なのは、ウェストファリア講和を通じて、各国が自国の領土、人民、在外使節について有する排他的主権の概念が明らかになったことだった。この講和によってヨーロッパの地図は塗り替えられ、約300のドイツ諸邦に主権が付与された。スイスのオーストリアからの独立、そしてオランダ共和国（北部の低地7州で構成される）のスペインからの独立も認められた。

ウェストファリアの遺産

国際法がその起源としているのは、ウェストファリア主権の原則である。これは簡単に言えば、どの国も自国の領土について主権を有し、他国の内政に干渉してはならないという原則だ（この原則は確かにウェストファリア講和から派生したものだが、条約それ自体に明記されていたわけではないと主張する歴史家もいる）。また、すべての国家はその大きさにかかわらず国際法の下で平等であるという考え方も、ウェストファリア講和に由来する。

ウェストファリア的な主権の概念は、18世紀から19世紀にかけていっそう発展し、国際関係における重要な思想となった。国連憲章（1945年）に記された現代の国際制度は、いかなる国家も他国の内政に干渉しないよう求めている。ただし、近年のグローバル化によって主権の地位は低下したため、昨今では人道的危機を防ぐための内政干渉に賛成する意見もある。◆

> ［ウェストファリア講和の枠組みは］権力の多様性の上で……国際秩序を制度化するための最初の試み……［であった］
>
> **ヘンリー・キッシンジャー**
> アメリカの外交官（1923〜2023年）
> ウェストファリア講和について

暴君、反逆者、殺人者

チャールズ1世の裁判（1649年）

背景

焦点
議会の権威

それ以前
1215年　マグナ・カルタによって、イングランド臣民の権利と自由が定められる。

1236年　国王ヘンリー3世の諮問委員会について、王室が「議会」という用語を初めて使用する。

1628年　権利請願によって、マグナ・カルタの規定した権利が擁護される。

それ以後
1660年　チャールズ2世が亡命先のフランスから帰国し、王政が復活する。

1689年　権利章典によって君主の権力が制限され、イングランド議会の権利が定義される。

1792年　フランス王ルイ16世が圧政を行った罪でフランス国民公会に裁かれ、翌年に処刑される。

チャールズ1世が**神授王権**に基づく**絶対君主**として統治を行う。
→
議会が政務における**発言力の強化**を求める。
→
内戦で**議会派が王党派を倒す**。
→
議会は自らが**最高権力**であると宣言し、チャールズを裁判にかける。
→
チャールズは国民に対し戦争を行ったという**反逆の罪**で、高等法院に**有罪を宣告される**。

チャールズ１世の裁判は、イングランドの（そしてヨーロッパの）歴史上初めて君主が反逆罪で裁判にかけられるという異例の出来事だった。チャールズ１世は、伝統的な王権神授説を支持していた。君主は神によって選ばれるのだと信じ、それゆえ（議会などの）地上の権威には支配されないと考えていた。チャールズはまた、自身の権力は絶対的でなければならず、自身だけが法の制定を認められるべきだと主張した。こうした態度が原因で、チャールズは議会との関係を悪化させた。議会は当時、王によって自由に招集されたり解散されたりしながらも、長年にわたって影響力の拡大を求めていた。1641年、チャールズが議会の意向に反してアイルランドでの反乱鎮圧のために挙兵すると、この行為は議会の権力に対する侮辱と見なされた。事態が山場を迎えたのは、

参照：クラレンドン法（p64～65） ■マグナ・カルタ（p66～71） ■名誉革命とイングランドの権利章典（p102～103）
■人権宣言（p118～119） ■世界人権宣言（p222～229）

このチャールズ1世の肖像画は、1632年に国王の主任画家となったフランドルの芸術家アンソニー・ヴァン・ダイクによるもの。チャールズは芸術に情熱を注いでおり、王室の肖像画を多く描かせた。

1642年1月3日のことである。チャールズが5人の議員を逮捕しようと試み、議長がこれに反発したのだ。

内戦と裁判

1642年から1651年まで3度にわたって戦われた内戦は、20万人の犠牲者を出しながらも、オリバー・クロムウェル率いる議会派の勝利に終わった。1646年にチャールズは逮捕され、1648年には、王を裁判にかけることに反対するすべての議員が議会から追放された。この追放の後、議会は「ランプ議会」と呼ばれるようになる。クロムウェルのニューモデル軍（軍事資源が向上した新編成軍）に支援され、ランプ議会は最高権力を名乗り、君主や貴族院の後ろ盾なしに法を可決する権限が自らにあることを宣言した。

ランプ議会の最初の活動は、1649年1月1日に可決した法令によって高等法院を設置し、議会と国民に対する戦争を行った罪でチャールズを裁判にかけたことだった。イングランド法には国王を裁いた前例がなかったため、起訴状の作成者であるオランダ人弁護士のアイザック・ドリスラウスは、軍事組織（または政府）には暴君を倒す権利があるという古代ローマ法に則った。

裁判は1649年1月20日に始まった。ただし、司法からの全面的支援を得られたわけではなく、指名された裁判官135人のうち、出廷したのは68人にとどまった。チャールズは裁判の正当性を頑なに受け入れようとせず、反対派を追放した議会に国民の代表を名乗る資格はないと主張した。1月27日、チャールズは暴君、反逆者、殺人者、イングランドの公敵であるとして有罪判決を受け、死刑を言い渡された。そして1月30日、ロンドンのホワイトホールで公開処刑された。

王政復古

チャールズ1世の処刑を受けて、オリバー・クロムウェルは護国卿として権力を握り、1653年から1658年まで国家元首と政府首脳を兼務した。しかし、クロムウェルは議会と衝突して軍に支援を大きく頼ったため、新政権は政治に安定をもたらさず、国民の不満は募った。1658年にクロムウェルが亡くなると、その息子リチャードが後を継いで護国卿となったが、まもなく辞任した。1660年、チャールズ2世が権力の座に復帰する。チャールズ1世の死刑執行令状に署名して国王殺しに加担した者は、死刑に処された。◆

> **私は、**
> **ここへやってきて裁判官の**
> **ふりをしているどの人間よりも、**
> **国民の自由を**
> **強く支持している。**
>
> **チャールズ1世**

権利請願

チャールズ1世と議会のこじれた関係をよく表しているのが、1628年に議会から出された「権利請願」である。その発端は、チャールズが議会にスペインとの戦争資金のための課税を認めるよう求めて拒否され、「強制公債」を断行したことだった。強制公債とは、チャールズの臣民に対し、国王に金銭を「寄付」するか、あるいは投獄されるかを迫るものだった。議会はこれをマグナ・カルタへの違反と見なしたことから、法の支配を再度訴えるため、そして自由人と議会の権利を確認するための「権利請願」を起草した。極めて重要だったのはこの請願の形式で、新たな権利を設けるのではなく既存の権利を再主張するという形をとっていた。

チャールズは、さらなる増税には議会の支持が不可欠であることを認め、権利請願に渋々同意した。以降はこの請願をほとんど無視していたが、国王に承認されたという事実は、権利請願にマグナ・カルタそれ自体と変わらない憲法上の重要性をもたらした。

すべての奴隷は物的財産として保有されるべきである

奴隷法（1661年〜18世紀）

背景

焦点
法典、奴隷制

それ以前
1619年　最初のアフリカ人奴隷が北米のヴァージニア植民地に上陸する。

それ以後
1865年　アメリカで奴隷制が廃止されるが、それに代わる黒人法が制定される。

1954年　連邦最高裁判所が、人種的な理由による分離教育は違憲であると宣言する。

2000年　アラバマが全州で最後に異人種間結婚を解禁する。

2013年　連邦最高裁判所が、アフリカ系アメリカ人の選挙権に残されていた最後の制限を取り払う。

メイフラワー号が102人の入植者をイングランドからニューイングランドへ送り届けた1620年の前年、その南にあるヴァージニア州ポイント・コンフォートにオランダ船ホワイトライオン号が上陸した。この船に乗っていたのは、北米にやってきた最初のアフリカ人奴隷20人である。15世紀末までに輸入された奴隷は2万人を超え、1776年のアメリカ独立宣言の時点で、奴隷人口は50万人近くに達していた。

多くのヨーロッパ人は、自由を獲得して再出発を図るためにアメリカへ渡った。タバコ、米、藍などの作物栽培から得られる利益を搾取しようとやってくる者もいた。こうした作物の収穫や加工には大規模な労働力が求められたが、入植者と先住民がそれを賄うことは不可能だった。アフリカ人奴隷はかねてから、スペイン、

参照：アメリカ合衆国憲法と権利章典（p110～117） ■ 人権宣言（p118～119） ■ 奴隷貿易法の廃止（p132～139）
■ 世界人権宣言（p222～229） ■ 公民権法（p248～253）

1790 年のアメリカにおける奴隷

アメリカは1790年に最初の国勢調査を実施した。人口は全13州に加えて、ケンタッキー地区、メイン地区、バーモント地区で集計された。「奴隷」は「自由な白人男性」および「自由な白人女性」とは別に記載された。奴隷制を非公式に廃止していたマサチューセッツ州とメイン州では、奴隷として数えられた人はいなかった。1840年までに、奴隷人口は3倍になった。

州／地区	奴隷	奴隷が州人口に占める割合
1. ヴァージニア	292,627	39%
2. サウスカロライナ	107,094	43%
3. メリーランド	103,036	32%
4. ノースカロライナ	100,572	26%
5. ジョージア	29,264	35%
6. ニューヨーク	21,324	6%
7. ケンタッキー	12,430	17%
8. ニュージャージー	11,423	6%
9. デラウェア	8,887	15%
10. ペンシルベニア	3,737	<1%
11. コネチカット	2,764	1%
12. ロードアイランド	948	1%
13. ニューハンプシャー	158	<1%
14. バーモント	16	<1%
15. メイン	0	0%
16. マサチューセッツ	0	0%

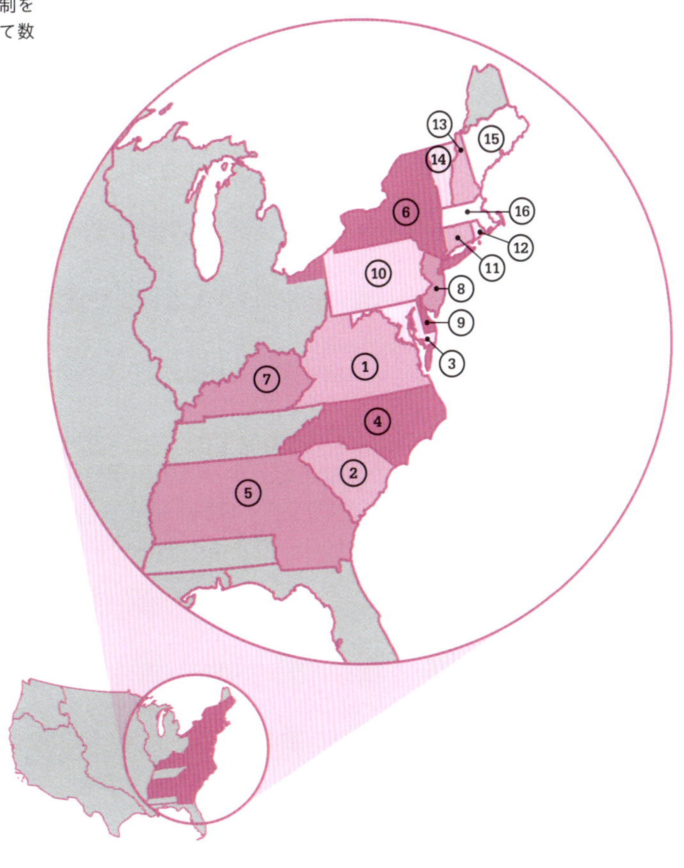

アメリカの総人口	3,893,635
アメリカにおける奴隷の総人口	695,280
アメリカにおける奴隷の割合	18%

オランダ、ポルトガル、イングランドが領有する南米植民地や西インド諸島植民地でその真価を発揮していたため、北米の新たなプランテーションで必要とされる労働力の担い手となった。

17 世紀から 18 世紀にかけて、奴隷は北米南部および東部の沿岸全域に輸入された。そのほとんどは南部へ船で運ばれ、現地のプランテーションで労働を強いられた。1793 年の綿繰り機の発明をきっかけに、綿繊維から種子を分離する速度が劇的に向上すると、奴隷は南部全州に広がる綿花プランテーションに拘束されるようになった。

主人と奴隷

過酷な労働と劣悪な環境が続くなかでも、奴隷はめったに抵抗しなかった。とはいえ、奴隷の主人たちは将来的な反乱を恐れたため、奴隷数の増加に伴い、アメリカ植民地は管理規則または規程を定めて奴隷を支配下に置こうとした。奴隷を所有する植民地として最大だったヴァージニアは、その最初の奴隷法を 1639 年に導入し、「黒人以外のすべての者には武器と弾薬が供給され、違反した者には罰金が科される」と宣言した。

1661 年、カリブ海に浮かぶイングランド植民地のバルバドスは、そこからさらに踏み込んだ。バルバドスでは、新たに植えられたサトウキビの農園が高利益を上げ、所有者はいっそう多くの奴隷を獲得して使役するようになっていた。そこでバルバドス植民地は、「黒人をより良く統制し管理するための法」を可決し、プランテーション奴隷を主人の意のままに服従させることを初めて法制化した。ジャマイカやアンティグアをはじめとする他のカリブ海植民地、そしてすべてのアメリカ南部植民地もこれに倣い、公式な奴隷法を独自に成立させた。なかでもヴァージニアは率先してバルバドスを見習い、メリーランド、ノースカロライナ、サウスカロライナ、ジョージアの奴隷法に影響を与えた。

人間以下の存在

1661年のバルバドス奴隷法は、「キリスト教徒への暴力」を働いた奴隷にいっそう厳しい罰を与えるだけでなく、「人間のそれ以外の動産を保護するのと同様に（奴隷を）保護する」という別の目的を有していた。奴隷の利益を図るという名目の下、この法は、主人による全面的な支配を確保することを目指していたのだ。「動産」である奴隷は、主人の人的財産の一部であり、個人としての権利を与えられる存在ではなく、動物のように売買される存在だと考えられていた。1705年のヴァージニア奴隷法では、「動産」という言葉が、この語を超越した「物的財産」という言葉に置き換えられた。これにより、奴隷は主人の所有物のみならず、その子孫の所有物としても扱われることになった。主人はさまざまな方法で奴隷法を行使することを認められていた。むちで打つ、焼印を押す、監禁するなどの行為が一般的に行われていた。奴隷は生存していなければ価値を持たなかったため、殺されることはまれだったが、そうした限度を超えた場合でも主人に対する罰則はなかった。1705年に定められた別のヴァージニア奴隷法によれば、奴隷を「矯正」中に死亡させたすべての主人は、「そのような事故は決して起きなかったものとして……あらゆる罰を免除される」。後年の法には奴隷所有者の行為に関するいくつかの制限が追加されたが、仮に主人が有罪判決を受けたとしても、多くの奴隷が望めることはせいぜいもっと優しい主人に売り飛ばされることくらいだった。

> **たいていの奴隷には、働くことだけでなく歌うことも求められる。**
>
> **フレデリック・ダグラス**
> 人権指導者、解放奴隷
> （1818～1895年）

基本的自由の制限

サウスカロライナ州チャールストンやヴァージニア州リンドハーストといった南部の都市が成長するにつれ、労働の機会は増大し、所有者は利益を求めて奴隷を働きに出すようになった。そうした奴隷は許可証を持ち歩くか、または銅製の札を身につけるかして、所有者の許可を得て移動していることを証明する必要があった。ニューヨークなどでは、奴隷が夜間に街路を歩いたり、たむろしたりすると、厳しい罰が科された。

1830年代まで、奴隷は読み書きを教わることを認められていたが、1831年に起きたナット・ターナーの反乱（右ページの囲みを参照）以降、ほとんどの奴隷州はその種の教育を禁止した。ヴァージニア州では、1831年と1832年に可決された法により、解放奴隷への教育までもが禁じられた。奴隷には結婚する法的権利はなかったが、そうすることをたいてい許されていた。多くの所有者の考えでは、既婚の奴隷は精神的に安定しやすく、反抗心を持ちにくかったからである。また、奴隷の結婚によって多くの子どもが生まれれば、奴隷の数が増えることにもなった。とはいえ、妻や夫や子どもがいつ別の所有者に売られてもおかしくないという意味で、既婚の奴隷は一家離散を覚悟しなければならなかった。

RUN away from the ſubſcriber in *Albemarle*, a Mulatto ſlave called *Sandy*, about 35 years of age, his ſtature is rather low, inclining to corpulence, and his complexion light; he is a ſhoemaker by trade, in which he uſes his left hand principally, can do coarſe carpenters work, and is ſomething of a horſe jockey; he is greatly addicted to drink, and when drunk is inſolent and diſorderly, in his converſation he ſwears much, and in his behaviour is artful and knaviſh. He took with him a white horſe, much ſcarred with traces, of which it is expected he will endeavour to diſpoſe; he alſo carried his ſhoemakers tools, and will probably endeavour to get employment that way. Whoever conveys the ſaid ſlave to me, in *Albemarle*, ſhall have 40 s. reward, if taken up within the county, 4 l. if elſewhere within the colony, and 10 l. if in any other colony, from

THOMAS JEFFERSON.

1769年の新聞広告で、未来のアメリカ大統領トーマス・ジェファーソンが奴隷捕獲に懸賞金を出すと告知している。アメリカ建国の父のほとんどは、ジェファーソンと同じく奴隷所有者だった。

19世紀の木版画に描かれた、綿花を摘むアフリカ系アメリカ人奴隷。綿繊維に対する織物業者からの需要は非常に大きかったため、プランテーションの奴隷の数は急増した。

奴隷とその対人関係を管理することは、人種の純粋性を保つうえでも有益だった。男性の奴隷所有者は女性奴隷を性的に利用することが少なくなかったが、奴隷法においては、結果として生まれた子どもに対する責任は——イングランドのコモン・ローで定められたように——父親にあるのではなく、母親にあると明記された。1662年のヴァージニア奴隷法では、「この土地で生まれたすべての子どもは、母親の身分のみに従って拘束されるか解放される」と宣言された。これにより、奴隷の母親が産んだ子は混血児を含めてみな、奴隷としての人生を送ることになった。

奴隷法はまた、人種間にあらゆる安定的な関係が築かれる可能性をも排除した。1664年、メリーランド州が人種間での結婚を阻む「反混血法」を最初に成立させると、他のアメリカ植民地もすぐ後に続いた。

国内の奴隷制

1807年、大統領トーマス・ジェファーソンは、アメリカの奴隷貿易を正式に取りやめる法案に署名した。しかし、それは奴隷制の終了につながることも、ましてや奴隷法の終了につながることもなかった。対外的な奴隷貿易が途絶えると、綿花栽培のブームと並行して、アメリカ国内の奴隷市場が増大した。奴隷女性は「繁殖」することを促された。奴隷になる子どもを多く産ませるため、13歳前後の少女たちが言いくるめられて母親になった。

南北戦争が勃発した1861年の時点で、アメリカには15の奴隷州が残っており、そのいずれもが奴隷法を有していた。1865年、この戦争によって奴隷制が正式に終わりを迎えても、南部州では「黒人法」が定められたことにより、解放奴隷は自由を制限され、低賃金にとどめられた。アフリカ系アメリカ人奴隷の子孫が白人奴隷所有者の子孫と同等の法的権利をようやく享受できるようになったのは、それからさらに1世紀後、公民権法が成立した1964年以降のことである。◆

ナット・ターナーの反乱

1831年、アメリカで最も凄惨な奴隷の反乱が起きた。これを率いたのは、1800年にヴァージニア州サウサンプトンで奴隷として生まれたナット・ターナーである。ターナーは20代で奴隷仲間内の精神的指導者となり、一連の幻視を見たことで、神が自分のために大規模な戦いを用意していると信じるようになった。1831年初頭の日食を見て、これを反乱を計画すべき合図と捉えると、8月21日、ターナーは6人の奴隷を引き連れてプランテーションへの攻撃を開始した。農園から農園へ移動し、55人以上の白人を殺害するなかで、反乱者は総勢75人ほどにまで増大した。彼らはエルサレムの町への到達を目指していたが、3,000人の市民軍によってまもなく解散させられた。

ターナーは逃走後に捕らえられ、絞首刑となった。その仲間である反乱者55人も処刑された。白人暴徒はすぐに奴隷の間で大虐殺を繰り返したが、何の罰も受けなかった。以後、ヴァージニア州および近隣のノースカロライナ州では、いっそう厳しい奴隷法が定められた。

森の中に6週間潜伏した後、奴隷指導者のナット・ターナーは、1831年10月30日に農夫ベンジャミン・フィップスに捕らえられ、11月11日に処刑された。

臣民の権利と自由

名誉革命とイングランドの権利章典（1688年〜1689年）

背景

焦点
立憲君主制

それ以前
1215年　イングランドのマグナ・カルタが君主の権力を制限する。

1649年　議会が高等法院を設立し、チャールズ1世を反逆罪で裁く。

1681年〜1685年　プロテスタントのチャールズ2世が議会を軽視し、絶対君主として統治を行う。

1685年　カトリックのジェームズ2世がチャールズ2世の後を継ぐ。

それ以後
1701年　王位継承法により、イングランド王に即位できるのはプロテスタントのみであることが確認される。

1789年　フランス国民議会が「人と市民の権利の宣言」を承認する。

1791年　アメリカの権利章典が可決される。イングランドの権利章典に一部影響を受けたこの章典は、個人の権利とアメリカ諸州の権利を保障するものである。

ジェームズ2世が即位した1685年までに、イングランドは宗教的・政治的緊張によって長く分裂状態にあった。1642年から1651年にかけてのイングランド内戦では、ジェームズの父であるチャールズ1世が1649年に処刑され、議会は自らが最高統治権力であると宣言した。1660年にはジェームズの兄チャールズ2世の下で王政が復活したものの、それは不安定な妥協の結果であり、君主と議会の力関係はどうなるのか、さらに国の宗教的方向性はどうなるのかといった疑問は残った。ジェームズ2世はカトリックであることを公言していたが、イングランドのようにプロテスタントが大半を占める国にとって、これは問題だった。

緊張が表面化するようになったのは、1687年、ジェームズが「信仰の自由宣言」を発したことがきっかけだった。信仰の自由宣言とは、カトリックと英国国教会に従わないプロテスタントの双方に信仰の自由を与えるという国王声明である。これを国教会への攻撃と見なした人々が抵抗したため、ジェームズは激怒し、7月に議会を解散に追い込んだ。1688年6月、7人の反抗的な司教がジェームズに起訴されるかたわらで、カトリックの王妃メアリー・オブ・モデナは王位継承者となる息子を出産する。この出来事は、カトリックの君主が代々続くのではないか、プロテスタント国としてのイングランドが終わりを迎えるのではないかという社会の不安を煽ることになった。

共同君主としてイングランド王位を継承した後のウィリアム3世とメアリー2世の版画。これらの称号は、王権神授にはよらず、議会との合意によって授けられた。

名誉革命

内戦が差し迫ってきたように感じられ

参照：マグナ・カルタ（p66～71） ■ チャールズ1世の裁判（p96～97）
■ アメリカ合衆国憲法と権利章典（p110～117） ■ 世界人権宣言（p222～229）

絶対君主制では、
国王または女王が
国家を完全に支配する。

立憲君主制では、
国王または女王の権力は
選ばれた議会によって制限され、
これと共有される。

権利章典によって、
イングランドは実質的に絶対君主制から**立憲君主制**へ移行した。

ると、政治家の一団はオレンジ公ウィリアムに手紙を書いた。ウィリアムはプロテスタントを信仰するオランダの統治者で、ジェームズの娘メアリーを妻としていた。政治家たちは彼に、信仰を守るためにイングランドへ来てほしいと依頼した。

1688年11月、オレンジ公ウィリアムはイングランドに上陸した。そこからロンドンへ向けて進軍を始めると、国王ジェームズへの支持は崩壊していった。やがてジェームズは自身の立場を守りきれないことを悟り、1カ月も経たないうちにフランスへ逃亡した。事実上、ジェームズは王位を放棄し、それをウィリアムとメアリーに譲ったのだ。この無血革命は、「名誉革命」として知られている。

1689年1月には議会が招集され、ウィリアムとメアリーに共同で王位が授けられた。新たな君主たちが議会で権利宣言に署名すると、この宣言は権利章典として正式に可決された。

> あらゆる不満を取り除くために、
> そして法を改正、強化、
> 維持するために、
> 議会は頻繁に
> 開かれるべきである。
>
> **イングランドの権利章典**

権利章典

立憲君主制の下で選ばれた議会の権力を確保することにより、権利章典はイングランド市民の自由を守った。

この章典は、ジェームズの悪事を非難し、議会に頻繁な開催を求め、君主による統治、増税、法停止に議会の承認を義務付けた。議会討論における言論の自由を保障し、カトリックを王位から締め出した。さらに、議会の承認なく平時に挙兵することを禁じた。

1701年の王位継承法と共に、権利章典はあらゆる政府機関と王位継承に関わる絶対主権を議会に与え、議会の権力を国王の権力から切り離した。こうして権利章典は、現在のイギリスが有する立憲君主制と議会制民主主義への道を開いた。◆

自然権

権利章典を起草した政治家たちに大きな影響を与えたのは、初期の啓蒙運動、とりわけイギリスの哲学者で学者のジョン・ロック（1632～1704年）と、自然権の概念だった。

古来、ギリシャの哲学者アリストテレスをはじめとする思想家たちは、普遍的な行動と権利の規範である自然法について、いかなる法制度によっても否定されることはないと唱えていた。ロックはそのバトンを受け継ぎ、自然権の正当性を信じた。つまり、すべての人間は生まれながらに自由かつ平等であり、生命、自由、財産に対する権利を有すると考えたのだ。

ロックは王権神授説や絶対君主制の思想を認めなかった。彼の主張によれば、議会は国民との社会契約の一部として、国の統治における中心的役割を担わなければならなかった。つまり、政府が自分たちの利益を十分に代表してくれないと国民が考えるなら、その政府は交代させなければならない――これは、のちに革命の支えとなった思想である。

ジョン・ロックは、ヨーロッパの啓蒙主義者や、アメリカ独立宣言を起草した建国の父に影響を与えた。

汝、魔女を生かしておくべからず

セイラム魔女裁判（1692年）

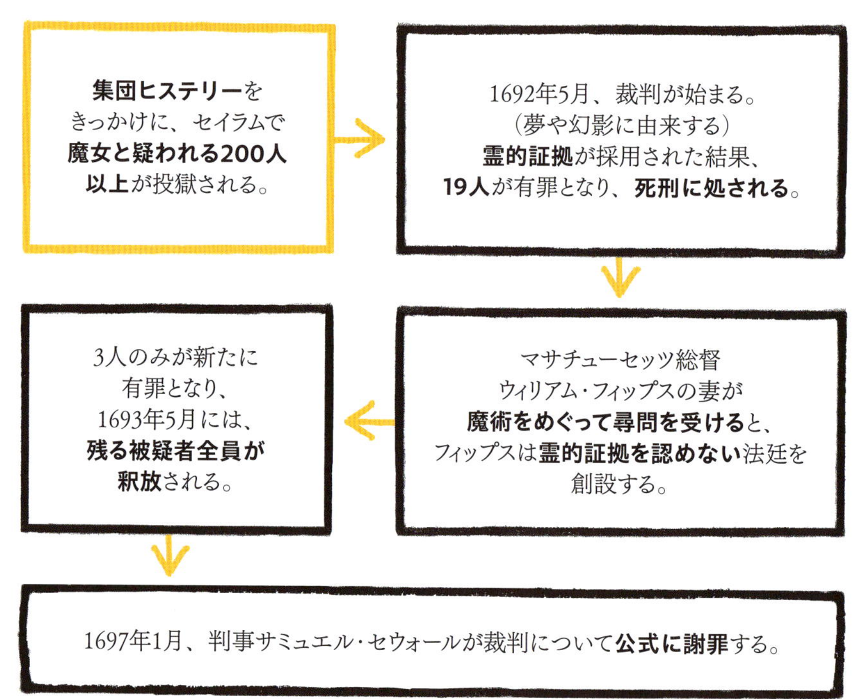

背景

焦点
適正手続

それ以前
1486年　ドイツの文献『マレウス・マレフィカルム（魔女への鉄槌）』が、自供を取るための拷問の使用を勧め、有罪となった人に死刑を科すよう主張する。

1581年～1593年　ヨーロッパ最大規模の魔女裁判、トリーア魔女裁判がドイツで行われ、368人ほどが処刑される。

1662年　イングランドのベリーセントエドマンズで行われた魔女裁判で、霊的証拠が適格なものと認定される。

それ以後
1697年　マサチューセッツ湾直轄植民地総督代理ウィリアム・ストートンの呼びかけで、セイラムでの事件に祈りと償いを捧げる日が設けられる。

1711年　マサチューセッツが22件の有罪評決を覆す（1957年には残り9件の嫌疑が晴れ、州は裁判について公式に謝罪する）。

悪魔とその悪魔に勧誘された魔女の存在は、ヨーロッパ全域で古くから脅威と見なされていた。1300年から1600年代の終わりには、各地で数万人（主に女性）が魔女として処刑され、被疑者の多くは「罪」を自白させるための執拗な拷問を受けた。1692年のマサチューセッツ植民地セイラムでの魔女裁判は、魔女騒動がヨーロッパを席巻して何年も経ってから始まったにもかかわらず、集団ヒステリーの状況下で200人以上が起訴され、19人が絞首刑に処された。この裁判は、過去の裁判と同様の問題の上に成り立っていた。それは、弱者をスケープゴートにするという問題である。

地元に住む牧師の娘や姪が失神したり、奇妙な行動をとったりするようになると、

参照：カノン法の起源（p42～47） ■神明裁判と決闘裁判（p52～53）
■ガリレオ・ガリレイの裁判（p93） ■ミランダ対アリゾナ事件（p254～255）

やや空想的な版画（1892年頃）に、法廷でのセイラム魔女裁判が描かれている。女性が魔術を使い、男性が床の上で気絶している。

セイラムの極めて敬虔な地域社会は、それを悪魔の仕業に違いないと確信した。牧師の娘と姪は、地元住民の女性３人を魔女だと告発した。１人はティテュバという奴隷、もう１人はサラ・オズボーンという貧しい中年女性、さらにもう１人はホームレスで物乞いのサラ・グッドである。この女性たちは逮捕され、ティテュバは処刑を免れようとしたのか、悪魔と会っていると自白した。こうして始まった告発の連鎖はその後何カ月も続き、逮捕者の数はますます増えていった。

裁判

拘置所が満員になると、現地総督ウィリアム・フィップスは「オイヤー・アンド・ターミナー」（「聴聞と決定」）と呼ばれる特別法廷を設け、事件の審理を始めた。裁判官は正式な司法研修を一切受けてはいなかった。1692年5月27日、最初の裁判が進められ、噂好きな地元住民のブリジット・ビショップが魔術の罪で有罪となった。ビショップはのちに絞首刑に処されている。牧師のコットン・マザーは次のように見解を述べた。「魔術を証明する必要性はほぼなかった。それは誰から見ても明らかで、悪質なものとして知られていたからだ」。オイヤー・アンド・ターミナーは霊的証拠（右の囲みを参照）を認めたことで批判されたが、裁判は継続し、その後数カ月で女性12人と男性６人が新たに有罪となって処刑された。

被疑者の１人、81歳のジャイルズ・コーリーは、裁かれることを避けるために罪状認否を拒否した。するとコーリーは体の上に板を置かれ、さらにその板の上に石を積まれて、呼吸ができなくなるまで苦しめられた。これは「ペヌ・フォルト・エ・デュル」（フランス語で「厳しく強力な罰」）と呼ばれる中世の慣習で、罪人の答弁や自白を引き出そうというものだった。２日後、コーリーは死亡した。

不当性の認定

自身の妻が魔術をめぐって尋問を受けると、フィップスはオイヤー・アンド・ターミナーを解体し、霊的証拠を認めない上位裁判所を創設した。以降、告発された56人のうち有罪となったのは３人だけだった。こうして告発の流れはせき止められたようで、1693年５月までには、拘置所に残る被疑者全員が釈放された。

1697年１月、マサチューセッツ植民地議会は断食と反省によって過ちを償う日を創設し、主任判事サミュエル・セウォールが公式に謝罪した。これにより、一連の裁判が不当であったことや、極端な刑罰が執行されたことが広く認められるようになった。アメリカ史に暗い影を落とすセイラム魔女裁判は、罪なき人々を守るうえで適正手続がいかに重要かを思い起こさせる事件である。◆

セイラム魔女裁判の証拠

セイラムでのほとんどの事件に採用された主要な証拠は、霊的証拠と呼ばれるものだった。霊的証拠とは、被害者が発作に苦しんでいる最中に、告発された魔女の幻影を見たという証言のことである。討議の末、こうした証言は確かな証拠になると裁定された。悪魔が実体化するためには人間の許可が必要であり、実体化したということは、被疑者が悪魔と契約を結んだことの証左であるというのが理由だった。

セイラムの裁判官たちは、1662年にイングランドのベリーセントエドマンズで行われた魔女裁判の判例を利用した。この裁判では、判事マシュー・ヘイル卿によって、霊的証拠が適格なものと認定された。ほかにも、被疑者宅で軟膏やオカルト書が発見されたことや、被害者の発作が被疑者に触れられて止まったこと、被疑者の体に「魔女の乳首」と呼ばれる跡が見つかったことなどが、魔女に有罪を宣告するための証拠として用いられた。

著者は印刷の独占権を有するものとする

アン法（1710年）

背景

焦点
著作権法

それ以前
1545年　ヴェネツィア共和国の十人委員会が、著者の許可なく書籍を印刷することを禁じる。

1557年　女王メアリー1世が書籍出版業組合に対し、イングランドにおける書籍印刷の独占権を与える。

それ以後
1790年　米国著作権法により、著者に14年間の著作権が付与される。

1842年　英国著作権法により、生存期間に7年を加えた期間（現在は著者の死後70年間）の著作権が著者に付与される。

1886年　ベルヌ条約調印国が国際的な著作権を尊重することに合意する。

2019年　著作権に関するEU（欧州連合）指令により、インターネット接続業者が著作権侵害を防ぐ責任を負う。

熟練の写字生が丹念に原稿を筆写し、修道院、大学、裕福なエリートに提供していた中世の時代には、複製の権利は問題にならなかった。すべてが様変わりしたのは、1440年頃、ドイツの金細工職人ヨハネス・グーテンベルクが印刷機を発明してからである。可動式金属活字を使用する印刷機は、新たな読者のため、文書の複製を安く迅速に大量生産することができたのだ。

1500年までに、西ヨーロッパでは、約800万冊の書籍が1,000台の印刷機で作成された。1476年には、ウィリアム・キャクストンがイングランドに最初の印刷機を持ち込んだ。印刷業者は、他の印刷業者によって同じ書籍の複製が販売されれば自分たちが損害を被ることになると気づき、自らの商業的利益を守るために著作権を確立しようとした。

ウィリアム・キャクストンが、ロンドンのウェストミンスターで印刷機から取り出したページを読んでいる。この印刷機で刷られた最初の書籍として知られるのは、ジェフリー・チョーサーの『カンタベリー物語』である。

国王の影響力

イングランドでは、国王ヘンリー8世による1538年の命令により、すべての新刊書が出版前に星室庁の承認を受けなければならなくなった。これは、反体制的または異端的と見なされる書籍を差し止めようとする取り組みだった。ヘンリーの娘である女王メアリーはさらに踏み込み、書籍出版業組合という出版同職ギルドにのみ書籍を印刷する権利を与えた。各書はギルドの会員によって組合の登記簿に加えられる必要があったが、これにより組合は独占的な印刷権を授けられ、著者はわずかな報酬しか得られなかった。

星室庁は、国王チャールズ1世をのちに倒すことになる反乱議会によって1640年に廃止されたが、書籍出版業組合の制限的な独占は存続した。

黙っていられなくなった詩人のジョン・

参照：レクス・メルカトリア（p74〜77） ■ヴェネツィア特許法（p82〜85） ■ボヴァリー夫人裁判（p150）
■連邦取引委員会（p184〜185） ■WIPO 著作権条約（p286〜287）

書籍が**誰にでも複製可能なら**、
なぜ著者や書籍業者はそれを**執筆したり**
出版したりするために努力を払うのだろうか？

しかし、書籍の**複製が誰にも許されないとすれば**、
知識の普及は妨げられる。

したがって、著者や書籍業者は**著作権によって保護**されなければならないが、その**期間は限定**される。

ミルトンは、1644年、『アレオパジティカ』と題された怒りの論文を執筆。表現の自由の権利を擁護するものとして、これまで書かれた最も率直な作品の一つである。

17世紀には、アイザック・ニュートンなどの科学者が新たな発見に出会い、イギリスの哲学者ジョン・ロックなどが古い考え方に疑問を投げかけた。それに伴い、書籍出版業組合による締め付けも時代遅れと見られるようになった。1694年にその独占的ライセンスが失効すると、組合は議会を説得してライセンスを取り戻そうと奮闘。説得は失敗に終わったが、自身の著作物が複製されないようにする著者の権利、すなわち「著作権」について組合が言及したことで、状況は一変した。1710年、議会はアン法（当時のイギリス女王にちなんで命名）を成立させた。

複製の権利

アン法は書籍出版業組合に対し、同組合が出版するすべての書籍の独占権を与えたが、期間は数年に限定された。何より重要だったのは、アン法が著者を保護する最初の法として機能し、1731年までの21年間にわたり、著者および著者から権利を譲渡された者に既存著作物の独占出版権を付与したことだ。新たな著作物についても、同様の権利が出版から14年間、著者が存命の場合にはさらにもう14年間有効とされた。つまり、書籍出版業組合は、著者から新刊書の出版権を購入しなければならなくなったのだ。

書籍業者または著者は「法定納品図書館」と呼ばれるいくつかの公認図書館に献本するよう義務付けられた。この慣習は、外交官で学者のトーマス・ボドリー卿がオックスフォードにボドリアン図書館を創設したときから現在まで続いている。◆

> 待て！　狡猾な者たちよ、
> 仕事を知らない者たちよ、
> 他者の知能を盗む者たちよ！
> その泥棒のような手で
> 私の作品を奪おうなどと、
> 軽率に考えるな。
>
> **アルブレヒト・デューラー**
> ドイツの画家兼彫刻家
> （1471〜1528年）

書籍業者の闘争

アン法がつくられてなお、書籍出版業組合は自らに書籍の独占権があると主張した。とりわけ彼らが受け入れを拒んだのは、ヨーロッパ大陸で適用されているような自然法に従って新刊書の権利を期限付きにすべきである、というルールだった。

書籍出版業組合は、彼らが主張するところの「海賊版」を印刷している書籍業者を相手どり、法的な異議申立を行った。この申立は「書籍業者の闘争」と呼ばれ、半世紀以上にわたって続けられた。最終的には1774年、貴族院で裁かれたドナルドソン対ベケット事件で、事態は山場を迎えることになる。

印刷業者で書籍業者のアレクサンダー・ドナルドソンは、著作権失効後の書籍を複製して安価で販売していた。これに対し書籍出版業組合は、コモン・ローに基づき、自らにそうした書籍に対する永続的な著作権があると主張。貴族院は、著作権の問題はコモン・ローの問題ではなく制定法の問題であると裁定し、著作権には期限があるとするアン法の規定を支持した。

諸国家からなる大きな社会

ヴァッテルの『国際法』（1758年）

背景

焦点
国際法

それ以前
1625年　オランダの政治家フーゴー・グロティウスの著書『戦争と平和の法』が出版される。本書は、国際法を扱った世界初の本と見なされている。

1648年　ウェストファリア講和によって、ヨーロッパのプロテスタントとカトリック間の三十年戦争が終結し、国家主権が国際関係の重要な礎として確立される。

1749年　クリスティアン・ヴォルフが『国際法』を出版する。

それ以後
1776年　ヴァッテルの『国際法』から部分的に着想を得たアメリカ独立宣言が署名される。

1920年　第一次世界大戦後、世界平和の維持をめざし、国際連盟が設立される。

スイスの外交官エメル・ド・ヴァッテル（1714～1767年）は世界で初めて、一般的でわかりやすい国際法についての著書を執筆した。その着想の源となったのは、ドイツのゴットフリート・ヴィルヘルム・ライプニッツやクリスティアン・ヴォルフをはじめとする啓蒙哲学者と、自然法や国際政治に関する彼らの著書であった。ヴォルフが1749年に出版した『ユス・ゲンティウム（国際法）』は重要な思想を含んだ本だったが、そのラテン語の文章と複雑な論理のために、あまり幅広い読者には浸透しなかった。そこでヴァッテルは、国家が互いに負う義務についてのヴォルフの思想を取り入れ、政治家向けの実用ガイドとなる著書を執筆しようと決めた。

国家の青写真

哲学的主張と実践的政治学を融合させたヴァッテルの著書、『国際法、あるいは諸国民と主権者の行動および諸問題に適用される自然法の諸原則』は1758年にフランスで出版され、すぐに好評を博した。ヴァッテルが論じたのは、国家は個人同様に自由で独立しているべきであり、外国勢力の干渉を受けずにその自由を享受できるということだった。しかし同時に、国家は互いに対する共通の関心に支えられており、特に商業の自由な流れを通じて協力し合う義務があることも受け入れなければならない。

イギリスからの課税に抵抗したアメリカ入植者たちは、ヴァッテルの理論に魅了されていた。彼らが受けた影響の大きさは、アメリカ独立宣言（1776年）やアメリカ合衆国憲法（1787年）にはっきりと表れている。◆

> **諸国民からなる自然社会は、各国の自然権が正当に尊重されない限り、存続不可能である。**
>
> **エメル・ド・ヴァッテル**
> 『国際法』

参照：グロティウスの『戦争と平和の法』（p92）
■アメリカ合衆国憲法と権利章典（p110～117）　■国際連合と国際司法裁判所（p212～219）

コモン・ロー史上最も重要な書

ブラックストンの『釈義』（1765年～1769年）

背景

焦点
コモン・ロー

それ以前
1166年　国王ヘンリー2世がクラレンドン法を発し、この一連の法改正を通じてイングランドのコモン・ローの基礎を築く。

1215年　イングランドのコモン・ローの基本文書であるマグナ・カルタが署名される。

1689年　イングランドの権利章典が議会で可決される。

それ以後
1771年～1772年　フィラデルフィアでブラックストンの『釈義』のアメリカ版が出版され、大きな関心を集める。

1787年　アメリカ合衆国を建国する法的文書、アメリカ合衆国憲法が署名される。

1871年　アメリカの法学者クリストファー・コロンブス・ラングデルによる『契約法判例集』が、『法釈義』に代わってアメリカ法の重要なテキストとなる。

ウィリアム・ブラックストンによる『イングランド法釈義』は、体系的著書としてイングランドのコモン・ローをあらゆる側面から記述し、法への広範な理解を育むうえで重要な役割を担った。1753年、ブラックストンはオックスフォード大学でコモン・ローについての講義を始めた。これはイギリスにおける前例のない試みで、複雑な法の問題をわかりやすく説明し人気を博した。1765年から1769年にかけて、講義内容は4巻に分けて出版され、『人の権利について』『物の権利について』『私的不法行為について』『公的不法行為について』という題が付された。

以降、膨大な法体系や判例体系を伴うコモン・ローは、はるかに理解しやすくなった。『イングランド法釈義』は、イングランド、アメリカ、そしてコモンウェルス全域の法科大学院で、19世紀に至るまで基礎テキストとして使用された。

革命に与えた影響

『イングランド法釈義』の持ち運び可能な形式は、アメリカにおいて特に有用だった。辺境の弁護士たちは、判例確認に必要な資料を欠くことが多かったのだ。以来、弁護士たちはブラックストンの簡潔な釈義を参照できるようになり、法は人民を、その財産を、その自由を守らなければならないというブラックストンの思想は、アメリカの独立革命期および合衆国憲法の起草時に共感を呼んだ。◆

ウィリアム・ブラックストン卿（1723～1780年。イングランドの法廷弁護士、裁判官、政治家）。イングランドのコモン・ローに関する実践的かつ論理的で、わかりやすい指針を示した。

参照：マグナ・カルタ（p66～71）■名誉革命とイングランドの権利章典（p102～103）■アメリカ合衆国憲法と権利章典（p110～117）

この憲法は、
国の最高法規であるものとする

アメリカ合衆国憲法と権利章典（1787年、1791年）

背景

焦点
立憲政治と市民の権利

それ以前
1215年 マグナ・カルタが、イングランドのすべての「自由人」に権利と保護を約束する。

1689年 イングランドの権利章典が君主の権力を制限し、個人の権利を規定する。

1776年 アメリカの13植民地からなる第2次大陸会議が独立宣言を採択し、イギリスとのあらゆる政治的結び付きを断つ。

それ以後
1789年 フランスで「人と市民の権利の宣言」が出され、市民の権利が規定される。

1791年 ポーランドがヨーロッパで最初の近代的憲法をつくる。

1803年 マーベリー対マディソン事件で違憲審査の原則が確立され、連邦最高裁判所に憲法解釈の権限が付与される。

1948年 国連の世界人権宣言(UDHR)によって、世界中の個人の権利が確認される。

We the People
Article. I

アメリカ合衆国憲法の最初のページは、「われら合衆国の人民は、より完全な連邦を形成し、正義を樹立し……」という有名な言葉で始まる。

1787年の夏に書かれたアメリカ合衆国憲法は、最も歴史の古い憲法である。古代ギリシャの都市国家も独自の成文憲法を有してはいたが、合衆国憲法は近代国家を統治する枠組みとして最初に定められ、以来、諸国家の憲法に影響を与えている。

起草の始まりは1786年、ニューヨークの弁護士で政治家だったアレクサンダー・ハミルトンが、(のちに「憲法制定会議」と呼ばれることになる)会議の開催を求める報告書を作成したことがきっかけとなった。これは1781年に批准された13植民地間の合意、すなわち連合規約の不備に対処しようというもので、連合規約は初期の憲法として機能していた。

戦争から独立へ

連合規約が起草されたのは、植民地がイギリス支配と戦うために遂行したアメリカ独立革命中の1776年から1777年にかけてのことだった。この時代には、大陸会議が植民地の管理機関として存在していた。第1次大陸会議の代議員は1774年に初会合を開き、イギリスが課税に反発する者を罰するために科した「耐え難き諸法」への対応策をまとめた。「代表なくして課税なし」という植民地の怒りの声は、戦闘準備の合図となった。1775年、第2次大陸会議が招集されたときには、戦争はすでに始まっていた。1776年7月4日、大陸会議は、トーマス・ジェファーソン(中心的起草者)、ジョン・アダムズ、ベンジャミン・フランクリンによって起草された独立宣言を採択する。この3名は、植民地を団結させ、イギリスに対する反乱を率いたアメリカ建国の父である。

独立宣言の規定には、団結した植民地は「自由で独立した国家であるべきだ」という文言が含まれていた。連合規約はこれを反映し、主権を持つ13の「国家」(州)からなる連合体が誕生した。しかし、アメリカの独立がパリ条約で確認されてから3年後の1786年の時点で、ハミルトンを含めたアメリカ建国の父たちは、各州の主権によって中央政府の権力が弱まっていること、結果として住民への課税や軍務執行要請などが不可能になっていることを認識していた。そこで、連合規約に代わり、州の連合体を束ねられる憲法を必要とした。

激しい議論

憲法制定会議は、1787年5月から9月にかけてフィラデルフィアで行われた。代議員55名は、中央政府の権限強化に反対するロードアイランド州以外の全州から集まった。会議の議長には、アメリカ独立革命で大陸軍を率いたジョージ・ワシントンが選ばれた。

ロードアイランドと同様に、懸念を抱いている州は他にもあった。そうした州は、連邦政府がその権限を踏み越えるのではないか、立法府である連邦議会は各

参照：マグナ・カルタ（p66〜71） ■ 名誉革命とイングランドの権利章典（p102〜103） ■ 人権宣言（p118〜119）
■ 連邦最高裁判所と司法審査（p124〜129） ■ 世界人権宣言（p222〜229）

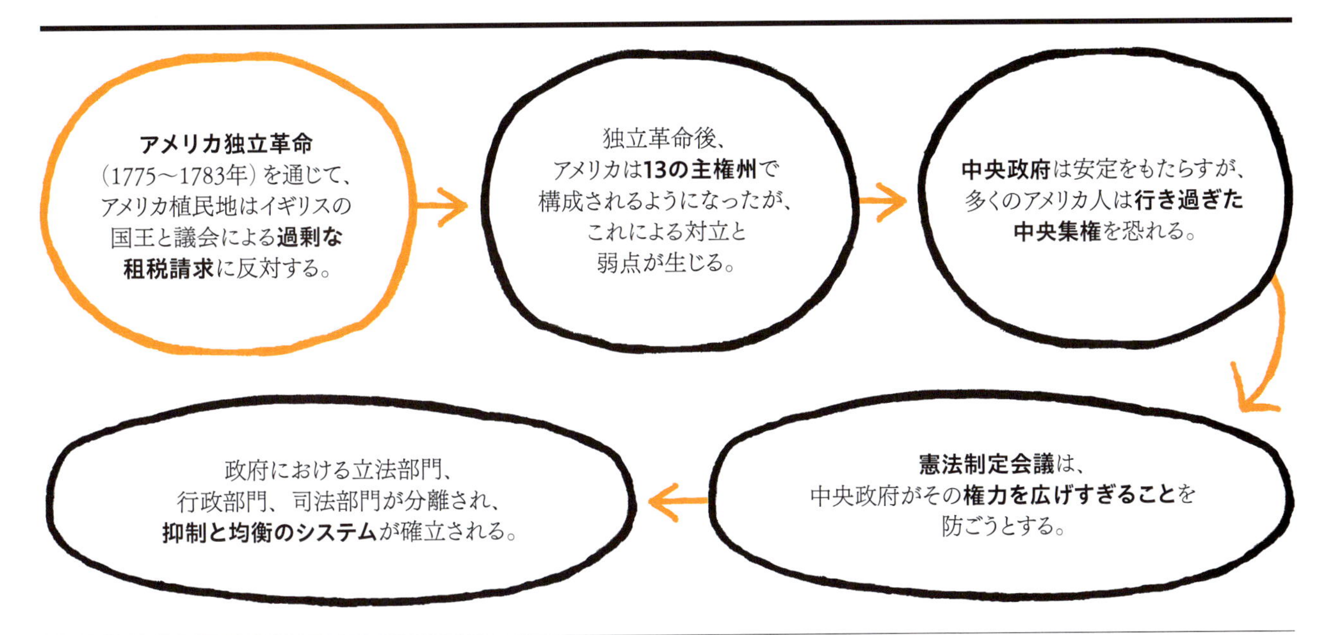

州の代表になりうるのかと案じていた。比較的大きな州の代議員は、議員の数に人口の規模が反映されることを望んだ。一方で、比較的小さな州の代議員は、議員の数を平等にするよう求めた。

奴隷制の問題も表面化した。一部で奴隷制を廃止済みだった北部諸州は完全な廃止を強く支持したが、南部諸州は奴隷制を合法のまま確保しようと引かなかった。あまりにも意見が割れたため、この問題は憲法から除外され、判断は各州に委ねられた。

大妥協

代議制の問題に関しては、エドムンド・ランドルフとジェームズ・マディソンをはじめとするヴァージニア州の代議員団が議題を設定した。ランドルフは15の決議案、通称「ヴァージニア・プラン」を提出し、二院制議会、限定的任期、公職交代制に基づくまったく新たな統治構造と、これと連動して抑制と均衡の機能を果たす他の機関の概要を示したのである。各州の議員数は、その州の経済力や人口によって決まるものとされた。

大きな州はこの考えに賛成したが、小さな州は反対した。ニュージャージー州のウィリアム・パターソンは、各州に連邦議会での平等な発言権を与えるという案で対抗した。白熱した議論の末、代議員たちが同意したのは、コネチカット州のロジャー・シャーマンの提案だった。シャーマンは二院制、すなわち各州が平等な議員数を有する上院と、州人口に基づいて議員数を決める下院を設けようと考えたのである。この決議案は「大妥協」と称された。大妥協の下では、各州が上院議員を2名指名でき、この2名が上院で6年の任期を務める。下院においては、議席が保たれるのは2年間である。各州の定数はその人口によって決まり、10年ごとに見直しが行われる。

> **自由とは、ひとたび根付き始めると、急速に成長する植物である。**
>
> **ジョージ・ワシントン**
> アメリカ合衆国初代大統領
> （1789〜1797年）

議論が深まるなか、会議の代議員であるジェームズ・ウィルソンは、大統領は国民によって直接選ばれるべきだと唱えた。しかし、一般大衆は自州以外の政治家をほとんど知らず、それゆえに情報が不足して選択を誤るのではないかというのが、代議員の大多数の判断だった。これに代わって合意されたのは、各州で選ばれる「選挙人団」を通じて間接的に大統領を選ぶという決まりである。州が有する選挙人数は、その州が連邦議会両院で有している議員数と同数に設定される。

あらゆる問題が解消し決着がつくと、ジェームズ・マディソン率いる調整委員会は、いよいよ合衆国憲法の最初の草案を作成した。

権力の分離

合衆国憲法は簡潔で、4,000語をわず

合衆国政府の3部門

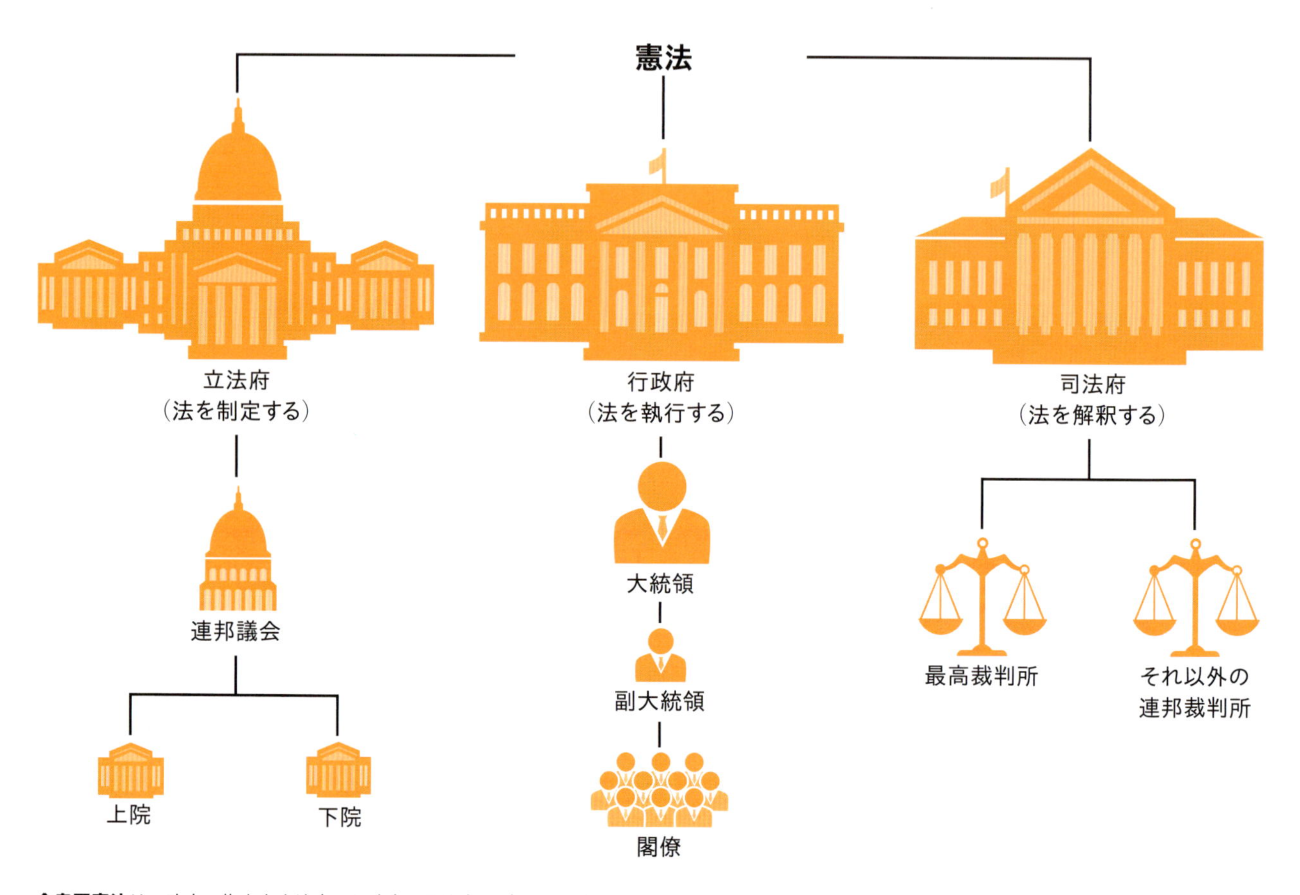

合衆国憲法は、政府の権力を立法府、行政府、司法府の3部門に分割した。立法府は法を制定し、行政府は法を執行する。そして司法府は法を解釈し、違反者を罰する。こうして分割されることで、どれか1部門が権力を持ちすぎないよう、他の2部門がブレーキ役になるというわけだ。

かに超える程度の長さしかない。しかし、この憲法は、いまや何百万人もの人々を雇用している複雑な政府機構の基礎となった。その複雑さのほとんどは、政府の部門を分離し、権力濫用を防ぐために策定された均衡と抑制のシステムによって各部門の権限を制限したいという、初期の代議員たちの願望に根差している。彼らは中央集権による暴政に挑むために独立戦争を戦ったのだから、新たな中央政府に神経を尖らせるのは無理もないことだった。実際、多くの州は、新政府の権力から自分たちが守られる保証があると確信できた場合にのみ、憲法の批准に同意した。

こうした懸念から、アメリカ合衆国政府は、法の制定者(立法機関、つまり連邦議会)、法の執行者(行政機関、つまり大統領府)、法の解釈者(司法機関、つまり最高裁判所)の間で水平に分離されると同時に、連邦政府、州政府、地方自治体の間で垂直に分離されている。

署名と批准

1787年9月、合衆国憲法の草案(書記のジェイコブ・シャルスが30ドルの報酬で書き上げたもの)がついに代議員らに提出された。

ワシントンが最初に署名し、38名の他の代議員がこれに続いた。次に踏むべき手順は、13州のうち最低でも9州に草案を批准させることだった。長い論争の末、翌年6月にニューハンプシャーが9番目の州として批准。合衆国憲法が1789年3月に発効するという合意がなされた。

1789年4月末、ジョージ・ワシントンは初代アメリカ大統領に選ばれた。1790年2月には最高裁判所が開かれ、その1カ月後には最初の連邦議会が開かれた。ここでようやく、政府は完全に機能するようになった。5月末、13州

ペンシルベニア州議会議事堂（現在の独立記念館）で、1787年9月、39名の代議員が憲法に署名した。その11年前には、やはりこの場所で、独立宣言が署名された。

のうち最後まで残っていたロードアイランドも批准し、仲間に加わった。

権利の保障

合衆国憲法の批准は困難を極めた。多くの代議員は、信教の自由や言論の自由といった政治的権利の保障が欠けていると主張し、権利章典が追加されなければ署名に同意はしないと迫った。1788年にトーマス・ジェファーソンに宛てた手紙のなかで、マディソンは、公正かつ適切な政府を設置しさえすれば、合衆国憲法のみで基本的権利の保障は十分に保証されるはずだと示唆した。しかし、一部には現実的な理由から、別の一部にはそこに利点を見出していたことから、マディソンは次第に権利章典という案に傾倒していった。

1789年、新たな下院の一員となったマディソンは、19の憲法修正条項を提案した。これらのうち12項目が同意され、10項目は権利章典（1791年に採択）として合衆国憲法に追加された。

それ以来、権利章典に他の修正条項が加えられたことはほとんどない。これまでに何千もの案が提出されたが、抑制と均衡のシステムが働いていることもあって、わずか17件しか受諾されてこなかった。憲法修正案は議会両院を通過することが必須であり、そのうえで4分の3以上の州に批准されなければならない。

イングランドに発する起源

新たなアメリカ合衆国憲法は、画期的で歴史的な文書だった。とはいえ、その起草者たちは、完全に革命的なものを作成しようとしたわけではない。野心的すぎる政府の権力を制限できる制度をつくろうと決めたとき、彼らの多くは、イングランドに類似点を見出した。イングランドでは、王による圧政の脅威から議会の権利を守るため、法を制定することで権力の均衡が図られていたのである。アメリカは君主制に代わって任期付きで選ばれる大統領制を採用していたが、それ以外の面で言えば、合衆国憲法にはイギリスの制度と――その10年前にアメリカが反抗した制度と――多くの共通点があった。そのため、当初は大統領を「殿下」と称するべきだという提案もなされたほどである。

合衆国憲法によって統治機構の中心に定められたのは、イングランドで何世紀にもわたり発達してきた議会の概念だった。15世紀に織物製造業が発展し、新たな商人階級が出現するのに伴って、イングランドでは繁栄が拡大した。その結果、国王や領主の支配のあり方、特に税金による資金調達の方法について、より多くの人々が関心を寄せるようになった。

政府に対して発言権を求める人々の声は、1640年代のイングランド内戦で最高潮に達した。この内戦時、チャールズ1世は国民に戦争を仕掛けたとして告発され、議会の意思によって処刑された。それに続くオリバー・クロムウェル下のコモンウェルス（共和国）はすぐに崩壊し、1660年に王政が復活。しかし、こ

> **われわれの政府を
> 太陽系のような機関にしよう。
> 中央政府は太陽のように、
> 各州は惑星のように、
> 反発しながらも
> 引き付けられるようにしよう……**
>
> **ジョン・ディキンソン**
> デラウェア州の下院議員
> （1732～1808年）

権利章典

イングランドのマグナ・カルタ（1215年）や権利章典（1689年）などの先例に影響されたアメリカの権利章典は、連邦政府と州政府に対する制限によって強化された個人の権利の集合体である。合衆国憲法冒頭にある10の修正条項から構成され、言論や信教の自由などの権利、黙秘権、武器の保有と携帯の権利などを記している。また、法の適正手続なしに投獄されない権利や、同一の罪で2度裁かれない権利（二重の危険）など、罪に問われた人々への保護も含まれる。政府の公理として、修正条項には法的拘束力がある。連邦議会は、修正条項と矛盾する法を通過させることはできない。州では当初は可能だったが、現在は、その保障のほとんどに反する法律の制定は認められていない。

1865年に奴隷制が廃止され、1868年には修正第14条に従い、合衆国に出生または帰化した人々がアメリカ市民となると、権利章典の保護対象となる市民はいっそう増加した。

の動乱期には民主主義の種がまかれ、国王から議会への権力移行が生じた。この流れが強化されたのは1689年、名誉革命後のことである。カトリックの国王ジェームズ2世が退位に追い込まれると、オランダからウィリアムとメアリーが招かれ、権利宣言の受諾を条件に統治を行うようになった。議会を通じて権利章典の形に改められた権利宣言は、イギリス臣民の権利と自由を正式に定めたものであり、のちにアメリカ権利章典の手本となった。

啓蒙思想

合衆国憲法の中心的な起草者となったのは、高度な教育を受けた人々だった。彼らは、啓蒙運動中のヨーロッパで発達した哲学的・政治的思想の新たな潮流、特にイングランドのジョン・ロック、フランスのジャン゠ジャック・ルソーやシャルル・モンテスキューの思想を深く意識していた。ロックとルソーはどちらも、人間の自然権の正当性を強く主張した。一方でモンテスキューは、立法権、司法権、行政権の分離を提案し、この分離によって、モンテスキュー自身が嫌悪していた、フランス王政に見られるような専制政治を阻止できると説明した。ロックは「社会契約」の必要性を訴え続けていた。この社会契約を通じて、本来は自由かつ平等な人々も、他者と協調的に生きるために統治されることや、選択を部分的に制限されることを受け入れるというのだ。ただし、統治する者は人々の権利を守り、公共の利益を推進しなければならない。

いかなる形態の政府であれ、
その政府が有害なものに
なったときは……それを
改造または廃止し、
新たな政府を樹立することは、
人民の権利である。

アメリカ独立宣言

ロックの思想は、アメリカ独立宣言の冒頭の言葉や、その「自明の真理」に反映されている。自明の真理とは、すべての人が平等に造られ、「生命、自由、および幸福の追求」をはじめとする一定の不可譲の権利を与えられていることをいう。そして、これらの権利を守るため、政府は「被統治者の同意」から権力を得なければならない。

ロックはまた、多数決原理も信じていた。多数決原理と被統治者の同意が民主主義の中心となる一方で、ロックとモンテスキューによる権力分離の思想は、連邦議会を形成する鍵となった。

共和制対民主主義

合衆国憲法は、近代民主主義の出発点と見なされることがある。この憲法は「われら合衆国の人民は………」という言葉で始まるが、だからといって、これは1865年にエイブラハム・リンカーン大統領が印象的に表現した民主主義の理想を、彼が当時語った「人民の、人民による、人民のための政治」を熱烈に支持するものではなかった。建国の父たちは、合衆国憲法が「国の最高法規」となり、国民の自由と権利を何よりもまず擁護する共和制の基礎となるように構築した。選挙は偉大な民主主義的理想の一部というより、目的を達成する手段であり、政府を抑制する方法であると考える人が多かった。

合衆国憲法の主導者であるマディソンの主張によれば、彼らがつくろうとしていたのは共和制であって、民主主義ではなかった。ここでマディソンが言っていた民主主義とは、古代アテネに見られたような民主主義のことである。アテネでは、全成人市民が政府に積極的に関わるよう求められたが、それはアメリカのよ

ジョージ・ワシントンは、憲法に最初に署名し、1789年4月30日、ニューヨークのフェデラル・ホールでアメリカ合衆国初代大統領に選出された。

憲法には決して干渉してはならない。それは我々の自由を守る唯一の手段なのだから、維持されなければならない。

エイブラハム・リンカーン
アメリカ合衆国第16代大統領
(1861〜1865年)

うな国家には明らかに非現実的なやり方だった。マディソンにとって重要な違いは、共和制の場合、少数の人々が残りの人々によって選ばれ、彼らに政府が委ねられることで機能するという点だった。1820年、スコットランドの哲学者のジェームズ・ミルは、このような代表制について「近代の大発見」であると称えた。その息子ジョン・スチュアート・ミルは、同じ制度について「完全な統治の理想型」であると断言した。

マディソンとミル親子が共通して述べていたのは、現在の一般的な民主主義のモデル、すなわち人々が代表を選んで統治と立法を任せるというモデルである。しかし、19世紀に西洋の各国政府がこのモデルへ段階的に移行したのは、その利点に気付いたからというより、それ以外の制度が機能しなかったためであろう。

未完成の憲法

憲法制定会議の代議員たちも知っていたように、彼らが合意した文書は歴史的功績ではあったが、完璧なものではなかった。会議終了時、当時81歳だったベンジャミン・フランクリンは、ワシントンの椅子に半分顔をのぞかせた太陽が描かれているのを目にした。フランクリンはそのシンボルについて、「昇りゆく太陽であって、沈みゆく太陽ではない」と断言し、どれだけの不備があろうとも、合衆国憲法は彼らが手にできる最高の成果であると付け加えた。

1787年の合衆国憲法は、国家全体を真に代表する政府を実現したとは言えなかった。というのも、この憲法は投票権を規定しておらず、当初投票できるのは男性の資産家のみだったためだ。1870年になってようやく、修正第15条がアフリカ系アメリカ人の男性に投票権を与えた。1919年には、修正第19条が女性に投票権を付与し、1924年にはいくつかの州が他に先駆けてアメリカ先住民に投票を認めた。しかしながら、1787年の合衆国憲法は、現在世界のほぼ全域で規範化されている近代的で民主的な政府の模範を示した。つまり、人民に権限を授けられた統治制度を定義しつつ、その権力を制限して市民の基本的権利を守ろうとしたのである。◆

アメリカ合衆国憲法の下で生きることは、これまでに人類に付与されたなかで最大の政治的特権である。

カルビン・クーリッジ
アメリカ合衆国第30代大統領
(1923〜1929年)

ジェームズ・マディソン

1751年、ヴァージニア州のベルグローブ・プランテーションに生まれたマディソンは、12人きょうだいの長男だった。プリンストン大学を卒業後、まもなくアメリカ独立革命の政治に関わり、ヴァージニア州下院議員と第2次大陸会議議員を兼任した。アメリカ建国の父のなかでも、ひときわ有名な人物である。

独立戦争後、マディソンは合衆国憲法の制定作業を主導した。権利章典を構成する修正条項を提案し、下院の初期の主導者となった。アメリカ合衆国第4代大統領に選出され、自身が構築に携わった政治体制の絶頂期にあたる1809年から1817年まで在任。1817年に退任すると、ヴァージニア州のタバコ農園に引きこもり、1836年に同地で死去した。

主要な功績

1787年　憲法制定会議での演説
1787〜1788年　『ザ・フェデラリスト』への執筆

人は、自由、かつ、権利において平等なものとして生まれ、生存する

人権宣言（1789年）

背景

焦点
人権

それ以前
前1750年頃　メソポタミアにおいて、ハンムラビ法典に基本的諸権利と刑罰が記載される。

前539年　キュロス大王が、バビロニアで服属させた臣民に対し、宗教的寛容を布告する。

1215年　イングランドのマグナ・カルタが国王ジョンによって署名される。

1776年　ヴァージニア権利宣言がアメリカ独立宣言に影響を及ぼす。

それ以後
1948年　第二次世界大戦での残虐行為を受け、国連の世界人権宣言（UDHR）が世界に向けて権利を定義する。

1950年　ヨーロッパ人権条約（ECHR）がUDHRを参考に、ヨーロッパ全土で個人の権利を強化する。

「人と市民の権利の宣言」は、人権に関する画期的な声明であった。この宣言はフランス革命の初期に生まれ、すべての人は法によって平等であるという原則と、自由、私有財産、安全、抑圧からの解放に対する平等な権利を定めた。これは、現代の世界をかたちづくってきた思想である。

この宣言を誕生させた出来事は、1789年5月に始まった。当時の国王ルイ16世は、財政危機と政治的煽動の広がりを受け、立法議会である三部会を175年ぶりに招集することを余儀なくされた。三部会は、聖職者、貴族、平民という3つの集団（身分）で構成され、ルイの主張によって各集団が1票ずつの議決権を有していた。結果として、聖職者と貴族という2つの上層身分が、常に平民を投票で上回ることになった。

国民議会

1789年6月17日、反発を強めた「第三身分」の平民たちは、国民議会として離脱し、独自に法を制定することを宣言した。公式の議場からは閉め出されたため、国民議会は代わりに球戯場で開かれた。そしてこの場において、フランスの統治に必要な原則を定めることが決議された。基本原則は「万人の利益」を目指すこととされ、議会は国民の同意によってのみ統治を行うことになった。

このような理由から、あらゆる市民の権利を定義することは必須だった。そこで、まずはラファイエット侯爵がアメリカの政治家トーマス・ジェファーソンと協議を進めながら、人権宣言を起草した。草案は1789年7月11日に国民議会に

万人は平等であり、
他者を支配する権利は誰にもない。

だが、人々は君主と政府に**統治権を付与する**という選択もできる。

その場合、君主と政府は**国家を代表**して、**国民の同意によってのみ**統治を行う。

参照：名誉革命とイングランドの権利章典（p102〜103） ■アメリカ合衆国憲法と権利章典（p110〜117） ■ナポレオン法典（p130〜131）
■世界人権宣言（p222〜229）

提出され、修正を経て6週間後に了承された。

この文書は、それまでの半世紀にフランスで発展した啓蒙思想の影響を受けていた。モンテスキュー、ルソー、ヴォルテールが唱えたこの新たな哲学は、神権によって君主が統治するという思想に挑み、宗教的権威からではなく理性的思考から導かれる人権法を主張した。

人権宣言の条文

17の条文と前文を通じて、人権宣言は万人の個人的権利と集団的権利について述べている。前文においては、諸権利が「自然かつ不可譲にして神聖なもの」であるとの原則が強調される。また、言論の自由、報道の自由、信教の自由も保障される。

第1条は宣言の核心的な内容として、「人は、自由、かつ、権利において平等なものとして生まれ、生存する。社会的差別は、共同の利益に基づくものでなければ、設けられない」と述べている。第2条では、政府の主要な任務は人権の維持であると断言され、その権利とは、自由、財産、安全、圧政に対する抵抗の権利だと定められている。第3条では、政府の権限は万人の同意に依存すると言明される。第4条が自由について、他者を害さないすべてをなしうることだと説明しているのに対し、第5条は、社会にとって有害な行為のみ政府に禁止されると書いている。第6条は、法とは人民の一般意思の表明であると述べている。

条文のそれ以外の部分では、推定無罪の原則を含め、現在では当然と考えられている多くの権利が定義されている。当時は極めて急進的と見られていた人権に対する考え方は、いまでは民主主義世界の重要な一部となった。そのため、私たちはこれらの権利を常識として捉えるようになったのだ。

能動的市民と受動的市民

道徳的権威を有し、平等を支持しているにもかかわらず、この宣言は「能動的」市民にしか権利を授けなかった。能動的市民とは、25歳以上のフランスの男性自由人で、一定水準の税金を納めていた者（実質的には資産家）のことである。

> **女性は処刑台にのぼる権利を有している。ならば、演壇にのぼる権利も同様に有していなければならない。**
>
> **オランプ・ド・グージュ**
> 女性の権利の宣言、1791年

女性、貧困男性、奴隷は「受動的」市民に分類された。しかし、フランス革命の進展に伴い、受動的市民もまた権利の対象となることを強く求めるようになった。1790年、ニコラ・ド・コンドルセとエタ・パルム・デルデールは、女性の権利を認めるよう国民議会に要求した。この訴えが拒否されると、劇作家のオランプ・ド・グージュは奮起し、「女性および女性市民の権利の宣言」を執筆する。「女性は自由、かつ、権利において男性と平等なものとして生まれ、生存する」と彼女は主張した。

フランス人権宣言は、フランス植民地サン＝ドマング（現在のハイチ）の奴隷たちをも刺激し、彼らによる奴隷反乱は史上初めて成功を収めた。フランスとその植民地における奴隷制度は、1794年に廃止された。◆

「**球戯場の誓い**」は1789年6月20日、第三身分の国民議会によって立てられた。彼らは、フランスに成文憲法が制定されるまで「解散しない」ことを誓い合った。

第 4 章

法の支配の台頭

1800年～1945年

1803年

連邦最高裁判所に**違憲審査**の権限が付与され、憲法違反の裁定が可能になる。

1804年

ナポレオン・ボナパルトがフランスの法制度の整備を命じ、これにより新たな民法である**ナポレオン法典**が誕生する。

1807年

奴隷貿易廃止法を受けて、イギリス植民地およびイギリス船における奴隷貿易が廃止される。

1822年

イギリスで**家畜虐待を防止する法**が初めて可決され、1849年には家で飼われているすべての動物に対象が拡大される。

1829年

首都警察法に従い、イギリスのロンドンに国営警察が設置される。

1863年

ベネズエラ共和国が、世界で初めて、すべての犯罪に対する**死刑を廃止**する。

1864年

最初の**ジュネーヴ条約**がヨーロッパ列強によって合意され、戦争中の苦しみを防ぐ一連の規則が定められる。

1871年

労働組合法によってイギリスの労働組合の法的地位が確保され、その資金が横領から守られる。

18世紀における「理性の時代」の精神は、社会秩序に根本的な変化をもたらした。フランス革命とアメリカ独立革命によって旧来の秩序が覆され、新たな国民国家が誕生すると、同時に民主主義、自由、人権の価値を擁護する法や憲法がつくられたのである。19世紀を通じて、同様の統治モデルを採用し、同様の価値観を支持する国々はいっそう増えていった。しかし、この社会的変化に関わった重要な要因の一つは、18世紀のイギリスに始まり、今なお現代世界に影響を及ぼしている産業革命であった。

産業化に伴って資本主義が到来すると、政治権力は君主制および貴族制から議会へ移行し、新興の産業所有者が経済的支配権を握った。地方の農民階級は縮小し、それと入れ替わるように、都市に暮らす工場労働者階級が現れた。彼らはもはや地主の支配下にはなかったが、代わりに産業家に自身の生計を頼るようになった。

変化する社会

新時代の国民国家における政府と法は、すべての市民の権利を認めつつ、国の内部にある社会の本質的な変化を反映して発展を遂げなければならなかった。法を徐々に寛容化する動きが見られたのは、労働者と消費者の利益を守るためであり、公正な市場経済に企業がもたらしうる継続的な繁栄を確実にするためでもあった。

革命直後のアメリカとフランスは、他に先駆けて、現代世界にふさわしい法制度の構築という難題に立ち向かった。

市民の権利の諸原則は合衆国憲法に記されていたが、権力濫用から国民を守るためには、さらなる法の制定が必要だった。その大きな一歩は最高裁判所に違憲審査の権限を与えたことであり、これにより最高裁判所は、他の政府部門に対して必要とされる抑制と均衡を働かせることが可能になった。ほぼ時を同じくして、フランスは新たな民法典の起草に取りかかった。この法は、他の多くの国々で定められる民法の模範となった。

イギリスの議会制度と法制度は安定しており、工業化社会の要求に応じて発展を遂げるも、そのスピードは緩やかだった。しかし、議会制定法による首都警察の設立を通じて、イギリスは現代都市にふさわしい警備モデルを構築した。このモデルにおいては、中央司令部の下に置かれた制服警官に秩序を執行する権限が付与された。

19世紀後半、イギリスはやはり率先して、労働者と労働組合の権利を守るための法整備を行った。対してアメリカでは、悪徳業者から顧客を守ることを目的に、シャーマン反トラスト法を通じた大

ドイツの首相オットー・フォン・ビスマルクが、負傷した**産業労働者を保護するための強制保険制度**を提案する。

1881年

1890年

シャーマン反トラスト法が米国上院で可決され、反競争的なカルテルや独占が禁じられる。

ニュージーランドの**女性が世界で初めて選挙権**を獲得する。他の地域では、女性が参政権を得るのは20世紀に入ってからのことである。

1893年

1899年

第1回ハーグ条約によって**戦時国際法**が提示され、国際人道法が設けられる。

米国大統領ウッドロー・ウィルソンが、企業を規制して**消費者を守るため**の**連邦取引委員会**を創設する。

1914年

1918年

1917年の革命後、ウラジーミル・レーニンが**新たなロシア憲法**を発し、労働者の統治する国家を築く。

第一次世界大戦後の**ヴェルサイユ条約**を通じて、勝利した連合国が**ドイツに懲罰的措置**を科す。

1919年

1935年

ニュルンベルク法により、ドイツの市民権に関するナチスの政策が定められ、ユダヤ人は事実上「存在しない人間」と定義される。

企業への規制が導入された。大量生産と消費主義の拡大に伴い、企業に一定の生産規格を満たさせること、そのための立法が必要なことが明らかになった。たとえば、1932年にジンジャービール製造業者のデイヴィッド・スティーブンソンに対して起こされた「カタツムリ混入」訴訟は、過失法の歴史における画期的な出来事だった。

人権

19世紀の時点で、市民の権利はほとんどの法制度の基本原則となっていた。しかし、基本的人権が認められるまでには、それよりはるかに長い時間が必要だった。イギリスはその植民地や船での奴隷貿易を真っ先に禁じたが、奴隷制の全廃はなかなか達成されなかった。フランスの人権宣言をはじめとする文書が善意を示したにもかかわらず、すべての人間はまだ平等とは——法によってさえも——見なされていなかった。しかも、女性が平等な権利に値しないと考えられていたことは確実であり、大多数の国々は第一次世界大戦後まで女性の参政権を認めなかった。

アメリカでの人種隔離を認める「ジム・クロウ」法が明らかに差別的だった一方で、ナチス・ドイツではいっそう悪質な形態の人種差別法が定められた。ヴェルサイユ条約を通じてドイツに屈辱的条件が課され、結果として経済不況が起きると、これに対する反動からユダヤ人が罪を負わされ、市民としての権利を奪われたのである。

同じ頃、ロシアでは世界初の社会主義国家が建てられ、その指導者であるウラジーミル・レーニンが、より公平かつ平等な社会を約束した。この社会主義国家は他の共産主義諸国の手本となり、20世紀の一時期には世界人口の約3分の1を占め、自由資本主義に基づく西欧諸国と真っ向から対立した。

国際レベルでは、産業化の影響が近代戦の性質にも見てとれるようになった。過去に例がないほどの死傷者が出たことを受け、戦争行為に関する一連のジュネーヴ条約が結ばれた。ジュネーヴ諸条約はハーグ条約によって補足されるとともに、戦時国際法に合意し、特定兵器の使用を制限して、国際人道法の基礎を築いた。◆

憲法の下の正義

連邦最高裁判所と違憲審査（1803年）

背景

焦点
米国連邦法

それ以前
1787年 新たな合衆国憲法の文言が合意され、司法府が政府の「第三部門」となる。

1789年 連邦議会が、最高裁判所の権限を部分的に定めた裁判所法を通過させる。

それ以後
1857年 ドレッド・スコット対サンドフォード事件において、主席判事のロジャー・トーニーが、合衆国憲法の「市民」という言葉は黒人を指すものではないと裁定する。この判決は大いに非難され、のちに憲法修正第14条によって覆される。

1973年 ロー対ウェイド事件において、最高裁判所は、中絶を求める女性の権利は合衆国憲法によって保護されるとの判決を下す。

米国最高裁判所は米国で最高位の連邦裁判所である。合衆国憲法によって規定され、1789年の裁判所法にジョージ・ワシントン大統領が署名することで発効した。この法では、最高裁判所に6人の裁判官（「判事」）を置くことが命じられた。大統領に任命され、上院に承認された彼らは、終身（引退または死去するまで）在職することが普通であり、その任期中には決して減俸されない。このようにして、判事は政府からの独立を保っている。

最高裁判所の存在を規定したのは合衆国憲法だが、その権限や特権が憲法に明文化された（法に記載された）わけではなかった。むしろ、最高裁判所の権限は、それ自体の判決によって徐々に定義されてきたと言っていい。そうした権限の一つが、違憲審査権である。

違憲審査とは、最高裁判所に対して、立法行為（連邦議会によって行われる）、行政行為（大統領によって行われる）、司法行為（下級裁判所によって行われる）が憲法に抵触するか否かの判断を委ねるものだ。これにより、抑制と均衡という重要なシステムが整備され、政府の3部門それぞれの権限が確実に制限される。つまり、最高裁判所はあらゆる憲法上の争いについての最終決定権を有し、米国政府で独自の役割を果たしているのだ。

マーベリー対マディソン事件

1801年に第4代主席判事としてジョン・マーシャルが任命されたことは、最高裁判所の転機となった。それまでの主席判事と比べて決然とした性格のマーシャルは、最高裁判所の権限と政治的自立を主張することに意欲的だった。彼にチャンスがやってきたのは、ウィリアム・マーベリーが訴訟を起こした1803年のことである。

1801年、退任を控えた連邦党の大統領ジョン・アダムズは、マーベリーを含めた複数の新裁判官を自身で任命できる法を可決させていた（連邦党と民主共和党はアメリカで最初の政党である）。しかし、民主共和党の新大統領トーマス・ジェファーソン率いる政府は、連邦主義の被任命者が多いことに不満を抱いた。こうした連邦主義者は国家主義的な政策を推進し、権力バランスを司法に移行しようとしていたからである。このような事情から、マーベリーは任命状を受け取ることができなかった。彼は国務長官のジェー

最高裁判所には公印があり、最高裁書記官によって保管されている。そこには多くのシンボルが含まれ、各自が最高裁の権限における別々の重要な要素を表している。この公印がアメリカ合衆国の国章と一つだけ異なる点は、ワシの尾の下に描かれた底部の単独星だ。

単独星は1789年に、合衆国憲法によって「一つの最高裁判所」が創設されたことを表している。

ワシの頭は大統領を表している。その9枚の尾羽は、最高裁判所に所属する9人の裁判官の象徴である。

盾はアメリカ合衆国国旗に似ている。その13本の縞は、建国当初の13州を表している。

ワシのくちばしにある巻物には、「エ・プルリブス・ウヌム」（「多数から一つへ」）という**標語**が見られる。

13の星座は、アメリカが独立国家として誕生したことを象徴している。

ワシの右足の爪に握られた**オリーブの枝**は、平和を表している。ワシの目はこちら側を向いている。

ワシの左足の爪に握られた**矢の束**は戦争の象徴であり、アメリカが常に臨戦態勢にあることを示している。

参照：アメリカ合衆国憲法と権利章典（p110～117） ■違法収集証拠排除法則（p186～187） ■ミランダ対アリゾナ事件（p254～255） ■ロー対ウェイド事件（p260～263）

合衆国の司法権は、1つの最高裁判所、および連邦議会が随時制定し設立する下位裁判所に属する。

合衆国憲法第3章第1条

ムズ・マディソンを告訴すると、最高裁判所に対し、マディソンに任命状を交付させる職務執行令状（下級裁判所や役人にその公務を果たすよう命じる令状）の発行を求めた。

主席判事のマーシャルは、マーベリーの請求を斥ける判決を下した。マーシャルは、マーベリーに任命状を受け取る法的権利があることを認めたものの、最高裁には職務執行令状を発行する権限はないと断言した。というのも、そうすることが最高裁に求められるのは、連邦議会が最高裁の第一審管轄権を拡大していたからであり、これは憲法違反にあたるからである。この判決を通じて、合衆国憲法は国の最高法規に、最高裁判所は憲法の解釈機関に位置付けられた。また、違憲審査権も定義され、時の試練に耐える先例がつくられた。

マーシャルは、この訴訟を巧みに処理したことで注釈者から称賛されている。彼の戦略的な裁定は、違憲審査という現行の概念——法に記されてはいなかったが、憲法起草者の大半から必要であると認められていた概念——の上に築かれていた（建国の父であるアレクサンダー・ハミルトンは1788年に、「憲法は法律よりも優先するべきであり、人民の意向はその代理人の意向よりも優先されるべきである」と書いている）。マーシャルは自身の下した判決において、アメリカは成文憲法をつくることにより、政府の各部門が有する権力の限界を定義したのだと説明した。そして、「これらの限界が、抑制されることが意図されていた人々によっていつ何時でも突破される可能性があるならば」、憲法には何の意味もないと述べた。

このかなり曖昧な事例は、計り知れないほどの影響を及ぼした。マーシャルは、最高裁の第一審管轄権が拡大されないことを確実にする一方で、結果的にはその重点を上訴管轄権（下級裁判所の判決を審査、修正、または破棄することのできる最高裁の権限）に置いていた。そうすることで、政府の一部門として他と同格である最高裁の権限を主張したのだ。

マーシャルを最も有名にしたのはこの判決かもしれないが、彼は主席判事として在職中、他にも重要な改革を主導した。その一例には、各裁判官が個別に意見を述べるという旧来の順繰り意見方式から、

法とは何かを述べることは、司法部門の明確な管轄であり、義務である。

ジョン・マーシャル
マーベリー対マディソン事件（1803年）

ジョン・マーシャル

1755年にヴァージニア州で生まれたジョン・マーシャルは、15人きょうだいの長男だった。アメリカ独立戦争に従軍し、その後、1780年に除隊して法を学んだ。周到に判断を下すことでたちまち評価を得ると、やがて政府にも関わるようになる。マーシャルは新たな合衆国憲法の批准を強く支持していたが、実際この新憲法は、政府における司法部門や行政部門の規定を欠く連合規約に取って代わった。

1800年、マーシャルはジョン・アダムズの下で国務長官に就任した。翌年には最高裁判所の主席判事に任命され、1835年に死去するまでその身分を保った。この役職において、マーシャルは数多くの重要な訴訟を取り仕切り、最高裁の権限を徐々に定義付けていった。そうした訴訟には、マカロック対メリーランド事件（1819年）のように、連邦政府には国法銀行を開設する権利があるとマーシャルが裁定したものや、コーエンズ対ヴァージニア事件（1821年）のように、憲法に異議を唱える州裁判所の全判決について判断を下す最高裁の権限を定めたものもある。

合衆国憲法は国の**最高法規**である。

→ 憲法は、政府の**立法部門**、**行政部門**、**司法部門**にまたがって**権力の均衡を図っている**。

→ **最高裁判所**は政府の**司法部門**を代表している。

→ **違憲審査**とは、**憲法を解釈し擁護する**最高裁判所の**権限**のことである。

多数決による決定として提示される法廷意見への移行などがある。

試されるとき

マーベリー対マディソン事件は重大な転機として最高裁判所の違憲審査権を確立したが、それは長きにわたる明確化のプロセスの始まりに過ぎなかった。その初期の数年間、最高裁は数多くの訴訟を審理することで、違憲審査権の範囲をより明確に定義付けていった。それぞれの判決を通じて、最高裁判所は憲法の裁定者としての正当性を高め、下級裁判所や立法部門または行政部門で示された法の合憲性を審査する最高裁の権利も確認された。

とはいえ、違憲審査の原則に反対者がいないわけではなかった。たとえば、1829年から1837年まで在任した大統領のアンドリュー・ジャクソンは部門別政府理論の提唱者であり、憲法を解釈する権利は政府の各部門にあると主張した。ジャクソンは、最高裁の役割に対するジョン・マーシャルの見方に異議を唱えるべく、多くの事件を最高裁に付した。1832年には、部族主権原則の基礎となった判決である、ウースター対ジョージア事件の最高裁判決にさえ逆らった。ジャクソンはこの判決を巧みに回避し、引き続きチェロキー族を彼らの故郷から強制移住させた（アメリカ史において「涙の道」として知られるこの時期には、6万人以上のアメリカ先住民が、その先祖代々の土地を離れ、指定された「インディアン準州」まで何千キロもの道のりを歩くことを強いられた）。

違憲審査は、ロックナー対ニューヨーク事件（1905年）でもその真価を問われた。1895年、ニューヨーク州はパン屋法を可決した。これは、換気の悪い空間で働きがちなために肺疾患を患いやすいパン職人に対し、1日10時間または週60時間を超える労働を強制してはならないと定めた法である。パン屋経営者のジョセフ・ロックナーは、パン屋法に違反したとして起訴された後、この法に意義を申し立てた。最高裁は5対4の多数決により、パン屋法が憲法修正第14条の適正手続条項に違反しているのは確かだと裁定した。この条項では、事実上、政府は個人の権利に過度に干渉すべきではないと述べられているからである。パン職人は国に干渉されずに労働契約を結ぶ「権利」を当然有しており、したがってパン屋法は違憲であるというのが判決の主張だった。この判決によって最高裁は憲法を擁護しようとしているのか、あるいは経済的・事業的利益を促進しようとしているのかという点で、司法の見解

アンドリュー・ジャクソン大統領が、ウースター対ジョージア事件（1832年）での最高裁判決を無視したことは有名だ。ジャクソンは次のように言ったとされる。「マーシャルが決定を下したのだ。今こそそれを実行させてやろう！」

> **裁判官の意見が議会について有する権限は、議会の意見が裁判官について有する権限以上のものではない。その点において、大統領は両者から独立している。**
>
> **アンドリュー・ジャクソン**
> アメリカ合衆国第7代大統領
> （1829～1837年）

は分かれた。

違憲審査の反対派の主張によれば、違憲審査は最高裁判所が自ら引き受けた役割であり、立法に関する司法権の優位はどこにも公に述べられてはいない。こうした理由から、違憲審査の正当性はたびたび疑問視されてきた。多くの国々（カナダ、オーストラリア、イギリスなど）では、同性婚や人工妊娠中絶といった賛否両論ある問題についての立法行為は、選挙で選ばれた議員による議会討論を経て決定される。一方アメリカでは、問題が議会で話し合われることもあるが、議会の決定が裁判官によってのみ最終的に確認されることも珍しくない。また、選挙で選ばれた議会が、選挙で選ばれたわけではない裁判官に責任を問われねばならないとの発想は、民主主義それ自体への侮辱だと捉える人もいる。

近年、違憲審査は市民の権利の保護という点からますます重視されるようになった。というのも、最高裁判所は、個人の権利を侵害すると考えられる法を無効にできるからである。たとえば、ブラウン対トピカ教育委員会事件（1954年）において、最高裁は人種差別的な学校の存在を認めていた州法を覆した。2015年には、憲法修正第14条の要求により、全州が同性婚を合法化しなければならないと裁定した。こうした進歩的な判決は、違憲審査の価値を示す見本として掲げられてきた。しかし多くの学者が指摘するように、（トランプ元大統領が行ったように）大統領が最高裁裁判官に保守派を多く指名した場合、権力の均衡はより保守的な政策へ傾きかねない。そうなれば、人工妊娠中絶を合法化したロー対ウェイド事件のような画期的な判決に異議を唱える人も出てくるだろう。◆

ワシントンDCにある現在の最高裁判所の建物は、1935年に開設された。それまでの146年間、最高裁は常設の拠点をもたず、さまざまな場所で裁判が行われていた。

すべてのフランス人は私権を享有する

ナポレオン法典（1804年）

背景

焦点
法典、私権

それ以前
6世紀 『市民法大全』が、ヨーロッパの広範囲に民法の基礎をもたらす。

1215年 イングランドのマグナ・カルタに数多くの市民の権利と人権が盛り込まれる。

1791年 1787年の合衆国憲法に加えられた最初の10の修正条項が、権利章典を形成する。

それ以後
1881〜1883年 エジプトの政治家ユセフ・ワフバが、ナポレオン法典をアラビア語に翻訳する。

1896年 ドイツが独自の民法典を公布し、日本の民法（1896年）、スイスの民法（1907年）、トルコの民法（1926年）などにも影響を及ぼす。

2012年 法典化高等委員会が、フランスの法典をこれ以上更新しないよう勧告する。

フランス革命（1789〜1799年）の指導者たちは、フランスに包括的な法典が緊急に必要であることを知っていた。歴史的に、フランスでは地域ごとに異なる慣習法が発達していた。また複雑なことに、結婚と家族生活は独立したカノン法（ローマ・カトリック教会が定めた法）の支配下に置かれ、それ以外の法は国王令によって制定されていた。結果として、法の矛盾による混乱が後を絶たず、多くの封建領主が免除を得ることになった。新たな国民議会は自らの権力を強化するため、特別委員会を設置した。この委員会を通して法制度を見直し、革命の基本原則に従って、全国民のための民法典を定めようとしたのである。

ナポレオンの支配

フランス革命が恐怖政治と呼ばれる悲惨な混乱に陥ると、1799年に将軍ナポレオン・ボナパルトが実権を握った。1800年に第1統領に選出されると、ナポレオンはすぐに、フランスの法の見直しを任されていた特別委員会の指揮を執った。ナポレオン法典編纂のため、委員会はその後4年間で80回以上開かれ、ナポレオンは頻繁に議論を監督した。

フランス革命は、王政を廃止し、教会および中世の同職ギルドの権力を抑え、新たなフランスの国民意識を創造することにより、ナポレオン法典への道を開い

ナポレオン法典は、統一フランスにおける自由、平等、友愛というフランス革命の理想に基づいている。革命中の1792年に制作されたこのポスターには、そうした理想が旗と盾の上に描かれている。

参照：カノン法の起源（p42〜47） ■マグナ・カルタ（p66〜71）
■アメリカ合衆国憲法と権利章典（p110〜117） ■人権宣言（p118〜119）

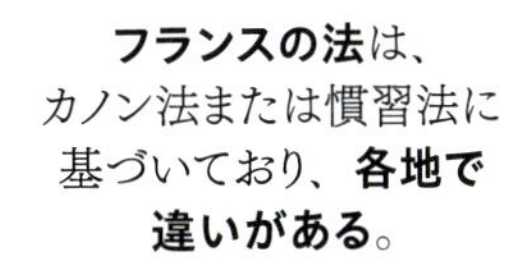

フランスの法は、カノン法または慣習法に基づいており、**各地で違いがある**。

革命によって**王政が廃止**され、**教会の権力**が抑えられる。

ナポレオンはチャンスをつかみ、法制度を**改革**する。

自由と平等という革命の理想に触発され、新たな法が生まれる。

ナポレオン法典は、**私権**、**平等**、**世俗国家**に基礎を置いている。

た。この法典は、フランス革命の基本思想——市民の自由の原則（法の下での基本的人権と自由）、平等の原則、国民には宗教的意見を異にする権利があるという世俗国家の原則——を中心にして築かれた。すべての（男性）市民は法の前では平等だと定めることで、長子相続制（長男に財産相続権があること）、世襲貴族、階級特権を断とうとした。ナポレオン法典によって男性の財産権は守られたが、女性は父親または夫に法的に従属した。民法は財産法と家族法に分けられ、刑法と商法が成文化された。また、政府の干渉を受けずに契約を締結する自由も新たに盛り込まれた。

不朽の影響力

ナポレオン法典には強い影響力があった。ベルギー、ルクセンブルク、ドイツやイタリアの一部など、1804年にフランスの支配下にあった国々は一斉にこの法典を導入し、多くの中南米諸国もこれに倣った。さらに、その影響は一部の中東諸国の法典にもはっきりと見てとれる。ナポレオン法典を採用した多くの国々では、改正が行われてなお、この法典が今日まで民法の基礎をなしている。◆

> 私の真の栄光は、
> 40の戦いに
> 勝利したことではない……
> なにものにも破壊されず、
> 永遠に生きるのは、
> 私の民法典である。
>
> **ナポレオン・ボナパルト**

ナポレオン・ボナパルト

1769年にコルシカ島で生まれたナポレオンは、9歳からフランスで教育を受け、やがてパリの陸軍士官学校に入った。軍では輝かしいキャリアを築き、出世の階段を上った。1795年には、フランス革命期の最初の政府である国民公会に対する反乱軍の鎮圧にあたり、大きな役割を果たす。しかし1799年になると、権力の空白を利用してクーデターを起こし、支配権を握った。

1804年、ナポレオンは皇帝として即位した。フランス帝国の拡大を目指して一連の軍事行動を開始すると、ヨーロッパ大陸の広範囲を征服し、中南米の大部分で宗主国に君臨していたスペインを駆逐した。1812年、ロシア侵攻での惨敗により退位を余儀なくされたが、1815年には復権を果たす。ワーテルローの戦いでイギリスに敗れた後、アフリカ西岸沖のセントヘレナ島に追放され、同地で1821年に死去した。ナポレオンは多数の手紙、演説文、自軍に対する宣言文を残しており、その一部は収集されて出版された。

抑圧されていた人々を解放しよう

奴隷貿易廃止法（1807年）

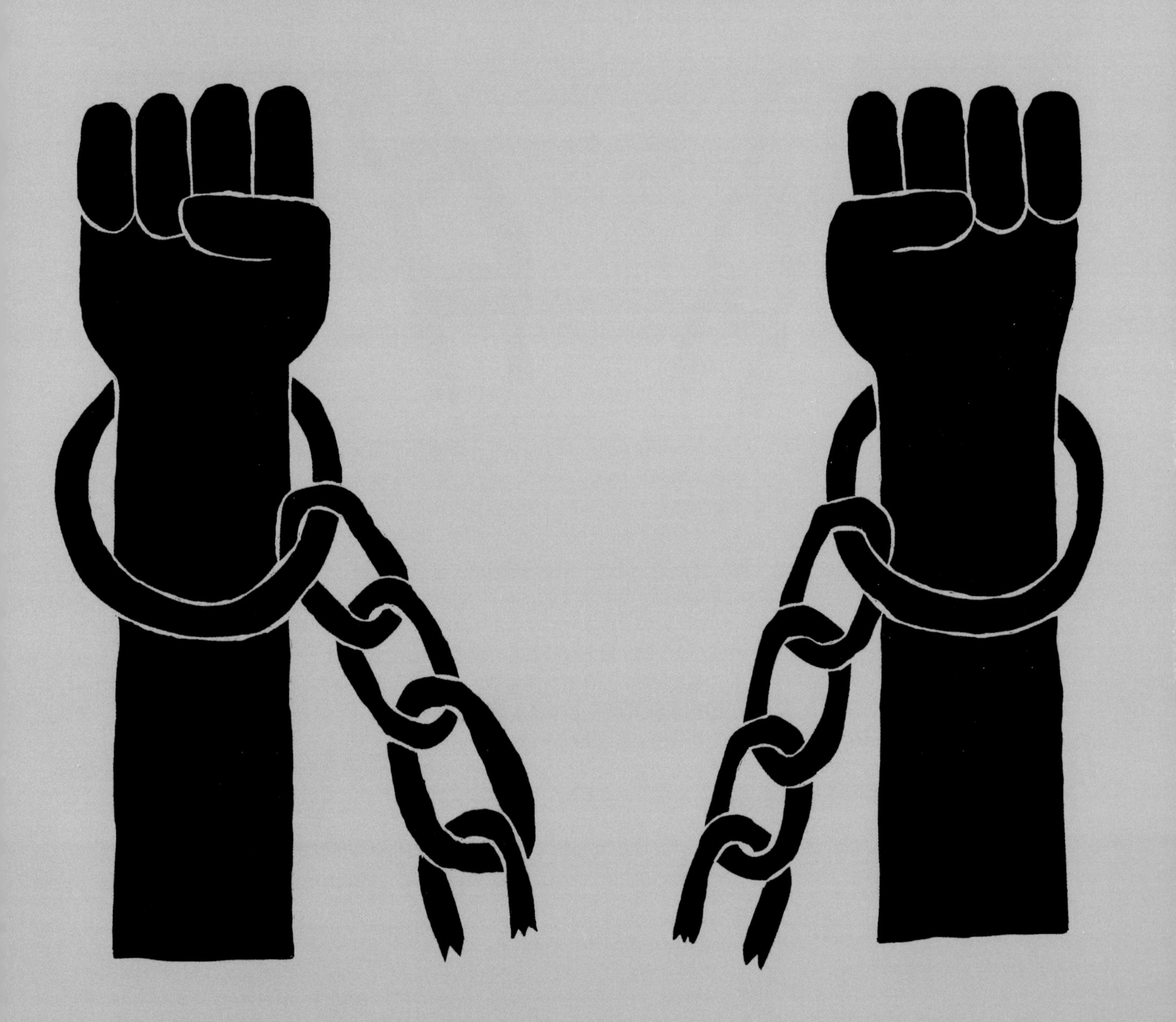

背景

焦点
人権

それ以前
1772年 逃亡奴隷が引き起こしたサマセット対スチュワート事件で、イングランドにおいて奴隷制は違法であるとの先例がつくられる。

1787年 イギリスの運動家たちが奴隷貿易廃止協会を結成する。

それ以後
1865年 アメリカが奴隷制を廃止する。

1888年 ブラジルで黄金法が定められ、同国は西洋諸国で最後に奴隷制を禁じる。

1926年 国際連盟の奴隷条約により、加盟国はその領土から奴隷制を廃絶するよう求められる。

1948年 世界人権宣言が「何人も、奴隷にされ、または苦役に服することはない」と述べる。

奴隷制とは、人間を所有され管理されるべき財産として扱い、その人権を顧みない制度である。エジプトやインドから、中国やローマに至るまで、ほぼすべての古代文明に何らかの形で存在し、中世から現代を通して存続している。奴隷制は16世紀から18世紀のヨーロッパにおいて主要産業となったが、やがてその売買の残虐性に対する抗議が広まった。

三角貿易

中世のアフリカでは、奴隷は国家間や部族間で取引され、アラビアのイスラム諸国へ供給されていた。15世紀半ばにポルトガルとスペインの航海士がアフリカの奴隷市場を発見すると、16世紀には奴隷を含む三角貿易が形成され始めた。ヨーロッパの船は、アフリカの西海岸に商品を運び、それを奴隷と交換する。そこから中間航路で大西洋を渡り、積荷の奴隷を南米（ブラジルが中心）またはカリブ海地域で、主にプランテーションに売る。帰航する船には、タバコ、砂糖、糖蜜、ラム酒、後世では綿花が山ほど積み込まれるというわけだ。

8,000キロ（5,000マイル）に及ぶ中間航路を進む間、船内は恐ろしい状況だった。残忍な扱い、食料や水の不足、ひどい過密状態のために、病気が蔓延した。1867年までに、1,000万～1,200万人のアフリカ人のうち約250万人が、中間航路の航行中に命を落とした。

ヨーロッパの白人の奴隷商人は、奴隷を野蛮人のように描写することで、彼らの人間性を奪った。自身を救世主として描くことさえあり、アフリカ人を、生活向上のために新世界へ連れて行かれる幸運な存在に仕立て上げた。奴隷商人は巨額の利益を上げ、関係者は裕福かつ強大になった。イギリスにおいては、奴隷商人やプランテーション所有者で構成される西インド・ロビーに下院議員も参加していた。この議員たちは不安を煽るかのように、奴隷貿易を制限すれば、イギリスの競合相手であるフランスなどを有利に導くことになると主張した。

> **奴隷は主人とどう違うのか？しかし、それは偶然の違いなのではないか？**
>
> **トマス・クラークソン**
> 『人類の奴隷制と商業についての論文』、1786年

17世紀の時点で、イギリス、オランダ、フランス、デンマークは大西洋横断奴隷貿易の主役となり、それぞれの植民地に労働力を供給していた。イギリスはこの貿易の3分の2を支配し、一連の通商航海条例などの法を通じて奴隷商人を支援した。

財産としての奴隷

1677年、「ニグロ」は通商航海条例の下で財産に分類されるという法務次長の裁定が下り、この裁定は同年のバッツ対ペニー事件によって追認された。奴隷所有者が財産法を利用し、奴隷の喪失や「損傷」に対する賠償を請求できるようになると、奴隷は単なる商品に成り下がった。

プランテーション所有者の多くは、奴隷をイギリスへ連れ帰り、召使いとして働かせた。年月を重ねるにつれ、奴隷たちは主人から逃れ、自由を求めて裁判所に訴えるようになった。その最も顕著な例が、サマセット対スチュワート事件である。ジェームズ・サマセットという奴隷は、所有者のチャールズ・スチュワートにイングランドへ連れてこられ、逃亡を図った。サマセットは占有回収され、ジャマイカ行きのボートに乗せられて転

> **私には、この事例がイングランドの法によって許可されるとも、承認されるとも言うことはできない。したがって、（その奴隷は）解放されなければならない。**
>
> **ウィリアム・マレー、マンスフィールド初代伯爵**
> サマセット対スチュワート事件の判決にて、1772年

参照：奴隷法（p98～101）■アメリカ合衆国憲法と権利章典（p110～117）■連邦最高裁判所と違憲審査（p124～129）
■世界人権宣言（p222～229）■公民権法（p248～253）

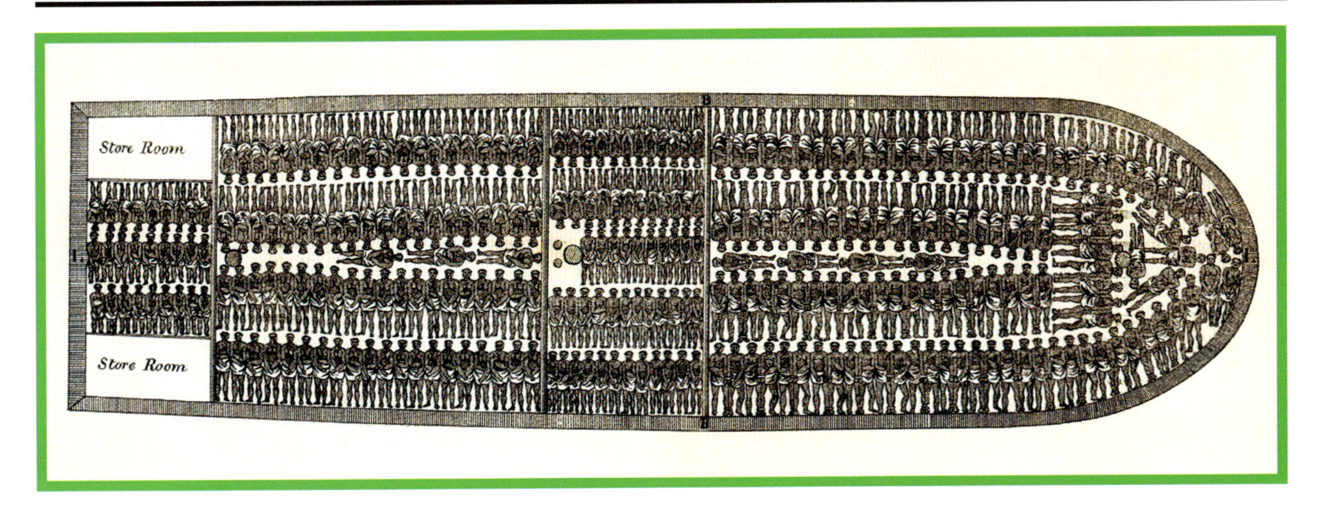

売された。奴隷制廃止論者のグランヴィル・シャープはこの事件を取り上げ、主席判事のマンスフィールド卿が人身保護令状（拘束されている人間を裁判官の前または裁判所に連行し、その拘束が合法であるか否かを判断させる命令）を発行した。こうして、サマセットは王座裁判所に正式に出廷することになった。

1772年、マンスフィールド卿は次のように裁定した。植民地では奴隷制が認められているものの、イングランドにいる奴隷はイングランドの法に支配される。サマセットの占有回収とジャマイカへの強制輸送を許可するイングランドの法は存在しないため、彼は解放されなければならない。マンスフィールド卿は、それが先例とならないようにサマセットを解放する決定を下そうとしたが、この裁判は奴隷制廃止運動の重大な分岐点となった。判決はイギリスの奴隷制を違法化するもので、これによりサマセット以外の奴隷にも自由を求める許可が与えられた──そう広く認識されたからである。

イギリスで反奴隷貿易の広がりが加速したのは、ゾング号事件などの残虐行為にも原因がある。1781年、奴隷船ゾング号は深刻な過密状態に陥ったため、船長のルーク・コリングウッドの命令により、病気の奴隷132人が海に投げ捨てられた（奴隷が病気で死亡した場合、保険会社は補償金の支払いに応じなかったが、船を守るために奴隷が殺された場合にはその限りではなかった）。法律上、当時の奴隷は人間ではなく商品と見なされていたため、これは大量殺人としてではなく、保険金請求を争点とする事件として扱われた。

ゾング号の復元船。2007年、ロンドンで開かれた奴隷貿易廃止法制定から200年を記念したイベントにて。この船からは、過密状態を緩和するために奴隷が海に投げ落とされた。

奴隷船ブルックス号は、1788年、奴隷制廃止論者による版画が出版されたことで悪名を高めた。版画には、奴隷がすし詰めにされた下甲板など、劣悪ながら合法的な船内の状況が描かれている。

このような極端な不正義は、いっそう多くの人々を奴隷制廃止に向けて突き動かすことになった。

奴隷制廃止運動

1787年、ロンドンの印刷所で、12人の活動家が奴隷貿易廃止協会を設立した。その1人であるトマス・クラークソンは、奴隷制を非難する有力な論文を発表したばかりだった。協会は多くの女性に支援されており、初年度の寄付者のうち10パーセントは女性が占めた。そのなかには、著名な奴隷制廃止論者でクエーカー教徒の詩人メアリー・ビルケット・カード、福音伝道者のハンナ・モア、フェミニスト哲学者のメアリ・ウルストンクラフトなどがいた。

奴隷制に反対する世論を伝えるため、協会の運動家は人脈を駆使してパンフレットを作成し、講演会を開き、嘆願書への署名を集めた。彼らが目指したのはあくまでも奴隷貿易の廃止だったが、それは、奴隷制を完全に違法化することよりも達成しやすいと思われたからである。

オラウダ・イクイアーノ

11歳の頃にナイジェリアの自宅から連れ去られたオラウダ・イクイアーノは、船に乗せられて大西洋を渡り、ヴァージニアのプランテーションにたどり着いた。ここで英国海軍将校のマイケル・ヘンリー・パスカル中尉に売られ、（16世紀のスウェーデン国王にちなみ）「グスタフ・ヴァッサ」と改名された。

イクイアーノは8年間を海上で過ごした。その間、パスカルのそばで読み書きを学び、1759年に洗礼を受けた。しばらくしてフィラデルフィアの商人ロバート・キングに売られると、自己の勘定で多少の取引を行うことを許された。それから3年と経たない1766年、彼は自由の身分を買い取ることができた。以降20年間は船で働いていたが、1786年にロンドンに定住し、奴隷制廃止運動に関わるようになった。

1789年、アフリカ系黒人作家の作品がまだほとんど存在しなかったこの時代に、イクイアーノは自伝を出版した。この自伝は大好評を博し、イクアーノは各地を巡行して自らの体験を語った。1797年、ロンドンで死去。

主要な功績

1789年 『アフリカ人、イクイアーノの生涯の興味深い物語』

この運動はたちまち勢いを増した。1788年には、わずか3カ月間で、100通以上の反奴隷制の請願書が議会に提出された。

運動家たちが特別大きな関心を寄せていたのは、アフリカ人の肉声を届けることだった。つまり、逃亡奴隷や奴隷船の船員による証拠や証言、そしてオラウダ・イクイアーノ（左を参照）をはじめとする解放奴隷の体験談を提供したのである。イクイアーノは読み書きができ、魅力的なうえに、キリスト教への改宗者だった（熱心なキリスト教社会において、これは重要なことだった）。彼のような奴隷の物語を通じて、大衆はアフリカ人を人間として見つめ直し、奴隷制度の残酷な現実を直視せざるを得なくなったのだ。

人権という発想

アメリカ独立革命（1775～1783年）とフランス革命（1789～1799年）が起きたことで、18世紀後半は政治的混乱の時期となった。そうした民衆運動は人権の概念を浮き彫りにし、人々を刺激して活動に参加させた。とはいえ、革命に対する恐れから、イギリス議会はこの流れに慎重だった。奴隷制廃止運動が勢力を増すにつれ、それは「過激」なものとして描かれるようになった。このため、奴隷制廃止に向けた当初の議会の取り組みはうまくいかなかった。奴隷制から利益を得ていた既得権者たちが旧体制の崩壊を恐れ、反奴隷制法案をたびたび妨害したのである。

> **人類の半分が、**
> **哀れなアフリカ人奴隷たちと**
> **同様に、偏見にさらされ、**
> **その偏見によって残忍に**
> **扱われるのだろうか……？**
>
> **メアリ・ウルストンクラフト**
> 『女性の権利の擁護』、1792年

この時代、女性は選挙への立候補はおろか投票すらできず、政治に積極的に関与することをほぼ禁じられていた。しかし、ハンナ・モアやメアリ・ウルストンクラフトなどの活動家は、自らの影響力や著書を生かして変化を実現した。急拡大していた女性の権利運動においては、女性に対する抑圧はアフリカ人奴隷の窮状を反映したものだとの見方があった。そのため、これら2つの問題を同一視した運動が頻繁に行われた。

奴隷反乱

奴隷制廃止論者がイギリス議会への陳情を行う一方、カリブ海地域の奴隷は自らの手で問題を解決しようとしていた。ジャマイカでは、逃亡奴隷とその子孫からなるマルーンが、イギリスの植民地主義者と長期戦を繰り広げ、1739年に定住許可を勝ち取った。イスパニョーラ島西端のフランス植民地サン＝ドマング

感情に訴えかけるようなデザインをした、イギリスの陶芸家ジョサイア・ウェッジウッドによる1787年の作品。メダルなどの製品に使用され、奴隷制廃止の理念を支えた。

ハイチ革命において、奴隷たちは1791年から1804年の間、イギリスやスペインの植民地主義者のみならず、フランス軍とも一連の戦いを繰り広げた。

(現在のハイチ) では、1791年に奴隷が武力反乱を開始した。解放奴隷で熟練の兵士でもあったトゥーサン・ルーヴェルチュールは、サン＝ドマングおよび近隣のサント・ドミンゴ (のちのドミニカ共和国) の支配をめぐる戦いにおいて、指導的役割を果たした。

この反乱は、やがてサン＝ドマングに勝利をもたらした。同地は1804年にフランスからの独立を獲得し、解放奴隷に統治される最初の国となった。こうした初期の奴隷反乱は他のカリブ海地域の奴隷をも触発し、彼らは自由を求める戦いに主体的に関わるようになった。

議会による禁止

1787年以降、イギリス議会の議員ウィリアム・ウィルバーフォースは指導的な奴隷制廃止論者となり、反奴隷制法案を議会に持ち込もうと20年間尽力した。世論の大きな支持があるにもかかわらず、政治家は奴隷制の全面禁止に賛成票を投じようとしなかった。禁止されれば、イギリスのビジネス上の利益が損なわれるのではないかと恐れたのだ。

1806年、奴隷制廃止論者のジェームズ・スティーブンは、ウィルバーフォースに助言を与えた。これまでとは方針を転換し、イギリス人に外国領土との奴隷貿易をやめさせる法案を紹介してはどうか、というのだ。当時イギリスはフランスと交戦中だったため、この法案はフランスの利益を害することを目的とした愛国的試みとして提出され、可決された。ウィルバーフォースの期待どおり、この法案はイギリスの奴隷貿易を崩壊させ、1807年の奴隷貿易廃止法に向けて道を開いた。下院で114対15の賛成多数により可決された1807年の法は、イギリス帝国内で奴隷貿易に従事したり、イギリス船で奴隷を運んだりすることを違法と定めたが、全奴隷の解放を強いるものではなかった。彼らの解放は、奴隷制廃止運動の次なる目標となった。

英国海軍は、アフリカ沿岸を巡回して奴隷貿易禁止を強化した。1807年から1860年にかけて、海軍は多くのイギリス船を停止させ、15万人以上の奴隷を解放したが、この法を施行することは骨の折れる仕事だった。イギリスの悪徳商人たちは、他国の国旗を掲げた船を操縦することで、たびたび監視を逃れていたからだ。

廃止に向けた世論の支持の広がりにもかかわらず、議会は1830年代まで奴隷制の全面禁止を認めなかった。しかし、経済情勢が変化した。イギリスが経営するカリブ海地域の砂糖プランテーションは、ブラジルやキューバのプランテーションと比べて、はるかに収益性が低下していた。そこで、イギリスの商人たちは自由貿易を強く求め、カリブ海諸国によるイギリスの砂糖市場の独占をやめさせるよう迫ったのだ。

1833年の奴隷制廃止法は、6歳未満の奴隷のみを解放するというものだった。6歳以上の奴隷は「徒弟」となり、元の所有者のもとで何年も働くことを強いられた。イギリス東インドの支配地域、たとえばセイロン (現在のスリランカ) なども法の対象外となったが、そうした地域を除いて、奴隷制はイギリス帝国全土で非合法化された。

アメリカと奴隷制

奴隷制はアメリカ南部植民地の経済に

> 不公正の上に成り立ち、
> このように続けられている
> 貿易は、廃止されなければ
> ならない……
>
> **ウィリアム・ウィルバーフォース**
> 議会での演説、1789年

不可欠だった。南部では、温暖多湿気候で育つ綿花などの換金作物のプランテーションで、奴隷が過酷な労働に使役された。南部とは異なる作物が育てられていた北部では、土地を耕すために使役される奴隷は少なかった。

北部人の多くは奴隷制廃止を支持し、アメリカ独立革命（1775 ～ 1783 年）の最中には、イギリス支配と奴隷制の慣行を同一視した。奴隷制をめぐる南北の分断はあまりにも激しく、1787 年には、条文から奴隷貿易問題を削除することでようやく両者は合衆国憲法に合意した。とはいえ、1788 年に承認された憲法はその条項において「奉仕または労働のために拘束される者」を取り戻す権利を保障しており、事実上はアメリカ全土で奴隷制を認めていた。この制度は、以降 80 年以上にわたって存続することになる。

1839 年、奴隷船アミスタッド号事件が世論を刺激した。2 人のスペイン人プランテーション所有者が 53 人の奴隷と共にキューバから出航したが、奴隷たちが逃げ出し、アフリカへ向かうよう所有者たちに命じたという事件である。航路から外れた後、船および奴隷たちは救出財貨としてコネチカット州で勾留された。スペインを巻き込んだ 2 年間の法廷闘争の末、連邦最高裁判所は、アフリカ人は財産ではなく、不法に誘拐されキューバに連行された自由人であると裁定した。

ドレッド・スコット対サンドフォード事件

1643 年以来、さまざまな法令によって、逃亡奴隷は強制的に主人のもとへ戻されていた。1850 年の逃亡奴隷法では、奴隷の引き渡しを妨げた者への罰金が盛り込まれ、市民には奴隷回収への協力が強いられた。北部にある一部の州は、この法を無効にすべく独自の法を発した。

1856 年、連邦最高裁判所でドレッド・スコット対サンドフォード事件が審理された。ドレッド・スコットは奴隷として生まれた男だったが、その所有者は、奴隷制が禁じられていたウィスコンシン州とイリノイ州で一時期暮らした後、奴隷州のミズーリ州に戻っていた。そこでスコットは、妻のハリエットを伴い、最高裁に解放を申請した。

1857 年、主席判事のロジャー・B・トーニーは、スコットに不利な判決を下した。アフリカ人の血筋を引くすべての人間は、奴隷であろうとなかろうと「下位にある存在」であり、合衆国市民ではないため、連邦裁判所に提訴することは認められないというのだ。この判決は物議を醸し、奴隷所有州の南部と非所有州の北部との間に南北戦争（1861 ～ 1865

逃亡奴隷や解放奴隷の証言は、残虐行為に対する**大衆の意識を高め**、奴隷が**人間であることを思い出させる**のに役立つ。

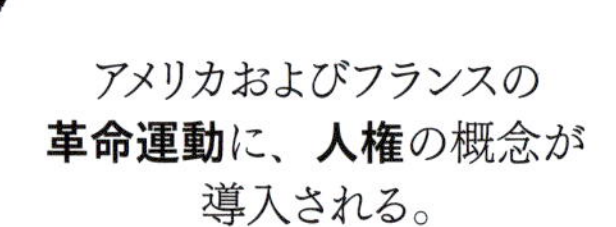

アメリカおよびフランスの**革命運動**に、**人権**の概念が導入される。

女性の権利運動において、女性への抑圧と奴隷制が同一視される。

世論が奴隷貿易の**恐ろしさに反対する**。

イギリス議会が1807年の**奴隷貿易廃止法**を圧倒的多数で支持し、同法が全イギリス領で発効する。1865年、アメリカ政府がこれに倣う。

> **奴隷制および本人の意に反する苦役は……合衆国内またはその管轄に服するいかなる地においても、存在してはならない。**
>
> **合衆国憲法修正第13条**

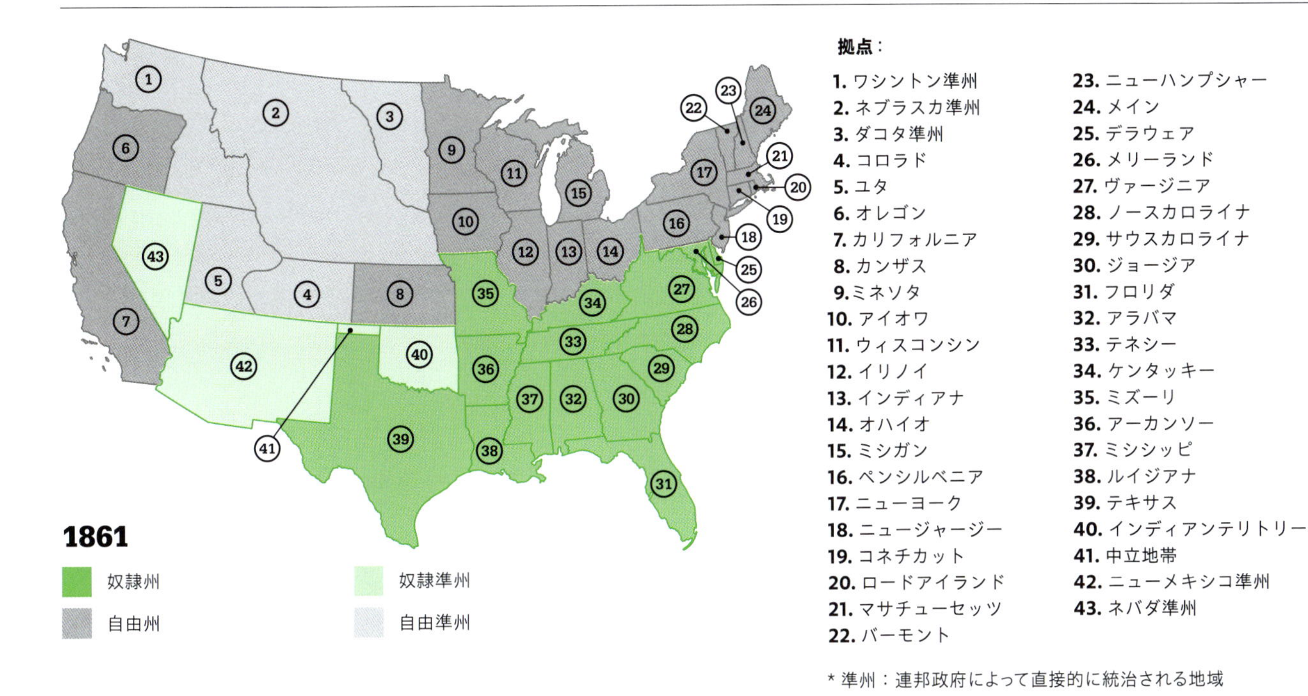

奴隷州の数は、南北戦争が始まった1861年の時点で15州あり、1789年の8州からは増えていたが、自由州の19州には及ばなかった。戦争終結時、奴隷制はアメリカのすべての州と準州で禁止された。

	1789	1800	1821	1837	1846	1858	1861
奴隷州	8	9	12	13	15	15	15
自由州	5	8	12	13	14	17	19

年）を引き起こすきっかけとなった。

奴隷制を廃止すべきだというエイブラハム・リンカーン大統領の主張は、南部連邦が北部（アメリカの北部諸州）を脅かせば脅かすほどに強まった。1863 年、リンカーンは奴隷解放宣言を通じて、反乱州にいるすべての奴隷は自由だと宣言した。この宣言は、北部に忠実な奴隷州には適用されなかったが、黒人に対しては軍への入隊を認めた。北部が勝利した後、1865 年に憲法修正第 13 条が承認されると、奴隷制はアメリカ全土で廃止され、400 万人以上の奴隷が自由の身となった。

制限された権利

南北戦争後、大統領のアンドリュー・ジョンソンは、憲法修正第 13 条の承認と債務の支払を条件に、南部諸州が独自に法を定めることを奨励した。しかし、南部諸州が「黒人法」と呼ばれる法を可決し、この法によって解放奴隷の権利を制限するようになると、多くの北部人が激怒した。

1866 年、議会は公民権法を通過させた。公民権法とは、アメリカで生まれたすべての人に対し、市民権と法の下の平等を確保するというものだ。次に議会は南部の再建を監督し、憲法修正第 14 条の施行に留意しながら、解放奴隷に憲法下での平等な保護を与えた。1870 年、議会は憲法修正第 15 条を採択し、市民権が「人種、肌の色あるいは隷属状態を理由に」否定されないことを保障した。

奴隷制は公式に廃止されたが、ディープサウスでは 1920 年代まで「ペオン制（債務強制隷属労働）」と呼ばれる慣習が続いた。（多くは冤罪によって）有罪判決を受けたアフリカ系アメリカ人は、れんが工場、プランテーション、鉱山などの危険な職場に送られ、自身の罰金を「返済」するために働かされたのだ。これにより、労働者は無償労働と増え続ける債務という悪循環に陥った。1964 年の公民権法では人種隔離や雇用差別も禁じられたが、こうした政策は南部で黒人に自由を行使させないために利用されていた。

奴隷制の現在

債務奴隷制は 21 世紀に入っても存続している。イギリスでは 2015 年に現代奴隷法が可決され、人身売買業者への返済を口実に移民労働者を働かせるなどの慣行が禁じられた。しかし、同様の法律が数多く制定されてなお、弱者は世界中で搾取され続けており、4,500 万人以上が実質的な奴隷状態に置かれている。◆

純粋性、活動、警戒、用心

首都警察法（1829年）

背景

焦点
法執行

それ以前
1666年　フランスの国王ルイ14世がパリに初の警察制度を設置する。

1749年　ロンドン初の有給警察隊である「ボウ・ストリート・ランナーズ」が結成され、高い犯罪率に対処する。

1786年　ダブリン警察法により、アイルランドのダブリンに制服を着た警察隊が設置される。

それ以後
1835年　地方自治体法がイギリスの各地方自治体に対し、有給の巡査を任命して平和を守るよう求める。

1878年　イギリスの犯罪捜査部（CID）が始動し、犯罪の解決にいっそう重点が置かれる。

1919年　ソフィア・スタンレーが首都警察初の女性警官となる。

古代のエジプト人、ギリシャ人、ローマ人はいずれも、緩やかな形態の警察を置くことで治安維持と夜間の見張りを行っていた。中世イングランドでは、アングロ・サクソン人がこの発想をさらに進化させたウィンチェスター法を1285年に制定。この法は、全市民に王の平和を守るよう指示し、警察活動を集団の責任で行うものとした。こうした初期の形態の警察活動は、窃盗や暴行といった、個人間の私的問題と考えられていた犯罪の捜査や起訴には拡大されなかった。

1361年には、治安判事法を通じて、イングランド全体に治安判事網が構築さ

参照：神明裁判と決闘裁判（p52～53）▪クラレンドン法（p64～65）▪死刑廃止（p151）▪インターポール（p220～221）
▪連邦証人保護プログラム（p259）▪ミーガン法（p285）

40人を捕らえて裁判にかけるより、たった1人が悪党になることを防ぐほうが、はるかに簡単である。

ジョン・フィールディング
『警察官設置の起源と効果についての報告』、1758年

れた。地域の治安判事は、非常勤で無給の巡査や警備員を選出して任命し、彼らの助けを借りて秩序を執行していた。そしてまた、巡査や警備員も一般市民に援助を受けることになっていた。たとえば、誰かが「泥棒だ！　止めてくれ！」と叫んだら、市民が被疑者を追いかけて取り押さえ、巡査または警備員が逮捕に来るのを待つよう求められていたのだ。

16世紀以降は、裕福な商人がグループを組み、「盗賊捕方」と呼ばれる私的な有給警察に報酬を支払うようになった。盗賊捕方は盗品を有料で回収してくれたが、この制度は富裕層にしか利益をもたらさず、腐敗につながりやすかった。17世紀には、威嚇によって法と秩序を執行する手法が主流となり、窃盗などの軽犯罪でも死刑に処されることがあった。こうした残酷な司法形態は貧困層に最も大きな影響を及ぼしたため、社会運動家は改革を訴えるようになった。

ボウ・ストリート・ランナーズ

18世紀になると、イギリスで長年続いていた巡査制度が破綻し始めた。というのも、プロボノ（無給）で奉仕するよう選ばれていた多くの裕福な人々が、このままでは本来の自分の仕事に支障をきたすと不満を述べ、金の力を使って巡査としての責任を果たすようになったためである。結果として、その地位は職を持たない人々――高齢者、病人、貧困者など――に任されることが増え、彼らは務めを果たすことにたびたび苦労した。

1749年、治安判事で作家のヘンリー・フィールディングは、弟のジョンと共に、ロンドンのボウ・ストリート治安判事裁判所で勤務する少人数の有給警察隊、通称「ボウ・ストリート・ランナーズ」を設立した。彼らは市街をパトロールすることはなかったが、裁判所の代理として令状を送達したり、犯罪者を追跡したりすることを認められていた。当初の6名の巡査は中央政府から賃金を受け取り、組織的な手法で犯罪に対処していた。とはいえ、彼らは犯罪が起きてからでなければ行動に出られなかったため、抑止力にはならなかった。その活動範囲はロンドンの狭い地域に限られていたものの、専門的な警察隊としてのボウ・ストリート・ランナーズという発想は、大きな影響力を示した。

改革への要求

18世紀後半の時点で、ロンドンは好景気に沸き、犯罪水準が高まり、暴動鎮圧のために軍隊が招集されることも珍しくなかった。治安判事のパトリック・コフーンは、著書『首都警察論』（1796年）で警察改革を強く主張し、後年には、厳しい道徳律を備えた有能で意欲の高い警察官の必要性を訴えた。コフーンの理論は、彼自身が水上警察（のちのテムズ川警察）の新設を指揮した1798年に確かめられた。この有給部隊が画期的だったのは、彼らが定期的なパトロールに参加したという点だ。この目に見える抑止力が効果を発揮し、河川での犯罪は著しく減

ロンドン初の有給警察隊、ボウ・ストリート・ランナーズ（右のイラストでは青いコートを着用）が、別の男性（緑のコートを着用）に指差された2人組を捕らえようとしている様子。この2人組は、旅行者を襲って生計を立てている強盗である。

警察活動は、**すべての市民の社会的義務**として始まる。

→ **私的雇用**または有給の警察は、**逮捕することで報酬を受け取る**ため、**腐敗**しやすい。

→ **犯罪抑止**の取り組みとして、軽微な犯罪にも**死刑**が広く行われる。

→ 無給の地方巡査は、**人口と犯罪が急増**するロンドンを前にしては**役に立たない**。

→ 改革派によって、**予防的警察活動**という考え方が推進される。

→ ロバート・ピールは1829年、**犯罪予防**を重視する**専門部隊**として首都警察を設立する。

少したのである。

政府は、同様のモデルをイギリスの全都市に拡大せよという要求の高まりに抵抗した。というのも、その費用として増税が必要になる可能性が高かったからだ。当時はまた、国家干渉は少なくあるべきだという政治イデオロギーが支配的であり、これは組織的警察隊を国家が運営することと矛盾するように思われた。さらに、常設の警察隊は腐敗しやすいのではないか、政治的目的のために悪用されやすいのではないかという不安もあった。

法と秩序の管理を軍に委ねることの弱点は、過剰な武力行使によって生じた1819年のマンチェスターでのピータールー事件で明らかになった。この事件では、大規模ながら平和的に議会改革を訴えていた群衆が武装兵士に襲撃され、18名の死者と多数の負傷者が出たのである。国民は激怒し、議会はさらなる暴力を恐れて、これに対応せざるを得なくなった。

新たな警察隊の創設

政治家のロバート・ピールは、1820年代までに人口が急増し、それに合わせて犯罪率も上昇していたロンドンで、先頭に立って警察改革を求めた。アイルランド担当大臣時代、ピールはダブリンの警察隊の成功に刺激を受けていた。内務大臣になると、同様の警察隊をロンドンに創設するための法案推進に注力し、首都における法と秩序の欠如が不安定さをもたらしていると主張。1829年には、首都警察法の可決に必要な支持を獲得した。

首都警察法では、内務大臣の下で常勤する専門の警察隊がロンドン地域に設置された。巡査は、軍隊の赤色と見分けがつきやすいように青色の制服を着用し、武器は持たなかった。巡査たち（ロバート・ピールにちなみ、「ボビーズ」または「ピーラーズ」と呼ばれていた）は、労働者より高く熟練工より低い金額の給料を支払われ、汚職防止のため、盗品回収の手数料を取ることは許されなかった。また、

高圧的な武力行使の結果、1819年、デモ参加者たちが平和的に議会改革を訴えていたマンチェスターでピータールー事件が起きる。

効率的な警察の
第一目標は、
犯罪の予防である。
その次は……
犯罪者の捜査および
処罰である……

リチャード・メイン
イギリス治安判事
（1796〜1868年）

1897年まで巡査は選挙での投票を禁じられ、これによって政治的中立性を示さなければならなかった。

この新たな警察隊は史上初めて、犯罪予防を優先し、市街をパトロールし、地域社会と連携して秩序を守ろうとした。当初は、市民は敵対的だった。制服警官に行動を指示されると、自分たちの日常生活への国家干渉が強すぎるように感じられたからだ。しかし、ロンドン全体の犯罪水準が低下していくにつれ、世論も変わり始めた。

全国への広がり

1835年までに、新設された多くの地方自治体が有給の巡査を任命するようになった。1839年の地方警察法は、カウンティが独自に警察隊を設立することを認めた。専門部隊は次第にイギリス全土へ広がり、各部隊が、法そのもの――すなわち議会に由来する権力を伴う中央集中司令部によって監督された。その後、1856年に制定されたカウンティおよびバラ警察法は、イギリスのすべての町およびカウンティに独自の警察隊を置くことを義務付けた。1900年の時点で、イギリス全土には181の警察隊が存在していた。しかし、互いの意思疎通が不十分だったため、多くのカウンティの部隊は合併されて地域警察隊となり、全国的な警察活動での連携がいっそう強化された。

イギリスのモデルの採用

多くのコモンウェルス諸国およびアメリカにおいて、その国の警察隊はイギリスのモデルに基づいている。イギリスの警察隊は犯罪予防と地域社会の絆を重視しており、欧州大陸の自治体警察隊に比べて腐敗しにくいとされているためだ。アメリカ初の中央集権的な自治体警察隊は1833年にボストンで結成され、1845年にはニューヨークがこれに続いた。しかし、アメリカの警察制度はやがて分岐し、分権化が進んで、地域社会に根ざすようになった。そして多くの場合、地方政治との結びつきが強まり、部隊によっては腐敗を招きやすくなった。

イギリスの警察は今日までに、犯罪の検知、身分秘匿捜査、テロ対策、サイバー犯罪への対処など、その責務を拡大してきた。しかし、その根底には、警察と市民は同義語であるという1829年の基本原則が今なお存在している。◆

警察は市民であり、
市民は警察である。

首都警察の一般注意事項、1829年

ロバート・ピール

現代警察の父であり、裕福な実業家で準男爵の息子であるロバート・ピール卿は、1788年に生まれ、ハロウ校とオックスフォード大学で教育を受けた。1809年に保守党議員としてイギリス議会に参加し、1812年から1818年までアイルランド担当大臣を務めるなど、数々の要職に就いた。しかし、ピールがその足跡を残すようになったのは1822年以降の内務大臣時代であり、ここでは刑務所改革を推進し、首都警察を設立した。

その後、1834年から1835年までの期間と、1841年から1846年までの期間に、首相を2度務めている。1846年には穀物法（国内の穀物生産者を守るために設けられた貿易制限や関税）を廃止させ、穀物を開放してアイルランドに送ることで、同地のジャガイモ飢饉を救った。さらに、1844年には工場法を導入し、女性と子どもを工場で働かせることのできる時間を制限した。この法は、1842年の鉱山法（女性と子どもの鉱山労働を禁じる法）と一体となり、ヴィクトリア朝時代の労働慣行改革に大きな影響を与えた。1850年、馬から落ちて死去した。

賭博目的の契約はすべて無効とする

賭博法（1845年）

背景

焦点
賭博の規制

それ以前
1254年 国王ルイ9世が、多くの同様の勅令に先駆けて、フランスでの賭博を禁じる。

1541年 イングランドで違法娯楽法が定められ、サイコロゲーム、トランプゲーム、ボウリング、テニスなどの、大衆を注意散漫にすると考えられる娯楽が禁止される。

それ以後
1853年 イギリスで賭け事法が制定され、賭け事目的でのいかなる施設使用も違法となる。

1910年 ネバダ州がアメリカで最後の州の一つとして、カジノ賭博を禁止する。

1931年 ネバダ州当局が経済的利益を理由に賭博を合法化し、その後ラスベガスに最初のカジノが開店する。

2005年 イギリスの賭博法は賭博に法的強制力を持たせ、賭博自由化時代の幕開けとなる。

18世紀、賭博と賭け事の**人気が高まる**。

賭博の借金回収のために起こされる**訴訟件数**が増える。

1845 年の賭博法により、賭博契約が無効とされる。

賭博の借金を裁判所で**法的に回収することは不可能**になる。

賭博（サイコロなどを使って、運頼みのゲームをすること）と賭け事（期待される結果に賭けること）は長きにわたり、立法者をジレンマに陥らせてきた。政治家や宗教指導者から道徳的害悪であると非難されがちなギャンブルは、経済破綻や社会的悪影響をもたらしかねないという理由から、さまざまな形で禁止されている。一方、それを規制し、参加者を守り、それに課税して国庫を潤すために合法化される場合もある。

イングランドでは1541年に、特定の新しい娯楽が原則として非合法化された。これには国民がアーチェリーの練習を怠ることを防ぐという目的があったが、禁止を実施するのは現実的ではなかった。

参照：動物虐待防止法（p146～147） ■ハドレー対バクセンデール事件（p148～149） ■スポーツにおけるドーピング防止に関する国際規約（p304） ■八百長対策タスクフォース（p306～307） ■オープン・インターネット命令（p310～313）

サイコロを振る貴族たち、ロンドンにあるクロックフォードの紳士クラブで（1843年）。元魚屋のウィリアム・クロックフォードは、クラブの会員たちの賭博による損失から莫大な財産を築いた。

ギャンブルは、多くの国や文化において変わらぬ人気を保っていたからだ。イギリスでは、ジョージ王朝時代の幕開けにあたる18世紀初頭の時点で――社会と経済が急速に変化しつつあった時代だ――、ギャンブルが流行していた。賭け事は合法であり、コモン・ローの下で履行を強制できた。ボクシングの試合、クマいじめ、闘鶏への賭けは労働者階級に人気があったが、貴族階級はサイコロゲームやトランプゲームを好んだ。

法律が導入されたのは、道徳的懸念を抱く社会改革者に対応するためではなかった。ギャンブルをめぐる争いが増加し、それを取り扱う裁判所に過剰な負担がかかるようになったためである。1845年の賭博法では、賭博目的の契約は「無効」とされ、ギャンブルの借金は法的拘束力がないと定められた。

規則の変更

1845年の賭博法では、賭け事は禁止されなかった。ただし、賭け事に関わる「金銭や価値あるもの」の回収を求める訴訟は認められなくなり、事実上、賭博は裁判所の管轄から除外された。この法律は、過度に温情主義的であるとして、また自由選択の原則に反するとして批判を受けた。10ポンドを株式市場に投資して、それを簡単に失うこともあるというのに、スポーツイベントに10ポンドを賭けることを思いとどまるべき理由は何なのか？　自由主義者たちはそう問いかけた。

この新たな法には、専門のブックメーカー（その数が増えたことによる煽りを受け、18世紀後半の問題ギャンブリングも増加した）が客に信用貸しで賭けをさせることを阻む効果もあった。客は賭けに負けても、賭けた金の支払いを法によって強いられることはなくなった。そのため、ブックメーカーは現金での賭けを扱うようになり、現金賭け事場の増加に拍車がかかった。1853年の賭け事法によって賭け事場は抑制され、ブックメーカーは商売を路上に移すことを余儀なくされた。街頭での賭けは、のちの1906年に追加された法で禁止されている。

法律による自由化

20世紀初頭、イギリスでは賭博が地下に潜伏し、犯罪組織に管理されていた。1949年、王立委員会は、賭け事、宝くじ、賭博についての調査を任された。その結論から1960年に賭け事・賭博法が制定されると、イギリスの大通りには認可された賭け事店が並ぶようになり、賭博はいっそう広く楽しまれるようになった。

21世紀に入ると、イギリス政府は賭博を道徳的に怪しげなものと見なすことをやめ、その経済力を見込んで他の娯楽同様に奨励すべきであると決定した。2005年の賭博法は、オンライン賭博を規制し、賭博場の新規開店計画の妨げとなるものを取り除くことで、業界を活性化させた。さらに、1845年の賭博法で撤廃されていた賭け事の法的拘束力を復活させ、商業賭博を規制する賭博委員会を創設した。◆

> **賭け事で勝ち取ったとされる金銭や価値あるものを回収するための訴訟は、コモン・ローまたは衡平法の裁判所において提起または維持されてはならない……**
>
> **賭博法、1845年**

同胞を傷つけてはならない

動物虐待防止法（1849年）

背景

焦点
動物福祉法

それ以前
1764年　ヴォルテールが、著書『哲学辞典』の「獣」の項目において、動物には感覚があると主張する。

1822年　イギリスで、動物虐待を禁止する最初の国法が可決される。

1835年　イギリスの動物虐待防止法が改正され、闘鶏、牛いじめ、クマいじめが禁じられる。

それ以後
1911年　動物保護法により、虐待防止法の対象がすべての動物に拡大される。

2006年　イギリスの動物福祉法により、動物に適切な環境と食事を与え、怪我、病気、苦しみから守るのは飼い主の責任とされる。

2019年　アメリカで、極度の動物虐待が連邦犯罪となる。

歴史的に、人間は動物という存在を、神秘的あるいは悪魔的な力を宿した自然界の野生の集団と見なすか、または財産と見なしていた。17世紀には、一部の人々が、動物を不必要な苦しみから法的に保護すべきだと認識するようになった。1635年、アイルランド議会は、「生きた羊に対する馬の尻尾による羊毛の刈り取りと引き剝がしを禁じる法」を可決した。これは、馬の尻尾に結びつけた鋤で羊の背中から羊毛を引き剝がすというゲール系アイルランド人の慣習を防ぐためのものだった。同様の例はニューイングランドにも見られた。大衆の権利と責任を定めたアメリカ初期の法典であるマサチューセッツ自由法典（1641年）には、家庭で飼われている――なかでも、「人間に使用されるために」飼われている――動物に対する「暴虐、虐待行為」を禁じる規則が盛り込まれた。

18世紀には、啓蒙思想がヨーロッパで勢いを増すにつれ、動物は感覚を持つか（知覚できるか）否かについての哲学的

動物は**感情を持ち、それゆえに苦しむ**という考え方が、**啓蒙思想**によって広められる。

キリスト教徒が、**動物の苦しみを防ぐ道徳的義務**の高まりを感じる。

法的保護は、当初は**経済的に重要な**家畜にのみ与えられていた。

動物虐待防止協会によるロビー活動の結果、**動物の苦しみに対する大衆の意識**が高まり、動物虐待防止法が可決される。

参照：「生体解剖法」（p163） ■絶滅危惧種法（p264〜265） ■生物圏保護区世界ネットワーク（p270〜271） ■京都議定書（p305）

私たちが動物を——
完全に自分の支配下に
置く生き物をどう扱うかは、
私たちが自分と同じ種に
どのような思いやりを
向けるかという、正確な
尺度と見なしてよいだろう。

エリザベス・ヘイリック

な議論が高まった。フランスの哲学者ヴォルテールとジャン＝ジャック・ルソー、イングランドの哲学者ジェレミー・ベンタムはいずれも、動物は肉体的苦痛を感じたり、感情を抱いたりできると書いている。飼い主の経済的損失という観点から考えられていた動物虐待は、次第に、それ自身のために動物を優しく扱うという発想へ変わっていった。

保護の義務

人間には動物を保護する義務があるという民意が広まると、イギリスのクエーカー教徒で慈善家のエリザベス・ヘイリックは、1809年に牛いじめに反対する運動を開始し、後年にはあらゆる家畜の保護を求めて奮闘した。1822年、イギリスは世界の国々に先駆けて動物福祉法を通過させた。国会議員で動物愛護運動家のリチャード・マーティンにちなみ、マーティン法と呼ばれているこの法は、牛、羊、ラバ、馬などの家畜に対する虐待を禁じるものだった。ヘイリックは、1823年に『激しい虐待に見られる悪しき傾向に関する概観』を出版するなどして運動を続けた。同書では、イギリス最大の食肉市場であるロンドンのスミスフィールドで、動物を突き棒で追い立てて畜殺する残酷さを取り上げた。

1824年には動物虐待防止協会が設立され、強力なロビー団体となったことで、その理念に対する共感と社会的支持が高まった。1835年には動物虐待防止法が改正され、闘鶏、牛いじめ、クマいじめが新たに禁じられたほか、犬や猫などの動物の保護が盛り込まれた。

1840年代になると、世論は動物保護を強化すべきとの側に大きく傾いた。動物虐待の起訴も増加したが、とりわけ増えたのは馬の処理場に関するもので、ここで畜殺を待つ馬たちは水や餌を与えられないことが多かった。1849年、動物虐待防止法が可決され、すべての動物をいじめたり闘わせたりすることが禁じられた。家畜は叩かれたり酷使されたりしないよう守られ、動物に害を及ぼす輸送も規制された。この法を破った者、あるいは他人に直接的または間接的に動物虐待法を破らせた者は、罰金を科せられる場合もあった。

幅広い議論

1911年になってようやく、動物保護法が「すべての動物」に保護を付与したものの、野生動物、食用動物、科学実験用動物は依然としてその対象から外されていた。動物も苦しむのではないかという可能性が広く受け入れられるようになると、これらの除外された範囲についても議論が始まった。

イギリスでは、2004年の狩猟法を通じて、犬に（キツネなどの）野生動物を捕獲させる狩猟が禁じられた。また、2006年の動物福祉法では、飼い主がペットの福祉に責任を負うと定められた。アメリカでは、2019年のPACT法（動物虐待・苛虐防止法）によって、極度の動物虐待が連邦（国家）犯罪として扱われることになった。◆

牛いじめは繋がれた状態の雄牛を犬に攻撃させるもので、1840年代まで見本市で人気を博していた。牛いじめに反対する人々は、このような催しに伴う賭博や喧嘩についても懸念を抱いていた。

損害賠償は公正に考慮されるべきである

ハドレー対バクセンデール事件（1854年）

背景

焦点
契約法

それ以前
531年　ビザンティン皇帝ユスティニアヌス1世下のローマ法における「2倍」の規則が、損害賠償額は契約上の債務の2倍に制限されるべきであるとする。

1839年　ブランチャード対エリー事件で、アメリカの裁判所が、契約違反事例の損害賠償裁定に予見可能性の規則が用いられた先例としてフランス民法を引用する。

それ以後
1949年　ヴィクトリア・ランドリー（ウィンザー）対ニューマン・インダストリーズ事件において、イギリスの裁判所が、「合理的に予見可能」とは「通常の」損失を意味するのであって、「特別な」損失を意味するのではないと裁定する。

1980年　国際物品売買契約に関する国連条約により、予見可能性に関する国際的に合意された規則が定められる。

ハドレー対バクセンデール事件の判決によれば、**契約違反による損害賠償**は、以下の2つの条件のいずれかにおいて回復される。

その損害が、契約違反から**自然に生じたものと合理的に考えられる**場合。

契約締結時に、その損害が生じることを**当事者双方が合理的に予期できていた**場合。

1854年、イギリスの控訴院がハドレー対バクセンデール事件に下した判決は、近代契約法の発展に明らかな影響を及ぼした。この裁判では、契約違反をした被告が、契約締結時にそのような可能性を認識していなかった場合、違反の結果発生した収入損失による損害の責任を負うことができるか否かが争点となった。

ジョセフとジョナのハドレー兄弟は、グロスターで穀物の加工を行うシティ・スチームミルの経営者だった。ある日、工場の蒸気エンジンのクランクシャフトが故障し、交換しなければならなくなった。クランクシャフトが作動しない間、工場は閉鎖せざるを得ず、兄弟は仕事を失うため、緊急に代替品が必要だった。ハドレー兄弟は、ロンドンのグリニッジにある修理業者のW・ジョイスに新品のクランクシャフトを発注した。そして、（ジョセフ・バクセンデールが所有する）運送業者のピックフォードと契約を結び、故障したクランクシャフトを翌日にはW・ジョイスに運んで、新品のクランクシャフトを鋳造してもらえるよう手はずを整えた。ピックフォードの事務員は兄弟の使用人に対し、故障したクランクシャフトが正午までに持ち込まれれば、

参照：アクィリウス法（p34） ■レクス・メルカトリア（p74〜77） ■ナポレオン法典（p130〜131） ■労働者災害保険制度（p164〜167）
■サロモン事件（p178〜179） ■ドナヒュー対スティーブンソン事件（p194〜195）

エドワード・ホール・オルダーソン卿はハドレー対バクセンデール事件を裁いたが、衡平法上の問題を扱う控訴院である財務府裁判所の判事だった。オルダーソンが下した判決の多くは、19世紀の商法の形成に寄与した。

翌日にはW・ジョイスへ届けられると断言したが、ピックフォードはクランクシャフトを7日間も送らずにいた。これにより、新たなクランクシャフトの完成は5日間遅れ、工場は予定より5日間長く閉鎖を強いられた。

余分に加わった5日間に、ハドレー兄弟は仕事を失っただけでなく、一部の顧客のために小麦粉を買い込み、クランクシャフトが修理されるまで働けなかった従業員に賃金を支払わなければならなかった。その損失額を回収するため、兄弟はバクセンデールを告訴した。

予見可能性の規則

当初、グロスターの巡回裁判所の陪審員はハドレー兄弟を勝訴とし、バクセンデールに25ポンドの支払を命じた。対してバクセンデールは、クランクシャフトの配達が遅れた場合にハドレー兄弟が損失を被るとは知らなかったと主張、財務府裁判所に上訴した。上訴裁判官のエドワード・ホール・オルダーソンはバクセンデールに同意し、事件の再審を命じた。

その裁定に関して、オルダーソンは、英米の契約法において重要な先例となる2つの点を強調した。バクセンデールが損失の責任を負うことができるのは、その損失が合理的に予見可能であった場合に限られる。また、ハドレー兄弟の事例では、契約締結時に、彼らがバクセンデールに特殊な事情があることを——クランクシャフトなしでは工場を運営できないこと、新たなクランクシャフトを確保するためには故障したクランクシャフトを至急W・ジョイスへ届けなくてはならないことを——話していた場合にのみ、何らかの救済が受けられた可能性がある。オルダーソンはそう述べた。

これは、契約違反における損害賠償の制限について初めて明確な規則を設けたという点で、画期的な判決だった。この判決は英米の裁判所でただちに原則として取り上げられ、アメリカの契約損害賠償法の基礎を成した。たとえば、1888年に連邦最高裁判所は、アイオワ州のジョージ・F・ホールが石油購入に関する伝言の遅れにより受けた損失について、ウェスタン・ユニオン・テレグラフにその責任を負う義務はないと裁定した。この裁判で争点となったのは、請求されている損害が予見可能であったかどうかという点だった。最高裁は予見不可能であったと結論付け、遅延した伝言の送信費用のみをホールに与えた。

> **このような特殊な事情は、原告から被告に決して伝えられてはいなかった。**
>
> **オルダーソン判事**
> ハドレー対バクセンデール事件の判決にて

> **ハドレー対バクセンデール事件は今なお、そしておそらくいつまでも、法学界の天空に輝く恒星である。**
>
> **グラント・ギルモア**
> アメリカの法学教授
> （1910〜1982年）

永続的な影響

後年の事件を通じて、予見可能性の規則は改良されていった。1949年のヴィクトリア・ランドリー（ウィンザー）対ニューマン・インダストリーズ事件では、控訴院は、ボイラーを期日通りに納品しなかったニューマン・インダストリーズに対するランドリー側の損害賠償請求を認め、ボイラーがないことから生じる損失は「合理的に予見可能」であると裁定した。ただし、ランドリーが主張する「特に収益性の高い染色契約」の損失については予見できなかったとして、それ以上の損害賠償請求は斥けた。

ハドレー対バクセンデール事件で確立された予見可能性の原則は、今なお重要である。現在、事業契約を結ぶ当事者たちは、各自がどのような損失を予見すべきであったかという法廷闘争を避けるため、簡単な責任制限条項を契約に盛り込むことが慣例となっている。◆

この本のなかの女性を誰が非難できようか？

ボヴァリー夫人裁判（1857年）

背景

焦点
検閲

それ以前
1571年　フランスで、望ましくない作品が出版されるのを防ぐため、ガイヨンの王令が発布される。

1803年　ナポレオンが、あらゆる書籍を必ず検閲委員会に提出するよう命じる。

1852年　ナポレオン3世が厳しい出版検閲を導入する。

それ以後
1857年　フランスの詩人シャルル・ボードレールが、詩集『悪の華』のわいせつな描写で裁判にかけられる。裁判所は、そのうち6編の詩を発禁処分とした。

1921年　アイルランドの小説家ジェイムズ・ジョイス著『ユリシーズ』がわいせつだと判断され、アメリカで発禁処分を受ける。

1960年　イギリスで、D·H·ローレンス著『チャタレイ夫人の恋人』の出版社が、新たなわいせつ物取締法で裁かれ、無罪となる。

1850年代のフランスは、1851年に権力を握ったナポレオン3世の独裁的統治下にあった。彼はナポレオン・ボナパルトの甥であり、かつての伯父と同様に、出版の自由を制限し、文学作品に対する検閲を行った。これは、フランス革命期（1789～1799年）に現れ、フランス共和国の統一に有害であるとされていた個人主義を抑制しようという取り組みだった。1857年、ギュスターヴ・フローベールは、自身初の小説『ボヴァリー夫人』を出版した。退屈な主婦が不倫を重ねるというこの小説により、フローベールは「公的および宗教的道徳と良俗に違反」した罪で起訴された。

『ボヴァリー夫人』には、エマ・ボヴァリーの欲望、浪費、不貞行為が、語り手から何の道徳的非難も受けないという文学的リアリズムがあった。そして、このリアリズムが男性読者を興奮させ、女性読者を戸惑わせるのではないかという懸念につながった。しかし、あからさまに描写することなく不適切な事柄をほのめかすというフローベールの手法により、検閲官は説得力ある陳述を展開することができなかった。結果として、裁判はわずか1日で終了し、フローベールは無罪となった。

それ以来、全世界のわいせつ物取締法は、道徳的非難の対象と見なされる書籍の一般公開を制限するために利用されてきた。たとえば、ジェイムズ・ジョイスによる『ユリシーズ』などは、イギリスとアメリカの両国で発禁処分を受けている。皮肉にも、こうした裁判の大きな影響によって、検閲者が抑圧しようとした数々の作品がベストセラーになった。◆

死の床にあるエマ・ボヴァリー。かつての恋人たちに借金の肩代わりを拒まれた後、彼女は毒を飲んで自殺を図った。

参照：ガリレオ・ガリレイの裁判（p93）■ アン法（p106～107）
■ WIPO 著作権条約（p286～287）■ オープン・インターネット命令（p310～313）

命を奪うことは、復讐であって正義ではない

死刑廃止（1863年）

背景

焦点
刑法

その前
1764年　チェーザレ・ベッカリーアが、国家が人の命を奪うことに正当性はないと主張する。

1794年　ペンシルベニア州が、アメリカの州として初めて、死刑に値する犯罪を第一級謀殺に限定する。

1852年　ロードアイランド州が、アメリカの州として初めて、あらゆる犯罪に対する死刑を廃止する。

その後
1969年　死刑がイギリスで廃止されるが、コモンウェルス諸国の3分の2では維持される。

1977年　フランスで、弁護士のロベール・バダンテールが、児童殺人犯のパトリック・アンリに死刑を適用しないよう陪審員を説得する。

1981年　フランスは、法務大臣のバダンテールが提出した法案を可決し、死刑を廃止する。

歴史的に言って、死刑は極刑であり、威嚇であると同時に正当な応報の方法であると見なされてきた。記録に残る最初の死刑法はハンムラビ法典（紀元前1750年頃）に見られ、古代バビロニアでは、この法典を通じて25の犯罪に死刑が科されていた。18世紀の時点で、イギリスでは200以上の犯罪が死刑相当となり、ヨーロッパ各地では公開処刑が見世物となっていた。

死刑支持者がよく引き合いに出したのは、「目には目を」という古代の同害報復の原則である。このような形態の応報的正義では、罰は罪を反映するものでなければならず、ゆえに命を奪う者は自らの命を失わなければならないと論じられる。死刑に対する反論は18世紀の啓蒙時代に現れ、哲学者たちは、死刑の執行自体が殺人の正当化にあたると主張した。

国家が認めた死刑執行の非人道性と偽善に反対する死刑廃止論者への支持は高まったが、根付くまでには時間がかかった。ベネズエラ共和国は1863年に死刑を廃止したが、1900年までにそれに続いた国はわずか3カ国だった。今日では、死刑から離れる動きが着実に広まり、100カ国以上が死刑を全廃した。それ以外の国々も部分的に廃止したり、使用をほぼ停止したりしているが、（アメリカを含む）50カ国以上では今なお死刑が存続している。◆

> 法律が……市民の殺人を制止するために、公開殺人を命じるというのは、極めて不条理なことに思われる。
>
> **チェーザレ・ベッカリーア**
> イタリアの法学者、政治家、哲学者
> （1738～1794年）

参照：チャールズ1世の裁判（p96～97）■世界人権宣言（p222～229）■欧州人権条約（p230～233）

戦争にも規則がある

ジュネーヴ諸条約（1864年、1906年、1929年、1949年）

背景

焦点
国際法

それ以前
1337年～1453年　百年戦争中、イングランドのリチャード2世とヘンリー5世、フランスのシャルル7世が、それぞれに軍の規律の成文化を試みる。

1863年　アメリカ南北戦争中、エイブラハム・リンカーンが、民間人の倫理的扱いに関するリーバー法典を採用する。

それ以後
1977年　ジュネーヴ諸条約に2つの議定書が追加される。そのうち1つは、国内紛争を対象としたものである。

1998年　ローマ規程により、オランダのハーグに国際刑事裁判所を設立することが合意される。

1999年　ユーゴスラビア大統領スロボダン・ミロシェヴィッチが、現職の国家元首として初めて戦争犯罪で起訴される。

ジュネーヴ諸条約は、1864年から1949年に採択された4つの条約から成り、武力紛争に適用可能な国際公法の原則に基づいている。戦闘員および戦争の犠牲となる民間人に対する人道的待遇のための最低基準を設け、その生命が尊重されることを保証するものだ。

国際的に合意された一連の規則によって戦争中の困苦を防ぐという発想は、スイスの実業家アンリ・デュナンによって1862年に初めて提案された。デュナンはかつて北イタリアを訪れ、第二次イタリア独立戦争を戦っていたフランスのナポレオン3世に対し、事業に必要な水利権を要求しようとしたことがあった。偶然にも、デュナンが到着したちょうど

参照：ウェストファリア講和（p94～95）■ハーグ条約（p174～177）■国際連合と国際司法裁判所（p212～219）
■世界人権宣言（p222～229）■国際刑事裁判所（p298～303）

その頃、現地では、19世紀有数の激戦となったソルフェリーノの戦いが終わりを迎えようとしていた。この戦いでは、約5,000人の兵士が死亡したことが知られており、23,000人以上が負傷、他にも多くの兵士が行方不明のままとなっている。戦場における苦しみや配慮の欠如を目の当たりにしてデュナンが受けた衝撃は強く、彼はこの体験をきっかけに『ソルフェリーノの思い出』を著した。そのなかで、デュナンは戦争の恐怖を描くだけでなく、自身が考える解決策を提案した。それが、国際的なボランティア主導団体に負傷者を看護させるという案だ。

戦争犠牲者を保護する国際機関を求めるデュナンの呼びかけは、ジュネーヴ公益福祉協会を動かした。同協会はデュナンを含む5人の委員会を任命し、彼のアイデアが実行可能かどうかを調査させた。1863年初頭、委員会は「負傷した戦闘員のための国際救護委員会(IRCIC)」として初めてジュネーヴに集まった。同年10月、IRCICはジュネーヴで会議を開き、ここには16カ国および4つの慈善団体から代表者が参加した。代表者らは、負傷した戦闘員への人道的取り扱いに関する当初の決議に合意した。

ジュネーヴ第一条約

1864年、別のジュネーヴ会議の場で、先の決議が「戦地にある軍隊の負傷者の状態の改善に関するジュネーヴ第一条約」として合意され、のちに「ジュネーヴ第一条約」と略された。その主な規定は、すべての傷病兵を捕獲されないよう保護すること、捕虜となったすべての戦闘員を公平に治療すること、負傷者を救助するすべての民間人を保護すること、この合意の対象となる人および備品を識別するための白地に赤十字が描かれたシンボルを承認することであった。1867年末までに、ヨーロッパの主要列強はいずれもこの合意を批准し、1882年には

1859年のソルフェリーノの戦いでは、負傷した兵士や瀕死の兵士の多くが治療を受けられず、戦場に横たわった状態で撃たれたり、銃剣で刺されたりして命を落とした。

アンリ・デュナン

1828年にジュネーヴに生まれたアンリ・デュナンは、その生涯のほとんどを人道問題に捧げた。1859年、イタリアを旅行中、ソルフェリーノの戦いの被害を目撃。そこでの負傷者の待遇に愕然とし、戦場の負傷者を救済する中立機関の設立を求めて運動を展開した。デュナンの業績は、赤十字国際委員会の創設や、1864年のジュネーヴ第一条約の誕生につながった。

その後、デュナンは破産し、ジュネーヴ社会から敬遠されるようになる。それでもなお、人道問題に関する運動は継続し、普遍的国際図書館の構想や、捕虜に関する規則の成文化などを推進した。しばらく世間から忘れ去られた後、1901年にノーベル平和賞の最初の受賞者となったが、1910年に貧困のなかで亡くなった。

主要な功績

1862年　『ソルフェリーノの思い出』

リーバー法典

戦場に行動規範が必要であると最初に考えた人物は、アンリ・デュナンではなかった。フランシス・リーバーはドイツ系アメリカ人の学者で、プロイセンに従軍してナポレオン戦争を戦い、1815年のワーテルローの戦いで負傷した。アメリカ南北戦争中（1861～1865年）、リーバーは民間人、諜報員、逃亡奴隷への虐待が行われていることに気づき、倫理規範の必要性を悟った。1863年、リーバー法典はアメリカ大統領エイブラハム・リンカーンによって採用され、紛争に関する最初の近代法典となった。これは単なる助言として出されたものではなく、法的拘束力を有していた。

リーバー法典では、「容赦なく捕らえること」（戦争捕虜を殺害すること）が明確に禁じられた。また、民間人を倫理的かつ人道的に取り扱う必要性も強調された。このことが常に遵守されていたわけではないものの、リーバー法典は1899年および1907年のハーグ条約の青写真として役立ち、後年の戦争規則の大半に影響を及ぼした。

アメリカも署名した。1875年、IRCICは「赤十字国際委員会（ICRC）」に改称され、戦地における負傷者を積極的に支援する中立的な機関となった。

1899年、26カ国からの代表者がオランダのハーグに集まり、戦争行為を扱う国際法の強化に合意した。代表者たちが採択したハーグ条約は、その大部分がリーバー法典に基づくものだった。ハーグ条約はジュネーヴ第一条約を取り入れ、常設仲裁裁判所の設置を認め、保護対象を有標の病院船、難破船の兵士、海上の戦闘員にまで拡大した。

1906年には、スイス政府の取りまとめた35カ国の会議が、ジュネーヴ第二条約に合意した。この条約においては、戦地の捕虜や負傷者に対する保護がさらに拡大され、戦争捕虜の本国送還が推奨された（最終的には、1949年に義務付けられた）。1929年に合意されたジュネーヴ第三条約では、戦争捕虜への公正な待遇をはじめとする規定が再拡大された。

第二次世界大戦の影響

1929年の条約に署名していたにもかかわらず、ドイツ政府は、第二次世界大戦（1939～1945年）の前および最中に、民間人の強制収容所や軍事刑務所の内部で行われた恐ろしい行為に関与した。こうした虐待には、拷問、人体実験、前例のない規模での大虐殺まで含まれていた。ホロコーストでは600万人のユダヤ人が死亡し、それ以外にも約1,100万人の民間人や戦争捕虜がナチスの統治下で命を落とした。最悪の違反者はドイツだったとはいえ、ジュネーヴ諸条約を無視したのはドイツだけではなかった。

第二次世界大戦の野蛮性を見れば、既存の条約に強制力が足りないことは明らかだった。その戦争犯罪はあまりにも忌まわしく、国際社会全体にダメージを与えた。ICRCは、民間人を対象とする保護を拡大し、条約の執行を強化しようという動きの推進役となった。ICRCによる提案は、1948年にストックホルムで行われた国際赤十字会議で合意された。

翌年、64カ国からの代表者が参加する会議がジュネーヴで開かれ、ジュネーヴ第四条約が合意された。以前の条約がほぼ完全に戦闘員に関わるものだったのに対し、1949年の条約が扱う範囲ははるかに広くなり、民間人の待遇も考慮された。具体的には、傷病者、子ども、労働者の取り扱いや、本国への送還、裁判なしの投獄を禁じること、医療業務と病

第二次世界大戦中、ナチスのアウシュビッツ強制収容所に収容された人々。なかには、23万人の子どもが含まれていた。被収容者のほとんどはユダヤ人で、110万人以上の男女と子どもがここで死んだ。

第二次世界大戦で明らかになったことは、ジュネーヴ諸条約が一般市民の安全をも確保するものでないのなら、それは不十分だということだ。

マックス・プチピエール
スイスの政治家（1899～1994年）

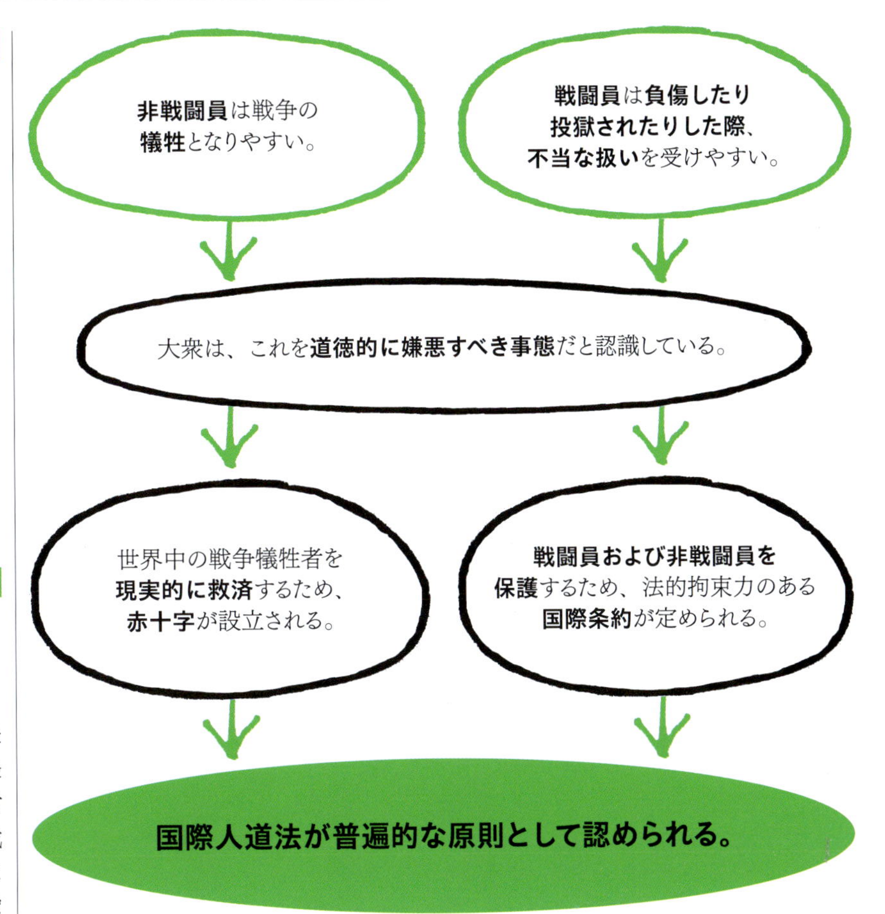

院業務の維持などを含めた規定（条項）が認められた。

とりわけ、ジュネーヴ諸条約第3条が重要だと考えられているのは、この条項が「国際的性格を有しない紛争」を対象としているからである。第3条は、戦闘行為に積極的に関与しない人々を常に人道的に取り扱うべきだと規定し、捕虜への拷問、人質誘拐、適正手続なしの裁定を禁止している。

条約の改正

ジュネーヴ第四条約は1950年に発効し、国際人道法の基礎となった。現在までに196カ国によって批准され、広く適用されている。1977年、ジュネーヴ諸条約を補足する2つの追加議定書が加えられた。一つは、民間人、文化的工芸品、礼拝所、自然環境に対する無差別攻撃を禁じるもの。もう一つは、「国内」紛争における保護の範囲を広げ、占領、植民地支配、人種差別体制と闘う人々をこれに含めるというものだ。さらに、宣戦布告が行われていない場合における署名国間の紛争も、この議定書に盛り込まれている。

国際社会は、ジュネーヴ諸条約の最も重大な違反である戦争犯罪の責任者を突き止め、裁判にかけることを義務付けられている。2002年には、国際刑事裁判所がハーグに設置され、そうした戦争犯罪に対処することになった。戦争犯罪とは、簡単にまとめると、故意の殺人、拷問、軍事的必要性によって正当化されない大規模な財産の破壊、戦争捕虜を敵対する勢力に従軍させること、戦争捕虜の公正な裁判を拒否すること、不法な移送や監禁、人質の誘拐などである。

現代の課題

近年、テロリズムがますます日常化したのに伴い、テロリストはジュネーヴ諸条約を明確に軽視しているのに、なぜ国家はこの条約に従う必要があるのかと問う論評が出てきた。ジュネーヴ諸条約の執行がいっそう困難になっているのは、とりわけ、現代紛争が抱えるこうした一面のせいだと言っていい。ICRCは、この新たな難しい状況下でジュネーヴ諸条約をうまく活用できるよう、慎重に検討を進めている。◆

全労働者の権利

労働組合法（1871年）

背景

焦点
雇用法

それ以前
1799年、1800年　ナポレオン戦争中に通過した団結禁止法により、イギリスでストライキが禁じられる。

1824年　労働組合の勢力拡大に伴い、イギリス議会が団結禁止法を廃止する。

1868年　マンチェスターで、労働組合会議（TUC）が設立される。

それ以後
1886年　全国的な熟練工組合連合であるアメリカ労働総同盟（AFL）がオハイオ州で設立される。

1900年　イギリス労働党が創設される。

1901年　最初の国際労働組合組織が設立される。

1906年　イギリスで労働争議法が可決される。

19世紀後半から20世紀初頭にイギリスで通過した重要な法律は、労働組合の保護に役立った。これにより権力バランスは変化し、雇用主の側から労働者の側にいくらか有利に傾くようになった。

労働組合を初めて設立した人々は、労働者と雇用主が交渉を行った場合、この交渉は雇用主に大きく有利なものになると考えていた。というのも、雇用主は経済力と影響力を有しているからである。深刻な技能不足が生じていない限り、個々の労働者は交渉力をほぼ持たず、それゆえ簡単に搾取されてしまう。この格差を是正すべく、雇用主と集団交渉を行

参照：レクス・メルカトリア（p74〜77） ■ハドレー対バクセンデール事件（p148〜149） ■労働者災害保険制度（p164〜167）
■シャーマン反トラスト法（p170〜173） ■トライアングル・シャツウェスト工場火災（p180〜183）

金持ちに資本があるのと同様に、労働者には自らの労働力を保ち、保護する権利があるのではないだろうか？

ジョージ・ラブレス
トルパドルの殉教者
（1797〜1874年）

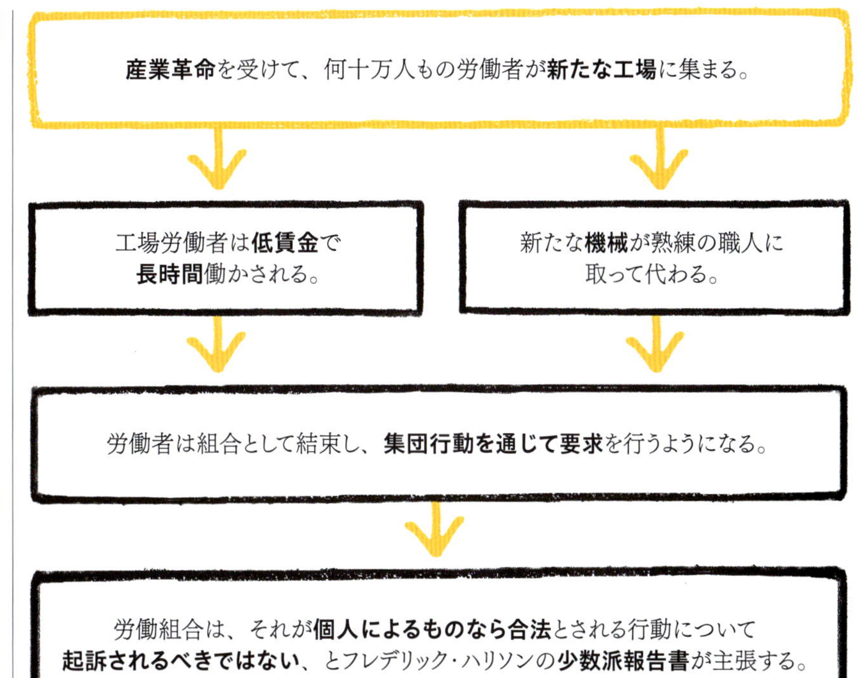

うための労働者の組織をつくろうと結成されたのが、労働組合だった。

17世紀以降、イギリスでは、熟練労働者の集団が小規模な労働組合を結成していった。18世紀には、産業革命の影響の広がりとともに手工業が機械や工場に取って代わられ、工場主と労働者との紛争が頻発するようになった。労働者の不満は募り、結果としてますます多くの労働組合が結成された。政府は、こうした労働者の動きを、経済秩序にとっての脅威と見なした。

初期の挑戦

イギリス初の大規模なストライキを起こしたのは、スコットランドのカールトンの織工たちだった。彼らは賃金を下げられたことに抗議し、労働力を引き揚げたのである。このストライキは、6人の織工が兵士に射殺されたことで破られた。1799年および1800年の団結禁止法にはストライキを禁じる効果があり、この効果によって労働組合の急増は妨げられ、多くの労働者が組合への参加を断念した。団結禁止法は1824年に廃止されたが、労働組合に対する懲罰法はいくつも残存していた。1834年には、ドーセット州トルパドル村で労働組合を結成した農業労働者6人が逮捕され、罰としてオーストラリアへ移送された。彼らがのちに「トルパドルの殉教者」と呼ばれるようになったように、この事件は、労働組合に対する政府の変わらぬ敵意を映し出していた。

労働組合に対する別の挑戦は、民事裁判所からもたらされた。労働組合は、主に熟練職人から成る緩やかな集団だったが、加入にあたっては、個人の交渉権を部分的に放棄して集団の利益を優先することが求められた。イギリスの裁判所は、これを個人の契約の自由を制限するものと見なした。違法であり、それゆえに、労働組合の規則に実際の法的拘束力はないとしたのである。

それでも、1850年代から1860年代に経済が好転し、鉄道労働者や技術者が国の産業化の継続においてますます重要になると、労働組合は勢力を取り戻し始めた。労働条件の改善を要求し、窮地にある組合員のために資金を調達した。この時期、労働組合の法的地位を明確にする2つの出来事があった。一つ目は、ホーンビー対クローズ事件（1867年）である。この事件においては、労働組合は競争を抑制するとの理由から、友愛組合（協同組織金融を目的に結成された共済組合）に適

工業都市——イギリスのシェフィールドなど——では、19世紀、何千人もの労働者が悪徳雇用主の言いなりになっていた。労働組合は、労働者の総合力をいっそう高めることを目指した。

用される法が適用されず、それによって横領から守られることはないと裁定された。つまり、労働組合は、信頼できない組合員による資金の盗難という大きなリスクにさらされていたのだ。二つ目は、シェフィールドで組合員が非組合員に対して起こしていた多数の暴力事件である。

これら2つの事件を受け、1867年、政府は「労働組合に関する王立委員会」を設立してその法的地位を調査したが、結果は合意には至らなかった。多数派報告書には、法改正の提案はほとんど見られなかった。一方で、弁護士で歴史家のフレデリック・ハリソンに支持された少数派報告書は、労働組合を刑法および取引制限法から法的に保護すべきであると主張したのだ。

世界規模での運動

19世紀の終わり頃、産業革命がイギリスを越えて活発化するにつれ、労働組合は世界中で勢力を増すようになった。アメリカでは、18世紀から地域レベルの手工業ギルドが存在し、1860年代以降には労働条件の改善を求める労働改革運動が立ち上がった。ただし、最初の全国労働組合であるアメリカ労働総同盟（AFL）が設立されたのは、ようやく1886年になってからのことだった。ドイツでは、オットー・フォン・ビスマルクの反社会主義法により、労働組合主義は当初は抑圧されていた。しかし、これらの法が廃止されると、1897年にドイツ労働組合自由協会（FVDG）が設立された。同様にフランスでも、労働組合の結成は1884年まで法的に禁じられていたが、その後盛んになった。こうした労働組合の拡大を反映し、1901年には、労働組合ナショナルセンター国際書記局（ISNTUC）が創設された。ISNTUCは最初の世界的労働組合組織として、世界各地に新たな組合連合を発展させ、それを支援することに貢献した。

労働組合の合法化

イギリスでは、ウィリアム・グラッドストン率いる自由党政府がハリソンの少数派報告書を採用し、1871年の労働組合法を推進した。これにより、それまで労働組合規則の施行を不可能にしていた、取引制限（市場での自由競争を妨げるあらゆる行為）に関するコモン・ローが緩和された。労働組合法によって労働組合の法的地位は確保され、その資金は横領から守られるようになったが、だからといって、政府は労働者の示威行為を支持しているわけではなかった。政府は同時に刑法改正法を通過させ、ピケッティングを違法としたからである。労働組合はよう

1877年にアメリカで起きた鉄道大ストライキでは、10万人以上の労働者が労働組合を組織する権利を求めて闘った。このストライキは兵士と警察によって破られた。

港湾労働者に演説する労働組合の指導者。 1889年、ロンドンの港湾労働者によるストライキで。

1889年のロンドン港湾ストライキ

1880年代までに、イギリスの非熟練肉体労働者は、低賃金、危険な労働条件、長時間労働への不満を募らせるようになった。それまでの労働組合は主に熟練労働者のみを代表するものだったが、非熟練労働者も集団交渉の力を目の当たりにしたことで、組織としてまとまり始めた。

1889年、ロンドンの港湾労働者たちは賃金に関するストライキを起こし、時給6ペンスを要求した。この行動にはあらゆる地位の港湾労働者が関与し、推定で最大13万人がストライキを決行。港湾は5週間にわたってまひ状態に陥った。この大規模な示威行為の結果、港湾所有者は労働者の要求の大部分を認め、ストライキを終結させた。港湾労働者によるストライキの成功は、いっそう多くの非熟練労働者を労働組合への加入に駆り立てた。イギリスでは1899年までに、組合員の総数が200万人以上に膨れ上がった。

やく合法化されたが、示威行為に出る者は依然として法的に罰せられる可能性があった。つまり、労働者は以前と同様に訴追されやすい立場に置かれていたのだ。

とはいえ、別の変化も起きていた。1867年、100万人の労働者階級が選挙権を勝ち取ると、1874年の選挙では、労働者2名が初めて議会に選出された。政治的発言権を得たこの時点で、労働者階級は自由主義的な中産階級からの同情に頼ることなく、自身の政策を推進できるようになった。労働者階級内で政治活動が広がると、それと同調するかのように、1868年に労働組合会議（TUC）が設立された。TUCはたちまち会員の数を増やし、初期には刑法改正法に反対するロビー活動を展開。この法は1875年に廃止され、ストライキの権利は労働者の手に取り戻された。

ところが、1901年、鉄道労働者が賃上げと組合承認を求めるストライキを起こしたとして、南ウェールズのタフ・ヴェール鉄道会社が合同鉄道従業員組合（ASRS）を告訴した。雇用主側はストライキによる労働損失日数の補償を求めたが、ASRS側は労働組合として自身は法人でも個人でもなく、それゆえに責任を負わされることはないと主張した。裁判官はこの主張に同意せず、ASRSに不利な裁定を下した。つまり、労働組合がストライキを決行したことで訴えられる可能性があることを認めたのだ。結果として、組合はそれ以上ストライキを打つことができなくなった。

労働争議法

タフ・ヴェール事件の判決を不当だと感じた多くの労働者は、結成されてまもない労働党に参加した。こうして1900年から1906年の間に、労働党の国会議員数は2人から29人へ増加することになる。1906年の総選挙では自由党政権が復活し、判決の破棄を求めて活動していた労働党議員がさらにその数を増やした。これにより、1906年に労働争議法が可決され、労働組合はストライキを決行しても訴えられる心配がなくなった。イギリスの労働組合は1980年代まで成長したが、1984年から1985年の鉱山労働者のストライキ以降は、敵対する保守党政権によってその勢力を削がれた。

世界規模で見ると、労働組合を構成する労働者は約3億5,000万人にのぼる。しかし、デジタル経済によって非熟練労働者が切り捨てられていること、国際貿易が安価かつ無秩序な発展途上世界の労働力に大きく依存していることなどから、労働者の権利は圧迫されている。◆

> いかなる労働組合の目的も……そうした労働組合の組合員が刑事告発を免れないような、違法なものと見なされるべきではない。
>
> **労働組合法**

北欧諸国は一本の樹木の枝である

スカンジナビア協力（1872年）

背景

焦点
法的調和

それ以前
11世紀〜13世紀　スカンジナビア全土で、地域法が成文化されるようになる。ノルウェーのグラーシング法（11世紀）や、デンマークのユトランド法（1241年）などがその例である。

それ以後
1880年　為替手形に関する北欧初の共同法が発布される。

1901年　北欧民法委員会が設立される。

1940年代　北欧諸国間の法的協力が拡大され、刑法がここに含まれる。

1952年　北欧理事会が設立され、加盟国による議会間の協力が促進される。

1962年　北欧諸国間の協力に関するヘルシンキ条約が調印される。

1995年　フィンランドとスウェーデンが欧州連合（EU）に加盟する。

スウェーデン、デンマーク、ノルウェーのスカンジナビア（北欧）諸国は、19世紀末から法形成上の協力を育んでおり、フィンランドとアイスランドも後年その仲間となった。このような法的調和は、スカンジナビア協力において最大級の成功を収めた側面であり、比較法の利点を示す典型例として機能しながら、毎年数多くの協定法を誕生させている。

スカンジナビアの連帯

歴史的に、北欧諸国間には常に密接な相互関係があった。1524年から1814年まで、デンマークとノルウェーは連合を組織し、国王クリスチャン5世の尽力を経て、よく似た法典を享受していた。同様に、スウェーデンとフィンランドも一つの国としてまとまっていたが、1809年にロシアとの戦争で分断された。しかし、その頃には、スカンジナビア諸国間に一体感が存在するようになり、結束が奨励されるべきだと信じられるようになっていた。

スカンジナビアを取り巻く一体感は、北欧の法の統一性を高めることに向けられた。そうした法は実用的であるばかりでなく、北欧の歴史的・文化的結びつきを認めるものにもなろう、と予想されたからである。1872年、スカンジナビア諸国は、各国を代表する法律家が会合を重ね、立法および司法行政に関する共通の基盤を見出そうという協定を結んだ。それ以来、法律家や法科大学院出身の議員が3年ごとに集まり、北欧諸国にとって協力可能な法領域を提案している。提案が行われた後には、裁判官、法学者、弁護士によって、その問題に関する共同法制定の実効性が議論される。

デンマークおよびノルウェーの国王クリスチャン5世は、両国の既存の法に基づき、デンマーク法（1683年）とノルウェー法（1687年）という類似の法典をつくった。

参照：レクス・メルカトリア（p74〜77） ■ヘルシンキ条約（p242〜243）
■世界貿易機関（p278〜283）

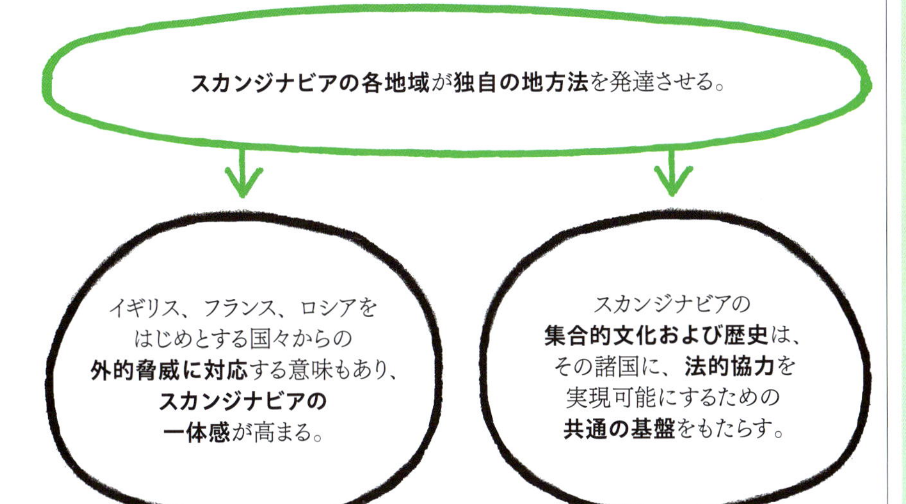

1872年の会合で焦点となったのは契約法であり、最初に提出された法案は為替手形に関する法の統一を目指すものだった。最終的に、この法案は1880年に整備された。

北欧契約法

契約法は、最も有意義に協力できる法領域であることがわかった。そこで、1915年から一連の北欧契約法が可決され、契約の成立と取消可能性（契約破棄が許可される状況）に関する共通の法律が設けられた。これにより、現在は、スカンジナビア全土でほぼ統一された法が見られるようになった。とはいえ、こうした法を地域全体で一致させるため、どの案も専門家間で議論されなければならないとしている点で、委員会制度は非効率的であることが少なくない。

統一法は合意されるまでに長い時間がかかり、時には意見の一致に至らないこともある。たとえば、他国の先例より自国の先例のほうが優れているとどの国も確信している場合などがそうだ。とはいえ、北欧諸国間の法の調和はおおむね成功し、協力と貿易の強化を可能にした。今日では、契約法、商法、国籍法、家族法の領域に統一法が存在している。◆

比較法

異なる法制度を比較・対比して研究することを「比較法」と呼ぶ。これを行うため、法制度を同種の群に分類すると、歴史的ルーツが近い法を有する国同士を集団にまとめることができる。グローバル化の時代には、法制度の異なる国家間で貿易が行われるとあって、比較法はますます重要なものとなっている。この流れを受けて、世界規模で法の調和を高めようという声が聞かれるようになった。また、欧州連合（EU）の形成に伴い、EU加盟国間での法的協力を強化しようという試みもなされている。

20世紀における比較法の台頭を裏付けるかのように、1924年には、ハーグに比較法国際アカデミーが設立された。同アカデミーは、多数の報告書や国際会議を通じて比較法を推進している。北欧の法的協力は、比較法を実践するうえでの成功例と見なされている。

> 存在するのは
> 「彼らと我々」ではなく、
> 「我々」のみである。
> 連帯は不可分なものであり、
> また、不可分なもので
> なくてはならない。
>
> **オロフ・パルメ**
> スウェーデン首相
> （1969〜1986年）

旧来の弊習は破られねばならない

五箇条の御誓文（1868年）

背景

焦点
憲法

それ以前
1603年　江戸時代（徳川幕府による統治時代）が始まり、日本は250年以上にわたり外国人に対して閉ざされる。

1854年　准将マシュー・ペリーが日本を威嚇して、アメリカ船と領事の入国を認めさせ、将来的な貿易に道を開く。

1867年　将軍が政権を返上して明治天皇にその座を譲り、徳川幕府は終了する。

それ以後
1890年　日本の国会が、アジアで最初の公選国民議会として創設される。

1946年　第二次世界大戦に日本が介入し大敗を喫した後、裕仁天皇は五箇条の御誓文を再び発し、自分は現人神ではないと宣言する。

長い江戸時代の間、日本の封建社会は代々の将軍（軍事独裁者）によって統治されていた。経済成長と安定の時代ではあったが、厳格な法によって、日本はすべての外国人に対して閉ざされ続けた。19世紀半ばには、多くの日本人が凝り固まった封建制度に憤慨し、西洋思想に影響を受けて、超保守的な政権に近代化を求めた。

政治的煽動や武装反乱に直面すると、将軍の政権掌握力は衰えていった。1867年、将軍は政権を返上する。まもなく明治天皇が即位し、明治維新が近代化の時代を迎え入れた。

新たな方向性の示唆

1868年、政治家の由利公正、福岡孝弟、木戸孝允が「五箇条の御誓文」を起草し、議会制憲法下での日本の近代化に道を開いた。御誓文の五箇条には、その主要な目的が述べられている。それはすなわち、審議会を設置すること、封建制度を解体すること、すべての市民に「その志」を追求する権利を認めること、有害な古い慣習を捨て去ること、国際的な思想と貿易に日本を開放すること、である。

この御誓文は、近代日本の最初の憲法と見なされており、他国の類似の憲章同様に極めて重要なものであったと考えられている。こうして日本はついに、公選議会を有する開かれた社会へ進むことが可能になったのだ。◆

明治天皇は、1868年の即位式で「御誓文」を発した。15歳の天皇は、「最も啓蒙的な国々と同様の立場に立脚する」ことに意欲的だった。

参照：マグナ・カルタ（p66～71）■アメリカ合衆国憲法と権利章典（p110～117）■人権宣言（p118～119）■ロシア憲法（p190～191）

それは忌まわしき好奇心のためではなく、正当と認められる

「生体解剖法」（1876年）

背景

焦点
動物福祉法

それ以前
1849年 イギリスで動物虐待防止法が可決される。

1871年 英国科学振興協会が、イギリスで動物実験を行うすべての人間に向けた道徳規範を設ける。

1875年 ロンドンでフランシス・パワー・コブが、現在「全国動物実験反対協会」と呼ばれている組織を設立する。

それ以後
1966年 動物福祉法を通じて、米国連邦法における動物福祉規制の最低基準が定められる。

1986年 「動物（科学的処置）法」により、イギリスで科学研究のための動物の使用が規制される。

2013年 欧州連合が化粧品に関する動物実験を禁止する。

1874年にノリッジで開かれた英国医師会の会議中、フランスの生理学者ウジェーヌ・マニャンが犬にアブサンを注射してアルコールの影響を示そうとしたところ、犬は死んだ。王立動物虐待防止協会（RSPCA）による動物虐待防止法に基づく起訴は認められなかったものの（マニャンはフランスに帰国していた）、この事件は国民の支持を集め、生体解剖（生きた動物を使用した実験）に関する現行法が不十分であることを証明した。

科学者と動物虐待防止運動家は、対照的な理由から法の厳格化を支持した。科学者は訴追からの保護を求め、運動家は動物虐待の阻止を求めたのである。

実験の規制

1875年、英国王立委員会は、1849年の動物虐待防止法を生体解剖も含めたものに改正すべきだと勧告した。新案は議会に持ち込まれ、医学界によるロビー活動を経て、1876年に骨抜きにされた法案（通称「生体解剖法」）として可決された。この時点で、生体解剖の実施者には免許が必要となった。すべての実験は医学的に正当化されなければならず、公衆の面前で行うことは禁じられた。

生体解剖法は、研究ニーズと動物保護の両立を目指したが、双方はこれを不十分と感じた。とはいえ、医学研究における生きた動物の使用と取り扱いを世界で最初に規制したものとして、これは画期的な法案だったのである。◆

> その慣行が有益であれ無益であれ、それが道徳的に合法であるかどうかをよく考えてもらいたい。
>
> **フランシス・パワー・コブ**
> アイルランドの動物愛護運動家（1822～1904年）

参照：動物虐待防止法（p146～147） ■絶滅危惧種法（p264～265） ■生物圏保護区世界ネットワーク（p270～271） ■安楽死（p296～297）

国家は産業の犠牲者を保護する

労働者災害保険制度（1881年）

背景

焦点
雇用法

それ以前
1838年 プロイセンで、鉄道会社に対し、勤務中に負傷した人への補償を義務付ける法律が可決される。

1880年 イギリスの雇用者責任法により、一部の労働者が、他者の過失による負傷の補償を職場に求めることが可能になる。

それ以後
1897年 イギリスで、労働者災害補償法を通じ、労働災害に対する無責救済制度が導入される。

1911年 ドイツで労働者保険制度が拡大され、ほぼすべての労働者の死亡、障害、疾病が対象に含まれる。

1935年 アメリカで、社会保障法の制定に伴い、健康保険制度が導入される。

19世紀のヨーロッパとアメリカで産業革命が加速するにつれ、多くの人が農業を離れ、製造業や建設業の仕事に就くようになった。農業や工業の機械化によって労働の危険性が高まり、怪我を負うことはますます日常的になった。そこで社会改革者たちは、労働に関わる負傷や死亡を補償する制度が必要だと考えた。

19世紀半ば以降、イギリスをはじめとする工業国では、「共済組合」と呼ばれる援助団体が誕生した。こうした団体に所属することで、労働者たちは毎週基金への支払いを行い、自身が疾病者、障害者、死亡者となった場合にはその基金から支出を受けることができた。基金は

参照：労働組合法（p156～159）▪トライアングル・シャツウェスト工場火災（p180～183）▪ドナヒュー対スティーブンソン事件（p194～195）▪公益通報者保護法（p274）

ドイツ東部ザクセン州のゲッツェ・アンド・ハルトマン機械工場では、1870年までに2,700人以上の労働者が雇用された。高度に工業化されたザクセン州は、ドイツ社会主義の温床となった。

地域社会または特定の職場単位で設けられ、共済組合のない地域に居住または勤務する人々は対象外とされた。共済組合の非組合員で勤務中に負傷した人は、補償を求めて雇用主を告訴できたが、それは被害者が弁護士を雇えるほど裕福である場合に限られた。大企業に対して法的責任を突きつけることは不可能に等しかったのである。結果として、勤務中に負傷した多くの人は家計を支えられなくなり、物乞いに頼ったり、救貧院や刑務所などの公的機関に強制収容されたりした。

1871年にドイツ帝国が形成されると、機械業や製鋼業などの重工業が急速に拡大した。事業主がますます豊かになる一方、従業員はたいてい危険な環境下での長時間労働に従事していたため、労働者の権利は喫緊の社会問題となった。ドイツの産業労働者の間で高まる不安は、社会主義思想を支持する人々にとって、産業労働者のための平等な報酬や国家による保護などを訴える格好の材料となった。

ビスマルクの先導

1875年、ドイツの社会主義者によって社会主義労働者党——通称SAP、15年後に社会民主党（SDP）となる——が結成された。党員のなかには、革命を通じて社会主義を実現するというカール・マルクスの目標を支持する者もいた。極めて保守的なドイツの宰相オットー・フォン・ビスマルクは、これを自身の権力に対する脅威と捉え、1878年に社会主義者鎮圧法を可決させた。この法は、社会民主主義的な見解の拡散を目的としたあらゆる集会を禁じ、社会主義的な新聞を差し止めるものだった。意図された効果は認められなかったが、それでも1878年7月の選挙においてSAPはライヒスターク（ドイツ帝国議会）の9議席を

オットー・フォン・ビスマルク

1815年、ベルリン近郊に生まれたオットー・フォン・ビスマルクは、1862年にプロイセン首相に就任し、独裁的指導者として評価を得た。地域的対抗を巧みに利用し、デンマーク領とドイツ領を併合し、フランスとの戦争を引き起こすと、1871年にドイツ帝国の統一を達成。この帝国は、プロイセンを中心とする26の小国と公国で構成されていた。新帝国の統治者ヴィルヘルム1世は、ビスマルクをドイツ初の宰相に任命することで彼に報いた。ビスマルクは「鉄血宰相」の名で知られるようになる。

ビスマルクは、強力な国民意識を伴う安定的なドイツを築こうと働いた。そして、台頭する社会主義のみならず、カトリック教会の影響をも封じる運動を展開したことで、この目標を成し遂げた。ロシアとフランスの脅威が高まると、これに対抗してドイツの地位を固めるため、1879年にオーストリア゠ハンガリー帝国との同盟交渉を進めた。

ドイツにおける社会民主主義者への信用を失墜させるべく尽力したが、社会民主党は1890年の選挙で多数の議席を勝ち取った。ビスマルクは失望して辞任し、1898年に田舎の屋敷で死去した。

蒸気ハンマー。1838年にスコットランドの技師ジェームス・ナスミスが発明したこのハンマーが放つ力は生産高を増やす反面、産業労働者にとっていっそう危険な環境も生み出した。

勝ち取り、国事に関する発言権を維持した。

社会主義者の人気を抑えるため、ビスマルクは、急進的な労働者保護法を支持することに決めた。1881年、彼は労働者災害保険制度を推進する。この制度では、産業雇用主に対し、工場での事故が起きた場合に労働者に支出される民間保険制度への拠出が義務付けられた。方針としては労働者の保護という社会主義的理想に基づくものだったが、ビスマルクはそれを否定し、健康で従順な労働力による生産性向上と経済的利益を重視する姿勢を見せた。

福祉制度

当初、ライヒスタークには労災制度への反対もあった。しかし、1881年10月の選挙に勝利したことで、ビスマルクはこの計画を継続することが可能になった。こうしてビスマルクは世界に先駆けて、ドイツに全国的な労働者福祉制度を創設したのである。

1883年には、最初の法案が可決された。健康保険法では、雇用者と従業員の双方が「疾病基金」に加入するよう求められ、勤務中に負傷した人にはこの基金から疾病手当金および最長13週間分の治療費が支給されると定められた。雇用主は基金負担の3分の1を支払い、従業員は3分の2を支払う。この制度における負担額と給付額は、所得水準に基づいて決められた。

後続となる1884年の災害保険法では、13週間を超える怪我を負った労働者も対象に含まれた。新たな基金は雇用主に全額出資され、労働者は会社の法的責任を証明する必要がなくなった。その代わり、強制保険制度となることで、雇用関連のあらゆる負傷に対して保険がかかるようになったのだ。当初は鉱山、造船所、製造業の労働者しか給付を受けられなかったが、1885年から1901年にかけて、それ以外の運送業、農業、さらには軍事などの雇用分野を含むよう制度が拡大された。

この福祉政策は、健康的かつ生産的な労働力を支えるという点で、ドイツ経済にとって有益であると謳われた。一方で、この政策には、海外移住者のレベルを引き下げるという経済的利点もあった。祖国にいれば、国から義務付けられた健康保険による手厚い保護を受けられるとあって、アメリカなどへの移住を望むドイツ人は少なくなったのだ。

他国の追従

ドイツの労働者保護制度は広く称賛され、肯定的な社会改革と見なされた。1897年から1907年にかけては、オーストリア、スウェーデン、フランスといった多くの欧州諸国が、同様の法を制定した。

イギリスでは、労働災害件数の増加をきっかけに、労働者団体から従業員保護に関する法改正を求める声が上がった。結果として1880年に雇用者責任法が定められ、産業肉体労働者は、非肉体労働者の監督者の怠慢から生じた事故を補償される権利を得た。とはいえ、労働者は依然として負傷の責任者を明らかにしなければならず、そのために賠償請求は困難になった。

1897年に労働者災害補償法が可決すると、この問題は是正された。勤務中に負傷した人は、その怪我が職場で負ったものであることを証明できる限り、補償を受けられるようになったのだ。こうして、イギリスの労働者は、ドイツの労働者が享受していたのと同等の権利を手に

加齢や疾病によって
働けなくなった人々には、
国からの保護を請求する
十分な根拠がある。

ヴィルヘルム1世
ドイツ皇帝
(1797～1888年)

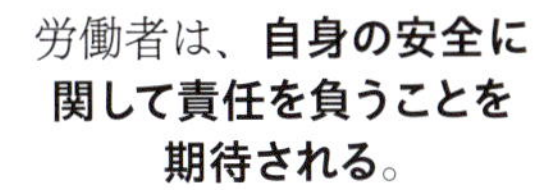

労働者は、**自身の安全に関して責任を負うことを期待される**。

産業革命による**機械化の進展**から、**より多くの労働災害**が引き起こされる。

雇用主の法的責任を証明することは困難かつ費用がかかるため、**正当な補償を得られる負傷労働者は少ない**。

社会主義の台頭に刺激を受けて、新たな**社会福祉構想**が生まれる。

国家が認める強制労働者保険制度によって、雇用主は、勤務中に負傷した人々への法的責任を負うことを求められる。

入れたのである。

アメリカの法律

アメリカもヨーロッパと同様に、産業の大成長に伴って労働災害件数が増加した。1898年から1899年にかけて、アメリカの立法者は、ヨーロッパの事故責任と補償制度に関する多くの調査を命じ、ドイツのモデルを手本にした制度なら実現可能であろうと結論付けた。1908年、連邦議会は連邦雇用者責任法（FELA）を通過させた。この法は鉄道労働者にしか適用されなかったが、労災被害者の法的に補償される権利に基づく最初の国内法案となった。

ドイツのモデルを参考にしたとはいえ、FELAは、労働者に雇用主の過失の証明を求めるという点で異なっていた。ただし、この法律は、それまで雇用主に利用されていた寄与過失の抗弁を弱めた。この抗弁を用いると、従業員の行為が災害に部分的にでも寄与したと見なされた場合、その従業員は賠償の支払を拒否されかねなかったのだ。

それからまもなく、個々の州も労働者補償制度の導入を始めた。1911年にウィスコンシン州が先陣を切り、その後10年間で大多数の州がこれに倣った。FELAとは異なり、こうした州法は無過失補償を認めていた。ただし、強制加入は違憲と判断されたため、制度への加入は任意に限られた。状況が一変したのは1917年、ニューヨーク・セントラル鉄道対ホワイト事件において、連邦最高裁判所が、強制の要求は合衆国憲法により許可されると裁定したときのことである。アメリカ諸州は労災補償制度の創設を強制できるようになり、1948年までに全州が導入した。これにより、負傷した労働者は、雇用主に落ち度があったことを立証する必要がなくなった。

アメリカ諸州に採用された補償制度はドイツの制度に基づくものだったが、国家レベルで見れば、労働者への普遍的権利の提供という点でアメリカはヨーロッパに後れを取っていた。社会保障法を通じて老齢年金および労働者への失業・障害給付が導入されたのは、ようやく1935年になってからのことである。また、ヨーロッパではドイツのモデルが国の支える公的健康保険に発展したが、アメリカでは民間健康保険に基づく制度が好まれた。◆

> **あらゆる階級に属するアメリカの労働者が……兵士と同様に生命や手足を危険にさらされることは、我々の文明の恥である。**
>
> **ベンジャミン・ハリソン**
> アメリカ合衆国第23代大統領
> （1889～1893年）

緊急避難は殺人を正当化できない

ダドリーとスティーブンス事件（1884年）

背景

焦点
刑法

それ以前
1600年代 「セントクリストファー事件」で、本人の同意を得て同胞を殺害して食べたイギリスの船員6名の殺人の嫌疑が晴れる。

1841年 アメリカの裁判所が、救命艇の沈没を防ごうとして約15名を船外へ突き落とした乗組員アレクサンダー・ホームズを故殺罪で有罪とする。

それ以後
1971年 イギリスの弁護士で裁判官のデニング卿が、「緊急避難」は不法占拠に不法侵入を認める理由にはならないとする。

2018年 マサチューセッツ州の裁判官の裁定により、環境活動家が緊急避難の抗弁を用いて破砕ガスパイプラインをめぐる気候変動防止運動を正当化することは可能だとされ、これが判例となる。

1884年7月、南アフリカの喜望峰沖2,575キロ（1,600マイル）付近で、全長16メートル（52フィート）のイギリス船ミニョネット号が嵐に遭遇して難破した。乗組員のトム・ダドリー、エドウィン・スティーブンス、エドモンド・ブルックスと、船上の給仕係だったリチャード・パーカーは、救命艇で脱出した。食料も水もほとんどない20日間を過ごした後、ダドリーとスティーブンスは自らを守るため、昏睡状態に陥ったパーカーを殺害して食べることに決めた。

ダドリーとスティーブンス事件はメディアで広く報じられた。スティーブンス本人によるスケッチを基にしたこの絵は、『イラストレイテド・ロンドン・ニュース』紙に掲載された。

数日後、生き残った乗組員は救助され、イギリス南西沿岸のファルマスに移送されて裁判にかけられた。

この話はヴィクトリア朝時代の新聞で大々的に報道され、世論は無罪判決を望んだ。多くの人々は、乗組員にはパーカーを殺して食べる以外に選択肢がなかったと確信していたからである。世論の力強さもあって、裁判を前進させること、そして緊急避難の原則を検証することが重要になった。裁判官のハドルストン判事は、審査団が確実に裁定を下すことができるよう、陪審に「個別評決」を返すよう求めた。陪審は、殺人罪に関する緊急避難の抗弁はコモン・ロー上には存在しないと裁定し、寛大な処分を勧めながらも死刑を言い渡した。

判決は王室によって減刑され、ダドリーとスティーブンスは刑務所に6カ月間服役した。この事件は、たとえ極度に飢えていた場合でも、罪なき人の殺害に対するイングランド法上の抗弁は存在しないという先例を作った。◆

参照：十戒とモーセの律法（p20〜23） ■ ロード海法（p25） ■ 死刑廃止（p151） ■ 違法収集証拠排除法則（p186〜187）

我々のいる場所が我々の財産である

セントキャサリンズ・ミリング事件(1888年)

背景

焦点
先住民土地権

それ以前
1763年 国王ジョージ3世が声明を出し、先住民にはその土地を所有する権原があると述べる。王は土地を譲渡する協定に対処しなければならなくなる。

1867年 英領北アメリカ法によって、連邦政府はカナダの先住民の利益およびその土地に対する責任を負うことが定められる。

それ以後
1982年 カナダ憲法が、既存の先住権または協定上の権利を認める。

1992年 オーストラリアにおいて、マボ判決がテラ・ヌリウス(植民地化される以前の法的に所有されていない「無主地」)の概念を否定し、マレー島の人々に土地所有の権原を与える。

2010年 カナダが、「先住民の権利に関する国連宣言」に署名する。

セントキャサリンズ・ミリング事件は、植民地化後の先住民土地権に関わる法上の画期的な出来事だった。1888年、セントキャサリンズ・ミリング・アンド・ランバー社は、カナダのオンタリオ州ワビグーン湖周辺で木材の伐採を必要とし、連邦政府からその許可を得た。ところがオンタリオ州政府は、木材が立っている土地を所有しているのはオンタリオ州であり、したがってセントキャサリンズ・ミリング社はオンタリオ州から許可を得るべきだと主張した。この事件は、当該の土地の所有権が連邦政府とその土地の先住民との協定によって譲渡されていたか否かという点で争われた。そもそも、そうした譲渡は、先住民がその土地を所有していなければ起こり得ないことだった。

この事件は4つの裁判所で審理され、最終的にはイングランドのロンドンにある枢密院に達した。どの裁判所も、土地の所有者は先住民ではないと裁定したが、その理由はさまざまだった。予審判事は、現在なら人種差別的と認められる言葉を用いて、「異教徒にして野蛮人」の先住民には一切の所有権はないとした。枢密院はそれより控えめな言葉を使い、先住民の権利は土地を利用し享受することのみであって、それを所有することではないとした。この事件においては、先住民に証言の機会は与えられなかった。現行のカナダ法は、先住民が土地所有権と極めて近い権利を有している(有していた)ことを認めている。しかし、その闘争は決して終わったわけではない。◆

> ……先住民の権原は、
> コモン・ローの上にも
> 衡平法の上にも存在しない。
> 先住民の主張は感情的な
> 主張に過ぎず、
> それ以上のものではない。
>
> **オリヴァー・モワット**
> オンタリオ州首相
> (1872〜1896年)

参照:マグナ・カルタ(p66〜71) ■トルデシリャス条約(p86〜87) ■ウェストファリア講和(p94〜95) ■国際連合と国際司法裁判所(p212〜219)

自由な競争

シャーマン反トラスト法（1890年）

背景

焦点
商法

それ以前
1776年　スコットランドの経済学者アダム・スミスの『国富論』において、競争とは「取引に関する法規制が存在しないこと」と定義される。

1882年　スタンダード・オイル社が、会長ジョン・D・ロックフェラーの下で、全米の複数の企業を1つの大規模なトラストに統合する。

1889年　カナダで、価格固定や独占に対処する競争法が初めて可決される。

それ以後
1890年　マッキンレー関税法によって輸入税が引き上げられ、アメリカ企業が国際競争から守られる。

1911年　連邦最高裁判所が、スタンダード・オイル社を違法な独占企業であると裁定し、解散を命じる。

19世紀後半のアメリカでは、数々の大規模な「トラスト」が形成された。トラストの創設にあたっては、事業主が複数の異なる事業を1つの包括的な企業に統合する。その後、トラストの利益のために働く受託者（場合によっては複数の受託者たち）が任命される。このような組織を設ければ、企業は結束し協力し合って、価格固定や競争制限を行うことにより市場を支配できる。すると、ごく少数の企業だけが莫大な権力と富を手に入れ、競争が抑制されるというわけだ。アメリカ有数の強力なトラストは、1882年、全米の石油精製業者が多数結合し、スタンダード・オイル・トラストを形成するこ

参照：レクス・メルカトリア（p74～77）■ハドレー対バクセンデール事件（p148～149）
■サロモン事件（p178～179）■連邦取引委員会（p184～185）

アメリカ初の商業油井。1859年、ペンシルベニア州に建設された。国内に石油ブームが到来し、ブームの最盛期には、世界の石油の3分の1がアメリカで生産されていた。

とで設立された。これによりスタンダード・オイル社は、石油の価格と供給を操作できるようになっただけでなく、企業規制や州レベルの税金を回避できるようになったのだ。トラストの台頭は競争を抑制したため、一般消費者にとっては不利な取り決めと見なされた。

連邦法

1880年代にアメリカのトラストの数が増えるにつれ、立法者たちは、状況を管理して独占を解消する必要性を感じ始めた（独占とは、市場における特定製品の供給者が1つしかないこと）。いくつかの州では反トラスト法が可決されたが、電信や鉄道による長距離通信が開通したことで、大規模なトラストが複数の州にまたがって活動することはいっそう容易になった。そこで必要とされたのが、全国的な連邦法である。1888年より、オハイオ州選出の上院議員ジョン・シャーマンは、市場を支配するトラストの力を抑制できる連邦反トラスト法の制定に取り組んだ。法案は繰り返しの修正を経て、1890年に可決された。その時点でシャーマンの当初の文言はほぼ残されていなかったが、彼にちなんで「シャーマン反トラスト法」と名付けられた。

独占の禁止

シャーマン反トラスト法は、反競争的行為を違法とする最初の連邦法案であり、アメリカの競争法において特に重要な法令を形成している。この法においては、州間での取引または海外諸国との取引を制限する結合（2社以上の企業が協働すること）やトラストが確実に非合法化された。また、価格固定、談合、競争の排除を禁じる規定が盛り込まれ、独占の創出を違法とした。

シャーマン反トラスト法の主要な目的は、自由企業という共和党の中心的価値を守ることだった。しかし一部の法律注釈者は、反トラスト法が注視すべきはず

> 政治権力者としての
> 王の存在に
> 耐えられないのであれば、
> あらゆる生活必需品の生産、
> 輸送、販売に関わる王の
> 存在に耐えられるわけがない。
>
> **ジョン・シャーマン**
> 連邦議会での演説、1890年

ジョン・シャーマン

1823年に生まれたジョン・シャーマンは、上院と下院の両方で議員となり、財務長官と国務長官を務めた。その冷徹な振る舞いから、「オハイオの氷柱」と呼ばれていた。財政問題に強い関心があり、上院議員時代には、アメリカ南北戦争（1861～1865年）の影響で疲弊したアメリカの貨幣制度の再編に貢献した。

1884年および1888年には、共和党の大統領候補指名に挑んだが、十分な支持を得られなかった。一説によれば、シャーマンはライバルの大統領候補ラッセル・A・アルジャーを嫌っており、これが反トラスト法制定のきっかけになったと言われる。アルジャーはダイヤモンド・マッチ社に巨大な利権を有していたが、この会社はスタンダード・オイル社同様に、マッチという生活必需品を独占していたため、国民からひどく嫌われていた。そこで、シャーマンは、反トラスト法をアルジャーにダメージを与える好機と見なしたのだ。1900年、シャーマンはワシントンDCの自宅で死去した。

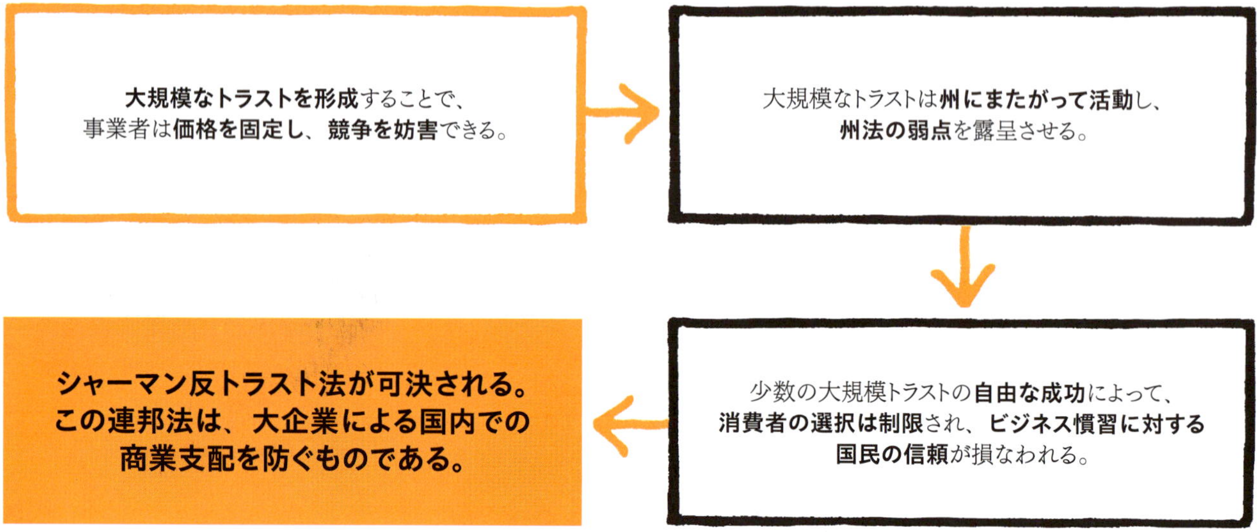

大規模なトラストを形成することで、事業者は**価格を固定し、競争を妨害**できる。

大規模なトラストは**州にまたがって活動**し、**州法の弱点**を露呈させる。

少数の大規模トラストの**自由な成功**によって、**消費者の選択は制限**され、**ビジネス慣習に対する国民の信頼**が損なわれる。

シャーマン反トラスト法が可決される。この連邦法は、大企業による国内での商業支配を防ぐものである。

べての独占ではなく、悪質な独占のみであると指摘し、この法に詳細が欠けていることを批判した。詳細の欠如は、アメリカの司法にシャーマン反トラスト法を解釈・執行させること、その法律上の意味を精緻化させることを可能にしたという点で、最終的には明らかな利点となった。1898年、アメリカ合衆国対アディストン・パイプ・アンド・スチール事件において、アディストン・パイプ社は「合意下での事業」で告発された。つまり、仕事が委託された際に複数企業が結束し、どこが最低価格で入札するか、その結果どこが入札を勝ち取るかを、企業間で決めていたということだ。そうすることで、これらの企業は実質的に、その仕事の報酬を管理していたのである。

最高裁判所は、アディストン・パイプ・アンド・スチールが取引を制限していたと裁定した。これにより、「合理の原則」の判例——すなわち、「不合理」と見なされる取引制限のみをシャーマン法の侵害と考える判例——が築かれた。合理的な取引制限という概念は、優れた製品または技術の構築を通して独占を創出した企業に適用されるものであり、そうした行為は反トラスト法には違反しないというわけだ。

> 複数の州間での、
> あるいは海外諸国との
> 取引や通商の一部を……
> 独占するあらゆる者は、
> 重罪により有罪とする。
>
> **シャーマン反トラスト法第2条**

スタンダード・オイル社

シャーマン反トラスト法の効力は、1911年に再び発揮され、当時アメリカの石油生産の90パーセントを支配していたスタンダード・オイル社を強制的に解散させた。スタンダード・オイル社は鉄道会社と取引し、運賃の大幅割引を得る見返りとして、毎日大量の石油を輸送する権利を彼らに保証していた。最高裁は、これが「州間通商を不合理に制限する結合であるという立場から」、シャーマン法を侵害すると裁定した。競争法における「不合理な制限」という概念は、こうして強化されることになる。判決の結果、スタンダード・オイル社は34の小さな企業に分割され、その独占に終止符が打たれた。

法の改正

シャーマン法には、反競争的な合併買収に関わるいくつかの抜け穴があった。さらに議会は、「合理的な取引制限」の定義が曖昧なままになっていることで、裁判所が個別的な判断を繰り返さなければならないことを懸念していた。そこで、1914年、議会はクレイトン法の制定に伴ってシャーマン法を改定した。クレイトン法の重要な措置に数えられたのは、合併買収に関する法を厳格化して、競争を妨害し独占を生むような合併を法律で禁止することだった。

同時に、連邦取引委員会法も可決され、「不当な競争方法」および通商に影響する不正行為を禁じる競争法の範囲が拡大された。これは、企業が自社製品について虚偽の主張をしたり、消費者を欺いたりすることを確実に防いで、消費者を保

連邦取引委員会はワシントンDCを本拠としている。1938年に移転して本部となったこの建物は、アール・デコ調の彫像やレリーフを備えていることで有名だ。

護しようというものだった。また、この法を通じて、事業の規制と反トラスト法の監督を行う連邦取引委員会が設立され、シャーマン法の侵害は連邦取引委員会法の侵害にもあたることが明確化された。

歴史的なシャーマン法、クレイトン法、連邦取引委員会法は、今日までアメリカの反トラスト法の基礎を成し、全世界にわたって有効な競争法の青写真を示してきた。ヨーロッパが競争法に一致して取り組むようになったのは、1957年、ローマ条約を通じて欧州経済共同体（欧州連合は当初そう呼ばれていた）を創設して以来である。1992年の共通市場の設立に際しては、ヨーロッパ全体でほぼ同じ競争機会が存在することを確認する必要が生じ、欧州連合の全加盟国に適用される規制が合意された。

現行の反トラスト法の有効性は、1998年、米国司法省（DOJ）がマイクロソフトを反トラスト法違反で提訴したことを機に精査されるようになった。司法省の主張によれば、マイクロソフトは自社のウェブ・ブラウザであるインターネット・エクスプローラーを自社のオペレーティング・システムに搭載しており、それによって消費者がウィンドウズ・コンピューター上で他のブラウザを動かすことを困難にしている。これは事実上、公正な競争を妨げる独占だというのだ。

> アメリカの実業家は、
> （反トラスト）法の解釈や
> 運用に不満を言うことも
> あるかもしれない。
> だが我々は、それが――
> ほうれん草と同様に――
> 自分たちに有益であることを
> 知っている。
>
> **ヘンリー・フォード2世**
> アメリカの実業家
> （1917～1987年）

デジタル支配

司法省は最終的に勝訴し、マイクロソフトは2つの企業への分割を命じられた。しかし、控訴審において判決は修正され、マイクロソフトは統一体でいることを認められた。

注目を集めたこの事件がマイクロソフトの支配に影響を与えたとは言い切れないが、モジラ・ファイアフォックスやグーグル・クロームを相手にした競争で、マイクロソフトはその市場の大部分を失った。これは市場が自らを訂正し、反トラスト法を不要なものにできる証だと主張する人もいた。とはいえ、グーグルやフェイスブックなどの大手テクノロジー企業は成長を続けていることから、デジタル独占や規制強化の必要性に関する新たな疑問も提起されている。◆

マイクロソフトは1998年、自社のウェブ・ブラウザを自社のオペレーティング・システムに搭載したことをめぐり、アメリカの反トラスト法に抵触した。同社はその際、両者は同一製品の一部であると主張した。

戦争に関する法、権利、義務

ハーグ条約（1899年、1907年）

背景

焦点
国際法

それ以前
1863年　リーバー法典が、アメリカ南北戦争時の軍隊の行動規範を定める。

1864年　ジュネーヴ第一条約によって、紛争時の負傷者と非戦闘員が保護される。

1868年　サンクトペテルブルク宣言が、特定の種類の武器の使用を禁止する。

それ以後
1954年　文化財の保護に関するハーグ条約が署名される。この条約は、戦争中の文化遺産の保護のみに焦点を当てたものである。

1993年　国連が化学兵器禁止条約を承認し、化学兵器の生産、貯蔵、使用を禁じる。

ハーグ条約は、戦争行為の慣習と規則を提示した最初の国際条約である。1899年と1907年にオランダのハーグで開かれた万国平和会議で合意された。この合意の背景には、19世紀から20世紀初頭にかけて戦争がますます残忍さを増し、広範囲に及んだことが挙げられる。ヨーロッパ内外の権力バランスは不安定になっていた。国民国家は成長するにつれ、領土、資源、貿易をめぐって争うようになった。諸国は強力な武装部隊を編成し、イギリス、フランス、ドイツ、ロシアを中心とする国々を巻き込んでの軍備競争を展開した。オットー・フォン・ビスマルク（1815～1898年）の下で新たに統一されたドイツ

参照：ジュネーヴ諸条約（p152～155） ■ニュルンベルク裁判（p202～209） ■国際連合と国際司法裁判所（p212～219） ■世界人権宣言（p222～229） ■国際刑事裁判所（p298～303）

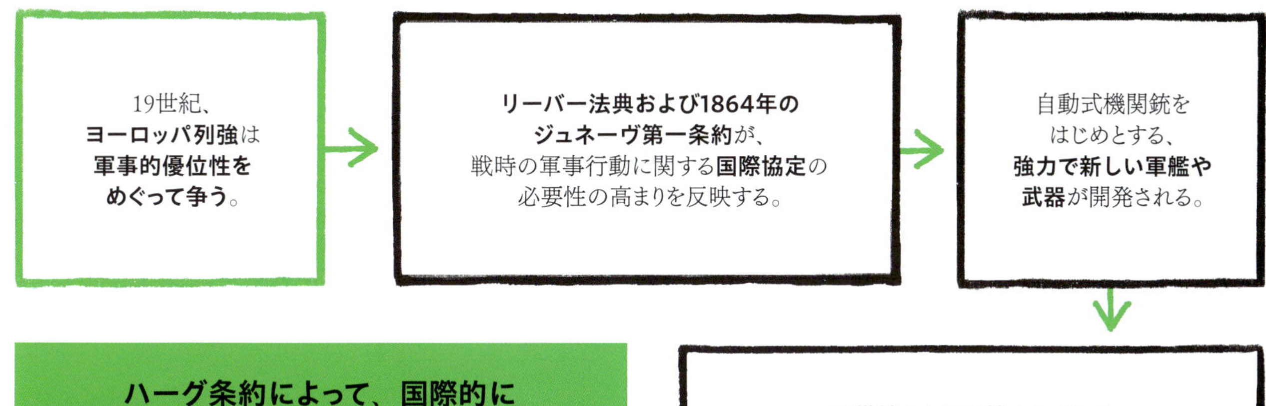

は、軍国主義を採用した。軍国主義とは、国家は軍隊を利用して積極的に国益を促進すべきとの思想である。

第一歩

アメリカ南北戦争（1861～1865年）の最中にあった1863年、エイブラハム・リンカーン大統領は、戦争規則を定める初の試みとしてリーバー法典を発した。この法典は政治哲学者のフランシス・リーバーによって提示されたもので、広く称賛を受けた。

リーバー法典に触発されたロシア皇帝アレクサンドル2世は、1870年から1871年にかけての血なまぐさい普仏戦争の後、1874年にブリュッセルでヨーロッパ諸国会議を開き、この法典の国際版を起草した。15カ国から代表者が参加したこの会議の目的は、ヨーロッパの脆弱な権力バランスを回復する手段を見つけ、将来的な戦争行為への関与条件を定義することだった。合意に至った法典では、占領軍の義務、戦闘員として認められる者の定義、爆撃と包囲に関する規則の制定、戦争捕虜への人道的待遇を宣言する国家の責任などが取り上げられた。この会議は、のちの1899年にハーグ万国平和会議で策定されることになる国際人道法の基礎を築いた。

ブリュッセル宣言は、イギリス、ドイツ、スペインがそれに縛られることを望まなかったため、承認されなかった。この失敗を受け、1873年に設立されていた万国国際法学会（IIA）は合意案を検討し、追加提案を行った。これらの案は「陸戦法規」という規則に盛り込まれ、1880年にオックスフォードで開かれた会議で承認された。当時のIIAは国際条約を非現実的なものと考えていたが、各

ワグナー砦の戦い。アメリカ南北戦争で起きた多くの血なまぐさい出来事の一つ。この戦闘は、リンカーン大統領がリーバー法典を発したのと同じ1863年に行われた。

国政府にはこの規則を国法として採用するよう訴えた。リーバー法典および陸戦法規は、戦争規則に関する真の国際法典を制定する土台となった。

多国間協定

軍備競争が加速するにつれ、とりわけ19世紀末頃のイギリスとドイツの間では、平和運動が広い支持を得るようになった。1891年には、国際平和ビューローが設立された。スイスのベルンを本拠とするこの組織は、世界平和を求めて運動を展開し、仲裁と軍備縮小を推進した。近代的かつ殺傷能力の高い武器が開発されると、紛争は本質的に変化した。平和運動家だけでなく、一部の国家元首までもが、最も破壊的な武器に制限を課すべきだと考えるようになった。

これを背景に、ロシア皇帝ニコライ2世は、第1回ハーグ会議を提案した。1899年にハーグで開かれたこの会議には、26カ国から代表者が出席した。会議の主目的は、軍備競争を統制して軍備縮小の交渉を行うこと、戦争規則を成文化すること、そして、戦争を用いずに国際紛争を平和的に解決する手段を見つけることだった。

軍縮計画は合意に至らなかったものの、会議では3つの条約といくつかの追加宣言が批准され、ハーグ第一条約としてまとめられた。この条約には、降伏した敵性戦闘員の処刑の禁止、毒ガスを含む発射物の使用の禁止、気球からの爆発物の発射の禁止、体内で膨張する銃弾（ダムダム弾）の使用の禁止、無防備な町や村への攻撃の禁止といった、戦争行為に関する重要規則が盛り込まれた。

第1回ハーグ会議はまた、ハーグに常設仲裁裁判所を創設することにも合意した。この裁判所は、国家間の紛争に法的解決策をもたらす最初の国際機関であった。50カ国以上に批准されたハーグ第一条約は、ジュネーヴ諸条約と並んで、国際人道法の基礎となった。

1904年には、合衆国大統領セオドア・ルーズベルトによって新たな会議が呼びかけられたが、日露戦争のために延期を余儀なくされた。ようやく開催されたのは1907年のことであり、このときには43カ国が集まった。1899年の条約の規定に大きな変更は加えられなかったが、海上での戦争行為を含めるなどの改定が行われた。イギリスは海軍軍備の制限を確保しようとしたが、ドイツはこの提案を拒んだ。ハーグ条約は、戦争規則を明確化した最初の多国間協定でありながら、深刻な欠点も抱えていた。たとえば、規則を侵害した国への具体的な罰は、いずれの規則にも定められていなかった。2002年にハーグ国際刑事裁判所（ICC）が創設されるまで、条約違反に対する訴追を行うかどうかは各国の判断に委ねられていた。しかし、この欠点のために国が訴追できない場合や、訴追したがらな

> **我々は戦争を遂行することを理解できるが、平和を遂行することは理解できない。あるいは少なくとも、意識してそうすることは少ない。**
>
> **フレデリック・バイエル**
> 国際平和ビューロー名誉会長
> （1837～1922年）

第1回ハーグ平和会議における各国の代表者たち。
中国、フランス、ドイツ、ロシア連邦、イギリス、スペイン、アメリカなどから集まった。

い場合も少なくなかった。

2度の世界大戦

3度目の平和会議は1914年に予定されていたが、第一次世界大戦が勃発したために無期限に延期された。この戦争は、多くの条約違反——ドイツのベルギーへの警告なしの侵攻から、敵味方を問わない毒ガスの広範な使用まで——を引き起こし、破滅的な結果をもたらした。

第二次世界大戦では、いっそう大規模な虐待が行われた。ホロコースト（史上最悪の大虐殺）、都市へのじゅうたん爆撃、戦争捕虜に対する広範な拷問と処刑などがその例である。アメリカ、ソビエト連邦（ソ連）、イギリス、フランスは、1945年から1946年にかけて設置されたニュルンベルク裁判を監督した。これらの軍事裁判においてはハーグ条約の規定が適用され、ナチス・ドイツの政治、軍事、司法、経済に関わる指導者たちが審理され、判決を言い渡された。

ハーグ条約の規則は、たとえ直接的に署名されていなかったとしても、すべての国家を拘束するものと現在では見なされている。2度の大戦中、ハーグ条約はあからさまに軽視されていたが、国際法制度の価値は国際社会に認められた。これにより外交の場が生まれ、1945年設立の国際連合をはじめとする新たな国際機関が誕生した。

悲しい現実だが、
何世紀にもわたり、
戦争で多くの芸術作品が
失われてきた。
文化遺産が傷つけられたり、
破壊されたりしてきた。

赤十字国際委員会
文化財の保護に関する
1954年のハーグ条約についての声明

1954年、「武力紛争の際の文化財の保護に関するハーグ条約」が批准された。これは、考古学的遺跡、芸術作品、学術上の収集品といった文化遺産の保護を目的としたものである。その原点は、第一次世界大戦の廃墟に存在していた。ロシアの芸術家で作家のニコライ・レーリッヒは、自身が目撃した光景に愕然とし、学術的・芸術的に重要な場所の保護を求める運動を展開した。このレーリッヒ条約は1935年に汎アメリカ連合によって合意されたが、第二次世界大戦でも破壊が繰り返されたことで、文化財の保護に関する国際条約の必要性が高まった。

1954年の条約は、その後133カ国に批准され、国連教育科学文化機関（UNESCO）に監督されている。1996年には、1954年の条約の批准を推進するため、4つの非政府組織が「ブルーシールド国際委員会」を設立した。これは、文化財にとっての赤十字に相当する機関である。

ドイツの都市ドレスデン。1945年に激しい爆撃を受け、廃墟となった。この爆撃では、文化的価値のある多くの場所を含む街の歴史的中心地が破壊され、約25,000人の住民が殺害された。

戦争犯罪の訴追

ハーグ条約は、今なお戦争規則の基礎を成している。戦争犯罪の申立は、現在はICCで裁かれる。2012年、ICCによる初めての裁定では、コンゴ民主共和国の民兵指導者トマス・ルバンガが戦争犯罪で有罪となり、禁固14年を言い渡された。ICCは目下11カ国で戦争犯罪の疑惑を調査している。◆

別個の法人格

サロモン事件（1896年）

背景

焦点
会社法

それ以前
1720年　英国泡沫法が、法人格のない株式社団の設立を制限し、南海会社を崩壊させる。

1855年　有限責任法が、大企業の投資家を出資額を超える債務から保護する。

1862年　会社法によって、法人企業の義務と権利が明確になり、会社設立手続が容易になる。

それ以後
1900年頃　有限責任の基本原則が西洋諸国の大半で受け入れられる。これらの原則は今なお、企業の在り方の基盤である。

1928年　イギリスの有限責任会社が不正に解散させられることを防ぐため、改正会社法が定められる。

19世紀、イギリスは工業、金融業、企業の世界的先進国だった。立法者は、会社法の公正な枠組みを通じて、急成長する経済活動を管理することに力を注いだ。1844年と1856年に株式会社法（右の囲みを参照）が制定され、1862年に会社法が制定されると、株式会社（株主によって所有される会社）の設立は次第に容易になっていった。また、これらの法は、「別個の法人格」（SLP）と呼ばれる法律上の原則を確立した。この原則において、法人企業はその設立者や出資者から法的に区別されたアイデンティティを有するとされたが、個人事業主はこうした保護を得られなかった。1855年に初めて導入された有限責任の制度は、SLPの概念の上に成り立ち、事業を奨励する鍵となった。というのも、この制度は、企業の所有者または出資者であるすべての個人や集団から、企業が受けたあらゆる損失の責任を取り除くものだったからだ。

1892年、ロンドンの靴職人で個人事業主のアロン・サロモンは、新たな有限責任会社を設立した。サロモンの妻と5人の子どもは1ポンドの株を1株ずつ所有し、サロモン自身は20,001株を所有したため、そこには法定最低限の株主

有限責任株式会社は、その所有者や出資者とは**別個の法人**である。

→

会社の所有者や株主は、その**当初の投資額をしばしば超過**して会社が受ける損失の**責任を負わない**。

↓

債権者が訴訟を起こせる相手は、会社の所有者や株主ではなく、有限会社のみである。

参照：ハドレー対バクセンデール事件（p148～149） ■シャーマン反トラスト法（p170～173）
■トライアングル・シャツウェスト工場火災（p180～183） ■連邦取引員会（p184～185）

ロバート・ロウ

「近代会社法の父」として広く知られ、法廷弁護士であり自由党の政治家でもあったロバート・ロウは、1811年に生まれた。1855年から1858年まで、英国商務庁の副長官を務めた。1844年の株式会社法に重要な改正が加えられ、1856年に同名の法令として可決されたのは、ロウの功績によるところが大きかった。

1844年の法令では、それまで勅許によってのみ設立可能だった会社に対する規制の枠組みが設けられ、会社はこの枠組みを通じて、新たな行政機関である会社登記所に「営利法人」として登録できるようになった。この1844年の法令は、会社にいっそうの柔軟性を与える一方で、株主の有限責任は認めていなかった。

ロウが唱えた1856年の株式会社法では、株主が7人いるすべての会社が有限責任を利用できるようになった。同じく重要だったのは、この法令が、企業活動に対する信頼度の向上にも寄与したということだ。サロモン事件に関する法律貴族の判断は、ロウの存在なしには下せないものだったと言えるだろう。ロウは1880年にシャーブルック子爵に叙され、1892年に死去した。

が揃っていた。やがて、サロモンは自身の事業を39,000ポンドという高額でこの有限責任会社に売却し、そのうち10,000ポンドはサロモンに社債（会社の財産を担保にした貸付金）として発行された。会社は1893年に清算手続に入り、7,773ポンドの負債を無担保債権者（会社に請求できる財産のない状態で、その会社に貸付をしている人）が負担することになった。

訴訟

アロン・サロモンは、会社に残っている資金を請求する有担保債権者として裁判を起こした。これがいわゆる「サロモン事件」である。清算人は、サロモンが事業を不正に過大評価していたこと、それゆえ会社の損失に責任があることを理由に挙げ、サロモンに支払われるべき金銭は一切ないと主張した。

1893年の高等法院と1895年の控訴院では、サロモンが靴の製造事業で受け取っていた報酬が過大であったとして、彼に不利な判決を下した。また、会社を法人化したことは、サロモンが有限責任の恩恵を受けて事業を継続し、頓挫した場合に無担保債権者より優先権を得ることを可能にするための「悪巧みに過ぎない」とも裁定された。裁判所は最後に、サロモン以外の株主は形だけの株主であり、事実上の一人有限責任会社を設立するために利用されたのだと結論付けた。

高等法院と控訴院の判決は、1896年に、イギリスの最高裁判所にあたる貴族院によって破棄された。法律貴族は会社法を文字通りに解釈し、「有限責任を得る資格は誰にでもある」と断言したため、心ない者が有限責任を操作するのではないかという懸念が高まった。それでも、英国会社法の「揺るぎない基盤」たる有限責任の中心的役割は支持された。ホールズベリー卿をはじめとする法律貴族はまた、株主は互いに独立していなければならないとの考えも否定した。

後続の判決では、合法的に法人化された企業が取引を停止して多額の負債を残しても、その役員や株主には返済義務がない場合と、設立者の既存の債務を免れる試みとして会社が設立されても、その設立者には負債の支払義務がある場合とが区別された。1900年の時点で、有限責任に基づくイギリスの企業モデルは西洋諸国で広く採用されていたが、国によって多少の違いも見られた。◆

> 会社の発起に
> 参加した者の動機は、
> その権利や責任を
> 議論する上では、
> まったく無関係である。
>
> **ハーディンジ・ジファード**
> **ホールズベリー卿**
> イギリスの法律貴族
> （1823～1921年）

工場は、文字通り死の空間である

トライアングル・シャツウェスト工場火災（1911年）

背景

焦点
雇用法

それ以前
1900年　アメリカ全土で毎日平均100人が労働災害で死亡する。

1909年　数千人の衣料品工場労働者が、条件改善を求めてストライキを起こす。トライアングル・シャツウェスト社などの大企業は、職場の安全性向上の要求を拒否する。

それ以後
1933年　ルーズベルト大統領のニューディール政策が、社会と職場の改革を政策の中心に据える。

1940年　改正公正労働基準法により、アメリカの労働時間が週40時間に削減される。アメリカの労働者がトライアングル・シャツウェスト工場火災後の数年間に勝ち取った権利は、他にも、病気休暇、安全対策、児童労働に関するものなどがある。

2001年9月11日に同時多発テロが起きるまで、1911年3月25日のトライアングル・シャツウェスト工場火災は、ニューヨーク市における唯一の甚大な人命損失事件だった。死者146人の大半は、ユダヤ系やイタリア系を中心とする若い移民女性だった。彼女たちは、職場であったグリニッジ・ヴィレッジの建物の最上階3階部分に炎が延焼した際、そこに閉じ込められたのだ。全員が賃金7ドルから12ドルで週6日52時間働く裁縫婦で、過密状態の搾取的な環境に耐えることを強いられていた。彼女たちの死は、市の無関心と無力さに、企業による手抜きが重なったことの結果だった。防火規制は常に無視され、消防士は装備に乏しく、過密状態のビルの上

参照：労働組合法（p156～159）■労働者災害保険制度（p164～167）■ドナヒュー対スティーブンソン事件（p194～195）
■世界人権宣言（p222～229）■欧州人権条約（p230～233）

19世紀末のアメリカで、**搾取されやすい新たな移民たちの即戦力**により、**産業好況**がもたらされる。

→ **実業家**は、安全規則の執行を任された人々に賄賂を贈って**防火規制を守らず**、**改革を求める労働組合に積極的に抵抗**する。

→ **トライアングル・シャツウェスト工場火災はアメリカ全土の世論に衝撃を与え**、労働者の安全に対する**企業の冷淡さ**に国民が激怒する。

→ 新たな法律によって、**いっそう厳格化された安全基準**が導入され、労働法は**労働者の最善の利益に役立つものであるべき**だという認識が生まれる。

→ **社会および経済全体は公正な労働基準から恩恵を受けるべきだという信念が、普遍的に受け入れられる。**

階で火事に対処する術をほとんど心得ていなかった。

この悲劇は、そうした安全規制を守らせる者が実業家に買収されかねないという文化を浮き彫りにし、全米に衝撃を与えた。これにより、一連の防火規制は厳格化され、労働組合員も同様に増加した。

ブランクとハリス

トライアングル・シャツウェスト社を所有していたマックス・ブランクとアイザック・ハリスは、自身もロシア系移民でありながら、その時代と階級における典型的な暴利実業家だった。彼らが所有する工場では、それまでに4件の火事が発生しており、2人はそのたびに支払われる保険金から莫大な利益を得ていた。1909年には、国際婦人服労働者組合のストライキを破ろうと企み、警察に金を払って女性たちを殴らせ、政治家にはそれを黙認させた。トライアングル社の工場の火災予防策がまったく不十分であったことは、それ自体が一種の保険であったからだといわれている。会社が傾くことがあれば、火災が役に立つというわけだ。とはいえ、火事が故意に引き起こされたことを示唆するものはない。

火災

午後4時40分頃に8階で火事が起きたとき、敷地内には約500人の従業員がいた。火事の原因はほぼ間違いなく、数週間分の綿くずとティッシュペーパーのくずが溜まった金属製のごみ箱に、火のついているタバコが投げ込まれたことである。その結果、天井から吊るされていた布に火がついた。誰かが消防ホースに手を伸ばしたが、ノズルが錆びついて開かない状態のまま腐っていることに気づいた。

最上階の10階にいた従業員たちは、屋上にたどり着いて無事だった。そこにはブランクとハリスもいた。だが、8階と9階にいた従業員たちには脱出手段がなかった。小型エレベーターは2基のうち1基しか使用されておらず、同

アッシュ・ビルディング内にあったトライアングル・シャツウェスト工場の火災を消火する消防士たち。ビルは保存されて現在も建っているが、名称は「ブラウン・ビルディング」に改められた。

> **群衆の感情は、**
> **筆舌に尽くし難いものだった。**
> **女性は取り乱し、**
> **多数が気絶した。**
> **男性は涙を流していた。**
>
> **ルイス・ウォルドマン**
> トライアングル・シャツウェスト工場火災の目撃者
> (1892～1982年)

時に12人以上を運ぶことはできなかった。たった3回作動した後、このエレベーターは故障した。

階段は2つあり、1つはグリーンストリートへ、もう1つはワシントンプレースへ通じていた。多くの人はグリーンストリート側の階段を使い、火事で通り抜けられなくなる前に屋上へ逃れた。ワシントンプレース側の階段も利用できたが、上がった先のドアは施錠されていた。のちに、このドアの裏側では死体の山が発見された。火災避難設備もやはり役には立たなかった。重さでたわんで崩壊し、20人の労働者が転落死した。

屋内に閉じ込められた人々は、生きたまま焼かれたり、煙を吸い込んで死んだりした。建物の下にいた群衆にとっては恐ろしいことに、62人がさらに絶望的な最期を追い求めるかのように、燃え盛る上階の窓から身を投げて死んだ。何人かは火がついたまま飛び降りた。飛び降りる前に手を取り合う人も多く見られた。36人はエレベーターシャフトを滑り降りるという行動に出たものの、やはり脱出できずに死亡した。

工場での火災は、アッシュ・ビルディングの内装の大半を破壊した。この火災による最も若い犠牲者はティーンエイジャーの少女2人で、どちらもまだ14歳だった。

市の消防隊はどうすることもできなかった。市内のほぼすべての消防士が建物に駆け付けたが、彼らが持ってきた最大のはしごは6階までしか届かず、最も強力なホースもそれ以上には届かなかった。転落したり飛び降りたりする労働者を受け止めるためのネットも張られたが、衝撃の圧力で破けてしまった。

国民の反応

1911年12月、ブランクとハリスは故殺罪で裁判にかけられたが、主にテクニカルな法解釈に基づいて無罪となった。彼らの弁護士は、ワシントンプレース側のドアが施錠されていたことを否定しなかったが、ドアが施錠されていたことを被告が知っていたという証拠はないと巧みに主張した。1913年に遺族は民事訴訟を起こし、「不法死亡」を招いたとしてブランクとハリスに賠償を請求した。結果として各遺族に75ドルの賠償金が支払われることになったが、その程度で済んだのはブランクとハリスにとっての成功と言えた。そうこうしている間にも、ブランクとハリスは、「収益の損失」を補うための保険金約6万ドルを受け取っていた。

火災が起きていた時間は30分にも満たず、のちにブランクとハリスは自らの潔白を証明した。それにもかかわらず、この火災の社会的・政治的影響は甚大だった。1911年4月5日、10万人強と推測される大規模な集団が、労働条件改善を求めてニューヨーク中を行進した。40万人の群衆はそれを静かに見守った。あらゆる階級の国民が怒りを露わにした。1911年6月、ニューヨーク州議会は工場調査委員会の設置を認め、続いて膨大な数の改革と勧告が行われた。

> **私の経験から**
> **わかっていることだが、**
> **労働者が自分を救えるか**
> **どうかは、その人次第である。**
>
> **ローズ・シュナイダーマン**
> 労働組合活動家
> (1882～1972年)

ほぼどんな種類の工業化企業も委員会の厳しい勧告から逃れることはできなかったが、化学工場は特に指摘を受けた。なかでも最も永続的な改革となったのはサリバン・ホーイ火災予防法で、この法によってスプリンクラー装置の設置が義務付けられ、出入りの手段も大幅に改良された。ドアは内開きではなく、必ず外開きにするよう求められた。

同じく重要だったのは、歴史上初めて、工場が労働者にトイレなどの基本的な衛生設備を提供せざるを得なくなったことである。トライアングル社の敷地内には、それまでトイレは存在しなかった。出口が施錠されていたのも、一つには、建物を離れてトイレに行こうとする従業員による「作業の中断」を防ぐという理由があった。ある若い工場労働者は、自身の労働環境についてこう話した。「不衛生。

普通に使われるのはそういう言葉でしょうが、もっとひどい言葉もあるはずです」

政治家の反応は、ある部分においては利己的だったが——雇用主ではなく労働者を支持する政治家と見なされれば、自身の公的評価を高められるからだ——、真に公正なものでもあった。アメリカのように先見性があり進取的な国が、労働者に対して明らかに歪んだ労働法を存続させているようでは、繁栄は望めないという認識があったためだ。ルーズベルトによる1933年のニューディール政策は、トライアングル火災の教訓から必然的に得られた結果だった。その教訓とはすなわち、資本主義は、それが全体の利益を切望するものであるとき、最もよく機能するということだ。

現代との類似点

トライアングル・シャツウェスト工場が製造していたシャツは、独立心と冒険心に富む若いアメリカ人女性の台頭を通じて人気を博した。この女性たちは家庭の束縛から解放され、全米にある都市の会社で新たなキャリアを築こうとしていた。彼女たちの気楽な衣服と、その衣服が象徴する新たな自由は、奴隷制とほぼ変わらない形態の強制労働によってのみ手に入るものだった。1911年の火災は、当時の衣料品工場の劣悪な労働環境を露呈させた。しかし、アジアの広い地域に21世紀の労働搾取工場が存在し、裕福な西洋諸国のファッションが極めて安価かつ変化の目まぐるしいものになったことは、類似点として注目に値する。◆

トライアングル・シャツウェスト工場火災での人命損失に抗議する行進を組織した後、労働組合は改革志向の政治家たちと協力し、いっそう厳しい安全規制を導入した。

フランシス・パーキンス

ニューヨークの立法者の何人かは、トライアングル工場火災が提示した課題に積極的に対応した。この立法者たちは、ニューヨークを本拠としていた政治組織タマニー・ホールの先人たちとはまったく対照的だった。代表的な人物は、アルフレッド・E・スミス、ロバート・F・ワグナー、チャールズ・F・マーフィーなどである。しかし、最も重要な人物は、1人の女性だった。

フランシス・パーキンスは1880年に生まれた。トライアングル火災を目撃し、それが彼女の生涯を決定付ける瞬間になったとされる。パーキンスはかねてから労働者の権利のために激しい運動を展開していたが、彼女の社会正義に対するその後の献身が報われたのは、1933年のことだった。同年、パーキンスはルーズベルト大統領から労働長官に任命され、アメリカ初の女性閣僚となったのである。また、ニューディール政策の主要な構築者として、その功績を彼女以上に主張できる者はいない。パーキンスはルーズベルトの任期が終了する1945年まで職に留まり、今日では、最長在任の労働長官としてだけでなく、初期の女性権利擁護者としても知られている。1965年にニューヨーク市で死去。

独占との戦い

連邦取引委員会（1914年）

背景

焦点
商法

それ以前
1890年 米国シャーマン反トラスト法が価格固定と独占を禁じる。

1911年 連邦最高裁判所がスタンダード・オイル社とアメリカン・タバコ社に独占の解消を迫る。

それ以後
1914年 クレイトン反トラスト法により、アメリカにおいて競争を損ないかねない、あるいは独占を創出しかねない経営統合が禁じられる。

1972年 連邦取引委員会（FTC）対スペリー・アンド・ハッチソン事件において、連邦最高裁判所により、不公正な商慣習の特定基準を定めるFTCの権限が確認される。

1999年 マイクロソフトが、連邦地裁によって違法な独占企業であると認められる。マイクロソフトは控訴して解散を免れる。

自由市場が成果を見るか否かは、**公正な競争**にかかっている。

巨大な独占企業やトラストは**競争を抑制**する。

自由市場は独占企業やトラストの**成長を防げられない**。

政府は、**反競争的慣行を防ぐ**強力な機関を有していなければならない。

1914年、アメリカ合衆国第28代大統領ウッドロー・ウィルソンによって連邦取引委員会（FTC）が設立されたことは、アメリカのビジネスにおける画期的な出来事だった。これは、過剰な権力を有する既存の巨大企業を規制するための、最初にして真の強固な取り組みだった。

FTCとは、簡単に言えば、談合、価格固定、独占、独占的統合などの反競争的慣行から、消費者、投資家、企業を守るためのものである。その根底にあるのは、自由市場が正しい方向へ誘導されてはじめて、こうした慣行の不在を保証できる、という前提だ。

人口増加を理由の一つとするアメリカの急速な経済成長により、1900年代初頭には、立法行為の必要性がそれまで以上に強調されるようになった。多くの主要商品は、トラストと呼ばれるごく少数の巨大企業の手中にあり、このトラストが、石油、鉄鋼、鉄道、砂糖などアメリ

参照：アン法（p106～107）■シャーマン反トラスト法（p170～173）
■公益通報者保護法（p274）■WIPO 著作権条約（p286～287）

「**上院のボス**」（1889年）。ジョセフ・ケプラーによるこの漫画では、銅、スズ、石炭といった企業の利益が、米国上院の議場に迫る巨大な金袋として描かれている。

カ経済のあらゆる部門を支配していた。こうした巨大トラストは、本質的には、市場を完全に支配する独占企業だった。価格は上昇し、サービスは衰えたため、国民は法的措置を求めた。セオドア・ルーズベルト大統領は自ら「トラストバスター」を名乗り、1904年にはシャーマン反トラスト法を整備した。この法によって価格固定が禁じられたことで、鉄道コングロマリットのノーザン・セキュリティーズ社は解散に追い込まれた。

それでも、ルーズベルトの取り組みは不十分だった。大企業が急成長し、富裕層がますます豊かになる一方で、多くの労働者は将来性のない低賃金の仕事に従事させられていた。国民は、資本主義を不正に操作されたものと感じるようになった。その思いが正しかったことは、1911年、スタンダード・オイル社およびアメリカン・タバコ社が反トラスト法違反で有罪判決を受けたことで確かめられた。トラストの解散は、1912年の大統領選挙における重要課題となり、ウッドロー・ウィルソンを権力の座に就かせた。

新たな政府機関

1914年、ウィルソン政権はクレイトン反トラスト法を通過させ、合併を標的としてトラストを抑制する法的権限を創出した。とはいえ、個別事例でトラストを追及すればたちまち裁判所を渋滞させてしまうため、連邦議会は連邦取引委員会法も取り入れた。この法案では、「不当な競争方法」が非合法化され、新たな政府機関であるFTCを設置して、企業を規制する広範な権限を持たせた。政治的影響が及ぶことを避けるため、同じ政党出身の委員は5人のうち3人までに限られた。FTCは、消費者、メディア、企業から寄せられる証拠を調査し、事例を見直し、直接判決を下すことを許されていた。やがて連邦取引委員会法は、その付託された権限を拡大し、「商業に関連または影響する不正な行為や慣行」を対象に含めるようになった。食品医薬品局（FDA）をはじめとする新たな規制機関にも支援を受け、FTCは過去1世紀にわたり、アメリカのビジネスを形づくることに大きく貢献してきた。◆

> **大企業が存在するのは、それらが我々の制度によって創出され、守られているからにほかならない。**
>
> **セオドア・ルーズベルト**
> アメリカ合衆国第26代大統領
> （1901～1909年）

アイダ・ターベル

1857年にペンシルベニアで生まれたアイダ・ターベルは、調査報道の先駆者である。その最も有名な功績は、1904年に『スタンダード・オイル社の歴史』を著したことだ。同書は1902年から1904年にかけて『マクルーアズ・マガジン』に掲載された一連の記事を出版したもので、スタンダード・オイル社が鉄道会社から支払われる石油価格を不正に操作していた証拠を提示した。アメリカの作家で歴史家のダニエル・ヤーギンによれば、同書は「これまでにアメリカで出版されたビジネス書のなかで、唯一無二の影響力を有する本」である。

多作かつ人気の書き手として64年のキャリアを重ね、複雑なテーマを取り上げながらも、それを分析してわかりやすい記事にまとめることで知られていた。また、講演活動で全米を回り、世界平和、政治、関税、労働慣行、女性の問題といったテーマについて話した。1944年、肺炎のため、コネチカット州ブリッジポートの病院で死去。

違法証拠は毒樹の果実である

違法収集証拠排除法則（1914年）

背景

焦点
憲法

それ以前
1791年　アメリカ連邦議会が、米国憲法の最初の10の修正条項から成る米国権利章典を採択する。

19世紀　憲法修正第4条の実際の適用を規定する判例法は存在しない。

それ以後
1949年　ウルフ対コロラド事件では排除法則の適用可能性が拡大されたが、この法則は、州犯罪が州裁判所で訴追されている場合には適用されない。

1961年　マップ対オハイオ事件で、全米の裁判所に排除法則の適用が義務付けられ、ウルフ対コロラド事件が覆される。

1974年　アメリカ合衆国対カレンドラ事件で、一部の状況下における排除法則の規模が縮小される。この法則の適用妥当性については、その後の判決でも常に詳細に述べられている。

1914年、連邦最高裁判所はウィークス対アメリカ合衆国事件に対する全員一致の判決を下し、1791年の米国権利章典の憲法的絶対性を明確に認めた。具体的には、この章典の修正第4条にある「不合理な捜索または逮捕・押収に対し、身体、家宅、書類および財産の安全を保障される人民の権利は、これを侵害してはならない」という言明を支持したのである。アメリカの裁判所が修正第4条に関する決定的な判決を下し、その文言が意味することを正確に明らかにしたのは、これが初めてだった。

ウィークス対アメリカ合衆国事件

この事件は、初めは凡庸なものに思われた。1911年、フリーモント・ウィークスは、ミズーリ州カンザスシティで有罪判決を受けた。州の境界をまたいで宝くじ券を郵送したことで、賭博法違反に問われたのである。ところが最高裁は、証拠が違法に入手されたものであるとの理由から、ウィークスの有罪判決を覆した。ウィークスの自宅は、2度にわたって法執行官による——2度目は連邦保安官による——捜索を受けていた。1度目も2度目も、捜索令状は発行されな

権利章典は、全アメリカ市民の**個人の自由を保障**する。

曖昧な起草により、**一部の修正条項**、特に**不合理な捜索押収を防ぐ第4条の解釈が不明瞭**となる。

排除法則が述べるところでは、違法な捜索押収によって入手された証拠は刑事裁判では認められない。

参照：アメリカ合衆国憲法と権利章典（p110～117）■人権宣言（p118～119）
■連邦最高裁判所と違憲審査（p124～129）■ミランダ対アリゾナ事件（p254～255）

カンザスシティ警察署の警察官たち、1900年頃。彼らは根気強く犯罪者を追及したが、常に法規範に従っていたわけではない。

かった。

つまり、「安全を保障される」という修正第4条に基づくウィークスの憲法上の権利が侵害されていたため、集められた証拠は裁判所での使用から「排除」され、証拠として認められないと裁定されたのである。この原則は、「排除法則」と呼ばれた。

ウィークスの事件と明確に類似点があったのは、憲法上の権利侵害を認めた後年の最高裁判決、とりわけ1966年のミランダ対アリゾナ事件である。この事件では、被告人の憲法上の権利——黙秘する権利および自己負罪を回避する権利（憲法修正第5条）、そして弁護士に依頼する権利（憲法修正第6条）——が無視されていたとして、強姦および誘拐の有罪判決が覆された。

排除法則は常に物議を醸してきた。わかりやすい批判は、有罪者が罰を免れる可能性があるというもので、ウィークスが有罪であることに疑いの余地はなかった。ウィークス事件の判決の擁護者たちは、排除法則が存在しなければ、憲法そのものが侵害されると述べた。さらに現実的なこととして、アメリカの司法上の利益を拡大するという意味では、この原則を利用して法執行官に最高水準の証拠を維持させるべきだとした。

主席判事のエドワード・ダグラス・ホワイトにちなみ、連邦最高裁判所は、ホワイト裁判所と呼ばれていた時期がある。1914年のウィークス対合衆国事件では、排除法則に基づき、全員一致の判決を下した。

法則における例外

その後の最高裁裁判では、排除法則の厳格な解釈は緩和される傾向にある。たとえば、アメリカ合衆国対レオン事件と呼ばれる麻薬取引事件では、のちに無効と判定された令状によって警察の捜索が行われた。1984年の判決は、証拠が「善意の」警察と捜索令状によって入手されたことは認められるとして、排除法則は適用されないとの判断を支持した。また、有罪者を野放しにすることによる「実質的な社会的損失」は不均衡である、と指摘した。

排除法則の奇妙な点は、それが連邦裁判所管轄事件にしか適用されないことだった。1949年のウルフ対コロラド事件において、最高裁はコロラド州による有罪判決を支持したが、それは刑事事件に排除法則を取り入れるか否かの判断が州裁判所に委ねられていたためである。

1961年、わいせつ物所持の有罪判決に関わるマップ対オハイオ事件をきっかけに、排除法則はようやく全米の裁判所に義務付けられた。その先例として引用されたのは、「法の適正手続」の権利を保障した憲法修正第14条であった。◆

> 犯罪者は、
> 釈放されるべきならば
> 釈放される。
> だが、彼を釈放するのは
> 法である。
>
> **トム・C・クラーク**
> 連邦最高裁判所判事
> （1949～1967年）

権力とは投票である

国民代表法（1918年）

背景

焦点
選挙改革

それ以前
1832年　メアリー・スミスが英国議会に対し、地方選挙での女性の選挙権を求める最初の請願書を提出する。

1893年　ニュージーランドが世界に先駆けて、女性に議会選挙の選挙権を与える。

1894年　イギリスの地方自治法により、女性にカウンティ選挙とバラ選挙の選挙権が与えられる。

それ以後
1920年　アメリカがすべての女性に選挙権を与える。

1928年　イギリスで、21歳以上のすべての男女にようやく普通選挙権が与えられる。

2015年　サウジアラビアの女性に選挙権が与えられる。

1832年以前、イギリスでは、成人男性人口の3パーセントだけが投票の権利を与えられていた。法によって参政権（選挙権）を認められていたのは、一定の金額を稼いでいるか、または多額の財産を所有している男性に限られたからである。（1832年、1867年、1884年に可決された法を通じて）議会が徐々に選挙権を拡大し、男性人口に対するその割合が大きくなると、女性は自分たちの投票が認められないことを疑問に思うようになった。多くの男性、そして一部の女性は、女性参政権の発想に断固反対した。そこには、女性は感情的になりすぎるため理性的な政治判断ができない、女性は商工業に詳しくない、という思い込みがあった。

この反女性参政権ポスターには、母親が参政権運動に出かけて留守の間、取り残されて泣いている子どもたちを、1日の重労働を終えて帰宅した夫が見つけるという様子が描かれている。

言葉ではなく行動

女性運動家たちは、自ら集団を組織するようになった。一部の活動家、たとえば1897年に女性参政権協会全国同盟（NUWSS）を結成したミリセント・フォーセットなどは、平和的な抗議の正当性を信じ、パンフレット、集会、議会への嘆願書などを通じて選挙権を要求した。これに対して、エメリン・パンクハーストと女性社会政治同盟（WSPU、1903年結成）は「言葉ではなく行動」をスローガンに掲げ、直接的な行動を選んだ。破壊行為やハンガーストライキを行うこともあれば、自分たちの体を手すりに鎖で縛りつけることもあった。変革を求める勢力がいっそう可視化されるようになったのは、1870年、1882年、1884年に妻財産法が制定され、女性が結婚の際に

参照：マグナ・カルタ（p66〜71）■名誉革命とイングランドの権利章典（p102〜103）■人権宣言（p118〜119）
■世界人権宣言（p222〜229）■公民権法（p248〜253）

婦人参政権論者（サフラジェット）たちによる街頭での女性の投票権を求めるデモ、1913年頃にマンハッタンで撮影。このようにして、間近に開かれる集会について告知した。

自らの金銭や財産を所有しつづけることが認められるようになってからだった。女性は自分が所有する事業に対して税金を払うようになったが、税金の使い道に関する発言権はなかったのだ。

1860年代以降、運動家とそれに賛同する国会議員はたびたび尽力し、女性に選挙権を拡大する法の制定を求めたが、その活動は絶えず阻止された。状況を変えたのは、1914年の第一次世界大戦の勃発だった。多くの男性が戦地に送られたことで、伝統的に男性のものとされてきた仕事や責任を女性が引き受けなくてはならなくなった。かつて男性が担っていた仕事に約200万人の女性が就くようになると、女性に選挙権を与えることへの反論は——たとえば、女性は「弱い性」だからなどという反論は——もはや不条理に思われた。

1918年、議会はついに国民代表法を通過させた。これにより、選挙権は21歳以上のすべての男性ばかりでなく、30歳以上の女性にまで拡大された。

> **男性たちは……男性が自分の自由と権利を求めて闘うことについて、正しく適切なことだと判断している。しかし、女性が自分の自由と権利を求めて闘うことについては、そうではないと判断しているのだ。**
>
> **エメリン・パンクハースト**
> 『私だけの物語』、1914年

すべての人に選挙権を

国民代表法によって、推定850万人の女性が参政権を獲得し、同年12月の選挙で初めて投票を許可された。また、そのわずか数週間前には国会（女性資格）法が通過していたため、女性候補者への投票も初めて可能になった。

それまでに、女性参政権は世界中の重要課題となっていた。ニュージーランドはすでに先を行っており、1893年、女性に選挙権を拡大した最初の国となった。

選挙権は当初、
土地所有者の裕福な男性にのみ
拡大され、権力は選ばれた
少数の手に握られたままになる。

男性労働者が、**議会に自分たちの**
代表が必要であると主張し、
受け入れられる。

第一次世界大戦中、
多くの女性が家庭という
領域を離れ、
伝統的に男性が担ってきた
仕事に就く。

国民代表法により、
30歳以上の女性に
選挙権が与えられる。

1920年には、合衆国憲法修正第19条が女性の投票を認めた。1928年にはイギリスで平等選挙権法が可決され、階級や富や性別に関係なく、21歳以上のすべてのイギリス人に選挙権が与えられた。◆

働かざる者食うべからず

ロシア憲法(1918年)

背景

焦点
憲法

それ以前
1791年 フランスで、革命家たちが新憲法を宣言する。

1871年 急進的かつ社会主義的な理想に基づくパリ・コミューンが、3カ月の短い間、パリを統治する。

1905年 ロシア革命をきっかけに新憲法が誕生し、公選議会である国家院が設置される。

それ以後
1924年 1918年の憲法が改正され、(のちにソ連共産党となる)ロシア共産党の権力が強固になる。

1936年 スターリン憲法によって、スターリンと共産党が全権を握る。

1991年 ソビエト連邦の解体に伴い、その共産主義的な憲法も廃止される。

プロレタリアート(労働者階級)の革命は**存続**させなければならない。

ブルジョアジーは、**革命転覆**のためなら手段を選ばないはずだ。

プロレタリアートの大衆は**気まぐれすぎて、必要とされる変化を維持できない。**

プロレタリアート**革命の指導者**は、**確固たる支配権**を握らなくてはならない。

憲法は社会の青写真と一致し、ブルジョアジーを排除する。

1917年の二月革命において、第一次世界大戦で疲弊したロシア兵たちは皇帝ニコライ2世をサンクトペテルブルクから追い出し、臨時政府への道を開いた。3月のニコライ退位後、自由主義者たちは、議会制民主主義への移行が見られるものと期待した。ところが、9月に帝政ロシアの将軍ラーヴル・コルニーロフが臨時政府の打倒を試みて失敗すると、当時フィンランドに亡命していたウラジーミル・レーニンが、その支持者であるボリシェヴィキたちを結集させるようになった。

ボリシェヴィキの権力奪取

レーニンは、十月革命で指導的役割を果たすという想定の下、ロシアに戻るべき時期が来たと考えた。共産主義の創始者であるドイツのカール・マルクスに影響を受け、レーニンは、「プロレタリア独裁」の思想を受け入れた。プロレタリア独裁とは、プロレタリアート(労働者階級)の権力は、ブルジョアジーが制定した法に制限されるべきではないとして付けられた名前である。

10月25日(グレゴリオ暦では11月7日)、ボリシェヴィキは権力を掌握し、すぐに赤軍とチェカを結成した。チェカはソ連秘密警察(KGB)の原点であり、無慈悲な執行機関だった。翌年の春、激しい内

参照：名誉革命とイングランドの権利章典（p102〜103） ■アメリカ合衆国憲法と権利章典（p110〜117）
■人権宣言（p118〜119） ■ヴェルサイユ条約（p192〜193）

戦が続くなかで、ボリシェヴィキは新たな憲法を制定した。この1918年の憲法を通じて労働者階級による統治が初めて認められると、ロシアは史上初の社会主義国家となった。

憲法

1918年に合意された憲法をレーニンが起草した際、それは抑制と均衡による安定性を確保するためのものではなく、社会を変える革命の青写真となることを意図して書かれた。

この憲法の目的は、「人間による人間の搾取の廃止、階級への社会の分裂の廃絶、搾取者に対する容赦のない抑圧、社会主義社会の樹立」に置かれていた。労働者と農民が同盟を結び、この同盟が評議会（ロシア全土に誕生した、労働者の代理人と兵士の代理人による会議）を通じて国を統治することになった。

当初、評議会はすべての人に開かれていたが、憲法は評議会をはじめとするすべての政府機関からブルジョアジーを排除した。また、（旧帝国軍率いる）反革命的な白軍への支持を禁じ、新たな赤軍への参加を労働者と兵士に義務付けた。

印象的なソ連のポスター。1917年の革命を祝って発行された。抑圧の鎖を打ち砕き、平和、自由、社会主義、民主主義を勝ち取ろうとする労働者が描かれている。

ボリシェヴィキの権力への傾倒は、内戦後も存続した。1918年の憲法では、皇帝の専制に代わり、ロシア共産党の前身による国家の専制が採用された。重要なのは、そこに個人の人権の保障が含まれていなかったことだ。

1917年に結成された全ロシア・ソビエト大会は、評議会の代議員のほか、選挙で選ばれた労働者、農民、兵士で占められていた。しかし実際には、この大会は党の傀儡に過ぎなかった。国家元首を選出し、法令を発するのは、「最高権力機関」である中央執行委員会だった。全ロシア・ソビエト大会選出の人民委員も同様に法令を発し、行政を注視した。

1918年のロシア憲法が提示した憲法の原則は、後年の共産主義世界全体で――具体的には、ベラルーシ、中国、キューバ、トルクメニスタン、北朝鮮、ベトナムなどで――採用された。この原則はまた、73年間にわたり、ソ連政府に必要な枠組みを提供した。◆

ウラジーミル・イリイチ・レーニン

ウラジーミル・レーニンことウラジーミル・ウリヤーノフは、1870年にシンビルスク（現ウリヤノフスク）で生まれた。兄は皇帝アレクサンドル3世の暗殺計画に関わったとして絞首刑に処されており、レーニンはこれを一因として革命を志すようになった。

フランス革命期の憲法、パリ・コミューン、カール・マルクスに触発され、レーニンはロシア革命の構想に取りかかった。革命を存続させるため、党の創設を決意した。「我々に革命家の組織を与えよ。さすれば、ロシアを転覆させてみせよう！」と1902年に彼は述べている。だが、ロシア社会民主労働党（RSDWP）は、強硬派のボリシェヴィキと穏健派のメンシェヴィキに分裂する結果となった。

レーニンの力強さと影響力あるリーダーシップによって、ボリシェヴィキは1917年末までにロシアで権力を握り、皇帝ニコライ2世は復権の可能性を断たれた。ボリシェヴィキはロシア共産党へ発展し、レーニンはソビエト連邦の初代元首を務めた後、1924年に死去した。

重要でない少数派のための
民主主義、金持ちのための
民主主義――それが
資本主義社会の
民主主義である。

ウラジーミル・レーニン
『国家と革命』、1917年

我々が望むのは公正な平和である

ヴェルサイユ条約（1919年）

背景

焦点
国際法

それ以前
1907年　イギリス、フランス、ロシアが三国協商として同盟を結び、中央同盟国であるドイツおよびオーストリア・ハンガリー帝国に対抗する。

1918年　ドイツとオーストリア・ハンガリー帝国が休戦に合意する。約900万人の軍人が殺害され、1,100万人の民間人が死亡して、戦いは終結する。

1918年　降伏後のドイツが、革命によって激しく揺さぶられる。

それ以後
1923年　新興のヴァイマル共和国（ドイツ政府）が、ハイパーインフレーションの重圧下で低迷する。

1929年～1933年　世界大恐慌の最中に、ドイツの失業者が600万人に急増する。

1933年　アドルフ・ヒトラーがドイツ首相として承認され、すぐにナチスの一党支配が始まる。

1919年6月28日、第一次世界大戦の戦勝国である連合国と敗戦国であるドイツ帝国の間で、ヴェルサイユ条約が調印された。その後14カ月間では、さらに4つの条約が、オーストリア、ブルガリア、ハンガリー、トルコと結ばれた。1923年にはトルコと、そして1925年にはドイツと、追加の条約が調印された。

ヴェルサイユ条約によって、ヨーロッパの地図は塗り替えられた。オーストリア・ハンガリー帝国とオスマン帝国は解体され、内戦に揺れていた旧ロシア帝国は著しく縮小された。

同時に、8つの新たな国家も建国された。チェコスロバキア、エストニア、フィンランド、ハンガリー、ラトビア、リトアニア、ポーランド、ユーゴスラビアである。

拘束されるドイツ人、ハインツ・ウェーヴァーによる1932年の抗議ポスター。ヴェルサイユ条約第231条でドイツのものとされた「戦争責任」の結果、重い賠償金に苦しむ同国の様子を描いている。

ヴェルサイユ条約は、イギリス、フランス、イタリア、アメリカの主導の下、27カ国が参加したヴェルサイユ講和会議の場で起草された。この会議に重要な推進力をもたらしたのは、アメリカ合衆国大統領ウッドロー・ウィルソンである。ウィルソンにとっての理想は、民主主義的で、開放的で、平等な、「自決」に基づく国際連盟（右の囲みを参照）により、平和で豊かな新しい世界が構築されることだった。

しかし、多民族から包括的な国民国家を生み出す困難さや、他の連合国による政治的要請を受けて、ウィルソンのヨーロッパに関する構想は形骸化していった。

ドイツへの懲罰

イギリス首相デイヴィッド・ロイド・ジョージとフランス首相ジョルジュ・クレマンソーは、「戦争責任条項」にこだわった。理屈は単純で、戦争に対して責

参照：ジュネーヴ諸条約（p152～155） ■ニュルンベルク裁判（p202～209）
■国際連合と国際司法裁判所（p212～219）

ヨーロッパ諸国が**第一次世界大戦によって弱体化**する。
大戦が再び起こることは**想定されていない**。

アメリカが世界の仲裁役として短期間浮上し、
民主主義と**国際連盟**を支持する。

フランスおよびイギリスが、**ドイツの力を削いで**再度戦争を始めることを
阻止しなければならない、**ドイツは自らが与えた損害の代償を**
払わなければならないと主張する。

ヴェルサイユ条約によって戦争は正式に終結し、**ドイツ**は**武装解除**、
領土の譲渡、連合国への**莫大な賠償金**の支払いを強いられる。

任があるのはドイツなのだから、ドイツが重荷を背負うべきだ、というものだ。こうしてヴェルサイユ条約は、ドイツに2つの大きな条件を課した。

最初の条件は金銭に関するものだった。ドイツは1,320億マルクの賠償金を支払うことになったが、これは約1500億マルクという膨大な戦債に上乗せされた額だった。ドイツはまた、鉄鉱石資源および石炭資源の大部分と、領土の13パーセントを譲り渡さなければならなかった。領土のこの部分には、ドイツ国民の10パーセントほどが居住していた。

さらに、ドイツは武装解除も求められた。1914年の時点で380万人強だった軍隊は10万人に削減され、海軍の大半とすべての大型商船も放棄するよう強いられた。ドイツ西部のラインラントは非武装地帯となり、連合国軍が治安を維持した。ドイツの海外植民地はすべて放棄された。

条約に調印させられたドイツは、屈辱と貧困に陥った。経済は破綻し、皇帝は亡命し、国民は飢餓に苦しんだ。当時でさえも認識されていたが、敗戦国の人々に対するこうした懲罰的要求は、敵意を引き起こすことにしかならなかった。

悲惨な結末

ドイツを罰したことで、平和条約の長期的な成功が大きく損なわれたのは明らかだった。世界恐慌によってドイツがさらなる経済的困窮に陥っていなければ、ドイツは復活し、ヒトラーを利することもなかったかもしれない。ヒトラーはヴェルサイユ条約から必然的に生じたわけではないが、ヴェルサイユ条約がなければ、ヒトラーの台頭は考えられなかっただろう。あらゆる戦争の終結を目的としていたヴェルサイユ条約が、結果的には、第二次世界大戦とホロコーストへの道を開くことになったのだ。◆

国際連盟

第一次世界大戦規模のいかなる紛争も今後は起こさないようにするという世界の決意は、1920年のジュネーヴにおける国際連盟の創設に象徴された。この連盟は、国家間の協力と安全保障を推進する国際権力となるはずだった。

ところが、国際連盟は発足当初から弱体化した。合衆国大統領ウッドロー・ウィルソンの発案であったにもかかわらず、孤立主義に回帰していたアメリカが参加を拒み、その創設は植民地支配を正当化しようという英仏の試みだとする認識が広がったことが原因だった。

やがて、国際連盟は善意ある無力な組織であることが明らかになった。その判断を強制するための効果的な手段はなく、集団的な行動指針が一致に至らないこともたびたびあった。1935年の最盛期にも、国際連盟は58の加盟国しか獲得できず、その多くは態度を決めかねていた。また、数年間しか参加しなかった国もあった。

1946年、国際連盟は正式に解散した。誤った第一歩だったかどうかはさておき、この連盟は、1945年の国際連合の原型となった。

これは平和などではない。
20年間の停戦というだけだ。

フェルディナン・フォッシュ元帥
フランスの将軍
（1851～1929年）

注意義務

ドナヒュー対スティーブンソン事件（1932年）

背景

焦点
不法行為法

それ以前
1842年 イギリスのウィンターボトム対ライト事件で、裁判官が、馬車提供者の整備怠慢によって負傷したとする馭者の請求を斥ける判決を下す。

それ以後
1943年 貴族院が、注意義務は事故を目撃して心に傷を負った人々には及ばないと裁定する。1982年のマクローリン対オブライアン事件では、そうした義務が認められる。

1951年 ある事件で、頭にクリケットボールが当たった女性に注意義務の原則が適用され、被告が予測すべきことが明確になる。

1970年 内務省の保護下にある少年犯罪者が起こした、ボート破損に関わる画期的な事件で、ドナヒュー対スティーブンソン事件が引用される。

他者の不注意と見なされることの結果として、**個人に損害が生じる**。

被告は、自らの行為によって**誰かを害する可能性を合理的に予見**できていた。

「**汝の隣人を愛せよ**」という原則は、
不注意な行為の影響を受けることになるすべての人に及ぶ。

被告に自らの行為の責任を課すのは、公正なことである。

1928年8月26日、メイ・ドナヒューは友人とスコットランドのペイズリーにあるカフェに立ち寄り、友人が2人分の飲み物を注文した。ドナヒューが受け取ったのはスティーブンソンのジンジャービールだった。このビールは茶色の不透明なガラス瓶に入っており、中の液体はよく見えなかった。ドナヒューはビールを注いで飲んだが、その際に、腐ったカタツムリが瓶から落ちてきたことに気づいた。ドナヒューは動揺し、その後すぐ病気になった。

カフェの所有者に非がないことは明らかだった。というのも、瓶は密閉された状態で製造者のデイヴィッド・スティーブンソンから届けられるため、所有者が中身を見ることはできなかったからだ。重要なのは、メイ・ドナヒューはスティーブンソンの顧客ではなかったということである。ドナヒューの友人が飲み物代

参照：ブラックストンの『釈義』（p109） ■ハドレー対バクセンデール事件（p148～149） ■労働者災害保険制度（p164～167）
■サロモン事件（p178～179）

不透明な色の瓶が、ドナヒュー対スティーブンソン事件の核心だった。そのため、カフェの所有者は目に見えないものに対して責任を負えないという事実に基づき、最終的な判決が下された。

を支払ったのだから、顧客はあくまでもこの友人だ。ドナヒューはスティーブンソンと契約を結んではいなかったため、当時の法律下では、病気に対する補償を受ける権利はなかった。いずれにせよ、ドナヒューはスティーブンソンを訴えた。そして1931年、事件は当時の英国最高裁にあたる貴族院に達した。

「汝の隣人を愛せよ」

翌年、アトキン判事は、ドナヒューを勝訴とした大多数の裁判官を代表して、スティーブンソンは同社の製品を飲んだ者への広範な注意義務を負うと述べた。損害賠償請求が行われる場合に重要なのは、ある人物が自らの行為によって他者を害する可能性を合理的に予見できていたか否かを立証することだった。「汝の隣人を愛せよ」という聖書の戒律からは、「私の隣人とは誰か？」という法的問題が提起されるとアトキンは述べた。さらに、個人は物理的に近しい相手のみならず、不注意な行為の影響を受けることになる相手をも考慮すべきだと言い添えた。他者に対する個人の義務――のちの名前でいう「注意義務」――を概説することで、アトキンは裁判所の裁定に役立つ基準を設け、この基準によって、ある人物が自らの不注意な行為の責任を負うべきか否かを判断しようとしたのである。メイ・ドナヒューのジンジャービールの事例では、こうした判断は簡単だった。スティーブンソンは世界に広く普及するような製品を製造したのだから、その製品に異物が混入した場合、消費者が被害を受けることは予見していたはずである。

> では、法において「私の隣人」とは誰なのか？
>
> **アトキン判事**
> 貴族院にて、1932年

ドナヒュー対スティーブンソン事件は、不法行為法の領域において重要な役割を果たした。不法行為法とは、安全な製品、清潔な環境、そして自身の財産や広範な経済的利益の保護に関する国民の権利に関して、その侵害に対する補償を扱うものである。この事件では、広い意味での注意義務、すなわち、医師と患者の関係、雇用者と被雇用者の関係、あるいは製造者とその製品購入者の契約といった状況のみに限定されない義務の存在が明確化された。

裁判所は後年、予見可能性や近接性などの概念をいっそう詳細に定義付けた。それに伴い、ドナヒュー対スティーブンソン事件は人身傷害法および消費者法における画期的な出来事と考えられるようになり、現代の過失法の基礎となった。◆

> その作業から生じるあらゆる瓶の中身の状態に関して……（被告に）責任を取らせるということは、理不尽も同然に思われる。
>
> **バックマスター判事**
> 判決への反対意見、1932年

武器は規制されなければならない

連邦銃器法（1934年）

背景

焦点
銃規制

それ以前
1791年　憲法修正第2条によって、自衛を理由に武器を携帯する権利が確認される。

1929年　「聖バレンタインデーの虐殺」で、シカゴのギャング7人が惨殺される。

1933年　ジュゼッペ・ザンガラが次期大統領ルーズベルトの暗殺を試みる。ザンガラはシカゴ市長のアントン・セルマックに致命傷を負わせ、銃規制への要求が高まる。

それ以後
1993年　アメリカで、銃器による年間の殺人件数が最多になる。同件数は1960年代に急増した後、1993年から2000年までは激減し、その後再び増加している。

2000〜2019年　全米での銃乱射事件により、合計710人が殺害される。

アメリカ合衆国憲法修正第2条には、「人民が武器を保有し、携帯する権利は、これを侵してはならない」と明記されている。この条文は、「規律ある民兵」を認めることにより、独立してまもない共和国の市民を攻撃から、場合によっては米国政府からも守るためのものである。以来、この権利は暴力の誘因なのか、あるいはアメリカの自由の礎なのかをめぐって激論が交わされてきた。

1875年および1886年には、最高裁判所が曖昧な判決を下したものの——どちらも実質的には修正第2条を緩和する内容だった——、1934年の連邦銃器法において、連邦政府は初めて銃規制法の制定を試みた。連邦銃器法は禁酒法の廃止直後に可決されたが、それは主に国民の不安に対処するためだった。犯罪者がアルコールを掌握するようになったこの時代には、ギャングの抗争に歯止めがかからない状態になっていたのだ。

連邦銃器法は2種類の武器、すなわち機関銃と銃身の短いライフルのみに適用された。ただし、どちらも禁止はされなかった。すべての販売に200ドルを課税し、負担をかけることで、銃を根絶しようという法だったからである。また、こうした武器の所有者は登録を義務付けられた。拳銃はこの法の対象外だった。

連邦銃器法の成果はまちまちだった。罰せられる人々の大半は順法精神のある人々であり、法の指示に背きがちな犯罪者を抑止する効果はほぼなかった。2008年、2010年、そして2016年と続いた最高裁判決でも、アメリカ社会におけるこの深刻なイデオロギー的分断を解決する術は提示されなかった。◆

アメリカ史上最悪の銃乱射事件は、2017年10月1日にラスベガスで発生した。スティーブン・パドックが音楽フェスティバルの会場で発砲し、58人を殺害、さらに413人を負傷させたのである。

参照：アメリカ合衆国憲法と権利章典（p110〜117）▪人権宣言（p118〜119）▪連邦最高裁判所と違憲審査（p124〜129）

民主主義から独裁政治へ

ニュルンベルク法（1935年）

背景

焦点
人種法

それ以前
1800年代半ば　北ヨーロッパの一部で、アーリア人種の純潔説が発展する。ユダヤ人、黒人、スラブ人は「劣等人種」と見なされる。

1930年　ナチスのアルフレート・ローゼンベルクが『二十世紀の神話』を著し、ユダヤ人迫害を哲学的に正当化しようと試みる。

それ以後
1938年　11月9日から10日のクリスタルナハト（「割れたガラスの夜」）で、民兵組織に統率された反ユダヤ主義暴動がドイツ全土で起こる。3万人のユダヤ人が逮捕される。

1939～1945年　アクツィオンT4（「T4作戦」）が一部のドイツ人医師に対し、奇形者、身体障害者、精神障害者への強制安楽死の施行を許可する。

ナチスがユダヤ人への人種差別を行っていることは、アドルフ・ヒトラーが首相に就任する1933年1月以前から明らかだった。ユダヤ人は、人種的純潔性を汚すウンターメンシュ（劣等人種）と見なされていた。1930年代初頭には、ドイツからの駆逐を目的として、ユダヤ人は罪を負わされ、虐待を受けた。そして1935年には、人種差別が立法化された。

ニュルンベルク法には2つの法があった。「ドイツ人の血と名誉を守るための法律」と「帝国市民法」である。これらは、1933年以降に可決された多数の反ユダヤ法令よりいっそう踏み込んだもので、ユダヤ人の官職からの追放や、主要な職業への参加の制限などが定められた。

ドイツ人の血と名誉を守るための法律では、ユダヤ人とドイツ人の結婚を禁じ、「婚外」関係を結ぶことも同様に違法とした。ユダヤ人はまた、45歳未満のドイツ人女性を家事使用人として雇うことができなくなった。帝国市民法では、人種的アイデンティティに関する一連の複雑な定義が定められた。ユダヤ人の血が8分の1以下の者は、ドイツ人であり帝国の市民であると判断された。ユダヤ人の血が4分の3流れているか、あるいはユダヤ人の血だけが流れている者は、すべての権利を奪われた。その中間の者は帝国市民とされたが、ドイツ民族の一員とは認められなかった。ニュルンベルク法は、1941年に承認される「最終的解決」へ向けた重要な足掛かりとなった。ヨーロッパのユダヤ人は、もはや犠牲となるべき存在ではなく、絶滅させられるべき存在となったのだ。◆

> **我々が実行してきたすべてのことは、ニュルンベルク法に由来する。**
>
> **ラインハルト・ハイドリヒ**
> ナチス親衛隊員
> （1904～1942年）

参照：ジュネーヴ諸条約（p152～155）■ニュルンベルク裁判（p202～209）■ジェノサイド条約（p210～211）■世界人権宣言（p222～229）

第 5 章

新たな国際秩序

1945年～1980年

1945年

国連憲章が世界平和の促進と人権の保護を目指す。

1945年

1923年に設立された国際刑事警察機構が活動を再開する。1956年に**インターポール**に改称される。

1945年

ドイツの**ニュルンベルク**に、ナチスの指導者を戦争犯罪と人道に対する罪で裁くための国際法廷が設置される。

1948年

国連が**世界人権宣言**を採択する。

1948年

国連が**ジェノサイド条約**を採択し、ジェノサイドを国際法の下で犯罪とする。

1950年

欧州人権条約が、人権保護を目的とした最初の強制力のある国際条約となる。

1952年

欧州連合（EU）の先駆けである欧州石炭鉄鋼共同体を補佐するため、**欧州司法裁判所**が設立される。

1962年

1952年に結成された北欧理事会が**ヘルシンキ条約**を通過させ、スカンジナビア諸国の統合が促進される。

第二次世界大戦後の数十年間で、世界の政治的展望や国際協力に対する姿勢には劇的な変化が見られた。一世代も間を置かずに起きた2度の悲惨な世界紛争は、いまだかつてない平和と正義への要求を生み出し、ナチスのホロコーストは、国際法整備の必要性を浮き彫りにした。しかし、対立する東側と西側のイデオロギーが「冷戦」という長い影を投げかけ、核兵器の脅威によっていっそう不穏さが高まるまで、それほど時間はかからなかった。

第一次世界大戦の終結後には、国際連盟をはじめとする真の国際組織の設立が試みられた。しかし、これらの試みは、経済的・政治的動乱に世界的な大恐慌とナチス・ドイツの台頭が重なった時代の空気のなかで、結局失敗に終わった。それでも、第二次世界大戦の終わり頃には、国際的なリーダーたちがそうした組織の構想に積極的になり、1945年10月に国際連合が設立された。

報復と制度

この戦争の直後には、ホロコーストに代表されるナチスの大規模な残虐行為を受けて、強力な国際的対応が図られた。まずは、生存しているドイツの軍事的および政治的指導者を裁くため、一連の軍事裁判が設立された。これらの裁判は1945年から1946年にかけてニュルンベルクで開かれ、アメリカ、イギリス、ソビエト連邦（ソ連）、フランスから判事団が集まった。ニュルンベルクでの裁判は、この種の国際軍事裁判として最初のものであり、3種類の罪を新たに定義するものだった。その3種類とは、平和に対する罪（理不尽な戦争の開始など）、戦争犯罪（1899年および1907年のハーグ条約に定められた、戦時国際法への違反など）、そして人道に対する罪（大量殺人、強制労働、宗教的迫害など）である。

国連は1946年にジェノサイドを犯罪として認定し、1948年に非合法化した。同じく1948年には、その方針を世界人権宣言という一般的な声明文にまとめた。それから数年も経たないうちに、国連は多数の国際機関を通じて、世界の主要国を団結させた。

2度の世界大戦の破壊行為から多大な被害を受けていたヨーロッパでは、平和的協力への要求が広がった。とりわけ強く望まれたのは、産業の再建と経済再生の促進である。第一次世界大戦後のドイツに課された懲罰的解決の顚末からは、いくつかの教訓が得られていた。報復に代わる和解、特にフランスとドイツ間での和解は、新たな欧州機関の創設につながった。

欧州評議会の加盟12カ国は、1950年

1963年

アメリカ、ソ連、イギリスが、核軍縮へ向けた第一歩となる**部分的（限定的）核実験禁止条約**に調印する。

1964年

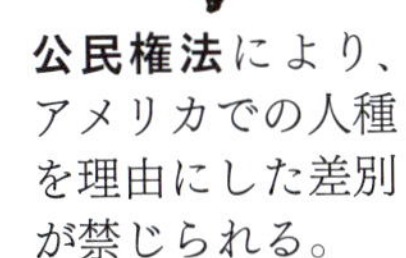

公民権法により、アメリカでの人種を理由にした差別が禁じられる。

1966年

ミランダ対アリゾナ事件において、連邦最高裁判所が、警察に身柄を拘束されている容疑者は黙秘権について通知されなければならないと裁定する。

1966年

世界人権宣言を補足するために、**市民的及び政治的権利に関する国際規約**（ICCPR）が起草される。

1969年

カリフォルニア州が**離婚に破綻主義**を導入する。

1970年

アメリカで組織犯罪に立ち向かうため、**連邦証人保護プログラム**が導入される。

1973年

ロー対ウェイド事件で、最高裁判所が、アメリカにおける女性の中絶に関する法的権利を支持する判決を下す。

1973年

アメリカ政府が、**絶滅危惧種法**を導入する。

に人権条約に合意した。のちに欧州連合（EU）へと成長する欧州石炭鉄鋼共同体は、1952年に欧州司法裁判所を設立した。同様の協調精神を通じて、1952年には北欧理事会が創設された。その10年後、北欧理事会はヘルシンキ条約に合意し、スカンジナビア諸国のいっそう緊密な統合に道を開いた。これとは著しく対照的に、「鉄のカーテン」の両側では――すなわち、ソ連とその同盟国と中国からなる「共産主義」圏側と、アメリカおよび資本主義的な西側諸国側では――緊張が高まっていた。どちらの陣営も核兵器の備蓄を増強し、1962年のキューバ・ミサイル危機で事態は山場を迎えた。その結果、核兵器の拡散を制限する国際的協議が始まり、1963年には部分的（限定的）核実験禁止条約として実を結んだ。

社会変革

アメリカを中心とする国々では、人権を推進し保護するための国際的努力だけでなく、法的補強を伴った社会変革を求める運動も高まりつつあった。公民権運動は、差別的な「ジム・クロウ」法に対するアフリカ系アメリカ人の怒りから生じ、最終的に1964年の公民権法に結びついた。また、フェミニズムの台頭によって女性の権利も否応なく課題となり、中絶や離婚などの問題を扱う法に変化がもたらされた。

さらに、自然に対する人間の干渉の影響がますます明らかになってくると、環境問題への関心も高まった。1973年には、「絶滅のおそれのある野生動植物の種の国際取引に関する条約（CITES）」および「絶滅危惧種法」が制定された。これらの法では、自然界を保護することの必要性が呼びかけられていたが、生物多様性の損失が生態系に及ぼしうる深刻な影響についてはまだ言及されていなかった。◆

新たな悪は、新たな解決策を必要とする

ニュルンベルク裁判（1945年～1949年）

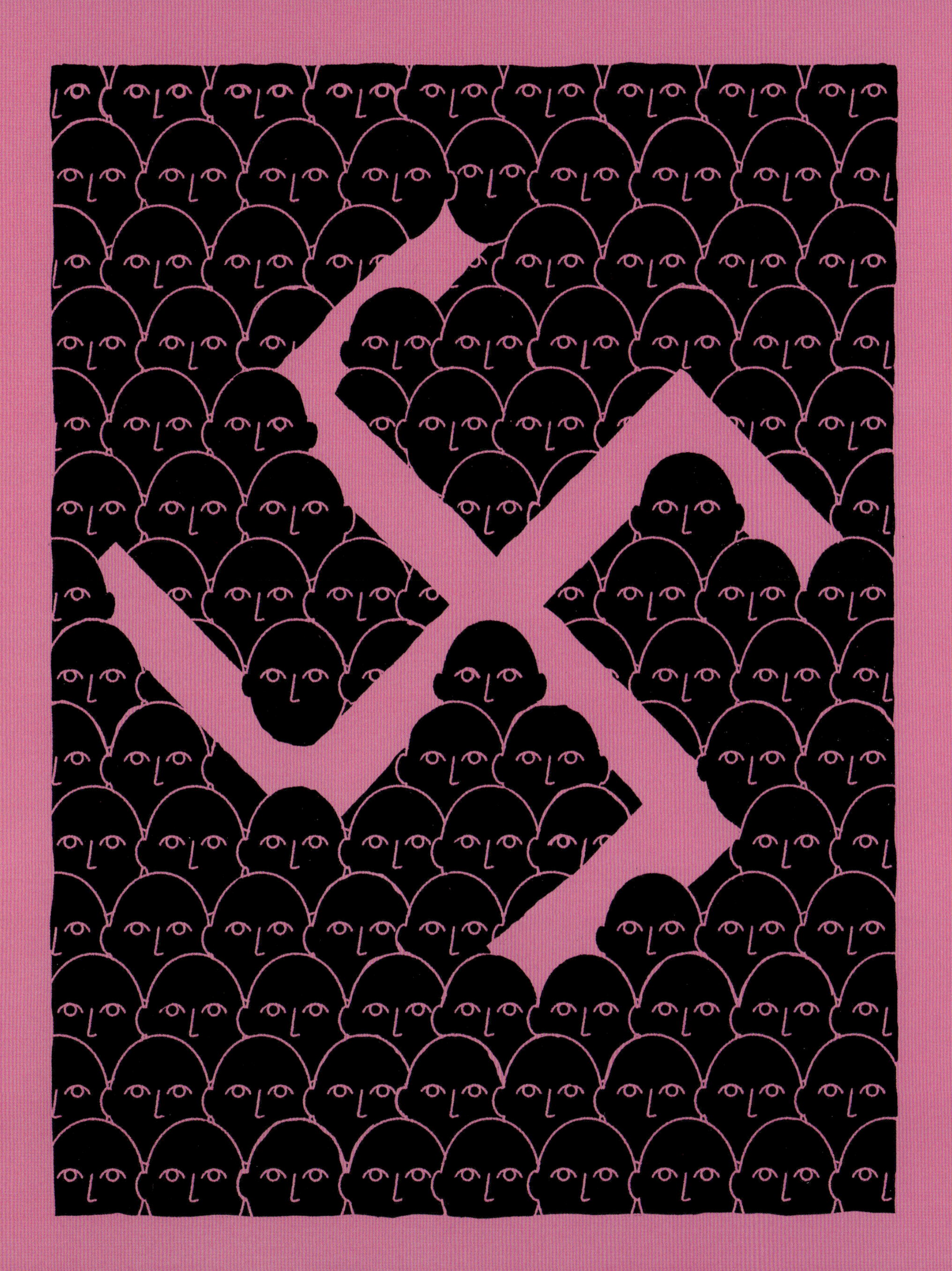

背景

焦点
軍事法

それ以前
1474年 ブルゴーニュ地方の騎士ペーター・フォン・ハーゲンバッハが指揮官として初めて、戦争犯罪で有罪となる。

1920年 国際連盟が、最初の国際裁判所である常設国際司法裁判所（PCIJ）を設立する。

1943年 連合国の指導者たちが、ナチスの戦争犯罪者を裁判にかけることを決議する。

それ以後
1961年 ナチスのアドルフ・アイヒマンがアルゼンチンで捕らえられ、エルサレムで裁判にかけられて処刑される。

1987年 クラウス・バルビーがユダヤ人を強制移送した罪で裁判にかけられ、有罪となる。

2017年 旧ユーゴスラビア国際刑事裁判所が、ユーゴスラビア大統領スロボダン・ミロシェヴィッチ、ラドヴァン・カラジッチ、将軍ラトコ・ムラディッチに有罪を宣告して閉廷する。

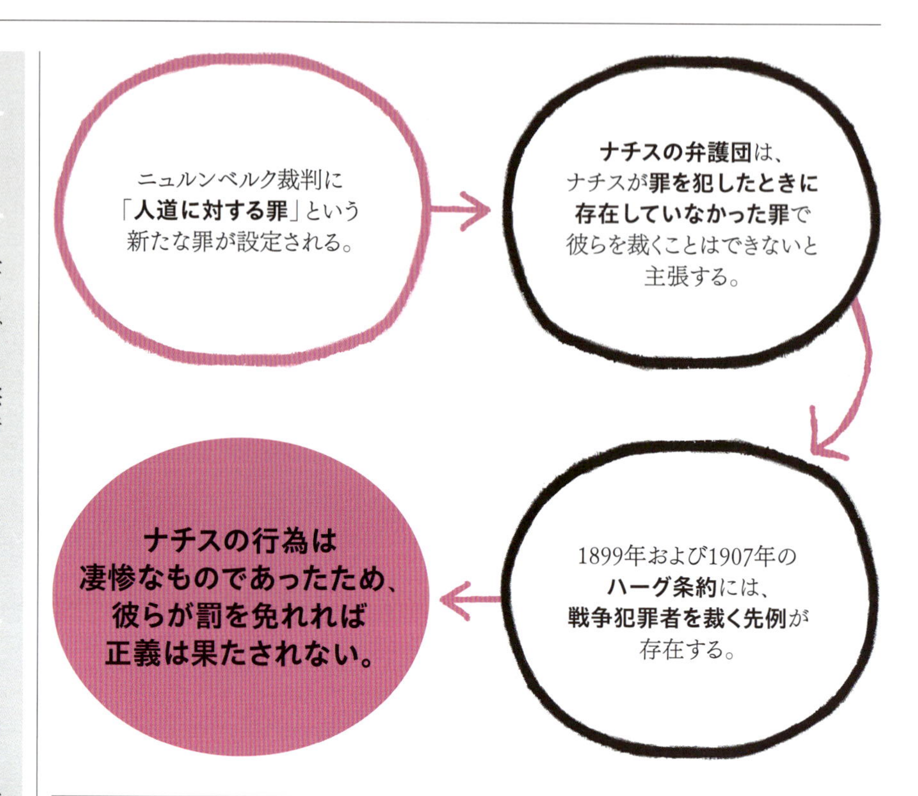

ニュルンベルク裁判とは、1945年から1949年にかけて、ドイツのニュルンベルクで行われた一連の13件の訴訟である。その目的は、第二次世界大戦後、敗戦したナチス政権の指導者たちを国際的に認められた裁判にかけることだった。同様の裁判は以降も行われ、日本の戦争指導者たちに対する一連の裁判が東京で開かれるなどしたが、ニュルンベルク裁判はその先例となった。

被告人の一人であるナチスの指導者ヘルマン・ゲーリングは、ニュルンベルク裁判を「勝者の裁き」だとはねつけた。しかし、国際司法制度を確立するうえで、この裁判は重要な転換点となった。国境を越えて集団殺害罪や人道に対する罪に取り組む先例を示し、戦争挑発や残虐行為に対する勝利の象徴となった。

近づく報復

第二次世界大戦の終結前から、連合国の指導者たちは、ナチスの指導者たちの処遇について議論を始めた。多くの苦しみや死を引き起こした者たちに正義と罰をもたらしたいという要求が広がった。

さらに強く訴えられたのは、恐ろしいホロコーストに対する報復の必要性である。ナチス支配下でユダヤ人が凄惨な運命をたどった証拠が明らかになると、連合国は、1943年に発表された4部構成のモスクワ宣言に基づいて、ナチスの責任者を処罰することを決議した。モスクワ宣

戦争末期にナチスの強制収容所で発見された生存者たち。 痩せ衰えた彼らの姿は、ホロコーストの立案者を罰するべきだという議論に火をつけた。

参照：ジュネーヴ諸条約（p152〜155）■ハーグ条約（p174〜177）■ジェノサイド条約（p210〜211）■国際連合と国際司法裁判所（p212〜219）■世界人権宣言（p222〜229）

言の文書の一つである「残虐行為に関する宣言」は、アメリカ合衆国大統領フランクリン・D・ルーズベルト、イギリス首相ウィンストン・チャーチル、ソ連首相ヨシフ・スターリンによって署名された。この宣言は、ドイツ人たちを彼らの犯罪の現場へと引き戻し、裁き、ふさわしい罰を与えることを決定したものであった。

裁判か処刑か？

チャーチルは、彼が考えるところの「見せしめ裁判」になる事態を避けるため、高官の即時射殺を支持した。一方で、ロシアは物事を正しく進めようとした。チャーチルはこう書いている。「U.J.（「アンクル・ジョー」、つまりスターリンのこと）は、予想外にも、極めて立派な方針を選んだ。裁判なしの処刑はあってはならない。そうでなければ、我々は裁判を恐れていると世界から言われるだろう」

1945年4月のルーズベルトの死後、アメリカはロシアに同調するようになったが、アメリカ陸軍次官補のジョン・マクロイも驚きを隠せなかったように、イギリスはこれに反対した。とはいえ最終的にはイギリスも賛成し、主要な人物を裁判にかける場所としてニュルンベルクが選ばれた。その理由は、整備された裁判所や刑務所施設があったこと、そして、ヒトラーが自身最大の集会をここで開いていたことだった。残虐行為をはたらいたヒトラー政権を罰する裁判において、後者は象徴的かつ影響力のある事実だった。

新たな裁判所、新たな罪

法廷は、1945年8月8日にアメリカ、イギリス、ソビエト連邦（ソ連）、フランスの4大連合国によって署名されたロンドン憲章に基づき、国際軍事裁判として設置された。そこに陪審はいなかったが、裁判官および検察側には国家の代表者が公平に存在することになっていた。アメリカの検察官ロバート・H・ジャクソンとイギリスの検察官ハートリー・ショークロス卿は、被告人に対して容赦ない反対尋問を行うことで有名になった。被告側は主にドイツの弁護士で占められていた。

13件の各裁判において、裁判官、検察官、被告人は、英語、フランス語、ドイツ語、ロシア語という4つの異なる言語を話した。すべてを書面で4通りに翻訳していると、進行が劇的に遅れてしまうため、初めて4カ国語での裁判が行われ、同時通訳者がヘッドホンを通じて全参加者に内容を伝えた。

どの通訳者も、発言を聞き取ってすぐ対象言語へ訳さなければならなかった。つまり、4カ国語それぞれに関して、他

> （ナチスは）
> 彼らが華やかさと権力を誇った時代には、決して誰にも認めなかったような裁判を受けたのである。
>
> **ロバート・H・ジャクソン**
> 検察の最終弁論、1946年7月26日

ロバート・H・ジャクソン

ロバート・H・ジャクソンは1892年にペンシルベニア州の農場に生まれ、ニューヨークで育った。歴史上でも特に有名な連邦最高裁判事に成長し、連邦政府機関の行き過ぎを取り締まる法規範を熱心に擁護した。法律の学位を取得せずに最高裁に仕えた最後の人物の一人である。最高裁の一員になる以前は、米国訟務長官と米国司法長官を兼任していたという珍しい経歴を持つ。

ジャクソンは最高裁判事として、戦時における日系アメリカ人の抑留や人種隔離に異議を唱えた。その一方で、共産主義的な陰謀者に関しては、言論と移動の自由という憲法上の権利による保護は彼らには与えられないとした。ニュルンベルク裁判の米国主任検事を務めたことで最もよく知られ、その鋭い尋問の手法で大きな影響を及ぼした。1954年、ワシントンDCで死去。

の3カ国語に通訳する人間が1人ずつ必要だったということだ。極めて悲惨なものとなりがちな証言を瞬時に伝える通訳者にかかるストレスは大きく、裁判中に交代を余儀なくされる人もいた。また、プレッシャーをかけられて誤訳が起こりやすくなることや、通訳者が故意または不注意によって陳述に独自の見解を加えてしまうことなどから、この制度を批判する声もあった。一方で、法律家たちは、反対尋問を受ける被告人に貴重な思考時間を与えてしまうという点から、同時通訳の進め方に不満を述べた。しかし、この制度は結局成功を収め、ニュルンベルク裁判以来、国際裁判の標準となっている。

ロンドン憲章では、3種類の犯罪が新たに定義された。1つ目は平和に対する罪であり、要約すると、侵略戦争を計画して開始することと定められた。2つ目は戦争犯罪であり、民間人および捕虜の待遇に関して戦争の条約に違反することと定義された。そして最後に人道に対する罪があり、ここには殺人、強制労働、民間人の強制移送のほか、政治的、宗教的、または人種的理由による迫害が含まれた。

裁判中、検察官は、ポーランドの弁護士ラファエル・レムキンが1944年に生み出した言葉を用いて、ナチスによる人道に対する罪を「ジェノサイド」と認定した。この言葉はホロコーストを含め、民族や宗教によって定義された国民や集団が殲滅させられるという歴史的事例へのレムキンの反発を表していた。国連は1948年の「集団殺害罪の防止及び処罰に関する条約」でジェノサイドを違法化し、この条約はニュルンベルク裁判終了後の1951年に発効した。

帝国元帥のヘルマン・ゲーリングは、ヨーロッパのユダヤ人人口を殲滅させるための計画、いわゆる「最終的解決」の実行の背後にいた。

被告人

1945年10月、24名のナチス指導者とゲシュタポを含む複数のナチス組織が起訴され、「主要戦争犯罪裁判」と呼ばれる主要法廷への出廷を命じられた。首謀者のなかには――有名なのはアドルフ・ヒトラー本人、ハインリヒ・ヒムラー、ヨーゼフ・ゲッベルスなどだが――、行方不明になっている者、戦争終盤に自殺した者、手がかりを残さずに逃亡した者もいた。

この法廷では、1899年および1907年のハーグ条約で概念として定められた「指揮官責任」の原則に基づき、軍隊が犯した罪でその指揮官を裁判にかけることは正当だと考えられた。万人が認めていたわけではないが、これには先例も存在した。第一次世界大戦後の1921年、ドイツ大審院はドイツの大尉エミール・ミュラーに対し、彼の軍隊がフラヴィ・ル・マルテル捕虜収容所で残虐行為を行ったとして、指揮官責任の原則に基づき有罪を言い渡した。

ニュルンベルク裁判の被告人のうち最も注目されたのは、ヘルマン・ゲーリングであった。ゲーリングは元空軍総司令官で、「ユダヤ人問題の最終的解決」と呼ばれる大量殺人計画の実行責任者でもあった。堂々として悪びれるところがな

裁判にかけられたナチスの指導者には、（被告人席の前列左から）ヘルマン・ゲーリング、ルドルフ・ヘス、ヨアヒム・フォン・リッベントロップ、ヴィルヘルム・カイテル、エルンスト・カルテンブルンナーなどがいた。

国際軍事裁判の構造

参加者		フランス人	イギリス人	アメリカ人	ソビエト人
裁判官	主任	アンリ・ドヌデュー・ド・ヴァーブル教授	控訴院裁判官 サー・ジェフリー・ローレンス大佐	フランシス・ビドル	イオナ・ニキチェンコ少将
	代理	ロベール・ファルコ	ノーマン・バーケット卿	ジョン・J・パーカー	アレクサンドル・ヴォルチコフ中佐
主席検察官		フランソワ・ド・マントン（のちにオーギュスト・シャンプティエ・ド・リブに交代）	法務長官 ハートリー・ショークロス卿	連邦最高裁判事 ロバート・H・ジャクソン	中将ローマン・アンドリョヴィチ・ルデンコ
弁護人		大半はドイツ人 オットー・シュターマー（ヘルマン・ゲーリングを担当）、ハンス・フレクスナー（アルベルト・シュペーアを担当）、ギュンター・フォン・ロールシャイトおよびアルフレッド・ザイドル（ルドルフ・ヘスを担当）、ルドルフ・メルケル（ゲシュタポを担当）など、各被告人に1人ずつ担当者がついた。			

く、とんでもない嘘をつき、あらゆる戦争指導者が自国を確実に存続させるために行うことをナチス指導部も行ったに過ぎない、と主張した。

一方、ヒトラーの軍需大臣を務めていたアルベルト・シュペーアは魅力的で愛想が良く、法廷から求められる情報すべてを巧みに提供した。ナチスが犯したテロ行為をひたすら謝罪し、わかりやすく誠意を示した。そのためゲーリングとは異なり、懲役20年の判決を言い渡され、死刑を免れた。実際にはシュペーアの関与が深かったことが明らかになったのは、その後のことである。

法的抗弁

ナチスの指導者たちは、いくつかの抗弁を利用しようと試みた。1点目に、自分たちが問われている罪は事後法、または遡及法にあたると主張した。つまり、その犯罪が行われた後かなりの時間が経ってから、初めてロンドン憲章が裁判の指針を設け、その犯罪を犯罪として認定したに過ぎない、というのだ。2点目に、裁判は不公平で、連合国がドイツにもたらした勝者の裁きそのものであり、連合国軍が行った同様の犯罪は無視されているとした。そして3点目に、自分たちは命令に従って行動していただけだと述べた。

法廷では、特定の戦争手法を禁じた1899年および1907年のハーグ条約が定める戦争犯罪の先例に倣い、事後法にあたるとの主張が斥けられた。平和に対する罪に関しては、1928年のケロッグ・ブリアン条約（パリ不戦条約）が引用された。この条約は、戦争の遂行によって紛争解決を試みないという調印国同士の約束であった。しかし重要なことは、たとえ法律上の先例が存在しなかったとしても――人道に対する罪などがそうであるように――、ナチスの犯罪はあまりにも恐ろしく、彼らが罰を免れれば正義は果たされないと論じられたことだった。

有罪宣告と処刑

最終的に、この法廷では、被告人24名のうち3名を除く全員が有罪となった。そのうち12名は死刑を宣告され、残りの被告人には懲役10年から終身刑に及ぶ刑が言い渡された。1946年10月16日、死刑囚のうち10名が刑務所の体育館に連行され、絞首刑に処された。絞首台へ導かれる際、フリッツ・ザウケルは「私は無実の罪で死ぬのだ！　判決は誤りだ！」と叫んだ。

ヘルマン・ゲーリングは、処刑が予定されていた日の前夜にシアン化物の錠剤を飲んで自殺を図り、運命を逃れた。12人目の被告人にして、戦争末期にヒトラーの最側近だったマルティン・ボルマンは、欠席裁判にかけられて有罪となった。南米に逃亡したものと長年考えられていたが、1970年代にベルリンの廃墟で骸骨が掘り起こされ、1998年のDNA型鑑定の結果、それがボルマンのものであることが確認された。

継続裁判

主要戦犯の裁判の後、ニュルンベルクでは1946年12月から1949年4月にかけて、一連の継続裁判が行われた。ただし、連合国の不和の拡大によって協力が損なわれていたため、これらの裁判は——同じ場所で開かれてはいるものの——国際法廷ではなくアメリカ軍事法廷で扱われた。この法廷においては、捕虜に人体実験を行った医師や、強制労働を利用した実業家が裁きを受けた。全体では、185人以上が起訴され、12人が死刑を宣告された。

一方、日本では1946年4月から1948年11月の間に、日本軍の指導者28名が別の国際法廷による裁判にかけられた。日本が降伏して第二次世界大戦が終結した1945年9月、アメリカのダグラス・マッカーサー元帥は日本の指導者を逮捕し、裁判の手続に取りかかった。翌年1月、マッカーサーは極東国際軍事裁判憲章、通称「東京憲章」を承認した。ロンドン憲章と同様に、この憲章は裁判のあり方を提示するものだった。

東京憲章では、ニュルンベルクと類似の制度が規定され、犯罪が3つの区分に大別された。戦争のかじ取りをした日本の最高指導者は、平和に対する罪（A級）を問われた。それより下位の指導者は、戦争犯罪と人道に対する罪（B級とC級）を問われた。しかし、ニュルンベルク裁判とは異なり、B級犯罪とC級犯罪のいずれかで起訴される場合、個人はまず平和に対する罪を問われることが条件付けられた。

重要な違いはもう一つある。ニュルンベルク裁判が4カ国で行われたのに対し、東京での裁判には11カ国の代表者が参加したことだ。オーストラリア、カナダ、中国、フランス、イギリス領インド、オランダ、ニュージーランド、フィリピン、ソビエト連邦、イギリス、そしてアメリカからも——いずれも日本の戦争に巻き込まれた国々だ——、裁判官と検察官が派遣された。

2年後、裁判にかけられた日本の指導者28名は全員有罪となった。7名は死刑を言い渡され、絞首刑に処された。残りは長期の実刑判決を受けた。

余波

ニュルンベルク裁判とその関連裁判は、多くの人々にとって、気力を奪われる経験となった。すべての参加者は、何週間にもわたり、ドイツの恐ろしい犯罪が展開されていく様子に耳を傾けなければならなかったからだ。

一部の人々は、これこそが勝者の裁きであると繰り返し主張した。まもなく明らかにされたように、ソビエトは1940年にカティンで捕虜となっていたポーランド将校22,000人を虐殺した。連合国はハンブルクやドレスデンをはじめとするドイツの都市を爆撃し、何十万人ものドイツ民間人を殺害した。当時の連邦最高裁主席判事だったハーラン・ストーンは、ニュルンベルク裁判全体が「独善的な欺瞞」であり、「高級な集団リンチ」であると述べた。

こうした批判にもかかわらず、しばらく経つと、ニュルンベルク裁判は重大なことを成し遂げたのだという考えが広まった。ニュルンベルク裁判が行われたこ

なぜ我々を
ただ射殺しないのか？

無名のナチスの戦犯
（1946年）

合計で419名の証人が、極東国際軍事裁判で証言を行った。ここに写っている3人の被告人は、大将の松井石根、大佐の橋本欣五郎、大将の土肥原賢二である。

とで、ナチス政権による多くの犯罪が公式に記録された。また、開戦の責任は誰にあるのかという疑問を抱く人はいなくなった。しかし、重要なのは、ニュルンベルク裁判が法の支配の重要性を再認識させるものであったこと、そして、武力行使ではなく法的手段による紛争解決の先例となったことだった。この裁判は、国際連合の創設と並び、戦争行為ではなく国際協定の下にある未来の世界を築くという決意の一端だったのだ。

遺産

ニュルンベルク裁判の主席検察官ロバート・H・ジャクソンいわく、重要なのはナチス指導者個人の運命ではなく、法を最終的な裁定者として肯定することだった。1948年、ジェノサイド条約がジェノサイドを違法化し、世界人権宣言が国際連合によって採択された。翌年の1949年にはジュネーヴ諸条約が定められ、戦時の人道的待遇に関する従来の基準が更新された。

ニュルンベルク裁判に続く国際刑事裁判所の創設を求める訴えは、意見の対立に見舞われた。最終的には2002年にオランダのハーグに設立されたが、アメリカ、中国、イラク、インド、イスラエル、リビア、カタール、イエメンなどの国々からは同意を得られなかった。現在までに、ハーグ裁判所では8人が裁判にかけられて有罪となり、4人が無罪判決を受けた。

ハーグはまた、旧ユーゴスラビア国際刑事裁判所（ICTY）が置かれていた場所でもあった。ICTYは、ユーゴスラビア紛争中に行われた重大な戦争犯罪の訴追を目的として、1993年に国連によって設立された。この法廷では80人以上が有罪を宣告されており、そのなかには、元セルビア大統領スロボダン・ミロシェヴィッチ、元スルプスカ共和国大統領ラドヴァン・カラジッチ、ボスニア系セルビア人司令官ラトコ・ムラディッチなどが含まれていた。

ニュルンベルク裁判で打ち立てられた法的原則は、悲惨な戦争犯罪やジェノサイドからいまだ一般市民を守り切れてはいない。多くの恐ろしい人間が、罰せられることも、記録されることもないまま、野放しにされている。また、主要国がその犯罪に関して、こうした国際法廷または国際裁判所の厳しい調査を受け入れる可能性は今後も低いと考えられる。それでも、戦争犯罪の処罰に必要な国際的・法的解決策を見出すという原則は確立されたと見られ、ニュルンベルク裁判で定められた犯罪の3種類の区分——平和に対する罪、戦争犯罪、そして人道に対する罪——は、正義の追求の中心に据えられている。◆

> **全人類のための国際的なマグナ・カルタ**
>
> **エレノア・ルーズベルト**
> 世界人権宣言の起草委員会委員長
> （1884～1962年）

ペーター・フォン・ハーゲンバッハ

戦争犯罪で有罪となった最初の指揮官は、ブルゴーニュの騎士ペーター・フォン・ハーゲンバッハであった。1420年頃に生まれたフォン・ハーゲンバッハは、現在のフランス・ドイツ国境に位置する上アルザス地方の代官で、1469年から1474年にかけ、残虐行為を伴う暴動を主導。あまりの蛮行だったため、神聖ローマ帝国全土の裁判官28名による法廷が招集され、殺人やレイプなどの罪で裁判にかけられた。フォン・ハーゲンバッハは、自分はブルゴーニュ公シャルル勇胆公の命令で行動しただけだと弁明、「命令に従って行動した」という抗弁が戦争犯罪者によって使用されるのはこれが初めてのことで、以来後を絶たない。

この抗弁は斥けられ、フォン・ハーゲンバッハは殺人、レイプ、偽証の罪で有罪判決を受け、1474年に斬首された。現代の学者の間では、これは単なる見せしめ裁判で、シャルル勇胆公の評判を落とすことが目的だったのでは、という指摘もある。とはいえ、フォン・ハーゲンバッハが恐怖支配を行ったことは、ほぼ間違いないようだ。

ジェノサイドは人道法違反である

ジェノサイド条約（1948年）

背景

焦点
国際法

それ以前
1899年　適切な戦争行為の実施に関するハーグ第一条約が締結される。

1915年　トルコ人によるアルメニア人へのジェノサイドが始まり、150万人近くが殺害される。

1942年　ナチスがヴァンゼー会議において、「最終的解決」の詳細に合意する。

それ以後
1993年　旧ユーゴスラビアでの犯罪を調査するため、国連が旧ユーゴスラビア国際刑事裁判所（ICTY）を設置する。

1995年　国連のルワンダ国際刑事裁判所（ICTR）が、1994年のルワンダでのジェノサイドについて調査を開始する。

2018年　国連が、ロヒンギャ、ヤジディ、シリア人などに対する残虐行為に言及し、ジェノサイドは依然として「脅威であり現実」であると警告する。

歴史には、常に大量殺人という悲劇的な側面が存在してきたが、第二次世界大戦におけるジェノサイドは恐ろしい規模に到達し、ドイツは約600万人のユダヤ人のほか、多くのロマなどを産業的効率で殺害する「ホロコースト」を行った。戦後、こうした残虐行為を前に、法規範を回復しようとする強い動きが起きた。ナチス指導者を裁判にかけるため、1945年、国際軍事裁判所憲章が定められた。この憲章によりニュルンベルク裁判の枠組みが設けられ、人道に対する罪の容疑が認定された。

ナチスの犯罪はとてつもない規模で、それを定義するにはまったく新たな仕組みが必要だった。また、これは個人による犯罪ではなく、国家全体による犯罪だったことから、責任者を正しく特定する手段を見つけることが極めて重要になった。

国際法

1946年、国際連合（UN）は、ジェノサイドを犯罪として認める決議を可決、2年後には「集団殺害罪の防止及び処罰に関する条約」（通称「ジェノサイド条約」）を採択し、条約は1951年に発効した。

土台作りの大半を担ったのは、ホロコーストを逃れアメリカに渡ったラファエル・レムキン博士であった。1944年、レムキンは、ナチスによる占領の体験談である『占領下のヨーロッパにおける枢軸国の統治』を出版。イギリス首相ウィンストン・チャーチルは、1941年のBBC放送で「我々は名前のない犯罪に直面し

20世紀以前、**集団を標的とした大量殺人**は
国際法上の**犯罪として認められていない**。

ホロコースト後の
ニュルンベルク裁判で、
こうした犯罪を**定義して名前をつける必要性**が明らかになる。
そうすることで、
犯人の起訴にもつながる。

1948年、国連は、
ジェノサイドを定義し、**防止**し、
罰するための条約を採択した。

参照：人権宣言（p118〜119）■ジュネーヴ諸条約（p152〜155）■ハーグ条約（p174〜177）
■ニュルンベルク裁判（p202〜209）■世界人権宣言（p222〜229）

ラファエル・レムキン博士、ポーランド系ユダヤ人の国際弁護士。第二次世界大戦後、ジェノサイドに関する国際立法を求めて精力的な運動を行った。

ている」と述べていた。レムキンは、それを「ジェノサイド」と命名したのだ。

ジェノサイド条約第2条によれば、ジェノサイドは以下のように定義される。「国民的、民族的、人種的または宗教的集団の全部または一部を破壊する意図をもって行われた次の行為のいずれをも意味する。(a)集団の構成員を殺害すること。(b) 集団の構成員に重大な肉体的または精神的な危害を加えること。(c) 全部または一部の身体的破壊をもたらすよう意図された生活条件を集団に故意に課すこと。(d) 集団内での出生を妨げることを意図する措置を課すこと。(e) 集団の子どもを他の集団に強制的に移すこと」

ジェノサイド条約は、130カ国によってただちに批准されたが、早期から関わっていたはずのアメリカは1988年になるまで批准しなかった。この条約が直面してきた課題は少なくなく、ジェノサイドが疑われる行為の意図を明らかにする必要があることなどもその一つだった。たとえばサダム・フセイン（イラク大統領、在任1979〜2003年）は、自身がイラクのクルド人を攻撃し、1980年代に何千人もの命を奪ったことについて、治安回復の試みの一環だったと主張した。そこで運動家たちは、行為がどのような目的を示しうるかというパターンを条約に盛り込むべきだと論じた。

初期の法廷

ジェノサイド条約は1990年代に初めて適用され、旧ユーゴスラビア国際刑事裁判所（ICTY）およびルワンダ国際刑事裁判所（ICTR）によってジェノサイドの定義が精緻化された。ルワンダの事例では、フツ族がツチ族の女性を狙い、HIV感染男性に彼女たちをレイプさせたため、性的暴力とレイプが新たにジェノサイドとして扱われることになった。ユーゴスラビアの法廷では、たとえ集団のごく一部が標的とされた場合でも、そこにジェノサイドの意図を読み取ることは可能だと示唆された。

条約の改正は現在も続いているが、国際社会が凶悪犯罪の加害者に公正な法的手続による裁きを下すことが可能な点で、すでに重要な役割を担っている。◆

> **レイプはもはや戦争の戦利品ではない。**
>
> **ナバネセム・ピレー**
> ルワンダ国際刑事裁判所の
> 南アフリカ人裁判官
> （1995〜2003年）

ルワンダ難民は1994年、ザイールをはじめとする隣国のキャンプに逃れたが、コレラなどの病気で数千人が死亡した。

ルワンダ虐殺

1994年4月から7月にかけてのわずか3カ月間に、100万人近くのルワンダ人が虐殺された。殺害には山刀、こん棒、その他の鈍器が使われた。多くの人々は、灯油のまかれた建物に押し込められ、火を放たれた。50万人にのぼる女性がレイプされた。

主要な加害者はフツ族のインテラハムウェおよびインプザムガンビの青年民兵で、被害者のほとんどはツチ族の人々だった。これを受けて、国際社会は対応にしくじったかと思われた。同年、国連はタンザニアのアルーシャに刑事裁判所（ICTR）を設置したが、調査と裁判がすべて終了するまでには20年以上を要したからだ。

フツ族の元市長ジャン＝ポール・アカィエスの裁判は、ジェノサイドに伴うレイプが起訴される先例となった。フツ族の外交官ジャン＝ボスコ・バラヤグウィザと政府大臣フェルディナンド・ナヒマナは、ジェノサイドで有罪となり、終身刑を言い渡されたが、抗告審判において減刑された。合計で93名が裁判にかけられ、62名が有罪判決を受けた。

より良い世界の設計者たち

国際連合と国際司法裁判所（1945年）

背景

焦点
国際法

それ以前
1899年 ハーグ万国平和会議が常設仲裁裁判所を設立する。

1920年 国際連盟が常設国際司法裁判所（PCIJ）を設立する。

1944年 アメリカ、ニューハンプシャー州のブレトンウッズで国際通貨基金と世界銀行が設立される。

1944年 ワシントンDCのダンバートン・オークスで、連合国が国連の設立を決定する。

それ以後
1948年 国連が世界人権宣言を発する。

1992年 ブラジルのリオデジャネイロで、国連による地球サミットが開催される。

1945年6月、サンフランシスコで国際連合（UN）憲章が署名された。第二次世界大戦の終結までにはそれから3カ月を要したが。署名に集まった国々は、そうした恐ろしい紛争が繰り返されないことを早くも望んでいた。

国連憲章には、2つの基本的な誓約が盛り込まれた。1つ目は「戦争の惨害」を世界からなくすこと、2つ目は「基本的人権に関する信念」を再構築することである。これらの誓約を果たすため、国連は想像以上に波乱に富んだ道のりを歩むことになった。しかし、今日の国連の使命――国際協定と対話によって平和と人権を守ること、武力ではなく仲裁や法的手続によって国家間の紛争および国家と個人間の紛争を解決すること――においても、2つの誓約は変わらず中心に据えられている。

国際協力

国連において最もよく知られた部局は国際的な平和維持軍であり、この部局は、国連が掲げる主要な5つの目標のうち1つ目の「国際平和と安全の維持」の達成を目指している。だが、平和の達成は、国連がそれ以外の4つの目標――人権の保護、人道援助の提供、持続可能な開発の促進、国際法の尊重――を達成させられるか否かに依存する部分が大きい。国連はまた、これらの目標に向かって諸国を団結・協働させるよう尽力するという使命も担っている。

> **いつの日か、地球上の国々は、国際的な難問を取り扱う何らかの会議を設置することに合意するだろう。私はそう信じている。**
>
> **ユリシーズ・S・グラント**
> アメリカ合衆国第18代大統領
> （1869～1877年）

国際協力の原点は、1899年および1907年のハーグ条約にある。ハーグ万国平和会議は、戦時に許容されることや許容されないことについて、そして戦争犯罪の定義について、諸国が集まって合意に基づく基準を設けようという初めて

フランクリン・ルーズベルト

1882年にニューヨークで生まれたフランクリン・D・ルーズベルト（FDR）は、アメリカ大統領として4期の当選を果たした。1933年の初当選後、アメリカを大恐慌（1929～1933年）から脱出させるため、公共事業によるニューディール政策を実施したことで最もよく知られている。しかし、ルーズベルト自身が考える彼の最も重要な業績は、国際連合（UN）の基礎を築いたことであった。ルーズベルトは連合国宣言の文章を起草し、この宣言は1942年1月に、26カ国の代表によって署名された。これにより、枢軸国のドイツ、イタリア、日本に対する共闘を約束したのである。

この合意をきっかけに、国際協力のための新組織を創設する計画が生まれた。1945年4月、ルーズベルトは国際機構に関する連合国会議（UNCIO）で行う予定だった演説の準備中に倒れ、帰らぬ人となった。UNICO はルーズベルトの死後2週間も経たないうちに開催され、国連を設立することに合意した。ルーズベルトの妻エレノアは、のちに国連の世界人権宣言の起草に携わっている。

参照：ヴァッテルの『国際法』（p108）■ハーグ条約（p174～177）■ヴェルサイユ条約（p192～193）■世界人権宣言（p222～229）■国際刑事裁判所（p298～303）

会話を交わすルーズベルト大統領とチャーチル首相。この写真は1941年8月14日、大西洋に停泊中の重巡洋艦「オーガスタ」上で大西洋憲章に調印した後の様子である。

の現実的な試みであった。ハーグ会議が体現する発想は、そもそもはアメリカ南北戦争から生じたものだった。1863年、エイブラハム・リンカーン大統領はリーバー法典を定め、戦時下での民間人保護の規則のほか、停戦条件、諜報員や反対者への適切な待遇などを整備したのである。

国連のルーツ

ハーグ条約における重要な目標の一つは、国家間の紛争解決のための制度作りであった。1899年の会議で創設された常設仲裁裁判所は、国境、主権、人権などの問題に関わる意見の相違を解決すべく、1902年から活動を開始した。同裁判所はハーグに特設された平和宮に置かれていたが、現在ここは国際司法裁判所となっている。

1914年、ドイツが規則を破ってベルギーに侵攻すると、ハーグ条約はたちまち崩壊した。第一次世界大戦では、毒ガスが広範に使用されるなど、いっそう多くの条約違反が見られた。

国際連盟

第一次世界大戦の混乱が収束した1919年、勝利した連合国の一部はパリに集まり、このような戦争を繰り返してはならないと決意し、これを「すべての戦争を終わらせる戦争」にすべきだと決定した。パリ講和会議では、「国際協力を促進し、平和安寧を完成する」ことを公的な目標に掲げる国際連盟が設立された。国家間の紛争を、それが戦闘状態に突入する前に解決しようというのが、この目標の考え方だった。

第一次世界大戦は、帝国主義時代の終わりを象徴する出来事だった。戦勝国側は、19世紀のような密室での裏取引を通じてではなく、公開討論によって独立国家が団結する世界を築こうとした。これにより、国家間の緊張が緩和され、武装解除が進むのではないかと期待したのだ。

結局、この重要な局面で、孤立主義的理想に執着していたアメリカは不参加を決めた。連盟は当然のように、自らの意思を強制する権限を持たなかった。イギリスの首相デイヴィッド・ロイド・ジョージが述べたように、「国際連盟は、そのいたるところに弱い鎖を有しているが、その支配力はどこにも見られない」というわけだ。ナチス・ドイツが軍事力を増強してオーストリア、チェコスロバキア、ポーランドに侵攻した際、国際連盟はドイツの行動を阻止できず、再び世界大戦を引き起こす結果となった。しかし、国際連盟が崩壊してなお、連合国の指導者たちは新たな組織の検討を開始し、3度目の戦争を防ごうとした。

1941年8月、枢軸国ドイツとイタリアの勢力拡大が感じられるなか、アメリカ大統領フランクリン・D・ルーズベルトとイギリス首相ウィンストン・チャーチルは会談を行い、のちに呼ばれるところの「大西洋憲章」を立案した。これは、「世界のより良い未来に対する希望の基礎となる、各国の国家原則に関する共通の原則」を確認するものである。チャーチルとルーズベルトのもとには、まもなくロシアや、占領下に置かれていたヨー

> **国家間の紛争を**
> **司法判断によって**
> **解決できる世界政府が**
> **創設されなければならない。**
>
> **アルベルト・アインシュタイン**
> 世界政府に向けて、1948年

ロッパ諸国政府――ベルギー、ギリシャ、オランダ、チェコスロバキア、ルクセンブルク、ノルウェー、ポーランド、ユーゴスラビア、そしてフランスの代表団――が加わった。

大西洋憲章は法的拘束力を有したわけではないが、来たる時代の平和を確保するため、そして武力行使を放棄するための協力を誓うものだった。ちょうど戦争の最中に定められ、初めてアメリカの支持を得たこの誓約は、占領下の国々を大いに勇気づけた。

1941年12月、日本による真珠湾攻撃のわずか数日後に、ホワイトハウスで会談が行われた。この場でルーズベルトはチャーチルに対し、連合国を国際連合と呼んではどうかと提案した。チャーチルは、この言葉がバイロン卿の詩『チャイルド・ハロルドの巡礼』からの引用であることに気づいて同意した。戦争が進むにつれ、多くの国々が連合国宣言に署名し、大西洋憲章に定められた原則に同意するようになった。1945年の時点で、その総数は47カ国にまで増えた。1944年にワシントンDC近郊のダンバートン・オークスで開かれた会議では、世界の平和と安全を維持する国際連盟の後継組織を築くという提案について、中国、ロシア、アメリカ、イギリスの代表者が検討を行った。1945年2月のヤルタ会談で、ルーズベルト、チャーチル、そしてロシアの首相スターリンは国際連合の設立に合意し、その初会合を4月にサ

国連の構造

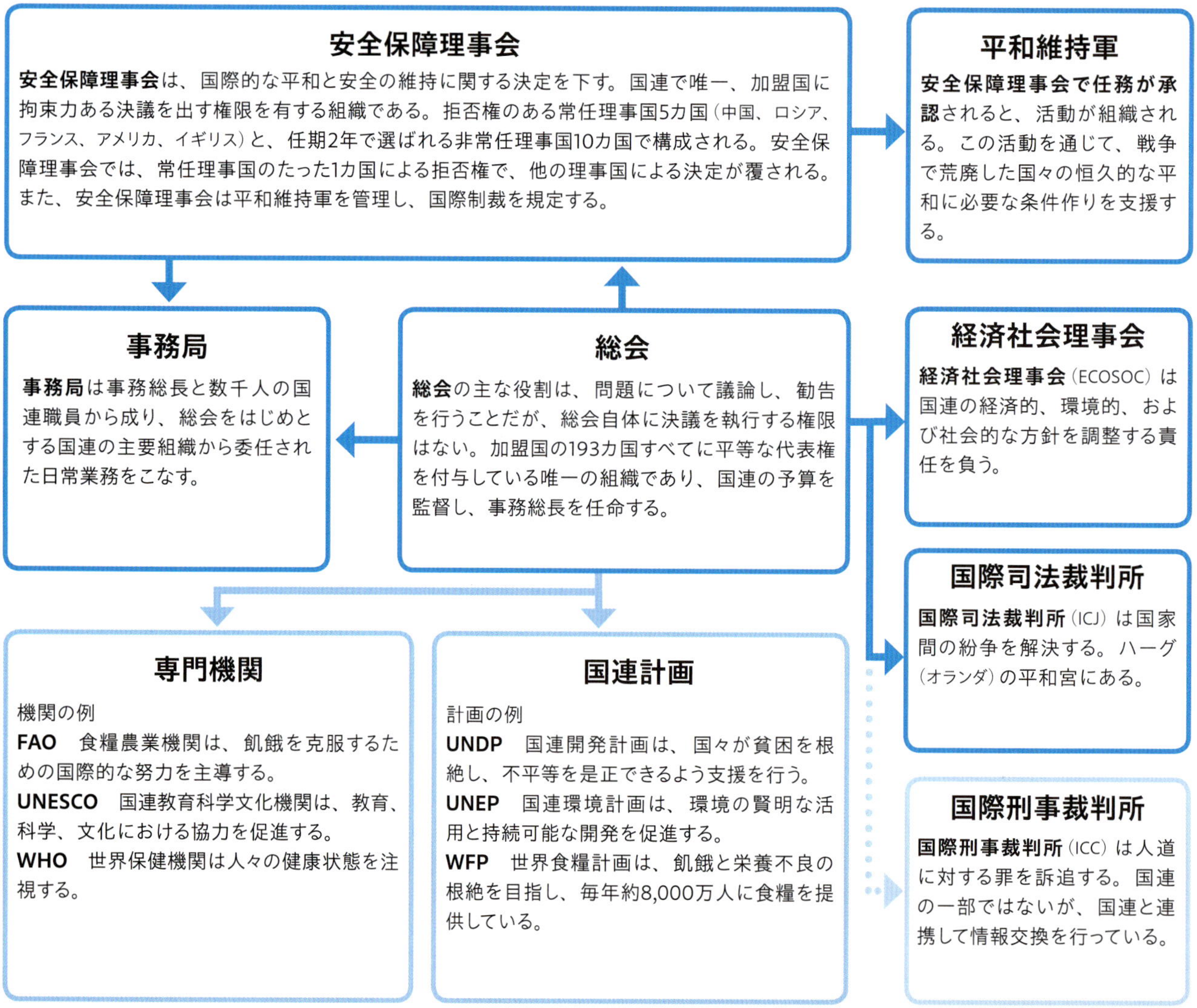

安全保障理事会

安全保障理事会は、国際的な平和と安全の維持に関する決定を下す。国連で唯一、加盟国に拘束力ある決議を出す権限を有する組織である。拒否権のある常任理事国5カ国（中国、ロシア、フランス、アメリカ、イギリス）と、任期2年で選ばれる非常任理事国10カ国で構成される。安全保障理事会では、常任理事国のたった1カ国による拒否権で、他の理事国による決定が覆される。また、安全保障理事会は平和維持軍を管理し、国際制裁を規定する。

平和維持軍

安全保障理事会で任務が承認されると、活動が組織される。この活動を通じて、戦争で荒廃した国々の恒久的な平和に必要な条件作りを支援する。

事務局

事務局は事務総長と数千人の国連職員から成り、総会をはじめとする国連の主要組織から委任された日常業務をこなす。

総会

総会の主な役割は、問題について議論し、勧告を行うことだが、総会自体に決議を執行する権限はない。加盟国の193カ国すべてに平等な代表権を付与している唯一の組織であり、国連の予算を監督し、事務総長を任命する。

経済社会理事会

経済社会理事会（ECOSOC）は国連の経済的、環境的、および社会的な方針を調整する責任を負う。

国際司法裁判所

国際司法裁判所（ICJ）は国家間の紛争を解決する。ハーグ（オランダ）の平和宮にある。

専門機関

機関の例

FAO　食糧農業機関は、飢餓を克服するための国際的な努力を主導する。

UNESCO　国連教育科学文化機関は、教育、科学、文化における協力を促進する。

WHO　世界保健機関は人々の健康状態を注視する。

国連計画

計画の例

UNDP　国連開発計画は、国々が貧困を根絶し、不平等を是正できるよう支援を行う。

UNEP　国連環境計画は、環境の賢明な活用と持続可能な開発を促進する。

WFP　世界食糧計画は、飢餓と栄養不良の根絶を目指し、毎年約8,000万人に食糧を提供している。

国際刑事裁判所

国際刑事裁判所（ICC）は人道に対する罪を訴追する。国連の一部ではないが、国連と連携して情報交換を行っている。

ンフランシスコで開くことを確認した。

国連は、事務局をはじめとする複数の部局を国際連盟から継承した。ちなみに事務局とは、組織の基本運営を行う国連事務総長を筆頭とした部局である。ただし、国連には、総会と安全保障理事会という2つの重要な部局も追加された。

総会

実権があるわけではないものの、総会は国連の議会であり、加盟国が集まって重要問題に関する議論と勧告を行う場として、かなり大きな影響力を有する。193の加盟国ごとに代表者が立てられ、各自に1票の投票権がある。また、バチカンやパレスチナのような非加盟国も参加している。こうした非加盟国は出席を認められているが、オブザーバーとしての地位しか付与されない。

ほとんどの決定は、単純過半数によって採択される。しかし一部には——新加盟国の承認、予算事項、平和と安全保障の問題など——、3分の2以上の賛成を必要とするものもある。総会は規模が大きいため、加盟国は地域的・地政学的ベースで5つのグループ（ブロック）にまとめられ、このブロックごとに投票が行われることが多い。総会の開催は年1回だが、各ブロックからその年の新会長を選出するなどの場合には、特別会合も開かれる。

本会合は毎年、一般討論から始まり、この場で加盟国は懸念を提起できる。しかし、総会の仕事のほとんどは、6つの委員会を通じて行われる。これらの委員会においては、軍縮と国際安全保障（別名「第1委員会」）、経済と財政、社会と人道と文化、特別政治問題と非植民地化、行財政、法律が取り扱われる。

安全保障理事会

多くの点から言って、国連の真の権力は安全保障理事会に属している。安全保障理事会の背景にある本来の構想は、「四大」列強——アメリカ、イギリス、ソビエト連邦、中国のことで、やがてフランスもその一員となる——が常任理事国となり、あらゆる主要な決定に指針を与えるというものだった。当初はここに6カ国の非常任理事国が加わり、それぞれが2年の任期を務めていた。しかし、1965年に国連憲章の改正が行われ、新たに4カ国の非常任理事国が追加されたことで、安全保障理事会の理事国は15カ国にまで増えた。

総じて言えば、非常任理事国は、地理的に異なる地域を公平に代表するように選出される。そのため、アフリカまたはアジアから5カ国、東ヨーロッパから1カ国、中南米およびメキシコから2カ国、西ヨーロッパまたはその他の地域から2カ国という配分になる。理事国は常に入れ替わり、非常任理事国10カ国のうち5カ国が毎年総会によって任期2年で選ばれ、5カ国が退任する。議長国も同じく交代制で、各加盟国が1回に1カ月ずつ務める。

理事国にはそれぞれ1票が与えられ、方針の決定には9票を必要とする。全加盟国は理事会の決定に従うことを義務付けられているが、そこには重要な例外もある。ヤルタ会談において、スターリンは、常任理事国の5カ国いずれもが拒否権を持つべきだと主張した。ルーズベルトは当初この案の受け入れを渋っていたが、拒否権を導入することにより、国際連盟の致命的な欠陥が——すなわち、理事国に対して、その政府への反逆的行動をとるよう命じることが理論的には可能だという欠陥が——修正されたのは確かだった。

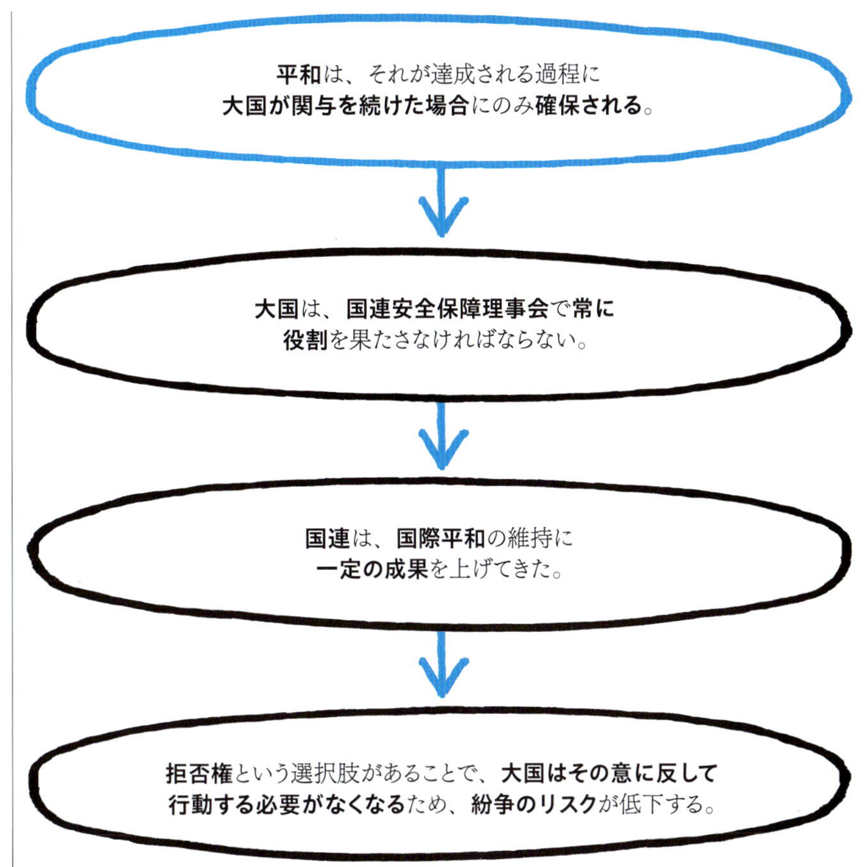

拒否権は今なお争いの種となっている。1950年代から1960年代にかけて、アメリカはその世界的影響力の大きさからわざわざ拒否権を行使する必要には迫られなかったが、理事会の決定は繰り返しソ連に阻まれていた。特に、アンドレイ・グロムイコは頻繁に拒否権を行使したため、「ミスター・ニェット（ミスター・ノー）」の名で呼ばれた。近年には、アメリカが拒否権を行使し、イスラエル・パレスチナ紛争に関わるあらゆる決議を阻止している。安全保障理事会の理事国の地位については、さまざまな批判がなされてきた。なかでも、当初の常任理事国5カ国（P5）に認められている優位性は、現在というより1945年の国際政治を反映したもので、時代遅れだと見なされている。ブラジル、ドイツ、インド、日本（いわゆる「G4」）に代表されるそれ以外の国々は、常任理事国の地位を求めて運動を展開している。

平和維持

安全保障理事会の主要な任務は、国際平和の維持である。エルサルバドルやモザンビークを中心とする地域では、この任務が一定の成果を上げてきた。一方で、シリアにおいては、国連の平和維持に向けた取り組みが機能していないことは明白である。

国連の創設者たちは理解していたことだが、かつての国際連盟はいかなる武装部隊も持たなかったため、それが些細な争いであっても、平和維持のための効果的な介入を行うことができなかった。そこで安全保障理事会は、多国籍から成る平和維持軍を迅速に設置することにした。最初の平和維持軍は、パレスチナにおける1948年のアラブ・イスラエル戦争の停戦を監督するために配置された。その目的は警察部隊としての役割を果たすことであり、武器で応戦するのは自衛する際に限られた。それから数十年後、とりわけ国連平和活動局（DPO）が設置された1992年以降は、このような臨時の国際部隊がいっそう整備されていった。現在の平和維持軍は国連の中核となっているが、そこに常備軍や常設構造は存在しない。つまり、この平和維持軍は、任務ごとに新たに編成されるというわけだ。

国連の車両。2008年、対立する派閥間で暴動が勃発したことを受け、キブンバ国内避難民キャンプから逃れるコンゴの人々に付き添っている。

> **国連に代わる組織はない。国連は今なお、人類にとって最後にして最大の希望なのだ。**
>
> **コフィー・アナン**
> 国連事務総長
> （1997～2006年）

司法裁判所

国際連盟から国連へ引き継がれた重要な機関の一つに、常設国際司法裁判所（PCIJ）がある。国連におけるPCIJの後継となる国際司法裁判所（ICJ、または「世界法廷」）は、1945年にサンフランシスコで設立された。ニューヨークに新たな拠点探しをしなければならなかった国連とは異なり、ICJはすでにオランダのハーグに拠点を有していた。

ICJの目的は国家間の紛争を解決することだが、訴訟を進められるのは、ICJが紛争審理の管轄権を有することに関係諸国が同意した場合に限られる。1986年、アメリカのニカラグアに対する秘密戦争は国際法違反にあたるとICJに裁定された後、アメリカは紛争審理に関する同意を撤回し、ICJの裁量的管轄権を認めることのみに同意した。安全保障理事会は国連憲章によってICJの判決の執行許可を得ているが、P5はいずれもそうした動きに拒否権を行使することができ、実際アメリカはそれをニカラグアについて行使した。

2002年、国際刑事裁判所が設立された。国際刑事裁判所はICJと連携し、国家ではなく個人をジェノサイドなどの罪で審理することになった。

一つの世界？

古来、16世紀のスペイン人哲学者フ

ランシスコ・デ・ビトリアをはじめとする無数の思想家は、全世界に政府が一つしか存在しなければ、あらゆる問題が解決されるのではないかと考えた。その理屈は単純である。戦争は政府または統治者の命令で行われるものに思われるため、そこに単一の政府または統治者しか存在しなければ、戦争は起こらない——というわけだ。

1943年、米大統領選候補者だったウェンデル・ウィルキーはベストセラーとなる『ワンワールド』を執筆し、この本において世界連邦を提案した。1945年、ハンガリーのエメリー・リーヴスは『平和の解剖』のなかで、国際連合のような国家連合体は戦争の抑止力にはならないため、代わりに世界連邦政府を創設すべきだと論じた。1945年に日本の広島と長崎に原子爆弾が投下されると、その恐怖は世界政府の構想をさらに後押しした。ドイツの物理学者アルベルト・アインシュタインも多くの著名な運動家の一人であり、核兵器の前例のない破壊力に深刻な懸念を抱いた。

新設された国際連合を、軍備管理の権限を有する普遍的な連邦へ変革するよう求める人は、ますます増えていった。しかし、戦後の時代が新たな「冷戦」へ突入すると——レーニンによるボリシェヴィキの世界国家構想に突き動かされたソ連と、民主主義国家およびグローバル資本主義に支配される世界を信奉する米国を中心とした西側諸国とが対立すると——、そうした変革への展望は急速に消えていった。

スウェーデンの女子学生グレタ・トゥーンベリは、注目度の高い国連行事の場で真剣な環境保護活動を展開し、世界中のトップニュースになった。

国連は最善の妥協策として受け入れられるようになった。さまざまな点において、国連は評論家が懸念していた以上の成功を収め、討論の場を提供することで多くの新興国に発言権を与えた。しかし、21世紀に入った現在、中東の紛争、世界的テロ、難民、不法取引への対応はできずにいるようだ。また、10代の気候変動活動家グレタ・トゥーンベリが2019年の総会での演説で強く指摘したように、国連は地球にとっての最大の危機、すなわち気候変動とその全人類への影響を前にして無策でいるように思われる。◆

1989年の条約は、インドのジャリアにある露天鉱山で働く子どもたちのような、児童労働に関するものを含めた子どもの権利を規定している。

国連子どもの権利条約

国連が収めた大きな成功の一つに、人権に関わるものがある。数十年にわたって包括的な人権規約が整備され、この規約は、市民権、文化的権利、経済的権利、政治的権利、社会的権利などの権利を守ろうとする人々の基準として機能している。

なかでも極めて重要な成果は、1989年に合意された国連子どもの権利条約だろう。署名したすべての国は、この分野における進捗を国連の委員会に定期的に報告するよう義務付けられている。この条約は、すべての子どもに基本的人権が確保されるよう求めるものである。ここでいう基本的人権とは、生存権、自分の名前とアイデンティティを持つ権利、自分の可能性を発揮できる教育を受ける権利、両親に育てられたり、両親と関係を結んだりする権利、自分の意見を表明し、それに耳を傾けられる権利などを指す。さらに、2つの選択議定書に従って、武力紛争における児童の関与、児童の売買、児童買春および児童ポルノを禁止している。

より安全な世界

インターポール（1945年）

背景

焦点
法執行

それ以前
1870年代 アメリカのピンカートン探偵社が、イギリスやフランスの警察隊と情報交換を始める。

1910年 殺人犯ホーリー・クリッペン博士が船でイギリスから逃れたが、犯罪の証拠となる電報が船の船長からイギリス当局に送られたことで、博士はカナダで逮捕される。

1914年 第1回国際刑事警察会議がモナコで開催される。

1923年 国際刑事警察委員会（ICPC）がウィーンで設立される。

それ以後
1946年 インターポールが、殺人容疑者を赤、行方不明者を黄色で表示するなどの、色分けされた通知を導入する。

2000年 自動指紋照合が導入される。

フランスのリヨンに拠点を置くインターポールは、国境を越えて犯罪と闘おうとする各国の警察隊を連携させることを任務とする国際組織である。その活動は、麻薬取引、性的搾取の人身取引、テロへの取り組みにおいて、特に重要な役割を果たしてきた。また、海外で死亡した人の遺族への通知など、日常的に重要な業務も担っている。

海外逃亡

国際的な法執行協力という発想が生まれたのは、19世紀半ばのことである。1850年代、プロイセンの探偵はイギリスの支援を受け、当時ロンドン在住だったドイツ人哲学者で急進的社会主義者のカール・マルクスを監視していた。1870年代には、アメリカのピンカートン探偵社が、イギリスのロンドン警視庁やフランスの警察庁と情報共有を行った。これら3つの機関はいずれも、渡欧してロンドンとパリに犯罪ネットワークを築いたアメリカ人銀行強盗のアダム・ワースを逮捕しようと躍起になっていたのである。

1914年、24カ国の代表者がモナコに集まったことを機に、国境を越えた警察協力を正式に確立しようという協調努力が始まった。彼らは個人識別技術に共同出資し、逃亡者を捕らえる方法を見つけ出そうとした。これを取りまとめたのはプロの警察官ではなく法の専門家および政治家であったため、モナコ会議の成果は限定的だったという見方もある。それでも、この会議では12の重要な要望が提示され、これらはのちにインターポール創設の基礎固めに役立った。

1898年のオーストリア皇后エリーザベト暗殺事件は、国際的な警察協力の必要性を浮き彫りにした犯罪の一つに数えられる。皇后はスイスのジュネーヴに滞在中、イタリア人の無政府主義者ルイジ・ルキーニに刺殺された。

参照：首都警察法（p140〜143）■国際連合と国際司法裁判所（p212〜219）■欧州人権条約（p230〜233）
■欧州司法裁判所（p234〜241）

我々が共有している目標は、汚職という犯罪を、リスクが高く収益の低い活動に変えることだ。

ユルゲン・ストック
インターポール事務総長（2016年）

国際刑事警察委員会

進展は第一次世界大戦によって中断されたが、1923年にはウィーンで国際刑事警察会議が開かれ、15カ国から警察官が集まった。この会議において国際刑事警察委員会（ICPC）が設立され、12の要望が実現されることになったが、あくまでもその中心に据えられたのは犯罪者の識別に関する越境協力であった。最初の加盟国には、オーストリア、ドイツ、ベルギー、中国、フランス、イタリア、ユーゴスラビアなどが含まれていた。イギリスは1928年に加盟したが、アメリカはその後さらに15年が経過してからの加盟となった。

1933年、ICPCは国際連盟に公認された。しかし、この時点で政治が及ぼす影響は、ICPCが国際犯罪者として誰を標的にするかという範囲にまで及んでいた。たとえば1930年代の前半、西洋諸国の多くは、共産主義者こそが最大の敵であると考えていた。1938年にナチス・ドイツがオーストリアを併合すると、ほとんどの国はICPCから離脱し、ナチス親衛隊の高官がこの委員会を支配するようになった。1942年、ICPCの本部はウィーンからベルリンに移され、ここでユダヤ人やロマなどの少数派を攻撃しようとするゲシュタポに利用された。

インターポールとユーロポール

第二次世界大戦の終結後、17カ国から警察官が集まり、ナチズムに毒されてその記録のほとんどを失っていたICPCを蘇らせた。1946年、ICPCはパリへ移転し、再スタートを切った。新規約の第1条では、政治、宗教、人種を理由とした犯罪を対象から除外するという意図のもと、あくまでも「一般の」犯罪と闘うことが強調された。1956年には、国際刑事警察機構（インターポール）へと改称された。インターポールはいかなる加盟国に対しても警察権を持たないが、その活動によって捜査を支援し、法執行機関間の協力を手助けした。その結果、21世紀初頭までに、インターポールの加盟国は194カ国にまで増えた。

1975年、ヨーロッパの警察隊は、テロ対策としてTREVIグループ——TREVIとは、テロ（terrorism）、急進主義（radicalism）、過激主義（extremism）、国際暴力（international violence）の頭文字をとった語——との協力を強化した。シェンゲン協定によって加盟国間の移動の自由が認められると、ヨーロッパの警察はいっそう緊密に連携するようになり、1992年にはハーグに欧州刑事警察機構（ユーロポール）が設立された。当初は麻薬対策部として発足したが、ユーロポールはその職務内容を、人身売買、マネーロンダリング、児童労働搾取といった越境組織犯罪の方面にまで拡大している。

多くの国々は、その国境や、犯罪者に対する独自の取り扱いを厳密に守っている。そのため、インターポールの権限は依然として制限されており、引き渡し（市民を他国に移送して裁判を受けさせること）をめぐる紛争が起きることも少なくない。それでも、世界中の警察間で協力が行われるという原則は、現在は広く受け入れられている。◆

インターポールが追及する犯罪の区分

テロおよび人と財産に対する犯罪

子どもに対する犯罪、人身売買、テロ計画、不法移住、自動車の窃盗、美術品の窃盗など。

経済、金融、コンピューターに関する犯罪

銀行詐欺、マネーロンダリング、汚職、偽造、旅券詐取など。

違法薬物と犯罪組織

国際的な麻薬カルテル、マフィア、テロ組織によって実行される犯罪など。

すべての人は
法の前で平等である

世界人権宣言（1948年）

背景

焦点
人権

それ以前
1776年 アメリカ独立宣言が「一定の不可侵の権利」を明記する。

1789年 革命期フランスの憲法制定国民議会で「人権宣言（人と市民の権利の宣言）」が合意される。

それ以後
1950年 欧州人権条約（ECHR）が起草される。

1965年 国連（UN）で「あらゆる形態の人種差別の撤廃に関する国際条約」が採択される。

1979年 「女子に対するあらゆる形態の差別の撤廃に関する条約」への署名が開始される。

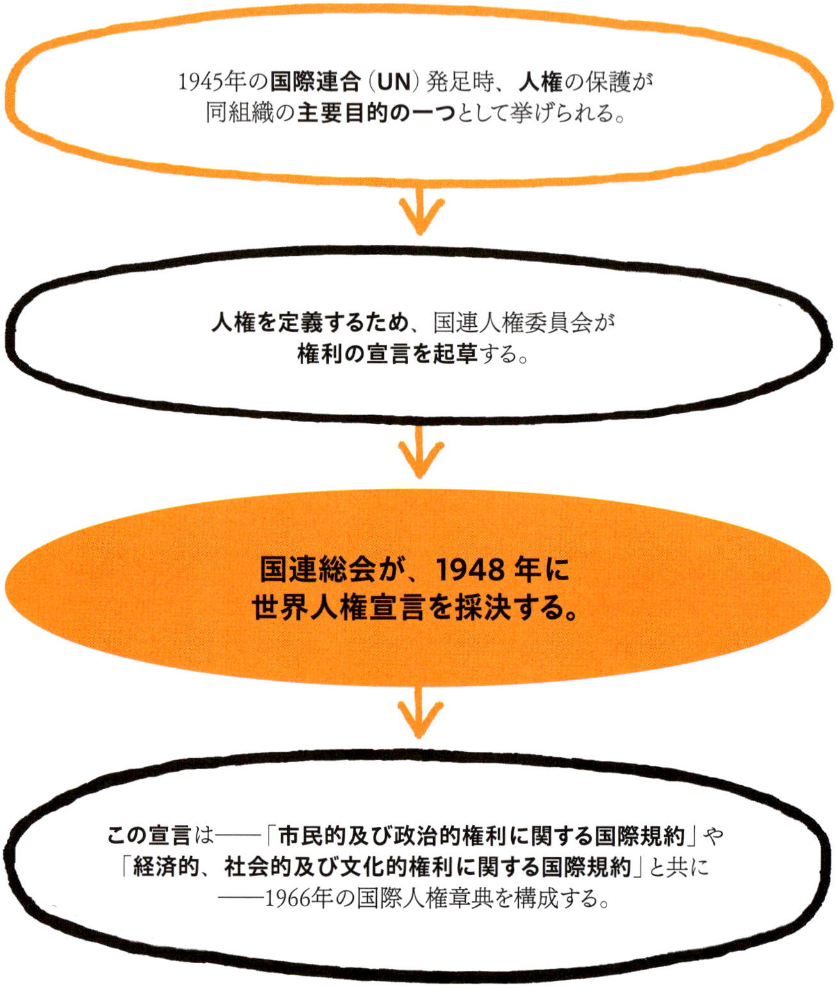

1945年の**国際連合**（**UN**）発足時、**人権**の保護が同組織の**主要目的の一つ**として挙げられる。

人権を定義するため、国連人権委員会が**権利の宣言を起草**する。

国連総会が、1948年に世界人権宣言を採決する。

この宣言は——「**市民的及び政治的権利に関する国際規約**」や「**経済的、社会的及び文化的権利に関する国際規約**」と共に——1966年の国際人権章典を構成する。

1948年の世界人権宣言（UDHR）より前には、ただ人間であるというだけで人々が受けられる保護に関して、国際法には一般的な記述は存在しなかった。18世紀末、フランスとアメリカの革命家は既存の権力機構と闘い、1791年のトマス・ペイン著『人間の権利』などに触発されて、人権の理念を掲げるようになった。1807年に大英帝国で奴隷貿易が廃止されたことや、18世紀後半から19世紀初頭に労働者の権利が向上したことは、すべての人が基本水準の公正な扱いを受ける権利があるという発想を生み出すうえで、重要な役割を果たした。第一次世界大戦の余波を受け、ヴェルサイユ条約が締結され、国際連盟が設立されたことは、少数派の権利を認める過程においてさらなる貢献を行った。

ここで指摘に値するのは、人権法を、戦争行為や民間人の待遇に焦点を置く人道法と混同してはならないということだ。第二次世界大戦以前には、主要な国際人道条約として、ジュネーヴ諸条約（1864年、1906年、1929年）やハーグ条約（1899年、1907年）などが存在した。人権法と人道法は、人々の待遇に関する懸念を共有しているものの、現在はそれぞれ独立した法分野とされている。

UDHRの採択は、国際法としての人権が制定される過程において、最も重要な瞬間であった。UDHRは2020年までに523の言語に翻訳され、法的拘束力は持たないものの、国際法を塗り替えることになった。それが定めるところは、すべての国がその市民に提供すべき一連の保護についてである。数々の人権条約が制定される大きな要因となり、共に1966年に署名された「市民的及び政治的権利に関する国際規約」（ICCPR）や「経済的、社会的及び文化的権利に関する国際規約」（ICESCR）もUDHRがきっかけとなった。また、多くの国際組織や地方組織にも影響を及ぼし、世界中で展開される無数の政治運動に引用されてきた。

参照：アメリカ合衆国憲法と権利章典（p110～117）■国際連合と国際司法裁判所（p212～219）■欧州人権条約（p230～233）
■市民的及び政治的権利に関する国際規約（p256～257）

世界人権宣言（UDHR）の起源

第二次世界大戦の最中にあった1941年、アメリカ合衆国大統領フランクリン・D・ルーズベルトは「4つの自由」の演説を行った。彼がこの演説で提示したのは、すべての人間には言論の自由と宗教の自由、そして恐怖からの自由と欠乏からの自由を得る資格があるという考えだった。戦後世界は人権の促進を基調とすべきであるとの発想は、イギリス首相ウィンストン・チャーチルとルーズベルトによって起草された1942年の連合国宣言にも織り込まれていた。1944年にワシントンDCで開かれたダンバートン・オークス会議――国際連合（UN）創設の枠組みを定めた会議――でも、人権に言及されたが、それが意味することの実質的な定義は一切語られなかった。しかし、1945年に国際連合憲章が署名されると、そこには人権に関する何点かの具体的な記述が盛り込まれた。たとえば、同憲章の第1条では、国連の主要な機能の一つは「人種、性別、言語、宗教の区別なく、万人の人権と基本的自由の尊重を促進し、奨励すること」であると述べられた。

1946年には、国連の経済社会理事会が人権委員会を設置した。1947年2月の初会合には15カ国から代表者が出席し、権利章典作成の任務を負った。起草委員会を構成する9名はこれらの国々から選ばれ、その多様な経歴と専門知識を法案に反映させた。

この9名のなかには、ナチスから逃れてきたフランスの弁護士ルネ・カサン、レバノンの哲学者チャールズ・ハビブ・マリク、中国の学者の張彭春、チリの裁判官エルナン・サンタ・クルス、イギリスの労働組合員チャールズ・デュークスなどがいた。委員長を務めたのは、ルーズベルトを亡くした妻エレノアであった。世界人権宣言（UDHR）の最終草案は、

第二次世界大戦では、写真のナチスによる迫害を生き延びたユダヤ人たち（1945年）のような難民が何百万人も生まれた。地球規模で見ると、2019年には、過去最多となる約7,100万人の難民が存在した。

エレノア・ルーズベルト

1884年にニューヨーク市に生まれたアンナ・エレノア・ルーズベルトは、夫のフランクリン・デラノ・ルーズベルト（FDR）がアメリカ合衆国大統領として在任していた1933年から1945年まで、4期にわたるアメリカのファーストレディであった。1940年代から1950年代にかけて、世界各地で人権のためのロビー活動を行い、アメリカ国内では貧困と人種差別に反対する運動を展開。同時に、UDHRを起草した委員会の委員長を務めた。

セオドア（「テディ」）・ルーズベルト大統領の姪であるエレノアは、1905年に五従兄にあたるフランクリンと結婚すると、1921年に彼がポリオによる障害を負った後も政界に残るよう説得した。フランクリンに代わって選挙演説を行い、アメリカ中を旅することも珍しくなかった。1945年に夫を亡くして以降も、エレノアは積極的に政治活動を続けた。1962年に世を去ったが、人権および女性の権利に関する功績を残したとして、死後6年経ってから国連人権賞の最初の受賞者に選ばれた。

世界人権宣言の 30 カ条	
1：	すべての人間は、生まれながらにして自由であり、平等である。
2：	誰もが差別を受けることなく、権利を享有できる。
3：	すべて人は、生命、自由、安全に対する権利を有する。
4：	何人も奴隷にされたり、苦役に服することはない。
5：	拷問などの非人道的な取扱を受けることはない。
6：	すべて人は、法の下において、人として認められる権利を有する。
7：	法は、すべての人にとって同じでなければならない。
8：	すべて人は、自らの権利を守るために法的救済を利用できる。
9：	何人も正当な理由なく、逮捕されたり追放されたりすることはない。
10：	すべて人は、公正かつ公平な公開裁判を受ける権利を有する。
11：	すべて人は、有罪が立証されるまでは、無罪である。
12：	何人も、他人のプライバシーや評判を攻撃してはならない。
13：	すべて人は、自国において移動の自由を有する。
14：	すべて人は、他国に避難することを求める権利を有する。
15：	すべて人は、国籍を持つ権利を有する。
16：	男女は結婚し、子どもを持つことができる。
17：	すべて人は、自己の財産に対する権利を有する。
18：	思想の自由は、すべての人の権利である。
19：	すべて人は、意見および表現の自由を有する。
20：	すべて人は、平和的集会の自由に対する権利を有する。
21：	政府の権力は自由選挙に基づいていなければならない。
22：	国家は必要に応じて社会保障を提供しなければならない。
23：	すべて人は、勤労し、公正な報酬を受ける権利を有する。
24：	すべて人は、有給休暇を含む余暇を取得することができる。
25：	適切な食料と住居は、基本的人権の一部である。
26：	教育を受けることは、すべての人の権利である。
27：	芸術的創作物は保護されなければならない。
28：	この宣言に掲げられたすべての自由は、世界中で有効である。
29：	すべて人は、他人の権利を尊重する義務を有する。
30：	いかなる国家も個人も、この宣言に掲げられた権利を奪うことはできない。

1948 年に完成した。同年 12 月 10 日、パリで開かれた国連総会（ニューヨークの国連本部はまだ建設されていなかった）において、「国際人権章典」と題された決議案 217 が採決された。この決議案は、賛成が 48 カ国、反対が 0 カ国、棄権が南アフリカ含め 8 カ国（右の囲み参照）で可決された。毎年 12 月 10 日は、「世界人権デー」として世界中の記念日となっている。

原則の宣言

世界人権宣言（UDHR）は条約とは異なり、法的文書ではないため、国にはその条項を国際法として遵守する義務はない。正確に言えば、UDHR は、世界的に保護されるべき権利に関する原則の宣言である。第二次世界大戦の悲劇に対する返答であり、この大戦中に「人権の無視や軽侮が、人類の良心を踏みにじった野蛮な行為をもたらした」と述べている。この点において、人権の擁護には、国家間の平和促進という現実的なねらいもある。UDHR の前文に記されているように、人権を守ることは、「諸国間の友好関係の発展」を支援することにつながるのだ。

人権はまた、自然法を根拠として、普遍的なものであることが証明される。自然法とは、古代ギリシャの哲学者アリストテレスの説明によれば、いかなる国の法からも独立した不変の道徳原則である。UDHR の前文において、人権は「人間の尊厳及び価値」を守るために必須であると述べられている。第 2 条ではこのことが具体化され、「すべて人は、いかなる事由による差別をも受けることなく、この宣言に掲げるすべての権利と自由とを享有することができる」と宣言されている。

ドイツ系アメリカ人の哲学者で政治理論家のハンナ・アーレントは、自身がナチス・ドイツから逃れた無国籍の難民でありながら、UDHR に対して極めて懐疑的であった。1949 年、アーレントは

アパルトヘイトと国際人権

アパルトヘイト時代の標識が、南アフリカのケープタウンにあるベンチに刻まれたまま遺されている。この悲痛な標識が思い起こさせるように、当時の南アフリカのあらゆる公共の場には人種差別が存在した。

1948年、南アフリカでは国民党が政権に就き、アパルトヘイト（「分離」）法の制定を約束した。同じ年、南アフリカはUDHRの採決を棄権した。UDHRの第2条には、人種に関係なく、すべての人がすべての権利を有すると明記されていたからである。その後も、南アフリカでは、1950年の人口登録法をはじめとする露骨な人種差別法が制定された。

1960年代の脱植民地化以降、新たに独立したアフリカやアジアの国々は、1965年の「あらゆる形態の人種差別の撤廃に関する条約」の起草を推進した。1970年代には、南アフリカのアパルトヘイト問題が、国連人権委員会および国連総会の定期的な議題となった。貿易・文化的制裁を科されたことに加え、国内での反対が高まったことを受け、F・W・デクラーク大統領は1990年、アフリカ民族会議指導者のネルソン・マンデラを刑務所から釈放することを余儀なくされた。それから1994年までの間に、政府はアパルトヘイト法を廃止した。

そうした見方を簡潔に要約し、「権利をもつ権利、すなわち人間性に属するあらゆる個人の権利は、人間性そのものによって保障されるべきである」と書いている。UDHRには第2条以外にも、権利をもつ権利の保護を目的とした条項が存在する。たとえば、第28条では、「この宣言に掲げる権利及び自由が完全に実現される社会的及び国際的秩序に対する権利」について述べられている。第30条には、いかなる国家も個人も、この宣言に掲げられた権利および自由の破壊を目的とした活動に従事してはならないと明記されている。

第3条では、すべての人が生命、自由および身体の安全に対する権利を有すると述べられ、第4条と第5条は奴隷制と拷問の禁止にそれぞれ重点を置いている。第6条から第11条は、裁判所や刑事司法制度による人の取り扱いに適用される法的権利に関わるものである。UDHRにはさらに、財産を所有する権利（第17条）、教育を受ける権利（第26条）、政治的亡命を求める権利（第14条）も含まれる。

不可分性

研究者の多くは、第1世代の人権と第2世代の人権とを区別している。前者は自由や政治的表現と関わる権利である。自然権と呼ばれることもあり、生命、言論の自由、公正な裁判を受ける権利などが含まれる。これらの権利はUDHRの第3条から第21条で取り扱われ、個人の自由に対する国家の干渉を禁じている。

第2世代の人権は、食料、住居、医療への権利を含めた経済的・社会的権利に対応するものがほとんどであり、UDHRの第22条から第28条で取り扱われる。これらの権利に関して、その促進義務は政府に課されているものの、制

第9条では、「何人も、ほしいままに逮捕、拘禁、又は追放されることはない」と述べられている。これはたとえば、ソビエト連邦で多く見られたように、反体制派を精神病院に監禁するなどの行為を禁じるものだ。

> **人々の人権を否定することは、彼らの人間性そのものに異議を唱えることである。**
>
> **ネルソン・マンデラ**
> アメリカ合衆国議会合同会議での演説、1990年

定されるか否かは手段の有無によって決まる。

第3世代の人権は、基本的な市民的・社会的権利を超えて、健康的な環境に関する権利や文化遺産に参加する権利なども対象としている。こうした権利はまだUDHRには盛り込まれていない。明確に言えば、戦わない権利や死刑廃止も取り扱われてはいない。

第1世代の権利と第2世代の権利が区別されるのは、あくまでも学問上のことだという批判的な見方もある。すべての権利は国家の関与（刑事裁判所や診療所の設置など）を必要とし、普遍的かつ相互依存的かつ不可分なものと見なされなければならない、というわけだ。

アメリカの医学生たちが医療保険の手頃な利用を可能にした「医療費負担適正化法」（2010年）の廃止に抗議している。この学生たちの主張によれば、医療保険は人権の一部である。

人権章典

国連人権委員会によって世界人権宣言（UDHR）が国際法化される際、アメリカ代表を筆頭とする一部の委員は、1966年に制定されることになる2つの独立した人権条約を支持した。一つは「市民的及び政治的権利に関する国際規約」（ICCPR）であり、こちらは2020年の時点で173カ国に批准されている。もう一つは「経済的、社会的及び文化的権利に関する国際規約」（ICESCR）であり、こちらは2020年までに170カ国が締約国となった。

UDHRはこれらの権利を等しく重要なものとして扱っていたが、両者にはいくつかの大きな違いがあった。たとえば、ICCPRの第2条は、条約で保護されている「権利を実現するために必要な立法措置その他の措置をとる」ため、そして、それらの権利侵害に対する救済措置を確保するため、締約国に「必要な行動をとる」ことを求めている。

これに対して、ICESCRが各国に求めているのは、条約に含まれる「権利の完全な実現を漸進的に達成するため、利用可能な手段を用いる」ことのみである。この文言は弱い法的要請だと一般に考えられており、国際人権法において経済的・社会的権利が真剣には取り扱われていない証拠だと見る人もいる。

> **我々は、文化相対主義を弾圧の最後の砦にしてはならない。**
>
> **ウォーレン・クリストファー**
> アメリカ合衆国国務長官
> （1993～1997年）

相対主義と権利

世界人権宣言（UDHR）が起草された当時、アフリカとアジアの大部分は依然として植民地支配下に置かれていた。UDHRの起草委員会も、権利に関するさまざまな文化的・政治的伝統を認めることには慎重だった。1947年、米国人類学会はUDHRが文化的差異に対して「不寛容」であると警告し、真に普遍的な人権宣言を提案することがそもそも可能なのか疑問視した。

1948年のUDHRの採決を棄権した8カ国のうち、1カ国はサウジアラビアであった。同国は、この宣言内で信教の自由に言及されていることを懸念していた。信教の自由という考え方は、イスラム法とシャリーア法を厳格に守るサウジアラビア社会と両立しないように思われたからである。

1968年にテヘランで初めて開かれた国際人権会議では、いくつかの国々から、人権という発想をアフリカ、アジア、中東の社会に適用するのは不可能なのではないかという意見が出た。次いで1993年にウィーンで開かれた世界人権会議では、同会議の宣言と行動計画を通じて、人権の促進と保護に際しては「国際的、地域的特殊性ならびに様々な歴史的、文化的および宗教的背景の重要性を考慮しなければならない」という注意喚起がなされた。

このような事情から、その国の伝統はあらゆる人権の要求に優先されるとの主張を各国に認めれば、相対主義によって人権が損なわれかねないという懸念が生じている。スーダン系アメリカ人でイスラム法と人権を専門とするアブドゥラヒ・アフマド・アンナイムのような一部の学者は、拷問の禁止などの権利が世界中の多様な文化的・宗教的伝統に根差すものであることを確認し、人権を単なる西洋的発想として片付けるのは誤りだと述べている。

UDHRは、この宣言に盛り込まれた原則を適用・拡大する他の多くの人権文書の起点となった。たとえば、1976年、国連人権委員会は女性の権利に関する条約の起草に着手し、1979年に「女子に対するあらゆる形態の差別の撤廃に関する条約」(CEDAW)として完成させた。この条約の前文は、「世界人権宣言が、女子に対する差別は容認することができないものであるとの原則を確認している」と述べながら、それにもかかわらず「女子に対する差別が依然として広範に存在している」と続けて述べている。これは、複雑な性質を有する女性差別を解消するため、UDHRを新たな法的枠組みに当てはめる必要があることを認めた文言と言えるだろう。

同様に、1989年の国連子どもの権利条約(UNCRC)は、子どもには「特別な保護及び援助」を受ける権利があることがUDHRで宣言されていることを踏まえ、子どもの人権を保護するための具体的な法的枠組みを示した。

アフリカ連合加盟国のための地域的人権条約にあたるアフリカ人権憲章(1981年)は、その前文において、同憲章が「アフリカ文明の歴史的伝統と価値観」をもってUDHRを基礎とすることを目指すものであると述べられている。

将来の課題

これまで70年以上にわたり、世界人権宣言(UDHR)は多種多様な運動に用いられ、基本的人権の要求を定義することに役立ってきた。運動家たちが主張するように、世界の急速な変化に対応するためには、UDHRの適用範囲を拡大していく必要があろう。健康的な環境に関する権利や、インターネットへの自由なアクセスの権利は、そうした範囲の2つに過ぎない。UDHRは多くの成果を上げてきたが、それでもなお、何百万人という人々はその基本的人権を否定されたままになっているのだ。◆

> 我々は、人類という一つの家族として、自らのルーツを思い出そう。世界人権宣言の中心的信条を永遠に擁護し続けるというルーツを。
>
> **バラク・オバマ**
> アメリカ合衆国第44代大統領
> (2009～2017年)

UDHR70周年を記念し、中国の芸術家で活動家の艾未未が新たな旗をデザインした。ここに描かれている足跡は、逃亡を余儀なくされる人々の多くが裸足であることを象徴している。

自由および安全に対する権利

欧州人権条約（1950年）

背景

焦点
人権

それ以前
1945年　第二次世界大戦後、ヨーロッパは荒廃する。人権を守る裁判所は世界のどこにも存在しない。

1948年　国連が世界人権宣言を採択する。

それ以後
1960年　欧州人権裁判所（ECtHR）が、ローレス対アイルランド事件で、テロ容疑者の勾留に関する初の判決を下す。

1998年　第11議定書により、すべての加盟国が、個人によるECtHRの利用を認めるよう義務付けられる。

2017年　ECtHRが、その2万件目の判決を下す。

欧州人権条約（ECHR）は、欧州評議会加盟47カ国間の人権条約である。ちなみに、欧州評議会は欧州連合（EU）とは全くの別組織であるため、混同してはならない。ECHRは、第二次世界大戦後の復興をめざし、東ヨーロッパで台頭する共産主義から自らを守ろうとする西ヨーロッパの決意から生じた。

1948年、欧州会議の代表者750人は、ヨーロッパを統一して法的に統合するための案を検討した。1949年、新設された欧州評議会の会合が開かれた際には、その焦点はいっそう狭い範囲に絞られることになった。すなわち、民主主義の保護を通じて共産主義や全体主義からヨーロッパを守るために利用できる人権条約

参照：名誉革命とイングランドの権利章典（p102～103） ■アメリカ合衆国憲法と権利章典（p110～117） ■世界人権宣言（p222～229） ■市民的及び政治的権利に関する国際規約（p256～257）

イギリスの元首相ウィンストン・チャーチルは、1948年にオランダのハーグで開かれた欧州会議の名誉議長を務めた。

の制定が話し合われたのだ。

欧州評議会を設立したのは、ベルギー、デンマーク、フランス、アイルランド、イタリア、オランダ、ルクセンブルク、ノルウェー、スウェーデン、イギリスの10カ国であった。代表者の議論では、新条約に盛り込まれた緊急事態における権限が人権侵害に利用されはしないか、といった問題が取り上げられた。また、イギリスとフランスは、この条約がそれぞれの植民地での独立運動に利用され、自分たちを不利な立場に追い込むのではないかと懸念した。

さらに、この新たな人権条約を執行する裁判所を設立するか否かについても、議論が重ねられた。

一部の国々は、そうした裁判所の機能について疑問を呈し、別の一部の国々は、その権限が及ぶ範囲について一層の懸念を示した。

1950年、条約の最終案が完成した。同年に署名が開始され、欧州評議会の設立10カ国に批准された後、1953年に発効した。設立国以外の国々は、その後の50年間に署名を行った。ECHRが十分な数の加盟国に批准されると、欧州人権裁判所（ECtHR）がフランスのストラスブールに設置された。この裁判所は下級審にあたる小法廷と小法廷判決への上訴を担当する大法廷で構成され、1959年に最初の事件を審理した。

国がECHRに署名すると、第1条に基づき、国内またはその管轄内にいるすべての人々の条約上の権利を保護することを求められる。国がそれに従わない場合、その署名国に住む権利侵害を受けた人、または他の署名国の政府は、条約に違反した国をECtHRに告訴できる。

ある人が、**欧州人権条約**に**署名した国の領土**に住んでいる。

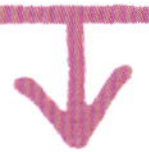

その人は、**条約上の権利を政府に否定された**ために、**人権侵害**の被害者となっている。

その人は**自国内**で**不服申立を解決しようとした**が、失敗に終わった。

その人の**不服申立**は、欧州人権裁判所で**過去に解決されたことのない類のもの**である。

その人は、欧州人権裁判所で事件の審理を受ける資格がある。

条約上の権利

1948年の国連人権宣言に部分的な影響を受け、1950年に制定された欧州人権条約の第2条から第13条には、すべての個人が自国政府から与えられるべき12の実体的人権が列挙されている（下記を参照）。それぞれの権利は条項で呼ばれることが多く、たとえば、奴隷状態の禁止は「第4条の権利」と呼ばれる。他の条文では、条約上の権利における保護規制の逸脱（デロゲーション）や許容される制限などの、手続上の仕組みが扱われている。

ECtHRが設立された1959年の時点では、裁判所の管轄権を受け入れるかどうかの選択は署名国に委ねられていた。しかし、当初の条約は、長年にわたって改正を繰り返されてきた。議定書と呼ばれる修正条項には、司法手続に関するものも含まれている。たとえば、1998年の第11議定書では、すべてのECHR署名国に対して、ECtHRへの提訴を認めることが義務付けられた。それ以外の議定書においては、財産に対する権利や教育を受ける権利など、1945年に定められた新たな権利が追加された。

権利の解釈

一部の権利は、この条約の下で絶対的なものとされている。拷問を禁じる第3条の権利は、政府によって制限されることも、非常時に停止されることもない。2006年、ECtHRはイタリア政府に対し、テロ集団との関係が疑われていたナッシム・サーディの国外移送を断念させた。これは、サーディがチュニジアで拷問を受けるおそれがあるとされていたためだ。

一方で、他の条文によって制限されている権利もある。1950年代、ほとんどの国々では、殺人に対する死刑が依然として行われていた。したがって、第2条では、故意に人の命を奪うことが「法律で死刑を定める犯罪について有罪とされ裁判所による刑の宣告を執行する場合」において認められていた。ただし、死刑は1983年の議定書によって廃止された。

> **欧州人権裁判所は……加盟国の法と社会的現実に対して、広範な影響力を行使している。**
>
> **ロザリン・ヒギンズ**
> イギリス出身の国際司法裁判所所長（2006～2009年）

生命に対する権利は、末期患者への自殺幇助の提供を含めた、死ぬ権利の是非をめぐる激しい議論の火種となることが多い。ECtHRは、ヨーロッパ全土の文化的・慣習的差異を認めたうえで、こうした問題は各国の裁判所で解決されることが最善であると慎重に述べている。

第10条第2項（表現・意見の自由）においては、政府が言論の自由の権利を制限できる領域が定められている。ここでのECtHRの任務は、政府による制限に正当性があるか否かを評価することだ。1997年、スイス人ジャーナリストのマルティン・ストールは、第二次世界大戦でナチスが使用していた銀行からホロコースト犠牲者への賠償金が拠出されたことに関して、スイスとアメリカが秘密交渉を行っていたことを示す文書を公表した。これによりストールはスイス当局から有罪を宣告され、罰金を科された。このストール対スイス事件において、ECtHRは2007年、表現の自由に対するストールの権利が制限されたことを認めながらも、極秘交渉を守るための罰金

1950年の条約上の主要な権利

第2条：	生命に対する権利
第3条：	拷問および品位を傷つける取扱からの自由
第4条：	奴隷状態および強制労働からの自由
第5条：	個人の自由および安全に対する権利
第6条：	公正な裁判を受ける権利
第7条：	法律に定めのない刑罰を受けない権利
第8条：	プライバシーと家族生活に対する権利
第9条：	思想、良心および宗教の自由
第10条：	表現（および意見）の自由
第11条：	平和的集会および労働組合に加入する権利
第12条：	婚姻する権利
第13条：	権利侵害に対する実効的救済手段を得る権利

移民の自由と家族生活に関する権利は、欧州人権裁判所で裁かれた事件において支持されている。ただし、すべての国の政府がこれに同意しているわけではない。

刑は妥当であるとの判断を下した。

第5条や第6条などの一部の権利は、個人と国内裁判所および刑事司法制度との相互関係に影響を及ぼす。第2条（生命に対する権利）はまた、不審死に関する警察の調査を徹底するよう各国に義務付けるものと解釈されている。1988年、イギリスの特殊空挺部隊（SAS）は、IRAのテロリストと疑われる3名をジブラルタルで殺害した。これを受け、ECtHRは1995年、被疑者の死に関するイギリスの調査は秘密主義的かつ不備を抱えていると批判した。

2008年の判例を経て、第3条は、警察に対して、非人道的または品位を傷つける取扱いに関わる特定の犯罪を積極的に防止するよう求めるものとなった。2018年、「ブラックキャブ・レイピスト」と呼ばれる連続性犯罪者による被害者たちはイギリス最高裁判所に出廷し、ECHR第3条に基づいて、ロンドン警察は性犯罪の捜査と予防に取り組む責任を課されていると主張し、これを認められた。

物議を醸した判決

1954年の第1議定書第3条には、選挙に参加する権利が定められている。ECtHRの解釈によれば、この権利は、各国が受刑者の投票を完全に禁じることを認めないものである。このことは一部の国々で物議を醸し、イギリスとロシアの両国は、ECtHRの判決に強硬に反対した。

この条約には、プライバシーの権利（第8条）や宗教の自由（第9条）といった、個人の利益を保護する権利も盛り込まれている。2011年、フランスは、ブルカなどの宗教的衣装を含む顔面被覆を公共の場で着用することを禁じた。2014年のS.A.S.対フランス事件において、ECtHRは、この禁止令は第9条の違反にはあたらないと裁定した。しかし、この判決はフランス政府の世俗主義政策を過剰に擁護するものであり、禁止の影響を受ける女性の権利の保護に欠けていると批判された。

国際人権弁護士のアマル・クルーニーは、アルメニア人虐殺の否定に関する2015年のECtHRでの訴訟で、アルメニア共和国を弁護し、勝訴をもたらした。

人権の推進

欧州評議会は、各国に政治的圧力をかけ、ECtHRの判決を実行させる責任を負う機関である。ほとんどの国は、彼らを敗訴とした判決に従っているが、2010年代半ばには、一部の判決に対する長期的な違反が問題として浮上した。これまでに正式に条約を脱退したのはギリシャの1カ国のみで、同国は1960年代後半の軍事クーデターを受けて脱退したものの、民主主義の回復後に再加盟している。2015年、ロシアは、同国の裁判所に対してECtHRの判決を無視することを認める法を可決した。

こうした挫折がありながらも、欧州人権裁判所の判決は今なお世界中で引き合いに出され、死刑廃止からLGBTQの権利保護に及ぶ人権問題の推進に重要な役割を果たしている。◆

比類なき権限を有する裁判所

欧州司法裁判所（1952年）

背景

焦点
国際法

それ以前
1693年 ウィリアム・ペンが欧州議会を提唱する。

1806年 ナポレオン・ボナパルトが、ヨーロッパ大陸の関税同盟を提案する。

1927年 フランスの数学者エミール・ボレルが、フランス欧州協力委員会を設立する。

それ以後
1957年 ローマ条約によって、欧州経済共同体が創設される。

1992年 マーストリヒト条約によって欧州連合（EU）が設立され、政治的統合に向けた大きな一歩となる。

2009年 リスボン条約に基づき、新たなEUの立憲体制が整備される。

2020年 イギリスがEUを離脱し、残る加盟国は27カ国となる。

欧州議会と**EU理事会**が、**新たなEUの法律**に合意する。

欧州司法裁判所（ECJ）はその法律を**解釈**し、
加盟国の**国内裁判所に適用の仕方を助言**する。

国内裁判所が**応じない場合**、欧州司法裁判所はその法律を**執行**する。
違反があった場合に**罰金を科す**こともできる。

ECJはまた、加盟国に代わり、欧州議会、欧州理事会、欧州委員会に対する措置を講じることもできる。

イングランド生まれのウィリアム・ペンは、クエーカー教徒であり、民主的理想主義者であり、アメリカのペンシルベニア州の創設者でもあった。彼は1693年、繰り返される戦争を終わらせるための手段として、ヨーロッパ全体を統治する議会を提唱した。「両親や主人がその家族を治め、行政官がその都市を治めるのと同様に、正義と分別の規則を通じて……公や王がその公国や王国を治めるように、ヨーロッパはその独立国間に平和を獲得し、維持することができるだろう」。これと同じ理想を描く人は他にも多く存在したものの——1803年から1815年にヨーロッパがナポレオン戦争に巻き込まれた際の、ロシア皇帝アレクサンドル1世も例外ではなかった——、ペンの計画は実現しなかった。しかし、2度の世界大戦によってヨーロッパが引き裂かれ、統一ヨーロッパのみが平和の担保になり得ると多くの人が確信するに至ると、1946年、イギリスの元首相ウィンストン・チャーチルは「ヨーロッパ合衆国」の実現を訴えた。

この構想を踏まえ、今日のヨーロッパには、欧州評議会と欧州連合（EU）という2つの基礎的な国際組織が設けられている。EUの目的は、加盟国の統合を通じて平和を促進し、国家主義の復権を防ぐことにある。その根底には法の支配があり、欧州司法裁判所（ECJ）は、EUの規則が全加盟国で一貫して遵守・適用されることを徹底するうえで重要な役割を果たしている。たとえば、2018年には、イギリスが大気質枠組指令に関してEU法に違反しているとして、ECJに提訴された。欧州評議会（CoE）は1949年に設立され、10カ国の代表者——フランス、イタリア、オランダ、ベルギー、ルクセンブルク、デンマーク、ノルウェー、スウェーデン、アイルランド、イギリス——がロンドンに集まり、対話と協力の場を設けることになった。CoEの当時の（そして今なおお存続している）

> **正義の支配とは、**
> **権力が権利を打ち負かしたり、**
> **抑圧したりしないことを、**
> **また、ある隣人が別の隣人に**
> **対して独立と主権を**
> **行使しないことを**
> **徹底するものである。**
>
> **ウィリアム・ペン**
> 『ヨーロッパにおける現在と未来の平和に向けて』（1693年）

参照：ヴァッテルの『国際法』（p108）■ナポレオン法典（p130～131）■欧州人権条約（p230～233）■ヘルシンキ条約（p242～243）■グーグル・スペイン対 AEPD およびマリオ・コステハ・ゴンザレス（p308～309）

目的は、ヨーロッパにおいて人権、民主主義、法の支配を擁護することだとされていた。CoE には現在、合計で 47 カ国が加盟している。

CoE は EU と混同されることがあり、実際に同じ旗や歌を利用している。しかし、CoE はヨーロッパ各国によって結ばれた協定の執行権限を有するものの、立法の権限は持たない。ヨーロッパ市民の権利を重視し、特定の分野に集中する多くの下部組織や条約を発足させてきた。なかでも顕著なのは、欧州人権条約（ECHR）、欧州拷問等防止委員会（CPT）、子どもの性的搾取および性的虐待からの保護に関する CoE 条約である。さらに重要なこととして、CoE は 1959 年に欧州人権裁判所（ECtHR）を設立し、ECHR を執行するようになった。

経済的な関係

CoE でその初期に取り上げられた議題のなかには、加盟国の経済的・政治的統合強化の実現性というテーマも含まれていた。さまざまな案が提出されたものの、どれも多数派の支持は獲得できなかった。

1945 年、フランスの政治経済学者ジャン・モネは、ドイツの石炭産地であるルール地方およびザール地方をフランスの管理下に置くことを要求した。そうすることでドイツの産業力は弱体化し、戦後フランスの経済復興は促進されると訴えたのだ。この「モネ・プラン」は採択された。アメリカの後押しを得て、1947 年にザール地方はフランスの保護領となった。1949 年にはルール協定が西ドイツに課されたため、アメリカ、イギリス、フランス、ベネルクス諸国（ベルギー、オランダ、ルクセンブルク）がルール地方の炭鉱を支配することが可能になった。この協定は、連合国支配下のドイツ西部地域による合併で成立することになったドイツ連邦共和国樹立の前提条件であった（まもなく、東部地域はソ連が支配するドイツ民主共和国となった）。

> **国家と人間が同じ規則を受け入れると……互いの行動が変化する。これこそが、文明の過程である。**
>
> **ジャン・モネ**
> 『変化の酵母』（1962 年）

ザールラントの支配をめぐる旧敵フランスと西ドイツ間の緊張が高まると、統合的ヨーロッパ共同体というモネの構想にさらに拍車がかかった。1950 年、フランス外相ロベール・シューマンは、部分的にモネの起草した宣言を通じて、フランスとドイツの石炭生産および鉄鋼生産をすべて一本化して共通の市場に送り出し、この市場を単一の最高機関（HA）——やがて欧州委員会へと成長する組織である——に管理させるという計画を提案した。この欧州石炭鉄鋼共同体（ECSC）への加盟は他の西ヨーロッパ諸国にも認められ、HA は政府に任命された各加盟国の代表で構成されることになる、というものだった。

ザール川は1950年代の主要な産業回廊であり、ザールラント州の炭田と州都のザールブリュッケンを結んでいた。フランスとオランダとのつながりは、運河によって形成されている。

やがて、これに続く大規模な政治的統合が期待されるようになった。「ヨーロッパは一度に構築されるものではない」とシューマンは断言した。
「ヨーロッパは具体的な成果を通じて、その成果から事実上の連帯をまずは生み出すことによって構築される。ヨーロッパ諸国を団結させるには、フランスとドイツの長年にわたる対立を解消しなければならない」。そこで、石炭産業と鉄鋼産業を共同で管理すれば、「フランスとドイツの間で戦争が起こることは、単に考えられないばかりか、物理的にも不可能になる」。このことは、「ヨーロッパ連邦における最初の具体的な基礎となり、平和の維持に欠かせない」ものとなろう。

ドイツ首相コンラート・アデナウアーは、イタリアやベネルクス諸国の首脳同様に、シューマンの案に乗り気だった。そして何より、この案は米国務長官ジョージ・C・マーシャルの支持を得ていた。こうして彼の名を冠した「マーシャル・プラン」が1948年に実施されると、戦後ヨーロッパに数十億ドルという資金が注ぎ込まれ、インフラの再建と貿易の促進が図られた。

経済発展のための共通の基盤は……軍需物資の製造に長く専念してきた地域の運命を変えるだろう。

ロベール・シューマン
シューマン宣言、1950年

パリ条約

1950年6月、フランス、西ドイツ、イタリア、ベネルクス諸国の代表者が集まり、のちのECSC創設につながる交渉を開始した。パリ条約が最終的に署名されたのは1951年4月のことであり、発効したのは1952年7月のことであった。話し合いは難航した。すべての当事国がモネと同じ構想を共有していたわけではなかったため、包括的な政治同盟への期待はたちまち打ち砕かれた。

モネが確信していたのは、HAこそが統合の鍵であるということだった。各国は何らかの決定に不満がある場合、HAにその再審理を訴えることを認められていたからである。しかし、ベネルクス諸国はこれを不十分だと感じ、HAの独裁的支配に対する民主的予防手段として、特別閣僚理事会の設置を提案した。この理事会は各国政府の代表で構成され、HAの決定に異議を申し立てることも、自ら訴えを審理することもできる。さらに重要だったのは、一部の代表者から、司法裁判所の設置が同時に提案されたことだった。強力な裁判所の存在は、完全な統合を実現するためにヨーロッパが必要とする立憲体制の構築に役立つはずだと、彼らは信じていたのである。

モネは、それが協力の妨げになると考え、裁判所の設置案には懐疑的だった。ところが、特別閣僚理事会と司法裁判所に関する案は、結局どちらも支持された。ベネルクスの代表者たちは、HAの決定の正当性が裁判所によって審査されるだけでなく、その政策についても点検されることを望んでいた。とはいえ、これは国家間の問題とするべきだという見方にも、彼らは納得していた。ドイツはプライベート・アクセスを主張したが、フランスは、裁判所に政策を審査する権限を与えれば、裁判官による非民主的な統治を招きかねないと懸念した。こうして妥

ジャン・モネ

ジャン・モネはフランスの政治顧問にして、欧州統合の開拓者でもあった。シューマン計画においてはブレーンを務め、この計画を通じて西ヨーロッパの重工業を合併させ、欧州石炭鉄鋼共同体（ECSC）を結成させた。

1888年にコニャック地方で生まれたモネは、若き日に家業のコニャック事業のために世界中を旅行し、国際投資家として尊敬を集めるようになった。第一次世界大戦中、フランスとその同盟国間の経済的仲介者として注目され、1919年に国際連盟の事務次長に就任する。1952年にはECSCの初代委員長となった。

モネは、完全に統合された欧州共同体という自身の夢の実現に向け、休むことなく働いた。1955年には「ヨーロッパ合衆国のための行動委員会」を設立し、この委員会を原動力として、欧州連合へ結実する共同市場の創設などの業績を重ねた。1979年に死去。

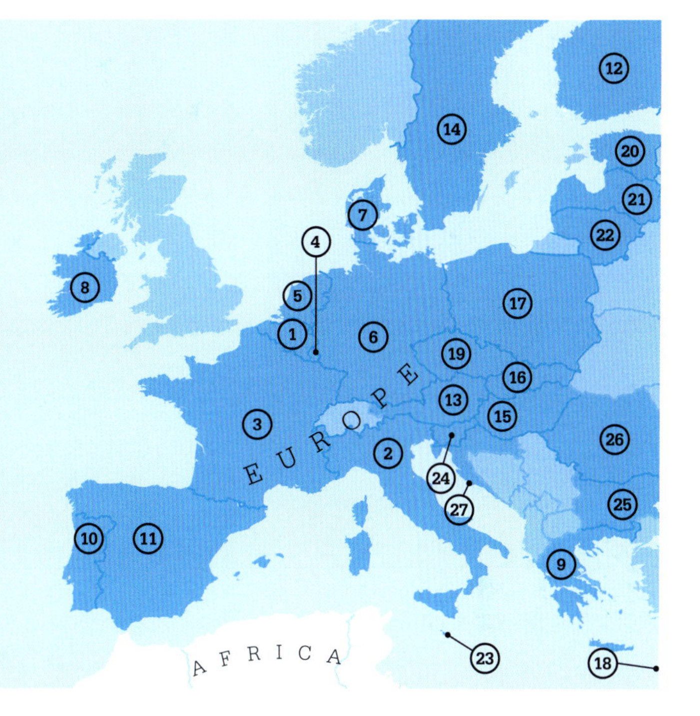

欧州司法裁判所（ECJ）は現在、欧州連合（EU）の27カ国に対して管轄権を有している。1952年、欧州石炭鉄鋼共同体の司法裁判所として設立された。1993年、欧州共同体12カ国が欧州連合（EU）を設立した際に、ECJは——それまでは経済同盟の司法裁判所に過ぎなかったが——、この政治同盟の最高裁判所となった。

管轄国一覧

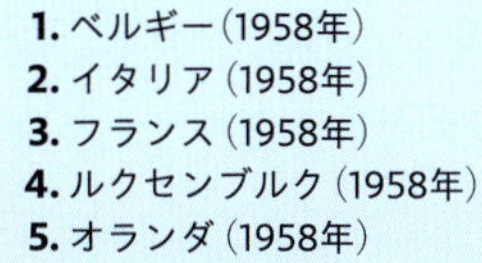

1. ベルギー（1958年）
2. イタリア（1958年）
3. フランス（1958年）
4. ルクセンブルク（1958年）
5. オランダ（1958年）
6. ドイツ（1958）
7. デンマーク（1973年）
8. アイルランド（1973年）
9. ギリシャ（1981年）
10. ポルトガル（1986年）
11. スペイン（1986年）
12. フィンランド（1995年）
13. オーストリア（1995年）
14. スウェーデン（1995年）
15. ハンガリー（2004年）
16. スロバキア（2004年）
17. ポーランド（2004年）
18. キプロス（2004年）
19. チェコ（2004年）
20. エストニア（2004年）
21. ラトビア（2004年）
22. リトアニア（2004年）
23. マルタ（2004年）
24. スロベニア（2004年）
25. ブルガリア（2007年）
26. ルーマニア（2007年）
27. クロアチア（2013年）

EU 加盟国（表示年以降）
非 EU 加盟国

協が成立した。裁判所はパリ条約の条項および精神に反するHAの決定を破棄する権限を有し、HAは加盟国を混乱させるような決定を避ける、ということに落ち着いたのだ。

権限の制限

HAがECSCの執行機関となり、司法裁判所がその司法機関となることが明確化されると、フランスは司法裁判所が行政機関として存続することを確かめた。この裁判所には、ECSC法の遵守を徹底させる権限や、パリ条約を解釈する権限が与えられるが、政策を審査する違憲審査の権限は与えられない。新たな裁判所はルクセンブルクに本部を置き、裁判官は加盟6カ国から1人ずつと、三大国——西ドイツ、フランス、イタリア——のいずれかから交代で選ばれた7人目が務めることになった（今日の欧州司法裁判所には、EU加盟国から1人ずつ、合計で27人の裁判官が所属している）。

1951年にパリ条約が署名される頃には、超国家的な結束への意欲はすでに薄れている部分もあり、政治同盟および防衛同盟の構想は中断されていた。それでも、強力な法的枠組みが整備されたことで、ヨーロッパ統合計画は勢いを得た。

ECSCは4つの機関によって監督されていた。9名の役員で構成されるHA、加盟国の議会に任命された代表者78名からなる共同総会、各国政府の代表者による特別閣僚理事会、そして司法裁判所である。欧州評議会を手本とした共通議会は、民主的な正統性をもたらすための機関であり、その初会合は1952年9月にストラスブールで開かれた。

3つの共同体

ヨーロッパの政治家たちは、次第に共通の市場の構想について議論を交わすようになった。「共同市場」とも呼ばれる欧州経済共同体（EEC）は、通称「ローマ条約」として知られる欧州経済共同体設立条約に基づき、ECSCの創設6カ国によって結成された。この条約は1957年に署名され、1958年1月1日に発効した。

ローマ条約からは、第三の共同体である欧州原子力共同体（EAEC）、のちに呼ばれるところの「ユーラトム」も誕生した。ヨーロッパにおける原子力市場の発展を監督するものとして考案されたEAECは、現在では核物質の安全な処分を含め、原子力のあらゆる側面を取り扱っている。

EECとユーラトムは独自の理事会と執行機関を有していた。しかし、一部の国家間にHAの超国家的権限に関する懸念が広がったため、ECSCの場合と比較して、これらの執行機関には制限された権限が、理事会には大きな権限が与えられることになった。新たな執行機関は「最高機関」ではなく「委員会」と呼ばれた。ECSCの司法裁判所に付託された権限は、EECとユーラトムの両方に及ぶように拡大された。共同総会も3つの共同体で共有され、欧州議会となった。

統合の進化

EECの創設は重大な分岐点となった。

ローマ条約。1957年3月25日、フランス、西ドイツ、イタリア、ベルギー、オランダ、ルクセンブルクの代表者が署名した。この条約により、欧州経済共同体が創設されることになる。

これほど自由に資源を共同利用できる大規模な国家集団は、いまだかつて存在しなかったからである。加盟国はさらなる政治的統合に依然として消極的だったが、法的統合は急速に進行し、ECJは1960年代を通じて多くの重要な判決を下した。

1965年には合併条約（別名「ブリュッセル条約」）が署名され、1967年に発効した。この条約によって、ECSC、EEC、ユーラトムの執行機関および理事会は統合され、これら3つを総称して「欧州共同体（EC）」と呼ばれるようになった。

> （ヨーロッパの）
> 実験が成功するためには、
> その条件として、
> 規則が誰にとっても同じで
> あることを保証する任務を
> 負う機関が存在しなければ
> ならない。
>
> **デイヴィッド・エドワード判事**
> 欧州司法裁判所（1992～2004年）

執行機関は「欧州共同体委員会」となった。

イギリスはそれまでどの共同体への加盟も拒んでいたが、経済的孤立を恐れて翻意した。1963年に初めてEECへの加盟を申請し、次いで1967年にも申請を行ったが、いずれの機会もフランス大統領シャルル・ドゴールに阻まれた。ドゴールは、強硬な愛国主義者としての立場からこの経済同盟を――フランスに経済的利益をもたらす手段として――捉えていたため、それ以上の統合や拡大を望まなかったのだ。

1969年にドゴールが辞任すると、フランスはイギリスの加盟に反対する姿勢を和らげた。ドイツは驚くべき経済復興の最中にあり、これと対照的に困窮していたイギリスは、1973年、デンマークやアイルランドと共についにECに加盟した。ところが、こうして同盟が拡大された直後の1973年秋、OPEC（石油輸出国機構）が石油価格を大幅に引き上げたことで、ヨーロッパの経済的繁栄は劇的に悪化していくことになる。アメリカとソビエト連邦という2つの世界的超大国に対抗するには、さらに結び付きを強化したヨーロッパを構築するしかない――多くのヨーロッパ人はそう考えるようになった。

1979年、欧州議会は初の直接選挙を実施し、フランスのシモーヌ・ヴェイユを議長に選出した。1981年にギリシャがECに加盟し、1986年にはスペインとポルトガルが後に続いた。1985年、ルクセンブルクのシェンゲンにおいて、加盟10カ国中5カ国が国境検問の廃止に賛成した。他の国々もその後に署名し、1997年までにヨーロッパ26カ国がこの「シェンゲン協定」に加盟した。

イギリスはシェンゲン協定から距離を置き、首相マーガレット・サッチャーはさらなる経済統合に反対していた。ところが1985年、イギリス人のアーサー・コックフィールドが、フランス人の委員長ジャック・ドロールの下で欧州共同体委員会の副委員長に就任すると、この状況は一変した。

コックフィールドは次第に、加盟国間の物、資本、サービス、労働力の自由な移動（「4つの自由」）を保証する「単一市場」の構想に夢中になった。このテーマに関する彼の白書は他のEC加盟国にも歓迎され、1986年の単一欧州議定書へと結実した。この議定書によって1993年に単一市場が創設されることになり、その実現のために、欧州議会にも以前より大きな立法権が与えられることになった。

ファン・ヘント・エン・ロース対オランダ事件

1963年のファン・ヘント・エン・ロース対オランダ事件において下された判決は、欧州司法裁判所（ECJ）による画期的な判決の一つに数えられる。オランダの企業であるファン・ヘント・エン・ロースは、ドイツからオランダにホルムアルデヒドを輸入していた。オランダはこの輸入に関税を課したが、それは共同市場の規則に違反する行為だった。ECJは、ファン・ヘント・エン・ロースが関税を回復できるとする判決を下した。こうして「直接効果」という基本原則が確立され、加盟国の裁判所は欧州共同体から付与された権利を認めるよう義務付けられたのである。

LUNDI 21 SEPTEMBRE 1992

Libération

LES RESULTATS COMPLETS

Au soir du scrutin, ville par ville, département par département, région par région, on voit se dessiner la France des pro et des anti-Maastricht. Résultats complets de la page 18 à la page 24.

LE TRAITE DE MAASTRICHT EST RATIFIE A UNE COURTE MAJORITE

OU..I

Du côté du oui: la plupart des grandes villes, l'Alsace, la Bretagne, les employés et cadres; du côté du non: le midi de la France, une majorité d'agriculteurs et d'ouvriers; telles sont les grandes lignes de démarcation d'un vote référendaire qui, hier, a attiré 70% des électeurs. François Mitterrand a estimé que la victoire du oui qui autorise la ratification du traité d'union européenne était «l'un des jours les plus importants de l'histoire de notre pays». Les leaders des grandes formations politiques ont tous souligné la nécessité de la prise en compte des «inquiétudes» qu'avait exprimées le score important du non. Jacques Chirac a lancé un appel «pour que chacun retrouve sa place dans l'opposition», tandis que Charles Pasqua et ses amis réclamaient «un changement de ligne politique» au RPR. Lire page 2.

50,9%

49,1%

La revue des éditoriaux européens

«Libération», associé à «Courrier International» publie les éditoriaux que six grands quotidiens européens consacrent ce matin au référendum français. Tonalité générale: «l'euphorie n'est pas de mise». Lire page 14.

フランスの『リベラシオン』紙は、マーストリヒト条約に関する1992年の国民投票が僅差で可決されたことを、どこか消極的な見出しを通して伝えた。この結果は「ささやかな賛成」と呼ばれるようになった。

同じ頃、欧州議会では、1952年に初めて討議されて失敗に終わった夢、すなわち「ヨーロッパ政治共同体」の夢を再び実現しようとする動きにも支持が集まっていた。1984年、イタリアの政治理論家アルティエロ・スピネッリを中心に起草された「スピネッリ・プラン」に基づき、議会は経済同盟から完全な政治同盟への進展を決議した。1989年のベルリンの壁崩壊、ソ連崩壊、東西ドイツ統一といった劇的な出来事が展開されていくなか、交渉は続けられた。そのため、1991年12月にEC加盟12カ国がオランダのマーストリヒトに集まり、新条約を起草した際には、どこか浮き足立った空気が漂っていた。

欧州連合

マーストリヒト条約における正式な目的の一つは、共通通貨の導入であった。経済通貨同盟（EMU）は、加盟国経済の漸進的一体化を促進するためのものとされていた。しかし、フランス、デンマーク、アイルランドの法律上、この条約は批准される前に国民投票にかけられる必要があった。アイルランドでは大差の賛成多数で承認されたが、フランスでは賛成が反対をわずかに上回っただけだった。デンマークでは僅差で否決された。ようやく承認されたのは、デンマークに向けた4つのオプトアウト条項が取り決められた後、再度国民投票が行われてからのことだった。

マーストリヒト条約は1992年2月に署名され、1993年11月にECはEUとなった。前身の機関である委員会、理事会、議会、そして2009年に司法裁判所から改称されたECJを引き継ぎ、その下級裁判所であった「第一審裁判所」は「一般裁判所」へと名前が変更された。これらの裁判所は、合わせて「欧州連合司法裁判所」と呼ばれている。委員会は総体的な政策および戦略を策定し、新たな法を提案する。一方で、各加盟国の閣僚で構成される理事会は、政策の調整を行う。理事会、そして市民によって直接選ばれる議会は、共同で新たなEU法に合意し、それを採択する。

マーストリヒト条約は、40年に及ぶ一体化の作業において当然踏まれるべき手順ではあったものの、その達成は容易ではなかった。21世紀に入り、経済問題や移民問題をめぐる緊張がEU加盟国間に広がると、連邦主義の政治家たちはその望みを試されることになった。彼らはもはや、自分たちの思い描く漸進的統合という夢が一般市民にも共有されていることを信じられなくなったのである。◆

欧州司法裁判所はルクセンブルク市に本部を置いている。EU加盟国から1人ずつ、計27人の裁判官が所属しているが、通常の事件は3人、5人または15人の法廷によって審理される。

姉妹国家は共に成長を遂げてきた

ヘルシンキ条約（1962年）

背景

焦点
国際法

それ以前
1814年　一つの国家だったデンマークとノルウェーが分裂し、ノルウェーはスウェーデンと連合を形成する。

1845年　デンマークとスウェーデンの学生が汎スカンジナビア主義を支持するが、1864年にこの運動は崩壊する。

1905年　ノルウェー・スウェーデン連合が解消され、ノルウェーは完全に独立する。

1907年　5カ国による北欧列国議会同盟が年次会議を開くようになる。

それ以後
1996年　ノルウェーとアイスランドが、北欧旅券同盟の加盟国として欧州シェンゲン圏への参加を許される。

2000年　デンマークとスウェーデンを結ぶオーレスン・リンクが開通する。

北欧諸国が、北大西洋条約機構（NATO）やソ連などの**強力な連合**と同盟を結ぶよう圧力を受ける。
→
軍事的に中立でいることは、最も安全な選択肢のように思われる。
↓
互いに協力し合うことは、北欧諸国が**中立性**を保つための**最善の方法**である。
←
協力によって強化されることで、北欧諸国は**他国**との安定したつながりを構築できる。

1952年に創設された北欧理事会は、北欧各国の国会議員による議会である。ここでいう北欧各国とは、スカンジナビアのノルウェー、デンマーク、スウェーデンに加えて、フィンランドとアイスランドのことを指す。代表者ではなく現役の国会議員が参加する国際会議は珍しく、貴重な協力関係を育んでいる。北欧理事会には87名の国会議員がおり、その内訳はノルウェー、スウェーデン、デンマーク、フィンランドから20名ずつ、そしてアイスランドから7名となっている。このうちデンマークの20名には、フェロー諸島からの2名とグリーンランドからの2名、フィンランドの20名にはオーランド諸島からの2名が含まれる。北欧理事会は年1回、秋に開かれ、春には「テーマ別会議」が追加で開催される。この議会はまた、各国政府の閣僚からなる北欧閣僚理事会と連携している。

北欧諸国の絆は古くから存在しているが、北欧間協力の直接的な誘因となったのは第二次世界大戦であった。デンマークとノルウェーはともにナチスに占領され、フィンランドは絶えずソビエト連邦の脅威にさらされていた。スウェーデンは中立を保っていたが、周囲全体で戦争

参照：ヴァッテルの『国際法』（p108） ▪ スカンジナビア協力（p160〜161） ▪ 国際連合と国際司法裁判所（p212〜219）
▪ インターポール（p220〜221） ▪ 欧州司法裁判所（p234〜241）

が激化していくなか、その立場は脆弱だった。

戦後の連携

戦争終結後、スウェーデンはノルウェーとデンマークにスカンジナビア防衛同盟の構想を提示したが、最初の交渉は決裂した。そこには、世界の主要連合からそれぞれ違った方向へと放たれる、巨大な圧力が存在していた。ヨーロッパ諸国は、のちに欧州連合へ発展する経済関係を形成しつつあった。スカンジナビアでの基地建設を切望していたアメリカは、北欧諸国は脆弱で自衛は不可能だとし、新興の北大西洋条約機構（NATO）への加盟が必須だと主張した。ソ連はフィンランドの併合を狙っていた。

戦争によって経済が荒廃し、不利な立場に置かれていたデンマークとノルウェーは、アイスランドとともに1949年にNATOに加入し、その創設国となった。スウェーデンは中立状態を保った。フィンランドは、強大な隣国にして旧敵でもあるソ連との安定した関係を望み、1948年にフィンランド・ソ連条約に署名した。この条約は、「友好、協力、相互援助」の協定とされた。

スウェーデンとデンマークを結ぶオーレスン・リンクは全長7.85キロに及ぶ。マルメとペベルホルム島の間にある海に架かり、この島からトンネルでコペンハーゲンまで続いている。

北欧理事会

防衛同盟の構想が頓挫したにもかかわらず、1952年、デンマーク首相ハンス・ヘトフトはある提案を行った。強力な同盟としてではなく、単なる議会間の協議機関を目指すものとして、北欧理事会を設けてはどうかというのだ。ノルウェー、スウェーデン、アイスランドはただちに賛成し、翌年にはデンマーク議会において、ヘトフトを議長とする初会議が開かれた。創設から数年のうちに、この理事会は北欧協力に実用的側面をもたらした。共同労働市場および旅券同盟を通じて、市民は自由に移動し、北欧圏内のあらゆる地域で働き、居住することができるようになったのだ。

北欧理事会は、その驚くべき強靭さを証明した。スターリンの死後、フィンランドとソ連の関係が軟化したことを受け、1955年にフィンランドは理事会に加盟した。後年にはグリーンランドの代表者、そしてフェロー諸島とオーランド諸島の代表者も加わった。

1962年、北欧5カ国は正式な協力協定であるヘルシンキ条約に署名し、いっそう緊密な絆を結んだ。それから9年後には、ヘルシンキ条約が北欧閣僚理事会の創設へつながり、この閣僚理事会が政府間協力を担当することになった。北欧地域が世界で最も環境的に持続可能で、最も統合された地域となること——それが北欧理事会の思い描く展望である。◆

法の調和

北欧地域には立法協力の伝統があるが、その始まりは1872年、北欧のすべての国の法律家がコペンハーゲンに集まったことにある。その後、司法の調和への要求はヘルシンキ条約の中核を形成し、「私法の分野において最大限の統一を達成するための法分野における協力」が模索されることになった。ヘルシンキ条約に掲げられた目的の一つは、刑事犯罪の処罰に関する統一規則を実現することであった。第5条によれば、この統一規則は、北欧のある国で行われた犯罪を別の国で起訴することを可能にするためのものである。

各国間に協力は見られたものの、政治的差異によって完全な調和は妨げられてきた。近年は、欧州連合（EU）の調和が北欧諸国の目的に優先され、このことが明らかな問題となっている。というのも、デンマーク、フィンランド、スウェーデンがEU加盟国であるのに対し、アイスランドおよびノルウェーは非加盟国だからである。

戦争の影から遠ざかろう

部分的核実験禁止条約（1963年）

背景

焦点
軍備管理

それ以前
1945年　アメリカが日本の広島市と長崎市に原子爆弾を投下する。

1946年　国連原子力委員会（UNAEC）が創設され、原子エネルギーの使用リスクに対処する。

1952年　アメリカが初の水爆実験を実施する。

1961年　ソ連が、それまでに試された水素爆弾のなかで最も強力な「ツァーリ・ボンバ」の実験を行う。

それ以後
1998年　インドとパキスタンがそれぞれ数回にわたる原爆または水爆実験を行い、核武装国となることを競い合う。

2006年〜2017年　北朝鮮が6回の地下核実験を実施する。

1963年8月5日、米国、ソビエト連邦、イギリスが、部分的または限定的核実験禁止条約（PTBTまたはLTBT）に署名した。この条約は、核軍備競争を直接的に減速させるものではなかったが、大気圏内、水中、宇宙空間での核実験を禁じることで、核兵器管理における重要な一歩となった。

MAD軍備競争

1950年代、冷戦期の西側諸国とソ連の緊張は高まった。アメリカとソ連は、相互確証破壊（MAD）というゲーム理論的戦略に突き動かされた部分もあり、核軍備競争をがむしゃらに推進した。核兵器の本格的な利用は攻撃者と防衛者を共に破滅させるという理論に基づく

参照：ジュネーヴ諸条約（p152〜155） ■ハーグ条約（p174〜177） ■化学兵器禁止条約（p276〜277）
■対人地雷禁止条約（p288〜289）

ツァーリ・ボンバ（「爆弾の帝王」）はある北極の島で、ソ連によって密かに爆発させられた。その爆発規模は、広島と長崎に投じられた爆弾の合計の約1500倍に相当した。

MADは、一方が核兵器を発射した場合に双方を確実に壊滅へと導くだけの核兵器を製造すべきだと提案している。そうすれば、どちらの側も先制攻撃を仕掛けようとはしないはずだ、というわけだ。スタンリー・キューブリックによる1964年の映画『博士の異常な愛情』は、この戦略の危険性を見事に風刺した作品だった。

大衆は、全面的な核戦争とそれに続く世界規模の破壊が起こる可能性を恐れた。抗議運動が噴出し、なかでも核軍縮キャンペーン（CND）は注目を集めた。1961年には、「平和のための婦人運動」に参加する5万人近くが、アメリカの60都市で核兵器反対のデモ行進を行った。

キューバ・ミサイル危機

核軍縮に関する国際交渉は1958年に始まった。1960年に国連（UN）は10カ国軍縮委員会（TNCD）を設立し、これは1961年に18カ国軍縮委員会（ENCD）となったが、進展には限りがあった。転換点を迎えるまでには、核の「ニアミス」が相次いだ。たとえば、1961年、アメリカはノースカロライナ州ゴールズバラに核爆弾を誤投下し、あわや爆発を起こしかけた。しかし、最終的に警鐘を鳴らすことになったのは、1962年10月の13日間に及ぶキューバ危機だった。ソ連は当時、アメリカ沿岸からわずか145キロ（90マイル）先のキューバに核発射場を建設していた。アメリカ空軍がこれを発見すると、大統領ジョン・F・ケネディはキューバ周辺の海上封鎖を行うことで応戦した。核戦争は目前に迫っているように感じられた。

しかし、ケネディとソ連首相ニキータ・フルシチョフは、瀬戸際から引き返すことができた。ソ連はキューバの核発射場を解体し、アメリカは海上封鎖を解除した。何かが起きてもおかしくなかったという恐怖心から、ケネディとフルシチョフは交渉のテーブルに着いた。フルシチョフは核実験の包括的な禁止を主張したが、ケネディはアメリカ軍の同意を得ることができなかった。ケネディの顧問は、交渉の前提としてソ連軍のキュー

ジョン・F・ケネディ大統領は1962年、アメリカ国民に向けてテレビ演説を行い、キューバにあるソ連のミサイル発射基地からの脅威について、またアメリカ海軍がキューバを封鎖している理由について説明した。

> **我々は……
> その勝利の果実すらも口に
> 入れるときは灰と化すような……
> 世界的な核戦争の危険を
> ……冒すことはしないだろう。**
>
> **ジョン・F・ケネディ**
> アメリカ合衆国第35代大統領
> （1961〜1963年）
> 国民への演説、1962年

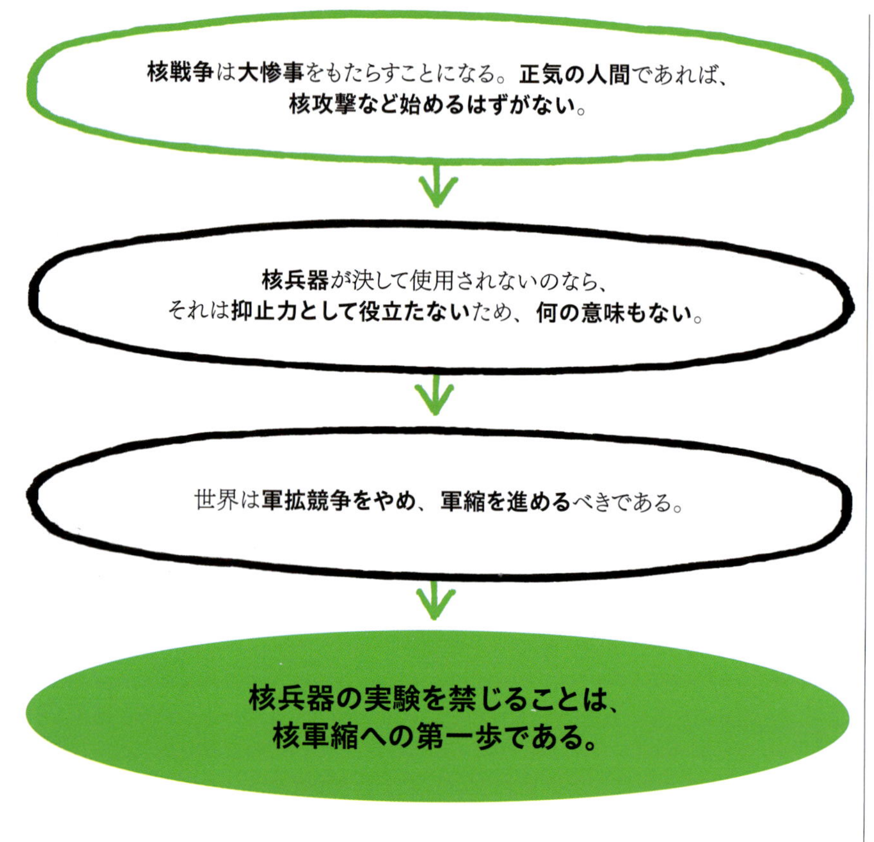

バからの撤退を望んだ。一方のソ連は、提案された検証・視察が西側諸国による諜報活動の口実となることを恐れた。1963年6月、ケネディ大統領は「核実験を違法化し、軍備競争のスパイラルを遮断する条約」の制定を情熱的に訴えた。

最初の核実験禁止協定

1963年7月、元駐ソ連大使W・アヴェレル・ハリマンとソ連外相アンドレイ・グロムイコはモスクワで交渉を再開した。10日後には、当時の核保有3カ国（イギリス、フランス、中国）の加盟を期待して条約の起草を始めたが。アメリカとソ連に並んで署名したのはイギリスのみだった。

部分的核実験禁止条約（PTBT）は、大気圏内、宇宙空間、水中での核実験を禁じる一方で、地下実験は許可していた。核兵器の保有量を削減したり、製造を停止したり、使用を制限したりするものではなかったが、大きな進歩であることは確かだった。

3カ月も経たないうちに、合計で100の政府がこの条約に署名した。フランスと中国は関わらない姿勢を崩さなかったが、その後さらに25カ国が加盟した。この条約に基づき、アメリカ、イギリス、ソ連は条約修正の拒否権を行使できることになっている。また、いかなる修正案も、当初の加盟3カ国を含む過半数の承認を必要とする。

核の不拡散

当初の核保有5カ国以外への核兵器拡散を制限しようという試みは、PTBTと並んで1960年代に始まった。1961年、国連は、核保有国から他国への技術譲渡を禁じるアイルランドの決議案を全会一致で可決させた。スウェーデンはさらに、非核国に核兵器の製造や保有を行わないことを誓約させてはどうかと提案した。この提案は一定の支持を得たが、アメリカをはじめとする多くの国が決議を棄権した。アイルランドおよびスウェーデンの提案は、誰もが遵守できる制度づくりを目指したものであり、1968年の核兵器不拡散条約（NPT）へと結実することになる。

NPTにおいて、非核国は核兵器の入手や開発を行わないことに合意した。一方、核保有国は将来的に核兵器の備蓄を廃絶し、核エネルギー技術を共有することを承諾した。

包括的禁止

1977年、核実験を終結させる条約に関する作業が開始された。進展には時間がかかったが、その一因は、アメリカの兵器開発者たちが、核兵器を最新の状態に保つには実験が不可欠だと考えていたことにある。彼らからの圧力を受け、アメリカ大統領ロナルド・レーガンは1982年に交渉を中断した。ソ連が1979年から1989年にかけてアフガニスタンを占領したことも、アメリカとの関係を悪化させる原因となった。

1991年、ソ連の書記長ミハイル・ゴルバチョフは、核実験の一方的停止を発表した。アメリカ連邦議会はこれを歓迎

> **核戦争には勝利がない。それは決して戦われてはならない。**
>
> **ロナルド・レーガン**
> アメリカ合衆国第40代大統領
> （1981〜1989年）
> 一般教書演説にて、1984年

し、交渉の早期再開を呼びかけた。しかし、12月にソ連が崩壊するまで、双方の軍部の懸念によって話し合いは停滞した。その後は国連が主導権を握り、1994年に軍縮会議を設立。包括的核実験禁止条約（CTBT）を起草し、これによりすべての核兵器実験と平和的核爆発実験を禁止した。

1966年、アメリカは最初の国としてCTBTに署名し、以来ほとんどの国が加盟した。とはいえ、この条約は、すべての核保有国を含む会議加盟全44カ国に署名されるだけでなく、批准もされなければ発効しない。2019年の時点で、168カ国はCTBTを批准していたが、別の17カ国は署名したものの批准はしていなかった。決定的なのは、当初の会議加盟44カ国中5カ国（中国、エジプト、イラン、イスラエル、アメリカ）がいまだに批准しておらず、さらに3カ国（インド、北朝鮮、パキスタン）は署名すらしていないということだ。

膠着状態

CTBTは発効には至っていないものの、進展はあった。1987年の中距離核戦力全廃条約（INF条約）に基づき、アメリカとロシアがその核弾頭の数を大幅に削減したのである。NPTは1995年に無期限で延長され、2020年までに191カ国が署名国となった。

PTBTの制定以降、核兵器を入手したことが知られている国は、パキスタン、インド、北朝鮮、そしておそらくイスラエルのみである。しかし、イランもまた、爆弾製造を目的として違法にウランを濃縮していることを非難されている。国際原子力機関（IAEA）は検証のための立ち入りを要求し、2006年からは国際制裁が課された。イランに核兵器製造を断念させるべく、厳しい外交交渉は今なお続けられている。

北朝鮮も同様に、国際制裁を受けているにもかかわらず、核開発計画に固執し続けている。2006年から2017年の間には、6回の大規模な地下核実験を行い（アメリカ地質調査所の地震計によって検出された）、2017年には水爆を完成させたと宣言した。その一方、5大核保有国のなかでも特にアメリカと中国は、依然として核兵器廃絶には近づいていないようである。2019年、アメリカはINF条約を破棄した。

現在では、戦争の脅威を食い止めるための70年にわたる厳しい交渉を反映し、複雑な法体系が整備されている。IAEAはこうした条約を支持し、140カ国以上の核活動を監視しているが、多くの国々は査察団の自由な立ち入りを許可していない。国際司法裁判所は条約違反を裁定するが、その判決に従わない国もある。核などの大量破壊兵器が存在する限り、危険は消え去らず、軍縮条約を支持・拡大する努力が続けられている。◆

すべての国が宣言すべきである……核兵器は破壊されなければならないのだ。その目的は、我々自身と地球を救うことである。

ミハイル・ゴルバチョフ
ソビエト連邦書記長（1985～1991年）
BBCのインタビューにて（2019年）

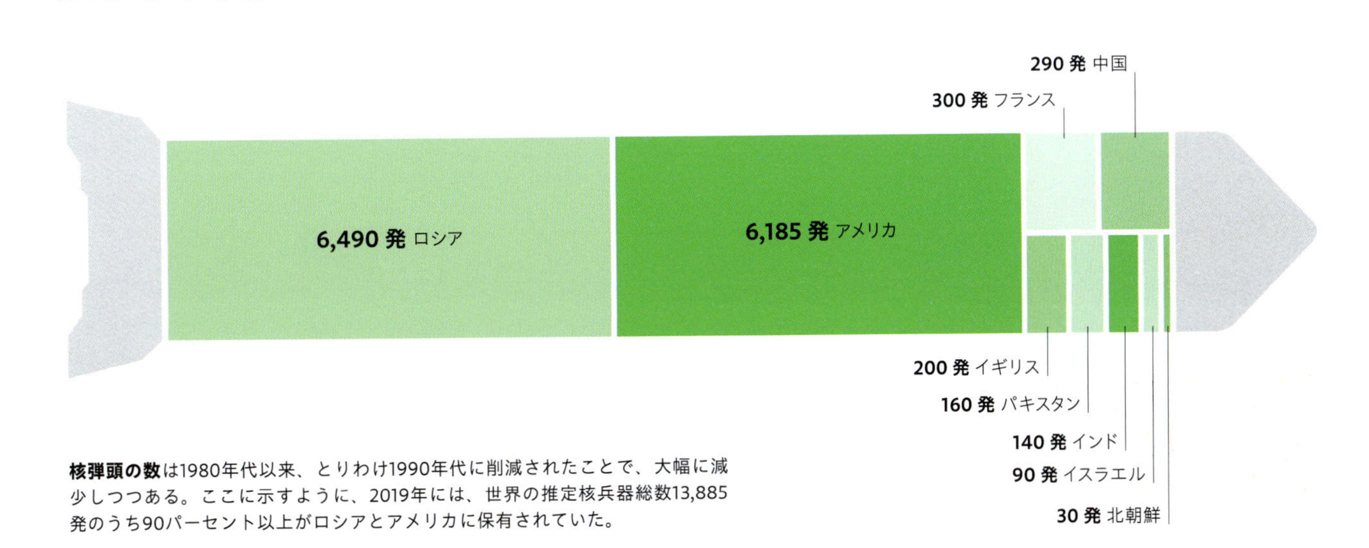

核弾頭の数は1980年代以来、とりわけ1990年代に削減されたことで、大幅に減少しつつある。ここに示すように、2019年には、世界の推定核兵器総数13,885発のうち90パーセント以上がロシアとアメリカに保有されていた。

私の子どもたちが 肌の色で判断されることの ないように

公民権法（1964年）

背景

焦点
人権

それ以前
1866年 アメリカ初の公民権法によって、公民権が保障される。ただし、政治的・社会的権利は保障されない。

1880年代 ジム・クロウ法によって、南部諸州で白人住民と黒人住民が隔離される。

1896年 最高裁が「分離すれども平等」の原則に基づき、隔離を認める。

それ以後
1965年 投票権法が、黒人の投票を妨げる人種差別を違法化する。

1968年 公正住宅法により、住宅に関する差別が禁じられる。

2019年 テキサス州エルパソで、白人至上主義の銃撃犯が22人を殺害し、24人を負傷させる。

すべてのアメリカ市民は生まれながらに平等であり、**すべてのアメリカ市民は平等の権利を有する**べきである。

憲法修正第13条と第14条は、当初は**人種差別**を違法化するものとは見なされていなかった。

公民権法により、**公共の場での隔離**は禁じられ、**人種を理由にした差別**が違法化される。

1776年、アメリカはその独立宣言において、「われわれは、自明の真理として、すべての人は平等に造られ……」と率直かつ情熱的に述べている。しかし、このように宣言してなお、アフリカ系の黒人がほぼ1世紀以上にわたって奴隷として拘束されることは妨げられなかった。1861年から1865年に及んだ南北戦争が終結し、奴隷に自由が与えられて以降も、黒人の苦しみは続いた。奴隷制の廃止から1世紀が経過した1960年代初頭、アメリカには依然として人種隔離が存在したからである。

1866年、最初の公民権法は、すべての市民に平等な法的保護を与えた。1875年の公民権法はさらに踏み込み、すべての人が法的に平等であることを認め、列車内、レストラン、宿泊所といった公共の場での人種差別を禁じた。ところが、1883年3月に最高裁判所で同時に扱われた5つの事件において、この禁止は無効となった。（奴隷制を禁止した）合衆国憲法修正第13条も、（法による平等な保護を保障した）修正第14条も、個人による人種差別を妨げるものではなく、こうした差別を法で禁じることは不可能だとされたのだ。最高裁は、1875年の公民権法はそもそも違憲であると断言し、アフリカ系アメリカ人の権利に大きな打撃を与えた。

隔離

南北戦争の終結後、北軍は南部の解放奴隷の公民権を守っていた。しかし、1877年の政治的妥協によって北軍が撤退すると、南部諸州は「北部の干渉を受けずに黒人を扱う権利」を手に入れた。アメリカの劇場を起源とする黒人風刺画から命名された「ジム・クロウ」法は、アメリカ南部の法律として1870年代から1880年代に制定された。この法は、南アフリカのアパルトヘイト法とまったく同様に、人種間の争いの種となった。

理論上、つまり憲法に基づいて、黒人は白人と同じ権利を有していたが、ジム・クロウ法は人種隔離に法的効力を与えた。南部の白人と黒人がかなり自由に混在していたのは1880年代までで、それ以降、一部の州議会は鉄道会社に対し、「黒人」および「有色人種」の乗客用の車両を別に用意するよう要求した。

反対運動はすぐに始まり、1892年には、列車の乗客であったホーマー・プレ

> トランプやサイコロ、
> ドミノやチェッカーなどの、
> いかなるゲームにおいても……
> 黒人と白人が一緒に
> 遊ぶことは違法である。
>
> **ジム・クロウ法**
> アラバマ州バーミンガム、1930年

参照：国民代表法（p188～189）■世界人権宣言（p222～229）■欧州人権条約（p230～233）
■市民的及び政治的権利に関する国際規約（p256～257）

分離された待合室、食堂、水飲み場、入り口は当たり前に存在し、なかには黒人の立ち入りを一切認めない施設もあった。

ッシーが黒人専用車両に座ることを拒んだ。自らを「8分の7が白人で、8分の1がアフリカ人」と称していたプレッシーは、逮捕された。この事件は最高裁判所に持ち込まれ、同裁判所は1896年、すべての人種に平等な設備が与えられる限り、州政府は市民を人種的に分離できると裁定した。これは大きな一撃だった。この「分離すれども平等」の原則によって、各州は隔離を継続する自由を与えられ、人種による分断は60年ほど続くことになった。

黒人は白人と離れた学校に通い、離れた環境で働いた。電車やバスで離れて移動し、レストランでも離れた席に座った。平等の原則があるにもかかわらず、黒人用の設備は、白人用のそれと比べて劣っていた。たとえば、白人の子どもにはスクールバスが用意されたが、黒人の子どもは徒歩での通学を強いられた。

差別の継続

1941年の第二次世界大戦への参戦を通じて、アメリカでは100万人の黒人男女が民主主義と自由の防衛のために祖国に尽くした。それでもなお、彼らは戦争からの帰還後、再び差別に直面した。1948年、大統領ハリー・トルーマンが軍隊での差別を禁じると、公民権運動は勢いを増していった。1950年代には、公民権活動家が初めて真の躍進を遂げた。1909年に設立された全米有色人種地位向上協会（NAACP）は、公立学校での人種隔離法に対する法的挑戦を根気強く展開していた。カンザス州トピーカでは、教育委員会が、黒人住民オリバー・ブラウンの娘リンダ・ブラウンを地元の学校に行かせることを認めず、代わりに町の向こう側にある黒人小学校にバスで通わせるべきだと主張していた。NAACPはこれに介入し、オリバー・ブラウンに代わってトピーカを提訴した。

NAACPは、黒人の子ども向けの学校は白人の学校に劣ると主張した。また、隔離を行うことは、いかなる州も「その管轄内にある者に対し法の平等な保護を否定してはならない」とする憲法修正第14条の条項に違反していると述べた。この事件は「ブラウン対トピーカ教育委員会事件」として、他の4件とまとめて裁判所に持ち込まれた。最高裁はNAACPに同意し、主席判事のアール・ウォーレンは1954年、「公教育の分野に『分離すれども平等』の原則が入り込む余地はない」とし、人種別学校は「本質的に不平等」であると裁定した。とはいえ、この判決が完全に実行されるまでには、それから数十年を要することになる。一方では、隔離に対する別の挑戦も進められていた。

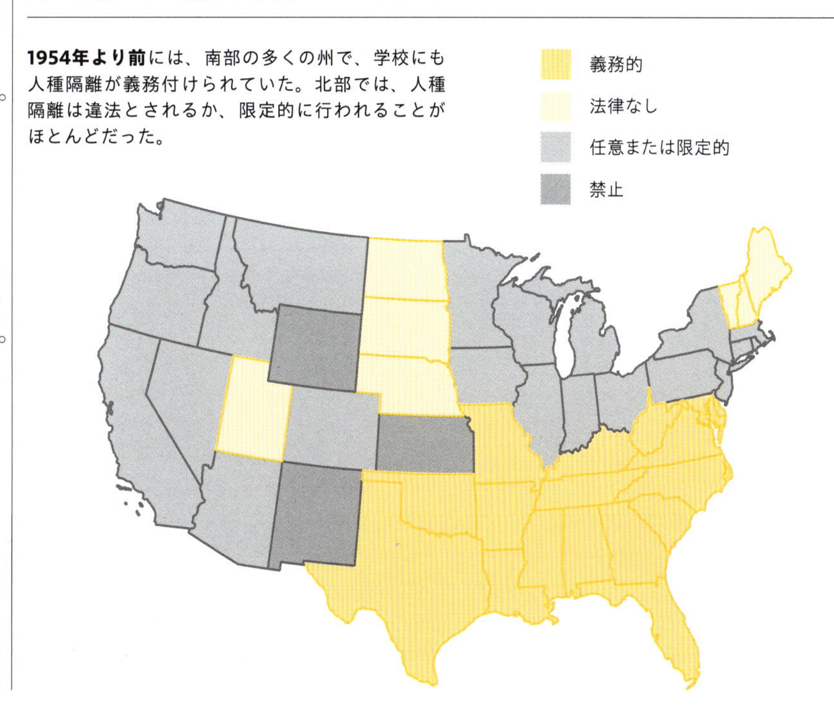

1954年より前には、南部の多くの州で、学校にも人種隔離が義務付けられていた。北部では、人種隔離は違法とされるか、限定的に行われることがほとんどだった。

バスの座席をめぐって挑戦的な態度を示したローザ・パークス。1955年、アラバマ州モンゴメリーで。彼女は平等な権利と隔離の廃止に向けて、飽くなき運動を開始した。

ローザ・パークス

1955年12月1日、アラバマ州モンゴメリーの混血女性ローザ・パークスは、乗っていたバスの座席を譲るよう運転手に要求されたが、これを黙って拒否した。63年前のプレッシーと同様に、彼女は逮捕されたが、このときには民衆の抗議というかたちで反対が起きた。パークスの裁判当日、牧師のマーティン・ルーサー・キング・ジュニア博士に率いられた黒人公民権活動家たちは、モンゴメリーのすべてのバスをボイコットするよう呼びかけた。この日のボイコットは、アメリカ史上最も長く、最も決然とした公民権行動となった。ボイコットは381日間続き、期間中に黒人の90パーセントはバスでの移動を拒んだ。この行動は高い効果を示し、最高裁がバスでの隔離を違法であると裁定してようやく終了した。

白人の反発

この判決は、悪意ある反発を引き起こした。マーティン・ルーサー・キングの自宅玄関に散弾銃が撃ち込まれ、黒人教会が爆撃され、白人女性と交際中だった黒人青年ウィリー・エドワーズがクー・クラックス・クラン（白人至上主義のヘイト集団）に殺害された。黒人たちはすぐ以前のように、白人と離れてバスに乗るようになった。

緊張を和らげるため、大統領ドワイト・アイゼンハワーは1957年に公民権法を整備し、これにより誰もが投票を妨げようとした者を起訴できることになった。だが、隔離は依然として卑劣な事実として存在していた。1960年、ノースカロライナ州グリーンズボロの学生4人は、チェーン展開の小売店ウールワースのランチ・カウンターで座り込みを行った。そのカウンターは白人専用であるとの理由から、彼らはサービスを拒否されていたのだ。学生による座り込みは、たちまち南部全域に広がった。抗議する人々が殴られたり、投獄されたりすることも珍しくなかったが、彼らは決して諦めなかった。そしてとうとう、ウールワースは態度を軟化させ、隔離されたカウンター席を廃止した。

1960年10月、マーティン・ルーサー・キングは、そうしたランチ・カウンターでの座り込みによる公民権運動の一つを主導したとして、ジョージア州アトランタで逮捕された。大統領候補者のジョン・F・ケネディはキングへの支持を表明し、釈放を手助けした。キングもまた、難しい時期のなかでのこの表明に感謝し、大統領選でケネディを支持した。その結果、11月の選挙では黒人の70パーセントがケネディに投票し、彼の勝利に寄与した。

1961年、黒人7人と白人6人の若者たちが、隔離法に抗議するためにバスに同乗して南部を巡回し、「フリーダム・ライダーズ」と呼ばれるようになった。バスがアラバマ州アニストンに到着したとき、暴徒がバスを待ち伏せして攻撃し、

> 私が席を譲らなかったのは、
> 体が疲れていたからだと
> 人々はよく言います。
> しかし、それは違います……
> 私はただ、屈服することに
> 疲れていたのです。
>
> **ローザ・パークス**
> 『ローザ・パークス自伝』、1992年

アメリカ先住民の公民権

黒人とは異なり、アメリカ先住民は統合を通じてではなく、部族の土地の保護を通じて差別の被害を抑えようとした。1830年の残酷な強制移住法により、彼らは多くを奪われたが、その故郷の土地はわずかに残されていた。1950年代から1960年代にかけての公民権運動では、憲法上の承認を求めて運動する黒人と、それを浅はかな望みだと考えるアメリカ先住民との間に緊張が生じた。1968年のインディアン公民権法（ICRA）は、同化政策が失敗に終わったことを議会が認めるためのものであった。とはいえ、すべてのアメリカ先住民がこの法案に納得したわけではなかった。ICRAは、個人の憲法上の権利を保障することで、先住民が部族政府に挑戦することを可能にしたからである。以来、アメリカのさまざまな政権は部族の主権を認める方向へ次第に移行していったが、この問題には多くの争点が残されている。

仕事と自由を求める「ワシントン大行進」。1963年8月、マーティン・ルーサー・キングの主導により行われた。この大規模な公民権運動には、約25万人が参加した。

火炎瓶を投げ込んだ。フリーダム・ライダーズのメンバーは辛うじて脱出したが、暴徒に殴打された。炎上するバスの写真は、公民権運動にさらなる勢いを与えた。

「私には夢がある」

キングから公然と圧力を受けていたケネディ大統領は、断固とした行動に出た。1963年6月11日、ケネディはテレビ演説を通して国民の道徳心に訴えかけ、隔離を廃止する法が緊急に必要であると主張した。「この国は、すべての人が平等に造られているという原則に基づいて建国され」、さらに「アメリカの生活や法において、人種が存在する意味はない」と述べた。

8月、議会に圧力をかけてケネディの法案を通過させるべく、キングはワシントンDCで25万人のデモ行進を率いた。彼はここで、有名な「私には夢がある」の演説を行い、「自由と正義のオアシス」を約束した。

その3カ月後、自身の法案がすべての段階を通過するのを待たずして、ケネディは暗殺された。しかし、後任のリンドン・B・ジョンソン大統領は、ケネディの死による感情のうねりを利用して公民権法を押し通すことに成功し、1964年7月に成立させた。この新たな法により、すべての人に平等な雇用の権利が保障され、25人を超えるすべての企業で差別が禁じられ、苦情を審査するための雇用機会均等委員会が設けられた。また、黒人は投票者資格試験における差別から守られ、ホテル、モーテル、レストラン、劇場を含むすべての公共の場での隔離が違法化された。さらに、公立学校は人種差別撤廃を強いられ、差別を行うあらゆるカリキュラムから連邦資金が引き揚げられることになった。

こうして、差別との闘いにおける重要な一戦は勝利に終わった。とはいえ、長い闘争は続いている。1968年、当時39歳だったマーティン・ルーサー・キングはテネシー州メンフィスで暗殺され、人種暴動の波が巻き起こった。黒人を取り巻く状況は次第に改善し、2009年にバラク・オバマが大統領に選ばれると、山は越えたかのように思われた。とはいえ、真の平等が達成されるまでには、まだ長い道のりが残されていることは明らかである。◆

マーティン・ルーサー・キング・ジュニアは、1963年のワシントンへの行進に際し、リンカーン記念堂に集まった群衆の前で演説を行った。それが、感動的かつ歴史的な「私には夢がある」の演説である。

黙秘する権利

ミランダ対アリゾナ事件（1966年）

背景

焦点
憲法

それ以前
1791年　憲法修正第5条によって、何人も「自己に不利な証人となることを強制されない」ことが明確化される。

1911年　アメリカの『アトランティック』誌が、アメリカの法的手続は犯罪者に有利に偏っていると訴える。

1914年　排除法則を通じて、違法な捜索や押収で得られた証拠から「守られる」というすべての市民の権利が支持される。

それ以後
2000年　ディッカーソン対アメリカ合衆国事件において、最高裁が「ミランダ警告は憲法上必要である」との判決を下す。

2010年　ベルギス対トンプキンス事件において、最高裁が、取り調べ中の被疑者は黙秘権を明示的に行使または放棄しなければならないと裁定する。

被疑者の尋問中に脅迫的な手法を利用する**アメリカの法執行**について、**不満が高まる。**

→

裁判所は、被告に**自白しない権利**を認める**合衆国憲法修正第5条**を見落としがちである。

→

ミランダ判決は、黙秘権と弁護士を呼ぶ権利を支持するものである。

→

司法が損なわれるという**意見**はあるものの、**ミランダ判決**は、**警察の不正行為の防止**に役立っている。

ミランダ判決は、より正確には「ミランダ対アリゾナ事件」と呼ばれている。これは1966年6月に最高裁が下した画期的な判決であり、1791年の権利章典において特に有名な修正第5条を――すなわち黙秘権を補強するものであった。この判決は、個人の権利の勝利として支持されると同時に、憲法のために警察の自由を奪う、法執行上の不当な制限として非難された。

憲法修正第5条

ミランダ判決における中心的な判断は、「何人も刑事事件で自己に不利な証人となることを強制されない」という修正第5条の主張を超えるものであった。その代わりに、警察に勾留されている被疑者には黙秘権のみならず、質問への回答を拒否する権利についてもはっきり告知しなければならないと明言された。同時に、憲法修正第6条で認められているように、被疑者が弁護士を呼ぶ権利も確認され、必要に応じて公費で弁護士が用意される

参照：アメリカ合衆国憲法と権利章典（p110～117）
■人権宣言（p118～119） ■違法収集証拠排除法則（p186～187）

リチャード・ニクソンは、1968年に大統領に立候補した際、犯罪を厳しく取り締まることを約束した。彼はミランダ判決に猛反対し、それを覆すという公約を選挙活動の中心に据えた。

ことになった。以来、ミランダ警告は、あらゆる警察が被疑者の尋問を開始する際の決まり文句となっている。

背景と決定

ミランダ判決という名前は、長い犯罪歴のある路上生活者のエルネスト・ミランダの事件に由来している。ミランダは1963年、フェニックスでレイプと誘拐を犯したとして逮捕されていた。最高裁では、ミランダの事件を含む4件の事件が検討された。いずれの被疑者も裁判にかけられて有罪となったが、彼らは憲法修正第5条に基づく権利について、はっきりとは知らされていなかった。

5人の裁判官の賛成と、4人の裁判官の反対による多数決の結果、被疑者の権利を支持する判決が下ると、すぐに論争が巻き起こった。明らかに有罪の者がつまるところ技術的な理由で釈放されるのは、犯罪者の免責にあたると見なす人が多かったからである。この判決に反対した最高裁判事のジェームズ・ハーランは、そうした権利を認めることは「危険な実験」に等しいと主張した。ノースカロライナ州選出の民主党上院議員サム・J・アーヴィンは、「自白した犯罪者が釈放される……その犯罪者がすでに知っていることを、逮捕した警察官が伝えなかったために」と不満を述べた。これに対して、ニューヨーク州選出の民主党上院議員ロバート・ケネディは、「あなた方は、付加的な警告によって効果的な法執行が何らかの形で妨害されると考えているのか」と質問した。

その後の展開

「付加的な警告」という論点は適切だった。4件の事件すべてにおいて、被疑者は「限られた教育」しか受けていない者とされ、憲法修正第5条または第6条に基づく権利を認識している可能性は低いと考えられた。加えて、警察の尋問は敵対的に行われることがほとんどで、脅迫的に行われることもたびたびあった。その後、2000年のディッカーソン対アメリカ合衆国事件についての最高裁判決では、ミランダ判決が強く支持された。しかし、2010年のベルギス対トンプキンス事件では、黙秘権が有効となるのは被疑者がそれを明示的に行使した場合に限られるとされ、ミランダ判決が大幅に弱められた。◆

（黙秘権が守られなければ）
刑法の執行において
重大な問題が生じるだろう。

ゲイリー・K・ネルソン
ミランダの弁護人（1935～2013年）
連邦最高裁判所に対して

エルネスト・ミランダ

1941年にアリゾナ州メサで生まれたエルネスト・ミランダは、実に典型的な放浪者だった。10代の頃から軽犯罪に依存した生活を送り、必然的にさまざまな刑務所に収監された。1963年に逮捕されたのも、このように繰り返されていた警察とのもめ事のためであり、ミランダは自らの罪を否定しなかった。実際、アリゾナ州最高裁がミランダを有罪とする当初の判決を支持したにもかかわらず、連邦最高裁がこの有罪判決を覆したのは、彼が黙秘権や法的弁護を受ける権利について知らされることなく、取り調べで自白したからに他ならない。

後年、ミランダは同じ罪で再び裁判にかけられたが、自白は証拠として保留された。結果は再び有罪と評決され、懲役20年から30年の刑が言い渡された。1972年に仮出所した後、ミランダはかつての貧しい生活に戻った。それ以降も、逮捕されては服役する日々が続いた。1976年、ミランダはフェニックスのバーで、喧嘩中に刺されて死亡した。

自由、正義、平和の基礎

市民的及び政治的権利に関する国際規約（1966年）

背景

焦点
人権

それ以前
1948年　国連が世界人権宣言を採択する。

1965年　国連の「あらゆる形態の人種差別の撤廃に関する国際条約」が採択される。

それ以後
1979年　国連が「女子に対するあらゆる形態の差別の撤廃に関する条約」を採択する。

1989年　国連の「子どもの権利条約」により、18歳未満の児童の権利が包括的に扱われるようになる。

1989年　「市民的及び政治的権利に関する国際規約」（ICCPR）第2選択議定書が、死刑廃止を目指す。

1992年　アメリカがICCPRを批准する。

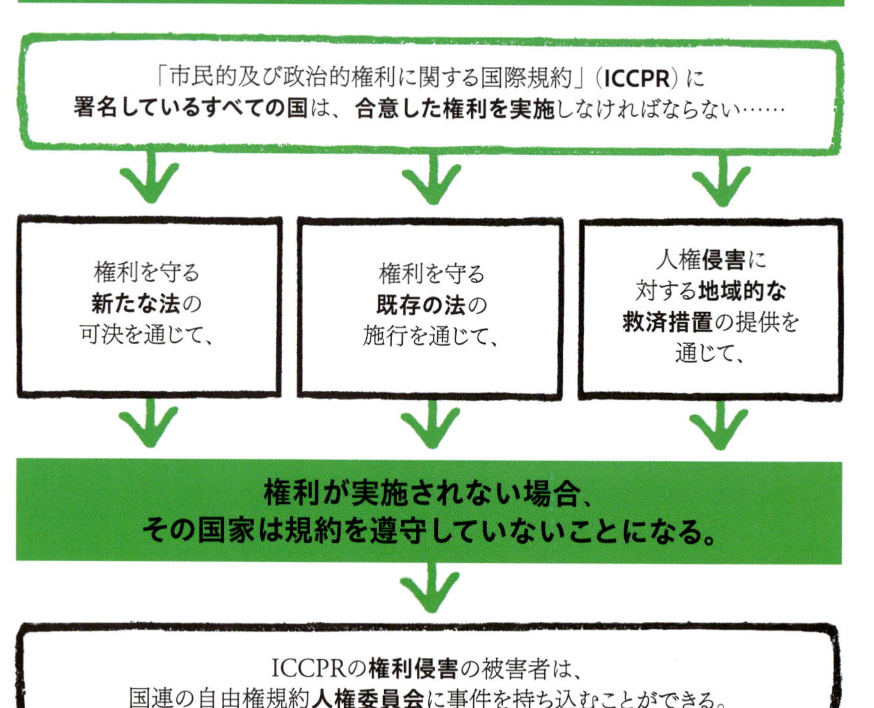

「市民的及び政治的権利に関する国際規約」（ICCPR）は、1966年に国際連合が制定した2つの大きな国際条約のうちの1つとして――もう1つは「経済的、社会的及び文化的権利に関する国際規約」である――、1948年の世界人権宣言を拘束力ある国際法へ変容させた。これら2つの条約は、「国際人権章典」を構成している。

ICCPRは国連人権委員会によって起草され、1966年に署名が開始された後、1976年に発効した。その署名国は、規約に盛り込まれた権利を保護する法を可決させ、政府の資源を活用してその権利を確実に保障することを同時に求められ

参照：人権宣言（p118～119）■国際連合と国際司法裁判所（p212～219）■世界人権宣言（p222～229）
■国際刑事裁判所（p298～303）

> 意見の自由および表現の自由は、個人が完全な成長を遂げるために欠かせない条件である。
>
> **人権委員会**
> 一般的意見34

ている。

この規約に記されている権利には、思想、宗教、表現、集会の自由、公正な裁判を受ける権利、拷問などの非人道的または品位を傷つける取り扱いからの解放、法の下での平等な扱いなどがある。人種、性別、言語、宗教、社会階級を理由とした差別は禁じられている。第25条では、定期的に開かれる自由選挙での投票と選出に関する市民の権利が保障されているが、このことから、ICCPRは西欧の伝統的な民主主義を代表しているに過ぎないとの批判もある。また、一部の署名国は、自らの状況に合わせて規約の一部を無視している。たとえば、インドネシアでは、非イスラム教徒に対して冒瀆法が用いられてきた。

各国の精査

これまでに、ICCPRを批准した国は173カ国にのぼる。各国は4～5年おきに、この規約に盛り込まれた権利の実施に向けた進捗状況を報告書にまとめ、国連の自由権規約人権委員会（HRC）に提出するよう義務付けられている。HRCは加盟国から集められた専門家18人による組織であり、各国を精査し、その人権遵守に関して勧告を出す権限を有する。正式には裁判所ではないが、HRCの決定は人権法の形成において重要な役割を果たしてきた。

各国への取り締まり

1966年のICCPR第1選択議定書は、この議定書を批准した（フランス、ドイツ、ロシア、ブラジルを含む）116カ国の個人に対して、ICCPRに基づく彼らの権利が国によって侵害されたと考えられる場合、その国をHRCに通報することを認めている。1994年、ニコラス・トゥーネンは、タスマニア法が男性同士の性的関係を犯罪と見なしているとの理由から、この議定書を利用してオーストラリア政府をHRCに訴えた。トゥーネンは、このことがプライバシーの権利を規定した議定書第17条の侵害にあたると主張し、受け入れられた。

> ……自由な人間は市民的及び政治的自由……を享受するものであるとの理想は、すべての者が……市民的及び政治的権利を享受することのできる条件が作り出される場合に初めて達成される。
>
> **ICCPR前文**

チリの政治家ミシェル・バチェレは、2018年に国連人権高等弁務官に任命され、ICCPRなどの人権条約を正しく機能させる役割を担った。

HRCはまた、人権侵害の被害者が他に相談先を持たない場合にも役立っている。エホバの証人は、韓国政府に対して一連の訴訟を起こし、徴兵を拒んだ者に罰が科されることへの異議を唱えた。彼らは、このことが良心と宗教の自由を守るICCPR第18条の侵害にあたると主張し、やはり受け入れられた。

HRCは多くの成果を上げているものの、国家を規約の規定に従わせる権限は有していない。さらに、その資源は限られているため、殺到する苦情や報告書への対応に苦慮している。結果として、一部の国々は、規約を無視し続けているというわけだ。◆

非難合戦を終わらせる

無責離婚（1969年）

（破綻主義）

背景

焦点

民法

それ以前

1794年　プロイセン一般ラント法により、子どものいない夫婦の離婚が認められる。

1917年　ボリシェヴィキのロシアで、結婚はブルジョア的概念であるとの理由から、離婚法が緩和される。

それ以後

1975年　オーストラリアが、結婚の「回復不可能な破綻」のみを理由とした無責離婚を認める。

2010年　ニューヨーク州が、全米で最後の州として無責離婚を導入する。

2019年　イギリスが無責離婚の導入を明言し、2020年に法案が議会へ持ち込まれることになる。

ほぼすべての西洋社会において、離婚はかつて、最も差し迫った状況での救済措置と広く見なされ、社会的な恥とされていた。結婚は、家族の重要性を信じるキリスト教の基盤であったため、離婚はおおよそ考えられないことであった。離婚は複雑で、何らかの「過失」を――不倫であれ、虐待であれ、育児放棄であれ――証明する必要があったことから、なおさら珍しかったのである。離婚の被害者、とりわけ子どもたちにのしかかる影響も、同様に大きかった。

> **相手を手放そうとせず、結婚生活を続けるよう強いる……配偶者に対してそんなことができるのは、私には不可解だ。**
>
> **L・M・フェントン**
> アメリカの離婚弁護士
> 『サロン』誌にて、2010年

だが、1960年代の後半には、世論が変化した。1969年、カリフォルニア州で、「和解しがたい不和」に苦しむ夫婦には離婚に足りる理由がある、という新たな法的信念が生まれたのだ。これでもはや「過失」を実証する必要はない。2010年以来、無責離婚はアメリカの全州で合法となった。

賛成派と反対派の激しい議論は続いている。無責離婚は解放として称えられ、苦しい口論を伴うことなく絶望的な結婚を合理的に終わらせる手段として歓迎されてきた。同時に、この法は、生涯にわたって取り組むべきことの品位を落とすものとして批判も受けてきた。離婚法が緩和されれば、必然的に離婚は増えることになる。両親の別れが早まることにより、子どもが恩恵を受けるか否かは定かではない。

どちらにせよ、それ以来、欧米の世論においては、無責離婚が結婚を終わらせるための最も無難な手段として受け入れられてきた。しかし、この法は穏やかで冷静な離婚を可能にする反面、人間関係の複雑さを全面的に規制できるものではない。◆

参照：世界人権宣言（p222〜229）■欧州人権条約（p230〜233）■同性婚（p292〜295）

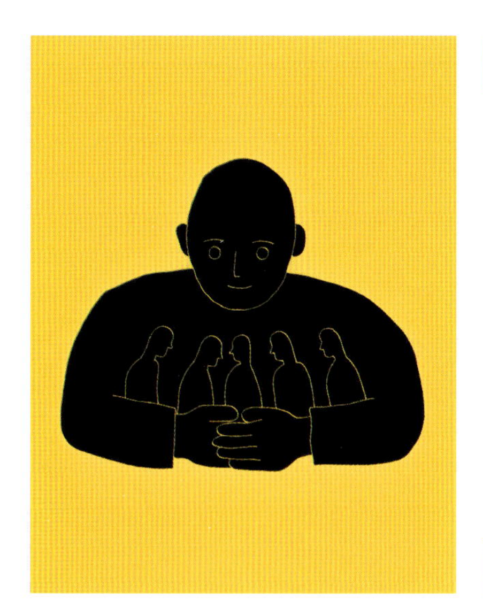

証人の安全と福祉

連邦証人保護プログラム（1970年）

背景

焦点
刑法

それ以前
1871年　連邦議会がクー・クラックス・クラン法を可決させ、白人至上主義グループから証人を保護する。

それ以後
1984年　総合犯罪規制法により、証人の保護が強化される。

1986年～1987年　シチリアの組織犯罪者から密告者となったトンマーゾ・ブシェッタが、シチリア島パレルモの475人のマフィアに対する「マキシ裁判」で重要な証拠を提供する。ブシェッタは証人保護下にあった2000年にアメリカで死亡。

1994年　オーストラリアで証人保護法が可決される。

1996年　カナダが証人保護を導入する。

2013年　イギリスが被保護者サービスを導入する。

単に「証人安全プログラム」、あるいはWITSECと呼ばれることも多い連邦証人保護プログラムは、1970年の組織犯罪統制法の下で始まった。米司法省と連邦保安官局に共同管理されており、司法省組織犯罪捜査課のジェラルド・シュールによって発案された。

このプログラムが生まれたのは、1963年、殺人ですでに終身刑に服していたジョー・ヴァラキが、マフィアの幹部としてその内部事情を初めて詳細に明かしたことがきっかけだった。その見返りとして、ヴァラキは刑務所にいながら正式な保護を受けた。ヴァラキの事例は、ある重要な事実を浮き彫りにしている。それは、このプログラムが罪のない犯罪被害者を支援するためのものではなく、密告者となった犯罪者を保護するためのものであるということだ。

保護された者は、その経歴からのみならず、肉親以外のすべてから切り離される。新たな身分を与えられ、馴染みあるすべての場所から遠ざけられ、その人生を根本的に変えられる。

事実上、彼らは安全の代償として二重生活を送らなければならず、巧妙な嘘を徹底しなければならない。現在までに、保護を受けた人の数は約18,000人にのぼる。連邦保安官が誇らしげに語るところによれば、その厳しい指示を遵守した人のうち、復讐殺人の犠牲になった人は一人もいないという。かつての仲間から不利な証言をされた被告人の有罪率は89パーセントに達するとあって、このプログラムは、組織犯罪との闘いにおける大きな武器となっている。◆

ジョー・ヴァラキは、マフィアの掟である「オメルタ（沈黙）」を最初に破った。シュールいわく、ヴァラキとは「スパゲッティソースの話題と、親友の殺害についての話題を、同じように感情を交えずに話すことができた」そうである。

参照：インターポール（p220～221）■世界人権宣言（p222～229）■DNA型鑑定（p272～273）

女性の決定権

ロー対ウェイド事件（1973年）

背景

焦点
公民権

それ以前
1821年　コネチカット州が、アメリカで初めて妊娠中絶を違法化する。

1900年　アメリカ全州で中絶が違法となる。

1967年　コロラド州がアメリカで初めて中絶を合法化する。

その後
1976年　ハイド修正条項を通じて、中絶に対する連邦政府の資金援助が停止される。

1990年　アメリカで年間160万件以上の中絶が実施され、その件数は最高に達する。

2019年　医療提供者に道徳的な理由からの中絶拒否を認める、トランプ大統領の「良心規定」が、連邦裁判所判事によって阻止される。

投票権の問題を別にすれば、妊娠中絶の問題ほど現代世界において女性の権利闘争を明確に特徴付けたものはない。しかし、女性の投票を求める主張が20世紀初頭に争われた（そして多くの国で勝利を収めた）のに対し、中絶の法的権利が表面化したのは1960年代に入ってからである。この動きは、当初は「女性解放」と呼ばれ、現在は「フェミニズム」として知られているものの決定的な試金石となった。今日に至るまで、中絶は、あらゆる女性の平等を主張するうえでの最も重要な論点と言えるだろう。

歴史を通じて、望まない妊娠や予期せぬ妊娠に直面した女性は、人生の破滅を覚悟しなければならなかった。彼女たちが経済的支援を受けられない場合はなおさらのことだった。子どもの父親に絶縁されているというよくあるケースでは、

参照：国民代表法（p188～189） ■世界人権宣言（p222～229） ■欧州人権条約（p230～233）
■ディッキー・ウィッカー修正条項（p284） ■同一賃金認証法（p314～315）

マーガレット・サンガー

アメリカの運動家マーガレット・サンガーは、20世紀初頭における家族計画と避妊の提唱者であった。1879年に生まれたサンガーは、1916年にアメリカ初の避妊指導所を開設した。複数の避妊指導組織を設立し、国際家族計画連盟の初代会長を務めた。やがてこの連盟は、女性の健康、家族計画、避妊に関する世界最大の非政府国際団体となる。1950年代初頭、サンガーは生物学者グレゴリー・ピンカスへの出資を募り、ピンカスに経口避妊薬を開発させた。

その時代におけるおそらく最大の社会的タブーに挑んだという点で、サンガーの功績は、イギリスの運動家マリー・ストープスの功績と同様に、今なお比類なきものである。中絶を基本的権利として求める1960年代の女性の闘争において、サンガーとストープスが与えた影響は、決して軽視されるべきではない。とはいえ、サンガーは原則として中絶に反対しており、避妊によって望まない妊娠を防ぐほうがはるかに効果的だと考えていた。1966年に死去。

その子を養子に出さない限り、女性は生涯にわたって惨めな貧困に直面した。子どもの世話をしながら働くことは困難だったからである。いわゆる「非嫡出子」には、「嫡出子」と同様の相続権は与えられず、その母親は社会から蔑まれることが多かった。

第一次世界大戦後、アメリカのマーガレット・サンガーとイギリスのマリー・ストープスの尽力により、それまでタブー視されていた避妊や家族計画などのテーマがいくらか公に議論されるようになった。しかし、妊娠に気づいたあらゆる階層の女性にとって、この議論はほとんど影響力を持たなかった。避妊や中絶は依然として禁じられ、サンガーは避妊を提唱したことで何度も逮捕されていたからである。

1920年、ソビエト連邦はヨーロッパ政府として初めて中絶を合法化した。だが、その全体主義的統治者のヨシフ・スターリンは、粛清と飢饉によって大幅に減っていた人口を増やすため、1936年にこの政策を覆した。大半の国々において、中絶は差し迫った状況での最後の救済措置と見なされ、恥と恐怖の根源であると考えられていた。それにもかかわらず中絶を選んだ女性は、周囲から汚名を着せられるという精神的トラウマを負うばかりでなく、無資格の医師による下手な手術――いわゆる「裏通りでの中絶」を通して、自分の命を危険にさらすリスクも抱えていた。

規制が緩和された1960年代には、世界の広い地域において、反中絶法は時代遅れであり、廃止されるべきだという意見が高まった。（1961年にイギリスで、1972年の時点では北米全域で）経口避妊薬が合法化されると、女性の中絶の権利を否定することは不合理かつ差別的だと見なされるようになった。アメリカでは1973年に、中絶の権利がついに法的効力を獲得した。そのきっかけとなったのが、ロー対ウェイド事件である。

> **母親になることを強要するのは、女性の生命と自由の権利を最も完璧に否定することに等しい。**
>
> **マーガレット・サンガー**
> 「抑圧」
> 『女性の反逆者』に掲載、1914年

画期的な訴訟

1969年、21歳のテキサス州民ノーマ・マコーヴィーは、3人目の子どもを妊娠したことに気づいた。彼女は中絶を望んだが、それはテキサスでは違法とされていた。マコーヴィーの主張を取り上げた2人のフェミニスト弁護士、サラ・ウェディントンとリンダ・コーヒーは、この主張が画期的なものになる可能性を見抜いていた。彼女たちはマコーヴィーに代わって（審問に際してマコーヴィーの身分を保護するため、ジェーン・ローという偽名を採用した）裁判を起こし、テキサスの中絶法は違憲であると主張した。この訴訟における被告は、テキサス州の代理人であり、ダラス郡地方検事のヘンリー・ウェイドであった。

最初の訴訟ではマコーヴィーに有利な

数十年間にわたる運動の結果、
合法中絶は女性の根本的な権利であるという信念が拡大する。

憲法修正第9条と第14条は、
女性の**妊娠中絶**の権利を保障するものと判断される。

連邦最高裁判所が、女性には**中絶を選ぶ憲法上の権利**があると裁定する。

ロー対ウェイド事件により、アメリカで中絶が合法化される。

道徳的理由による反対もあるものの、中絶は**女性の選択権**として、
ほとんどの国で合法のままである。

判決が下されたが、テキサスがこの判決を不服として上訴したため、事件は1970年に最高裁判所へ移った。2年以上の法廷闘争の末、1973年1月、とうとう7対2の多数決でマコーヴィーが勝訴した。

この判決に法的根拠を与えたのは、個人の権利とプライバシーの権利が明記されている合衆国憲法修正第9条と第14条であった。これらの条項には、中絶を行うか行わないかを自分自身で決める女性の権利が含まれていると、最高裁は判断したのだ。しかし同時に、この権利は「絶対的」な権利ではなく、母体の生命（後期中絶は重大な危険を伴う）や胎児の生命を守る必要性とのバランスを保つべきであることも明言された。この潜在的な対立を解消すべく、最高裁は、妊娠をその3つの期間ごとに考えようとした。たとえば、やむを得ない医学的理由がない限り、妊娠初期（12週まで）の中絶に関する決定は母親が独断で行うべきである。この時期ならば、一般に中絶は出産に比べて女性の健康を脅かす恐れが少ないからだ。妊娠中期に入り、中絶が女性の健康にとって脅威となる場合は、中絶を認めない根拠が生じ得る。マコーヴィーの判決では、胎児がいつ生存可能な人間になるのかという論点にほとんど言及されなかったが、一般に認められているところでは、それは妊娠後期の始まりからであり、したがって国家はその時点で（女性の生命が危険にさらされていない限り）中絶を禁じるべきだとされた。

厳格な法的条件の点でも、この判決は多くの識者から疑問視されている。反対した2人の判事のうちの1人であるブリオン・ホワイトは、「憲法の文言にも歴史にも、この最高裁判決を支持するものは何も見出せない」と述べ、これは「違憲審査権の軽率かつ極端な行使」であるとした。中絶を選ぶ女性の権利を断固支持していた最高裁書記官のエドワード・ラザラスでさえも、「憲法解釈と法的手段の問題として、（この判決は）ほとんど擁護できないものであり、それを支持する理由は基本的に何もない」と語った。

賛成派の主張

判決が下された後、その影響はすぐに現れた。この判決と矛盾するすべての州法は自動的に破棄されたが、妊娠中絶は今なお道徳的・政治的な問題として世論を二分している。フェミニストが主張するのは、中絶は、根本的に女性の権利の問題であるということ――つまり、言論の自由同様の権利であるということ――、そして平等を求める女性の闘争の重要な武器であるということだ。

なぜ女性だけが、望まない妊娠をした

ノーマ・マコーヴィーの妊娠は、ロー対ウェイド事件の核心となった。晩年にカトリックに改宗したマコーヴィーは、中絶に反対し、その合法化に関与したことを悔やんだ。

運動家たちが、アラバマ州で2019年に提案された人命保護法に抗議する。この法は、実質的には中絶を違法化しようというものだったが、最終的には1973年の最高裁判決に反すると判断された。

結果、自分の人生だけでなく子どもの人生をも破滅させられる苦しみに耐えなければならないのかとフェミニストは問いかける。また、否定できない事実として、中絶が合法であるか否かにかかわらず望まない妊娠は常に存在すること、違法な中絶が失敗する可能性は極めて高く、したがって母親の命を危険にさらす可能性も極めて高いことを指摘している。

反対派の主張

古くから存在する反論は、中絶は殺人である——つまり、受胎の瞬間から、胎児は唯一無二の人間である——というものだ。2017年、アメリカの保守派の論客であるベン・シャピーロは単純明快にこう述べた。「自分以外の人間を殺すことは道徳法の違反にあたる。だからこそ、殺人を取り締まる法があるのだ」。この議論においては、どちらの陣営も科学は自分たちの味方だと主張している。中絶反対派によれば、胎児のDNAの特徴は受胎直後からはっきり確認でき、胎児が痛覚をもつ人間であることは超音波技術から明らかであるという。ただし、一部の臨床医は、胎児は妊娠24週まで痛みを感じることはないと述べている。

2018年、アメリカのジャーナリスト、ジェニファー・ライトは次のように断言した。「胎児の生命に関する権利には議論の余地がある。だが、女性の生命に関する権利に議論の余地はない」

政治的分裂

ロー対ウェイド事件に判決が下されたことで、中絶賛成派の民主党と中絶反対派の共和党との明確な分断が浮き彫りになった。この判決は現在も効力を有するが、2017年、ドナルド・トランプ大統領が保守系のブレット・カバノーを最高裁判事に指名すると、民主党から非難の声が上がった。トランプはこの判決を覆すことを2016年の選挙公約に掲げており、カバノーはその実現に協力するために任命されたのではないか、と民主党議員たちは考えたのだ。

2019年のアラバマ州など、いくつかの州では、反中絶法を再度導入しようという取り組みがなされた。だが、今のところはいずれの取り組みも阻止されており、1973年以降の最高裁判決はすべて当初の判決を支持している。1976年に連邦議会によって制定されたハイド修正条項では、中絶に対する連邦政府の資金援助が禁じられたが、最高裁による2つの重要な判決——1992年のプランド・ペアレントフッド対ケイシー事件、そして2016年のホール・ウーマンズ・ヘルス対ヘラーシュテット事件——は、1973年のロー対ウェイド事件の判決を明確に補強するものとなった。

2020年現在、再生産年齢にある女性の約60パーセントは、中絶が合法とされている国に住んでいる。それ以外の国々では、中絶は全面的に禁じられているか、女性の生命や健康が危険にさらされている場合にのみ行われている。中絶の議論によって浮き彫りになった分断は、今なお本質的には解消されていない。◆

> アラバマ州の人工中絶禁止は……女性が社会で行動する能力や、生殖に関する決定を下す能力を損なわせる。
>
> **マイロン・トンプソン判事**
> 人命保護法についてのコメント、2019年

動物の命ほど価値あるものはない

絶滅危惧種法（1973年）

背景

焦点
環境法

それ以前
1900年　アメリカのレイシー法により、特定動植物の商業狩猟と州際取引が禁じられる。

1966年　絶滅危惧種保護法をきっかけに、絶滅のおそれのある種および絶滅の危機にある種の最初のリストが作成される。

1972年　アメリカが領海内での海洋哺乳類の捕獲を禁じる。

それ以後
1988年　科学者たちが、地球上で6度目の大量絶滅が進行中であると主張する。

2004年　カリフォルニアコンドルが17年ぶりに野生で繁殖する。

2007年　ハクトウワシの個体数が回復し、絶滅危惧種の指定を解除される。

2008年　北極圏での生息地の喪失により、ホッキョクグマが絶滅のおそれのある種に指定される。

絶滅危惧種法（ESA）の2つの目的は、**絶滅の防止**と、絶滅危惧種の**個体数の増加**である。
→
第4条では、**種を絶滅のおそれがある種または絶滅の危機にある種**として指定するよう求められる。
↓
絶滅危惧種にとっての**大きな脅威**は、**生息地の破壊**である。
←
ある種が**絶滅危惧種として登録される**と、ESAはその重要生息地を**特別に保護**する。

歴史を通して、人間は、多くの野生動物を——ドードー、オオウミガラス、リョコウバト、タスマニアタイガーなどを——絶滅させる直接的な要因となってきた。現在、私たちが他の動物に及ぼす脅威は加速しているとみられ、50パーセントの種が実際に絶滅を危ぶまれ、大規模な絶滅が起こるのではないかと多くの生物学者が語っている。狩猟が行われたこともその一因だが、最大の理由は、農業、森林伐採、都市化を通じて自然の生息地が失われたことにある。

アメリカでは1800年代後半から、在来野生動物が脅かされているとの認識が広がり、1900年にはレイシー法の導入によって特定の野生動植物の売買が禁じられた。レイシー法は本来、野生の狩猟鳥の狩猟および州境を越えた販売を禁じるためのものだったが、今日では外来種の輸入を防ぐことを主目的として利用されている。

20世紀に人口と人間の活動が急増すると、いっそう多くの動物が絶滅の危機に追いやられた。1960年代には、環境保護運動がアメリカをはじめとする政府に対し、措置を講じるよう圧力をかけるようになった。

1966年に絶滅危惧種保護法が制定されると、これをきっかけに最初の絶滅危惧種のリストが作成された。1969年、連邦議会はこの法を修正し、世界規模での絶滅危惧種のアメリカ国内への輸入およびその後の販売を禁じることで、これ

参照：動物虐待防止法（p146〜147） ■「生体解剖法」（p163） ■生物圏保護区世界ネットワーク（p270〜271） ■京都議定書（p305）

CITESと国際環境保護

20世紀半ばには、野生動植物の国際取引を通じていくつかの種が絶滅に追い込まれつつあること、それらの種が食用あるいは医療用目的で利用されていることを、世界が認識し始めた。1963年、世界の多様性を監視する国際自然保護連合（IUCN）は、この取引を制限するための国際協定に向けて動き出した。その努力はワシントンDCで実を結び、1973年にCITES（「絶滅のおそれのある野生動植物の種の国際取引に関する条約」）が制定された。CITESは絶滅のおそれがある種の国際取引を規制または禁止するもので、現在では国際環境保護活動の基盤に数えられる。現時点で183カ国に署名され、5,000種以上の動物および30,000種の植物の取引を規制している。また、この条約の当事国は定期的に会合を開き、絶滅が危惧される動植物を商業利用から保護するための計画を検討している。

> 絶滅危惧種法（ESA）は、
> 種の減少につながる
> 環境破壊を修復する
> 手段として、
> 私たちが有する最も強力かつ
> 効果的なものである。
>
> **ノーム・ディックス**
> アメリカ下院議員（1977〜2013年）

らの種をさらに手厚く保護した。1973年に「絶滅のおそれのある野生動植物の種の国際取引に関する条約」（CITES）が締結されると、この条約で合意された規制を参考に、画期的な絶滅危惧種法（ESA）が制定された。ESAは、アメリカの自然遺産を保護するためのさらに踏み込んだ法となった。

協調的な努力

ESAにおいて、個人や組織は、生物種を絶滅危惧種または絶滅の恐れのある種として登録するよう申請できる。さらに厳格な科学的評価と公開審査を経て、最終的な判断が下されると、その種はリストに登録される。種がリストに掲載されると、重要生息地は特別な保護を受け、絶滅危惧種の個体数を増やす方法をまとめた「絶滅危惧種の回復計画」が整備される。

個体数は時間をかけて監視され、種としてリストから除外可能な程度に回復したかどうかが確認される。この長期的な取り組みが、絶滅危惧種法の中核である。ほとんどの野生生物専門家の間では、ESAは絶滅防止に大いに効果的だと考えられている。アメリカハクトウワシ、カリフォルニアコンドル、ハイイログマといった複数の種の復活に貢献したとされ、絶滅危惧種の保護に関する世界的な規格となった。

2019年、トランプ政権は商業的利益への要求を満たそうと、ESAを大幅に緩和する改正を行った。改訂案の一つは、保護すべき重要生息地を、その絶滅危惧種が回復した場合に住まうことになる地域ではなく、現在生息している地域に限定するというものだった。気候危機を含めた環境上の脅威により、種の喪失が驚くべき速さで進むなか、ESAに変更を加えることは、保護を緩和するのではなく強化すべきだという呼びかけへの否定に等しい。◆

ESAによって「絶滅のおそれがある種」に指定されている鳥類

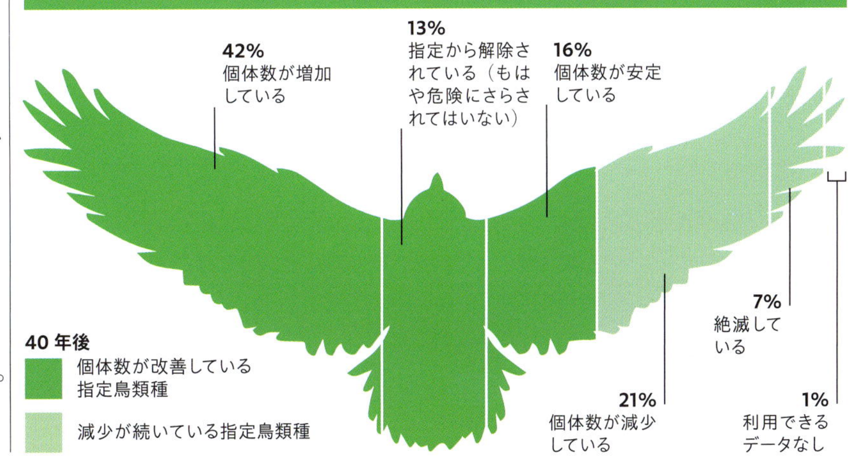

第6章

現代の法

1980年〜現在

1986年

イギリスの犯罪捜査に**DNA型鑑定**が初めて使用される。

1990年

障害者差別禁止法が、障害者に対する差別の違法化を目指す。

1993年

化学兵器禁止条約に基づき、化学兵器の使用と製造が禁止される。

1995年

自由で公正な国際貿易の徹底を目的とした、**世界貿易機関**が設立される。

1996年

ディッキー・ウィッカー修正条項により、**ヒト胚の科学研究**に対する連邦政府の資金援助が違法と裁定される。

1996年

国連の**世界知的所有権機関**によって提案された条約が、デジタル著作権を保護する規則に合意する。

1997年

対人地雷禁止条約がオタワで合意される。

2000年

ポルトガルの薬物戦略において、薬物所持が非犯罪化される。

20世紀最後の数十年には、国際協力が実現したことや国連とその機関が活動したことの成果として、新たな世界大戦の脅威は後退した。しかし、これらの組織も、コソボやスーダンからアフガニスタンやシリアに至る地域紛争での無慈悲な人命損失は防げなかった。化学兵器の影響や、地雷という死の遺産は、両者を禁止する国際条約——すなわち、1993年の化学兵器禁止条約と1997年の対人地雷禁止条約を生むことになった。

世界は急速に互いの結びつきを強めていた。国際貿易の拡大と多国籍企業の激増を受けて、1995年には世界貿易機関が設立され、自由貿易のための世界的枠組みの構築がその目標となった。しかし、変わりつつあったのは経済的展望だけではなかった。かつてない規模での技術の進歩によって新たな時代の到来が告げられ、同時に新たな法的課題がもたらされた。1996年、世界知的所有権機関——商標権、特許権、著作権の保護を専門とする国連の機関である——は、デジタル革命によって提示された問題に着目した。知的財産権を守る規制やデータのセキュリティを確保する規制が必要とされているのは明らかだが、技術的解決策が導入されるやいなや、ハッカーたちは躍起になってそれを克服する方法を見つけ出す。法はそれに後れを取らないよう奮闘している。

デジタルデータの一般公開はまた、プライバシーの問題や、個人の自分に関する情報の所有権の問題を浮き彫りにしてきた。

2014年、欧州司法裁判所では、「忘れられる権利」は言論の自由に勝るとの判決が下された。しかし、この判決にも異議が唱えられている。

人権

世界の一部の地域では、人権や差別に対する一般市民の態度が根本的に変化した。運動家は政府に圧力をかけ、障害者の権利を保護する法や、同性カップルの結婚の権利を認める法を制定させた。1900年にはアメリカで前者の法が、2000年にはオランダで後者の法が、それぞれ世界に先駆けて制定され、他の国々もこれに続いた。アイスランドでは、同じ価値の仕事に同じ賃金を与えることを示すための同一賃金認証法により、雇用主は定期的な監査を受けるよう義務付けられている。

法はまた、ヒト胚の研究や末期患者の苦痛などから生じるものを含めた、新たな倫理的問題にも取り組んでいる。

犯罪との闘い

科学の進歩によって倫理的問題が引き

2000年

オランダが世界で初めて**同性婚**を法制化する。

2001年

オランダで、厳しい条件と医学的管理の下での**安楽死**が合法化される。

2002年

国際刑事裁判所がオランダのハーグに開設される。

2005年

温室効果ガスの排出を削減し、気候変動の速度を遅らせることを目的とした**京都議定書**が発効する。

2005年

ユネスコが「**スポーツにおけるドーピングの防止に関する国際規約**」を監督する。

2011年

インターポールが、スポーツ界の組織犯罪に対処するための「**八百長対策タスクフォース**」を設立する。

2014年

欧州司法裁判所が、一般市民には「**忘れられる権利**」、すなわちインターネット検索から自分に関するネガティブなデータを削除させる権利があるとの判決を下す。

2017年

アイスランドの**同一賃金認証法**により、企業が同等に働く男女に対して同じ賃金を支払う義務を負うことが保証される。

起こされることは少なくない。しかし科学はまた、正義が確実に果たされるための証拠を確保するうえで、極めて有益である。犯罪者を特定するDNA型鑑定は、犯罪科学の手法として指紋採取法同様に重要であることが明らかになった。デジタル技術は、組織犯罪の高度化と国際規模での展開を考えればなおさら、法執行のあらゆる側面において不可欠なものとなった。

スポーツ界にも大きな変化が起きた。世界的なスポンサー、テレビ中継、オンライン・ギャンブルの増加が重なったことにより、経済的利害関係が生じたのである。業界の拡大に伴って汚職も増加し、個人、犯罪組織、そして無法国家が不正行為の利益に引き寄せられた。ユネスコはそれを食い止めるべく、2005年に「スポーツにおけるドーピングの防止に関する国際規約」を制定した。2011年には、インターポールが、八百長と闘うためのタスクフォースを立ち上げた。

2000年、HIV／AIDSの新規感染率を懸念したポルトガル政府は、その半分が薬物注射によるものだったことを受け、薬物所持を非犯罪化するという新たな戦略を整備した。これは広範な医療・社会改革の一環として行われたものであり、他の国々もその効果を研究中である。

地球の保護

1980年代には、人間活動が自然界にもたらす悪影響が明らかになり、この問題が国際的な議題に上がるようになった。1983年、ユネスコは環境保護の先導役として、保護および持続可能な開発を促進する「生物圏保護区」のネットワークを生み出した。

さらに大きな問題となっているのは、地球規模の気候変動によって起こりかねない壊滅的な影響である。1992年には、リオ地球サミットにおいて温室効果ガス排出の削減に向けた国際的な目標が合意されたが、各国は改革の実行や持続可能なエネルギー政策の導入に消極的であったため、21世紀に入るまで法的拘束力ある協定は結ばれなかった。1997年、京都議定書で排出削減目標が定められ、この議定書は2005年に発効した。しかし、削減政策の導入が成功していないことを考えれば、すべての人に各自の役割を全うさせる方法を模索することが法の課題と言えよう。◆

無限の価値、そして脅威

生物圏保護区世界ネットワーク（1983年）

背景

焦点
環境法

それ以前
1821年　博物学者のチャールズ・ウォータートンが、イギリスのヨークシャーにあるウォルトン・ホールに最初の自然保護区を創設する。

1872年　アメリカ大統領ユリシーズ・S・グラントが、イエローストーンを世界初の国立公園に指定する。

1916年　ロシアで初となる国営の「厳格な自然保護区」が、科学研究を目的に設置される。

1916年　アメリカ大統領ウッドロー・ウィルソンが、国立公園局を設立する。

それ以後
1992年　生物多様性条約が合意される。

2016年　カナダにおいて、広大な「ツァ・トゥエ生物圏保護区」が先住民のディネ族によって創設される。

2016年　南極沖のロス海に世界最大の海洋保護区が設けられる。

生物圏は、地球表面の「皮膚」にあたるもので、人類をはじめとするあらゆる種類の生命を支えている。1971年、ユネスコは、自然界を保護しつつ環境的に持続可能な経済発展を促すための「人間と生物圏計画（MAB）」を立ち上げた。1972年には、ストックホルムで「人間環境会議」が開かれ、この会議は国際環境問題への対処を目指す最初の論戦の場となった。人間環境会議で出された勧告の一つは、絶滅の恐れのある動植物を守るための「生物保護区」を設置すべきというものだった。

この時代には、森林伐採、大気汚染、水質汚染、魚の乱獲、そして多くの野生動物の個体数が減少していることへの懸念が高まっていた。最初の57の生物圏保護区（BR）が選定されたのは1976年のことで、以降さらに多くの地域が指定を受けた。そして1983年、ベラルーシのミンスクで開かれたユネスコ主催の会議において、生物圏保護区世界ネットワーク（WNBR）の構想が誕生した。

相互利益

1992年、国際的な強制力を有する「生物多様性条約」が国連によって制定された（2020年現在、193カ国に批准されている）。この条約が定めるところでは、「生態系、生物種、遺伝資源は人間の利益のために利用されるべきだが、それは生物多様性の減少につながらない方法で行われなければならない」。WNBRは、種の多様性こそ地球の生命の網を維持するために不可欠であることを意識し、生物多様性と人間の文化的多様性が相互に有益であ

生物圏保護区の区分

核心区域　人間の活動が制限され、生物と生態系（相互作用する種の群集と、それらが依存する環境）が保存される、厳重な保護地域のことである。

緩衝区域　監視、科学研究、トレーニング、教育のために利用される。

移行区域　人間が生活や仕事を営む場であり、持続可能な文化的・経済的活動が許される場でもある。

参照：国際連合と国際司法裁判所（p212〜219） ■絶滅危惧種法（p264〜265）
■京都議定書（p305）

イエローストーン国立公園はアメリカのワイオミング州、モンタナ州、アイダホ州にまたがり、1976年に生物圏保護区に指定された。

ることを示そうと努めている。

環境維持は、人間がその環境と経済的または文化的利害関係にある場合——たとえば、食用として捕獲される魚や建築用として伐採される木材に依存している場合——、その環境を保護し、資源の枯渇を防ごうとする可能性が高いという前提に基づいている。BRの多くでは、地域住民はエコツーリズムからも恩恵を得ている。

ネットワークの構築

世界的ネットワークは、地球の生物多様性を真に反映するために不可欠である。各国政府は新たなBRを推薦でき、これらが必要な基準を満たしているとMABの運営組織に認められれば、その区域はWNBRに追加される。各BRは、その所在国の環境法によって保護を受ける。

MABプログラムの開始から50年で、生物圏はますます厳しい脅威に直面するようになった。今後10年間での絶滅の危機に瀕しているのは、両生類の40パーセント、海洋哺乳類の30パーセントを含めた100万種にのぼる。この減少は人為的な気候変動によって悪化するとみられ、それを地球で6度目の大量絶滅だと評する科学者もいる。

2020年の時点で、BRは世界124カ国の701カ所に存在している。ブラジルの広大なアマゾン中央BRから、南ウェールズの小さな河口にあるバイオスファール・ダヴィBRに至るまで、その大きさはさまざまだ。WNBRプログラムのような、世界で協調的に行われ、法的強制力のある手段は、地球が直面する大きな環境課題を乗り切るための最善策と言えるだろう。◆

ロシアのザポヴェードニク

ロシアは、野生動物保護区の創設において世界をリードする存在だった。初の国有組織としてのザポヴェードニク（ロシア語で「自然保護区」の意）は、1916年、バイカル湖近郊のバルグジンスキーに設置された。目的は、毛皮を高く評価されるセーブルという小型哺乳類の個体群を保護することだった。2020年には、100以上のザポヴェードニクが点在するようになり、国土の総面積の約1.4パーセントを占めるまでになった。一部のザポヴェードニクは広大で、たとえば「大北極圏ザポヴェードニク」は400万ヘクタールに及ぶ凍土帯で、ホッキョクグマ、シロフクロウ、アザラシ、クジラなどが保護を受けている。

土壌科学者ヴァシーリー・ドクチャエフは、1890年代に初めてザポヴェードニクの構想を打ち出し、科学者以外の人間を排除すべきだと提案した。後年には、植物学者イヴァン・ボロディンが、ザポヴェードニクは断片的に設立されるのではなく、あらゆる主要な生態系を含むものとして計画されるべきだと主張した。こうした保護区が提供する研究環境において、科学者は、人間の影響を受けていない自然を観察できる。

我々は、
生物多様性の破片を一つ
一つ貴重なものとして保護し、
同時に学ぶべきである……
その断片が、人類にとって
何を意味するのかということを。

E・O・ウィルソン
アメリカの生物学者（1992年）

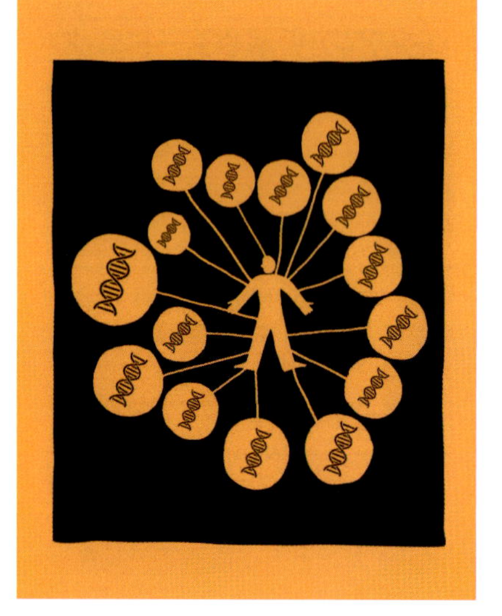

それは正義にとって、星を眺める望遠鏡のようなものである

DNA型鑑定（1986年）

背景

焦点
刑法

それ以前
1900年頃 指紋採取法が、犯罪被疑者を特定する最初の科学的方法として採用される。

1953年 イギリスで、科学者ジェームズ・ワトソン、フランシス・クリック、ロザリンド・フランクリン、モーリス・ウィルキンスにより、生命を支配する遺伝暗号であるDNAの構造が解明される。

それ以後
1994年 アメリカ連邦捜査局（FBI）が、アメリカ全土でのDNA識別法を整備する。

2002年 インターポールのDNAデータベースが設立され、84カ国が参加する。

2010年以降 DNAサンプルの分析と識別のための、いっそう複雑なソフトウェア・プログラムが開発される。

2017年 アメリカの「迅速DNA法」（The Rapid DNA Act）により、警備手段としてのDNA研究が進展する。

科学者は、**DNAサンプル**が**すべての個人を正確に特定できる**ことを証明している。

世界中の法執行機関では、DNA型鑑定が日常的に採用されている。

DNAデータベースは、急成長を遂げている情報源である。何百万人分もの記録が収集され、その利用は拡大している。

DNA型鑑定には、それが厳格に適用されているとは限らないという**懸念**が残っている。**誤用の可能性**があることは明確である。

DNA（デオキシリボ核酸）型鑑定は、法医学的な犯罪解決において、20世紀初頭に指紋採取法が広く導入されて以来最も重要かつ画期的な発明となった。法医学上のDNA分子の価値は、これまでに生存していたすべての人間のDNAは99.9パーセント同じであるにもかかわらず、その0.1パーセントの違いによって（一卵性双生児を除く）あらゆる個人の確実な識別を可能にするという事実に依存している。DNAは唾液、皮膚、血液、毛髪、細胞から採取される。ただし、それを価値あるものとするには、採取と分析の両方が厳しい基準で行われることが不可欠だ。

犯罪捜査にDNA型鑑定が最初に使用されたのは、有罪ではなく無罪を立証するためであった。1986年、イギリスにおいて、リチャード・バックランドという学習障害のある少年が、15歳のド

参照：インターポール（p220〜221） ▪ 世界人権宣言（p222〜229） ▪ 欧州人権条約（p230〜233）
▪ スポーツにおけるドーピングの防止に関する国際規約（p304）

アレック・ジェフリーズは1977年から2012年にかけて、イギリスのレスター大学で遺伝学を研究した。その功績は犯罪捜査だけでなく、父子鑑定や移民論争においても役立っている。

ーン・アシュワースに対するレイプと殺害の容疑で逮捕された。この事件に注目したのは、イギリスの遺伝学者アレック・ジェフリーズであった。ジェフリーズは、アシュワースの遺体に付着していた精液からDNAを採取して調べ、それがバックランドのものではないことを証明した。さらに、アシュワースを殺害した何者かが、その3年前にリンダ・マンという別の少女を殺していたことも明らかにした。バックランドは釈放され、長きにわたる捜査の末、連続性犯罪者のコリン・ピッチフォークが精液サンプルと一致するDNAの持ち主であることがわかった。ピッチフォークは2件の殺人で有罪となり、終身刑を言い渡された。

DNA型鑑定の進歩

世界中の法執行機関は、DNAを大きな進歩としてすぐに利用し、情報の保存と共有のためのデータベースを設立した。アメリカ連邦捜査局（FBI）は1988年に「統合DNAインデックス・システム」を立ち上げ、このデータベースには2020年までに、犯罪現場から集められた1400万人以上の犯罪者のDNA型情報が収められた。同様に、1995年に創設されたイギリスの「国家DNAデータベース」には、2020年までに650万人のDNA型情報が収録された。

DNA型鑑定が初めて使用されて以来、技術は進歩し、今ではごく少量のサンプルを迅速に分析することが可能になった。DNA型鑑定の明らかな成功は、その結果が絶対確実であるという想定につながっているが、人的エラーによる誤審もこれまでに何度か起きている。たとえば1998年には、テキサス州ヒューストン出身で16歳のジョサイア・サットンが、DNA型鑑定に基づき、レイプの罪で25年の実刑判決を受けた。この件では、のちに法科学研究所で処理に誤りがあったことが判明し、サットンは無実と認められた。

欠点

現実的には、保存されるDNAサンプルの数が増えれば増えるほど、ファイルの取り違えや鑑定技術の誤用といったミスの危険性も高まる。「二次転移」、すなわちDNAが中間物を通じて物体や人に移動することは困難だと証明されている。また、たいていの日用品には複数人の小さな痕跡が残されており、頻繁に接触する人間同士のDNAを区別することはほぼ不可能だと考えられる。イギリス政府の報告書には、「（DNAを）分析する我々の能力は、（法医学的証拠を）解釈する能力を大きく上回っているようだ」と説明されている。◆

> 大衆は科学的証拠の意味を、それがDNAに関するものならなおさら、非現実的に理解している。
>
> **EUROFORGEN**
> （欧州法医学遺伝学ネットワーク）
> 2017年

グリーンリバー・キラー

アメリカ史上最悪の事件に数えられるグリーンリバー・キラー連続殺人事件では、DNA型鑑定の効用が見事に証明された。ゲイリー・リッジウェイは1982年から2001年にかけて、ワシントン州で50人ほどの若い女性をレイプして絞殺し、最終的に逮捕された。女性たちの遺体は、グリーン川やその近辺に遺棄されていた。警察には何の手がかりもなかったが、2001年、DNA採取技術の向上によって捜査に決定的な突破口が開かれた。数人の被害者に付着していた精液から採取されたDNAサンプルが、1987年にリッジウェイから採取されたものと――このとき、彼は殺人の疑いで聴取を受けたが、告発を免れていた――比較されたのである。サンプルは正確に一致した。リッジウェイは殺人罪で有罪となり、連続48回の終身刑を言い渡された。後年、リッジウェイは80人もの女性を殺害したと供述したが、実際の総数はそれ以上だった可能性もある。

不正行為の監視役に権限を与える

公益通報者保護法（1989年）

背景

焦点
雇用法

それ以前
1863年　不正請求禁止法が、おそらく世界初の内部告発法として、アメリカ南北戦争での防衛関連企業による不正を防ぐ。

1966年　米国情報公開法が、政府の職務を「国民の監視にさらす」ことを目指す。

それ以後
1998年　イギリスにおいて、開示された情報が公益になる場合、公益開示法によって公的機関や民間機関の内部告発者が保護される。

2010年　米国ドッド・フランク法が、その金融機関の規制に内部告発者の保護を盛り込む。

2015年　ドッド・フランク法が小規模の銀行や金融業者を害するとの懸念が高まる。

米国連邦政府機関の不正行為を明らかにした職員は、それが意図的であったか否かにかかわらず、1989年の公益通報者保護法によって初めて保護されることになった。この法は内部告発者に対し、降格や停職などの報復措置が講じられないことを保障するものだった。

アメリカが世界に先駆けて制定し、2012年には公益通報者保護強化法によって補強されたにもかかわらず、公益通報者保護法は、それが目指していた効果をほとんど達成できていない。この法で与えられる保護には、雇用主からの提訴に対する免責は含まれておらず、そのために労働者は声を上げることを断念している。

ガルセッティ対セバロス事件に関する2006年の連邦最高裁判決は、ロサンゼルス地方検事代理のリチャード・セバロスに対し、彼のような公務員の内部告発者には憲法修正第1条が保障する言論の自由さえ適用されないとして、落胆を招いた。

公益通報者保護法では、アメリカの情報機関の職員も同じように除外された。1998年の情報機関内部告発者保護法（ICWPA）でも限定的な権利しか与えられなかったが、この法が2014年に修正されると、彼らにも免責が拡大された。

2007年の金融危機後に可決されたドッド・フランク法は、金融機関による過度のリスク負担を阻止し、消費者を保護するためのものだった。回収された金額の10〜30パーセントを内部告発者が受け取れることもあって、この法は成果を上げげた。◆

> 政府の違法行為、浪費、汚職を暴く職員を保護することは、行政事務のさらなる効率化に向けた大きな一歩である。
>
> **公益通報者保護法**

参照：世界人権宣言（p222〜229）
■市民的及び政治的権利に関する国際規約（p256〜257）■ミーガン法（p285）

我々は共に乗り越えてきた。我々は共に乗り越えていく

障害のあるアメリカ人法（1990年）

背景

焦点
平等な権利

それ以前
1964年　公民権法が、アメリカでの人種を理由にした隔離の廃止を目指す。

1965年　投票権法により、一部の米国民が投票権を行使することの妨げとなる差別的慣行が禁止される。

1973年　リハビリテーション法により、連邦政府が出資する米国内のすべてのプログラムにおいて、障害者への差別が違法化される。

それ以後
1992年　雇用機会均等委員会が、「障害のあるアメリカ人法」（ADA）に定められた雇用保護の執行を開始する。

2000年　欧州連合（EU）の「雇用と職業における均等待遇の枠組」に、障害のある労働者の保護が盛り込まれる。

1990年に制定された「障害のあるアメリカ人法」（ADA）の目標は、「障害のある人々の完全な市民的権利と人権」を保障することにあった。障害者はアメリカの生活に最大限貢献できるよう社会から奨励され、それを実現されるべきだということを、政府は明確にしようしたのである。ADAは、障害者に対する雇用差別を禁じた。15人以上の従業員を有するすべての雇用主は、そうした従業員の「合理的な」要求に「対応」することを――それが企業に不当な労苦をもたらさない限り――義務付けられた。

ADAはまた、学校、ホテル、ヘルスクラブ、小売店などの一般に開かれている建物や事業所に対しても、障害者がそれらを利用しやすくなる手段の提供と、障害者への差別の禁止を求めた。電気通信事業者や交通機関、つまり、バス、電車、飛行機、クルーズ船にも同様の義務が課された。2008年には、ADA改正法によってADAの適用範囲と障害の定義が拡大され、より多くの人々が保護を受けるようになった。

ADAは、アメリカが障害者法に関して世界をリードしていることの証左であったものの、その結果には賛否両論がある。多くの中小企業は、遵守にかかる高額な費用に不満を抱いていた。1990年の時点で、「重大な」障害のある市民の70パーセントは失業中だったが、2010年までにこの数字に変化はなかった。というのも、ADAの雇用条項に従わない組織は、その違反行為を償う以上の制裁を科されることはないからである。◆

ジョージ・H・W・ブッシュ大統領が1990年7月26日、「障害のあるアメリカ人法」に署名した。この法は、身体障害者や精神障害者のための、最初の包括的な市民権法であった。

参照：世界人権宣言（p222～229）▪欧州人権条約（p230～233）
▪公民権法（p248～253）

化学兵器のない世界

化学兵器禁止条約（1993年）

背景

焦点
軍備管理

それ以前
1899年、1907年 ハーグ条約が化学兵器を国際的に違法化するよう提案する。

1925年 ジュネーヴ議定書によって、より強制力の高い禁止令が提案されるが、その効果は限定される。

1975年 生物兵器禁止条約が発効する。

1990年 アメリカとソ連間の協定を通じて、新たな化学兵器の製造停止および備蓄兵器の破壊が約束される。

それ以後
2013年 シリアで内戦が起こる。複数の化学兵器攻撃が生じ、ダマスカス郊外でのサリンガス攻撃では、1,400人以上の市民が殺害された。

戦争行為を規定する条約のなかでも極めて意欲的な化学兵器禁止条約（CWC）は、これらの兵器の使用がいかなる場所でも違法化されることを目指している。1993年、国連総会で承認され、署名が受け付けられるようになった。2020年の時点では193カ国に批准され、これに参加していない国連加盟国は、エジプト、南スーダン、北朝鮮の3カ国のみだった。

化学兵器を違法化する条約には長い歴史がある。最初の条約が署名されたのは、1675年のストラスブールでのことであり、ここでフランスとドイツ諸邦は「毒弾」の禁止に合意した。さらに効果的だったのは、1874年のブリュッセル宣言において、この戦争に関する法規慣例が「毒物または毒を塗られた武器」を禁じたことである。1899年と1907年にはハーグ平和会議が開かれ、化学兵器の使用がいっそう制限された。

第一次世界大戦での化学兵器の大量使用を受けて、ドイツはヴェルサイユ条約下で化学兵器の使用を禁じられた。1925年には、ジュネーヴ議定書が化学兵器の使用を違法化したが、製造までは禁止しなかった。日本は、1937年から1945年にかけての日中戦争中、中国に

化学兵器禁止条約（CWC）は、戦争行為における化学兵器の**使用禁止**に合意している。
→
CWCは、**あらゆる化学兵器の製造と使用を禁止**している。
↓
CWCは、既存の化学兵器の**破壊**と、すべての製造施設の**閉鎖**を命じている。
←
各国は、**独立した査察団**による立ち入りを認め、破壊と閉鎖が**実行されたことを保証**しなければならない。

参照：ジュネーヴ諸条約（p152～155） ■ハーグ条約（p174～177） ■国際連合と国際司法裁判所（p212～219）
■部分的核実験禁止条約（p244～247） ■対人地雷禁止条約（p288～289）

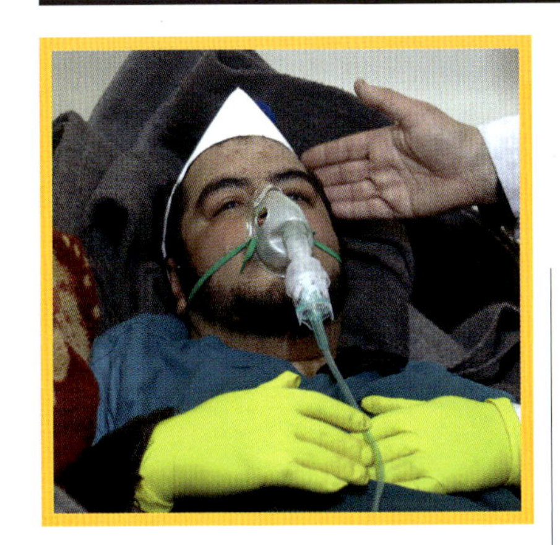

化学兵器攻撃の犠牲となった人。2017年4月、シリア。シリアのバッシャール・アル・アサド大統領は、このような攻撃の犯人として「テロリスト」を非難したが、大統領の武装組織も関与していたとされる。

対して化学兵器を広範に使用した。第二次世界大戦の開戦時、ナチス・ドイツと連合国は共に備蓄兵器を用意していたが、これらを戦場で使用することはほぼなかった。というのは、主に報復を恐れたためである。

国際協定

1975年、数年間の予備作業を経て、生物兵器禁止条約が発効した。この条約は、この種類のあらゆる兵器製造を禁じる最初の多国間軍縮条約であったが、それが遵守されていることを確認する手段に欠けていたため、効果は限られた。

実際の進展が見られたのは、米ソ関係の雪解けが始まった1985年以降のことである。両国は1990年までに、化学兵器の製造停止と既存兵器の破壊に合意し、1993年の世界的協定へと続く道を開いた。

規定と濫用

CWCの規定は明確だった。全署名国は、今後一切の化学兵器を製造しないこと、すでに保有している兵器を処分すること、必要な場合には告知からわずか12時間で実施される化学兵器禁止機関（OPCW）の強制査察を受け入れることに同意した。2007年には、アルバニアが世界で初めてこれを完全に履行し、2018年の後半には、保有国が申告した備蓄の97パーセントが検証可能な形で破壊された。とはいえ、禁止の履行を監視するのは簡単ではない。シリアは2013年にCWCに署名し、すべての化学兵器を破壊したと主張していたが、その年に起きた内戦ではたびたび化学兵器による攻撃があったと報告された。これにはシリア国軍が強く関与しているようだが、同軍は否定している。◆

> **窒息性ガス、毒性ガス又は**
> **これらに類するガス及び**
> **これらと類似のすべての液体、**
> **物質又は考案を戦争に**
> **使用することが、**
> **正当にも非難されている。**
>
> **ジュネーヴ議定書、1925年**

イラクの化学兵器

1941年頃に生まれたアリ・ハッサン・アル・マジド（「ケミカル・アリ」としてよく知られる）は、イラクの独裁者サダム・フセインのいとこであった。1980年代から1990年代に政府の最重要職をいくつか務め、イラン・イラク戦争（1980～1988年）の後期には、クルド人人口が密集するイラク北部の全国家機関を指揮した。

イラクでは1980年からイラン軍を攻撃するための化学兵器が配備されていたが、1987年から1988年にかけて、アル・マジドはクルド人民間人に対する化学兵器の使用も認めた。クルド人を狙ったジェノサイド、いわゆる「アル・アンファール」（「戦利品」）では、18万人もの死者が出たとされている。1988年3月16日の最も悪名高い事件では、イラク軍機がハラブジャの町にマスタードガス弾とサリン弾を投下。これにより5,000人以上を殺害し、何千人もの人々を負傷させ、長期にわたる病を負わせた。アル・マジドは2003年に米軍に逮捕され、長い裁判の後、2010年に処刑された。

アリ・ハッサン・アル・マジドは、1987年から1988年にかけて、イラク北部のクルド人民間人を危険な化学兵器で攻撃するよう命じた。

万人の利益のために貿易を開放する

世界貿易機関（1995年）

背景

焦点
国際自由貿易

それ以前
1929年〜1939年 世界大恐慌によって世界中で大量の失業者が生まれる。

1947年 関税と貿易に関する一般協定（GATT）が成立し、23カ国が創設国となる。

1986年 それまでに試みられたなかで最も意欲的な国際貿易交渉である、GATTのウルグアイ・ラウンド交渉が開始される。

それ以後
1999年 シアトルで行われた世界貿易機関（WTO）交渉の会場外で、暴力的抗議行動が起こる。

2001年 ドーハ開発ラウンドで、さらなる貿易自由化が試みられるが、わずかな進展にとどまる。

2015年 ドーハ交渉がWTOによって正式に放棄される。

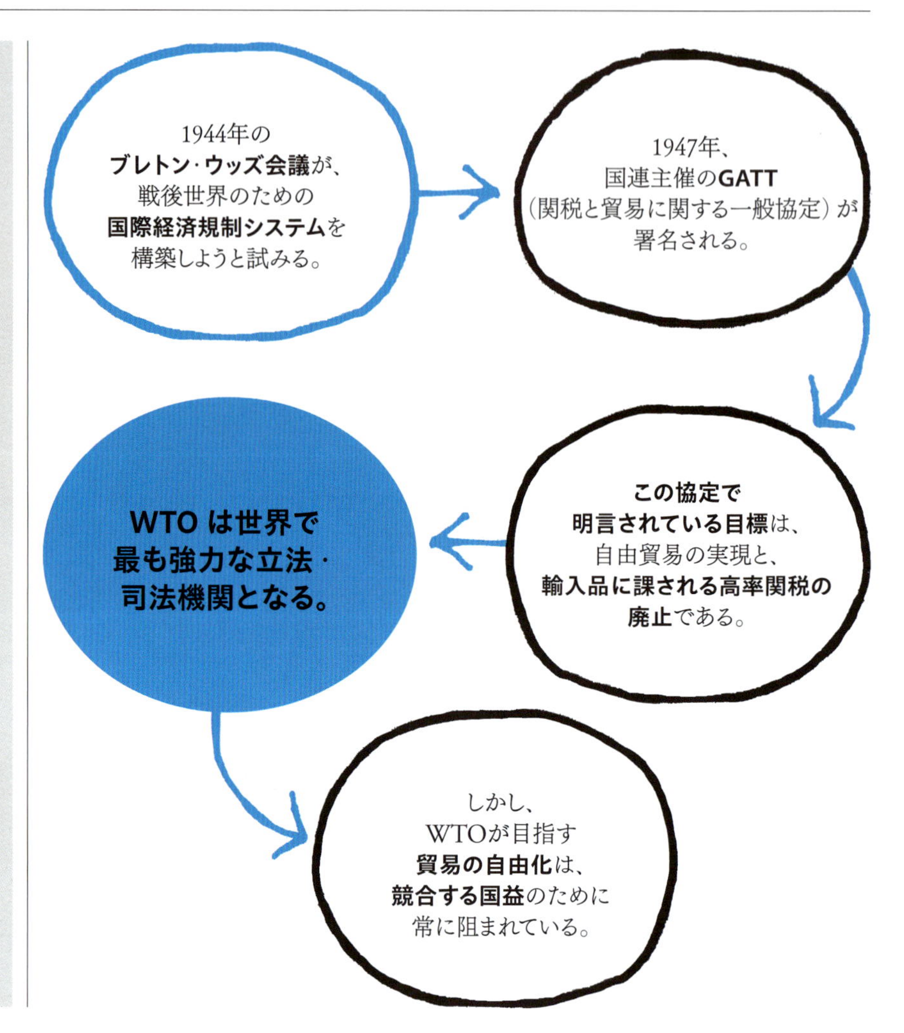

1995年の世界貿易機関（WTO）の創設は、あらゆる国際協定のなかでも最も先見性を示すものと言えよう。WTOは、1947年に国際連合が設立した「関税と貿易に関する一般協定」（GATT）を母体として生まれた。GATTとWTOの両者は一つの理念、すなわち、公平かつ透明な条件で行われる国家間の自由貿易は利益しかもたらさない、という理念によって特徴付けられていた。この方針は、実質的には、18世紀スコットランドの経済学者アダム・スミスによる主張の延長上にあった。その主張とは、啓発された自己利益が個々の企業に利用されれば、それは富を拡大するための最も確実な方法となり得る、というものだ。

第二次世界大戦の終結が近づくにつれ、こうした世界規模の夢は実現可能と見なされるようになった。アメリカ大統領フランクリン・D・ルーズベルトや、イギリスの経済学者ジョン・メイナード・ケインズらにとって、1930年代に得られた最大の教訓は、高い輸入関税は国際関係を不安定化させるばかりで、世界経済の改善にはつながらないということであった。繁栄と平和をもたらすのは自由貿易であると彼らは考え、1944年には、その目標に向けてブレトン・ウッズ会議を開催した。これにより設立された国際通貨基金（IMF）と世界銀行は、国際金融の安定性確保に役立ち、貧窮する各国政府への融資を行っている。また、貿易ルールの規制制度を導入することも合意され、会議から3年後には、当時設立されたばかりだった国連の支援によってGATTが誕生した。

利害の調整

第二次世界大戦後の冷戦は、世界における2つの支配的大国間、すなわちアメリカとソ連の間に、架橋できそうにない溝を生み出した。これは核軍備競争によって強調される、明白な解決策のない対立だった。同時に、この頃から知られ

参照：シャーマン反トラスト法（p170～173） ■連邦取引委員会（p184～185）
■WIPO 著作権条約（p286～287）

アフリカの商業は2019年、活気付いた。アフリカ大陸自由貿易圏の設立により、大陸のほとんどの国家間で無関税貿易が可能になったためである。

るようになった「第一世界」と「第三世界」――つまり、経済的な「先進国」と「発展途上国」の分裂によって、共通の商業手段が確立されるという将来的な可能性はいっそう低くなった。

問題は、こうした多様な利害関係をどう調整すべきか、ということだけではなかった。真の問題は、崇高な熱意より偏狭な国益が常に優先されがちである、ということにあったのだ。この矛盾はいまだに解消されていない。

WTO の創設につながった多国間貿易交渉は、ウルグアイのプンタ・デル・エステで開始されたことから、ウルグアイ・ラウンドと呼ばれた。この交渉は1986 年から 1993 年まで GATT の枠組み内で行われ、123 カ国が参加した。貿易交渉はもっぱら複雑で、進展にも時間がかかることで有名である。たとえば、中国は 15 年間の協議を経て、ようやく2001 年に WTO に署名した。しかしながら、2020 年の時点で WTO には 164カ国が加盟しており、これらの加盟国間の貿易が国際貿易全体の 98 パーセントを占めるまでになった。

基本的な仕組み

WTO が明言している目標は、貿易の流れを、可能な限りにおいて確実に、円滑で、予測しやすく、自由なものとすることである。保護主義的な高率の輸入関税を撤廃し、そうすることで、投資や雇用創出を促す安定した貿易条件を生み

> **WTOは、
> 世界経済ガバナンスにおいて
> 最高に素晴らしい業績を
> 残している。**
>
> **アンナ・リンド**
> スウェーデンの政治家
> （1957～2003年）

1999年、シアトル

WTO は内紛と無縁ではなく、多くの場合、そうした争いは複雑な経済政策をめぐるものである。1990年代の後半以降、搾取的かつ資本主義的な利益を促進し、新自由主義的な政策を世界規模で奨励するためのあらゆる組織―― WTO はもちろん、IMF、世界銀行、欧州連合なども含めて――に対して、外部からの反対が生じた。この反対が空前の勢いに達したのは、1999年12月、ワシントン州シアトルで WTO 閣僚会議が開かれた際のことである。5万人を超えるデモ参加者がシアトルへ押しかけ、環境悪化、安価な輸入品、民主主義的な説明責任の欠如、危険な労働慣行、資本主義のあり方そのものに対して抗議したのだ。平和的な抗議行動は暴力へと発展し、道路を封鎖しようとする警察の不手際によってさらに悪化した。新たな形の破壊的な市民抗議はこうして生まれ、のちに「ウォール街占拠運動」や「絶滅への反抗（Extinction Rebellion）」などを引き起こすことになる。

「**シアトルの闘い**」は11月30日から12月1日に起こり、その世界貿易への影響が注目された。

世界貿易機関の構造

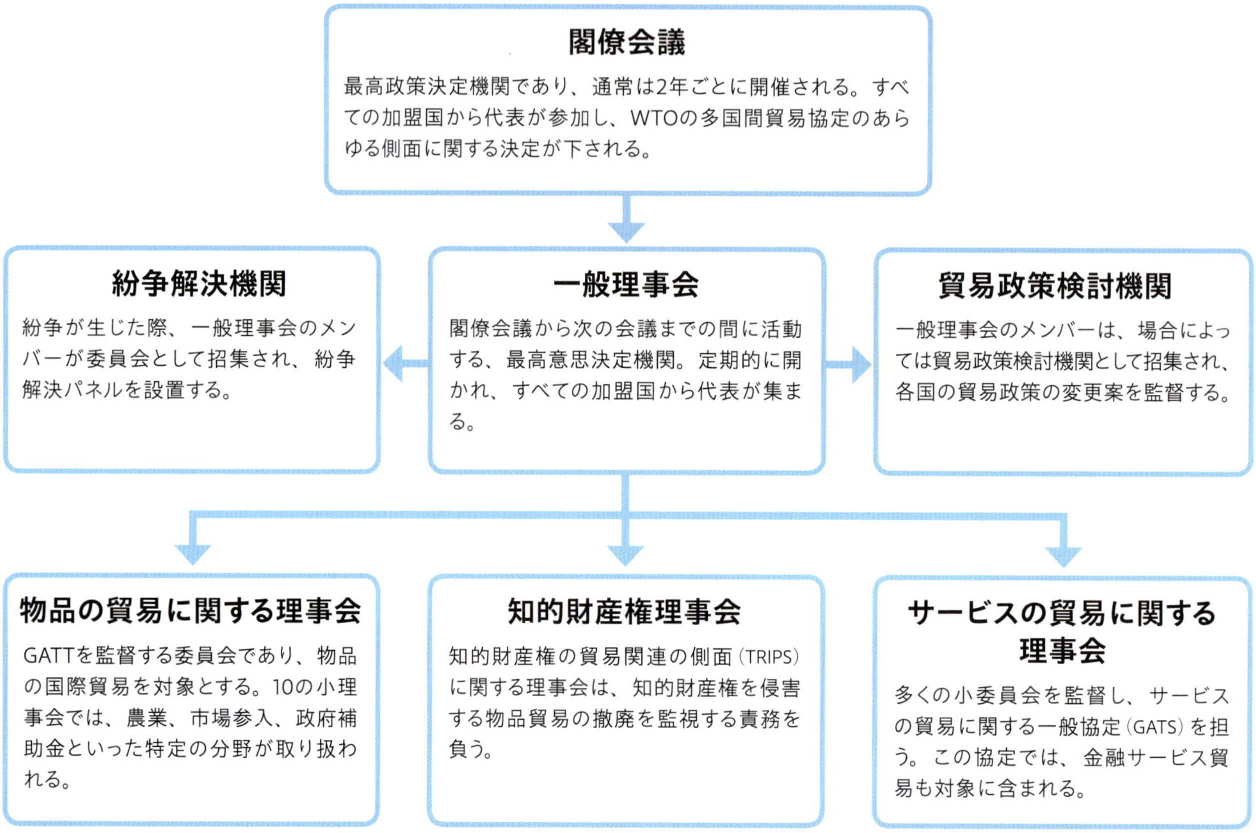

閣僚会議
最高政策決定機関であり、通常は2年ごとに開催される。すべての加盟国から代表が参加し、WTOの多国間貿易協定のあらゆる側面に関する決定が下される。

紛争解決機関
紛争が生じた際、一般理事会のメンバーが委員会として招集され、紛争解決パネルを設置する。

一般理事会
閣僚会議から次の会議までの間に活動する、最高意思決定機関。定期的に開かれ、すべての加盟国から代表が集まる。

貿易政策検討機関
一般理事会のメンバーは、場合によっては貿易政策検討機関として招集され、各国の貿易政策の変更案を監督する。

物品の貿易に関する理事会
GATTを監督する委員会であり、物品の国際貿易を対象とする。10の小理事会では、農業、市場参入、政府補助金といった特定の分野が取り扱われる。

知的財産権理事会
知的財産権の貿易関連の側面（TRIPS）に関する理事会は、知的財産権を侵害する物品貿易の撤廃を監視する責務を負う。

サービスの貿易に関する理事会
多くの小委員会を監督し、サービスの貿易に関する一般協定（GATS）を担う。この協定では、金融サービス貿易も対象に含まれる。

出そうと努めている。この取り組みを通じて発展途上国が後押しされ、その国民は貧困から救われ、先進国との対等な競争が実現することが期待されている。

WTOはIMFや世界銀行と協調的に努力し、その規則を濫用したと見なされる国々に対して貿易制裁措置を講じてきた。通常は2年ごとに閣僚会議が開かれ、重大な決定が下される。財・サービス貿易や、論争の起きやすい知的財産権問題を監督する委員会は、より定期的に開催される。小委員会は、貿易政策の細部について協議する。上級委員会は貿易法の専門家7名からなる第三者委員会であり、1995年に設立された。この委員会は、紛争処理小委員会から提出された報告書を検討し、それを覆す権限を有している。

さまざまな批判

WTOは動きが鈍く、対応に時間がかかる。というのも、多くの相反する利益を考慮しなければならないからである。批判者は、WTOがその最も強力な加盟国の利益にとらわれているとして、これを非難している。また、WTOの決定の透明性にも疑問が投げかけられ、発展途上国に対して差別的であるとされている。一貫して批判されている点は、WTOが知的財産権（とりわけ、企業が自ら作り出した製品に関する財産権）を守ろうとする過程で、医薬品の潜在的利益を——特に、それらを購入する余裕のない国々にとっての利益を——否定してきたということだ。たとえば、「特許を付与された」独自のHIV治療薬の開発に投資した企業は、安価だが同様に効果的なジェネリック医薬品を、発展途上世界の多くの市場から駆逐した。こうした場合には、企業の利益や株主の配当が患者に優先された、と見るべきだろう。

さらに、経済力を巧みに利用し、他国に認められているよりもはるかに高い関税を設けている貿易同盟にも批判が向けられている。たとえば、EUに輸入される農産物には、平均で11.5パーセントの関税がかかる。ところが、これと全く同じWTOの規則に従っても、ロシアは6.5パーセント以上の関税を課すことができない。つまり、EUの農業従事者は、ロシアの農業従事者には与えられないレベルの保護を受けることをWTOに認められているのだ。

各国がWTOに加盟するための必須条件とは……法の支配を受け入れること、汚職を減らすこと、そして、開放的で、説明責任を果たすことのできる、民主主義的な国家になることだ。

リチャード・ハース
アメリカの外交官、2018年7月

WTOのような国際機関は、その最も強力な加盟国による操作を受けやすい。EU、ASEAN(東南アジア諸国連合)、メルコスール(中南米地域の「南部市場」)といったすべてのWTO加盟国または加盟連合は、その関税、割当、補助金を明確に示す「スケジュール」を作成することを、あらかじめWTOと合意しておかなければならない。そのうえで、これらのスケジュールはWTOの承認を得ることが前提となる。しかし、実際はこうした認証を受けなくても貿易が可能であるばかりか、EUのWTO関連スケジュールは2004年から無認証のままである。

WTOは、関税や補助金をめぐる紛争の最終的な調停機関である。だが、その解決にはWTOの全164加盟国による全会一致の同意が必須であり、そうした決定がどのように下されるのかを知る術はない。グローバルであるにせよそうでないにせよ、WTOは民主主義的であるとは言いがたいのだ。それでも、1990年代の後半以来、貿易紛争件数はWTOのもとで着実に減少してきた。1997年には50件起きていたのに対し、2017年には18件しか起きていない。このデータが示唆するように、十分な時間さえあれば、ほとんどの問題はWTOの管轄下で解決される可能性がある。つまり、WTOは公平な世界貿易への希望となっているのだ。

理想の押しつけ?

多国間貿易協定の追求は、国益より軽視されることが常である。あらゆる国が、自国に都合のいいようにWTOの裁定を曲げようと試みてきた。アメリカは、WTOから有利な貿易条件を引き出そうとする加盟国や加盟連合に長年憤っているが、その一方では、アメリカもまったく同じことを目指している。WTOは事実上、経済力ある国々がその政策を押し付けるための単なる手段の一つになっている——WTOを批判する人々はそう主張する。2018年、ドナルド・トランプはWTOを「災難」と呼び、アメリカをWTOから脱退させると脅したが、これはリスクの大きな交渉に向けた最初の一歩だった。その少し前、トランプ政権は中国からの輸入品に関税を課し、中国もアメリカからの輸入品に対抗関税を課していたからである。

GATTは、世界は再建されるべきであり、また再建が可能だという戦後の信念から誕生した。WTOはその嫡流である。妥協策ではあるかもしれないが、WTOは、自由貿易に基づく繁栄と公正さの拡大に向けて世界を動かしてきた。ぎこちなくはあるが、その根底にある展望は本質的に楽観的なままである。◆

この25年間でWTOについて明らかになったこと、それは、この組織が回復力と適応力に富んでいるということだ。

ロベルト・アゼヴェド
WTO事務局長、2020年

アメリカのドナルド・トランプ大統領と中国の習近平国家主席が、2017年の会談後に握手を交わす。翌年、両国の関係は、貿易問題をめぐって悪化した。

生命はいつ始まるのか？

ディッキー・ウィッカー修正条項（1996年）

背景

焦点
家族法

それ以前
1976年 アメリカで、ハイド修正条項により、中絶に対する連邦政府の資金援助が禁止される。ただし、医療的に緊急の場合は除外される。

1978年 世界初の「試験管ベビー」であるルイーズ・ブラウンがイギリスで誕生し、胚研究の将来性が明らかになる。

1979年 連邦倫理諮問委員会が、不妊症の治療を目的とした胚研究を容認するよう勧告する。この勧告は無視される。

それ以後
2009年 オバマ大統領が、幹細胞研究に対する連邦政府の資金援助制限を撤廃する大統領令を発する。

2011年 コロンビア特別区巡回裁判区の連邦控訴裁判所は、オバマの大統領令を条件付きで支持する。ディッキー・ウィッカー修正条項の本質的な規定は、効力を維持し続ける。

1996年以来、ディッキー・ウィッカー修正条項は、研究目的でのヒト胚の作成や、ヒト胚の破壊や損傷を伴う研究に対して連邦資金を使用することを禁じてきた。アメリカの予算（政府支出）法案に付属しているこの法案は、1995年に米下院歳出委員会の承認を経て、1996年に連邦議会で票決された。

ディッキー・ウィッカー修正条項によって禁じられたのは、ヒト胚研究それ自体ではなく、あくまでもそうした研究への連邦資金援助のみである。しかし、この条項は倫理的諸問題の核心を突き、それらの問題同様に中絶論議を激化させている。人間の生命はどの時点で始まると言えるのか？ また、その生命を守るためにどのような法を導入すべきなのか？ 1970年代に始まったヒト胚の研究は、医学の新たな領域を切り開いた。不妊夫婦に妊娠の可能性をもたらすと同時に、幹細胞を用いた重病の治療法が開発される可能性をもたらした。しかし、この問題は常に物議を醸してきた。

2009年、ディッキー・ウィッカー修正条項はバラク・オバマ大統領によって部分的に緩和された。2011年には、連邦控訴裁判所が、この修正条項は「不明瞭」であり、胚幹細胞を用いる研究への出資を禁じるものではないと認めた。医学界ではこの修正条項への反対意見が大半を占め、医学的決定を下す資格のない人々が時代遅れの法を制定したために重要な研究が妨げられていると主張されている。◆

> **連邦議会は、制定法の全容を理解せずに法を制定しがちである。**
>
> **キャサリン・スマイヤーズ**
> オンコファーティリティー・コンソーシアム、2013年

参照：世界人権宣言（p222〜229） ■ 欧州人権条約（p230〜233） ■ ロー対ウェイド事件（p260〜263）

すべての親は知る権利を有するべきである

ミーガン法(1996年)

背景

焦点
刑法

それ以前
1947年 カリフォルニア州が、アメリカの州として初めて性犯罪者の登録簿を作成する。

1994年 「ジェイコブ・ウェッターリング児童に対する犯罪および性暴力犯罪者登録法」が可決される。

それ以後
1996年 「パム・ライクナー性犯罪者追跡および識別法」をきっかけに、犯罪者に関する連邦データベースが構築される。

2006年 「アダム・ウォルシュ児童保護安全法」を通じて、犯罪者が最新の所在を当局に報告すべき頻度に関する新たな条件が定められる。

2016年 国際ミーガン法(米国法)により、登録性犯罪者はパスポートで識別されるよう義務付けられる。

ミーガン法は、登録性犯罪者に関する情報を一般公開するよう州当局に義務付けるアメリカ連邦法である。1994年に制定されたジェイコブ・ウェッターリング法の修正条項として可決されたもので、性暴力犯罪または児童に対する犯罪で有罪になった者の登録簿を作成することが各州に義務付けられた。どれだけの情報をどの媒体を通じて公開するかという判断は、それぞれの州に委ねられている。

ミーガン法が制定されるきっかけとなったのは、1994年7月にニュージャージー州の7歳の少女ミーガン・カンカがレイプされ殺害されるという事件だった。殺害したのは隣人で33歳のジェシー・ティメンデュカスで、彼はそれ以前にも児童に対する2件の性犯罪で有罪判決を受け、6年間服役していた。ミーガンの両親であるモーリーン・カンカとリチャード・カンカは、ティメンデュカスの経歴を知っていれば娘を守れたはずだと主張し、性犯罪者に関する通知を地域社会に義務付ける運動を立ち上げた。事件から数カ月以内にニュージャージー州はミーガン法を制定し、2年後にはこの州法をモデルにした同名の法が連邦議会で可決された。

これまでに、ミーガン法がその善意を疑われたことはない。だが犯罪件数の減少には役立っておらず、むしろ憲法修正第4条に保障されるプライバシーの権利の侵害だとして非難を受けている。また、この法は、私刑を加えること、すなわち有罪の性犯罪者に対して自警団的な罰を与えることを助長してきた面もある。◆

ミーガン法に署名するビル・クリントン大統領。 立ち会っているのは、ミーガンの母親と兄、ニュージャージー州選出の下院議員ディック・ジマー、テレビ番組『アメリカズ・モスト・ウォンテッド』の司会者ジョン・ウォルシュである。

参照:アメリカ合衆国憲法と権利章典(p110〜117) ■世界人権宣言(p222〜229) ■欧州人権条約(p230〜233)

創造性がフィールドだとするならば、著作権はフェンスである

WIPO 著作権条約（1996年）

背景

焦点
著作権法

それ以前
1886年 ベルヌ条約署名国が、国際著作権の尊重に合意する。

1909年 アメリカで著作権法が改正され、著者に与えられる著作権保護が整備される。

1988年 イギリスで、「著作権、意匠及び特許法」が立法化される。

それ以後
2016年 グーグルが単独で年間に9億件以上のコンテンツ削除要請を受ける。

2018年 アメリカの音楽近代化法を通じて、音楽をストリーミング配信するアーティストの著作権および印税権の保護範囲が拡大される。

2019年 欧州連合（EU）の著作権指令により、インターネット・サービス・プロバイダーに著作権侵害を防止する義務が課される。

1886年のベルヌ条約は、著作権を国際的に規制しようという世界初の取り組みだった。当初に署名したのは10カ国のみだったが、現在は国連の世界知的所有権機関（WIPO）に管理され、178の加盟国を有している。

最古の著作権法として存在していたのは、1710年にイギリス議会で可決されたアン法だが、この法はイギリス以外では適用されなかった。一方で、ベルヌ条約は、ますます増えつつあった国々の作家や芸術家に著作権保護を拡大した。彼らこそが彼らの生み出す作品の法的所有者であり、その労働から主に利益を受ける者であることを認めたのである。また、著作権は主張される必要がなく、その創作者に自動的に与えられるとした。その後、ベルヌ条約は何度か更新されている。たとえば、1908年には、著作権は創作者の死後50年間（のちに70年間に延長さ

インターネット・サービス・プロバイダー（ISP）が、芸術作品、音楽、映画、写真、記事、書籍などをオンラインに提供する。

こうした**オンライン・コンテンツ**の大半は著作権を侵害しているため、**本来の創作者には印税が支払われない**。

WIPO著作権条約（WCT）は、ベルヌ条約の適用範囲を**デジタル・コンテンツ**にまで拡大。**音楽近代化法**は、**ストリーミング配信される音楽**を対象とする。

法が制定されてなお、**コンテンツ所有**の原則をインターネット全体に強いることは、**依然として難しい**。

参照：アン法（p106～107）■世界人権宣言（p222～229）■欧州人権条約（p230～233）
■グーグル・スペイン対AEPDおよびマリオ・コステハ・ゴンザレス（p308～309）■オープン・インターネット命令（p310～313）

著作権を見せびらかす「海賊版出版業者」が風刺されている。1886年、著作権を守ろうとするベルヌ条約が制定されたその年に、アメリカの雑誌『パック』に掲載されたイラスト。

れた）継続することが合意された。

デジタル世界

1990年代以来、デジタル・メディアは急成長を遂げ、音楽、書籍、新聞、写真、映画、芸術作品をキーに触れた瞬間にオンラインで入手できるようになった。コンテンツの複製やアップロードはかつてないほど容易になり、結果として、その出所を特定するのが困難になった。芸術家や作家などの創作者は、出所が明示されず、印税を受け取れる見込みもない状態で、自身の作品がネット上に提供されているのを常に目にしなければならなかった。ここで立法者が直面した大きな課題は、ベルヌ条約の規定をデジタルの世界に適用するということだった。

この課題に向き合うため、1996年、世界知的所有権機関が取りまとめた会議でWIPO著作権条約（WCT）が採択され、6年後に発効した。WCTが定めたのは、創造的活動を奨励するうえでの著作権保護の重要性であった。結局のところ、自分の作品が複製され、オンライン上で他人の作品として売られてしまうのなら、誰も創作などしないのではないだろうか？

創造的コンテンツおよび所有権の保護は、切実に必要とされていた。米国商工会議所の2018年の声明によると、オンライン動画の海賊行為はそれ単体でアメリカ経済に年間300億ドル近くの損害を与え、さらに国内の映画・テレビ業界で最大56万人の雇用を消失させた。WCTはまた、工業デザインも保護の対象としている。そのため、特許法や商標法と並んで、偽造品との闘いにおける法的な武器となった。2016年の時点で、そうした模造品の国際貿易額は5,090億ドル相当であったと経済協力開発機構（OECD）は試算している。

アメリカでは、それ以降も著作権法の制定が続いた。インターネット上における著作権侵害者への罰則を強化したデジタルミレニアム著作権法（1998年）や、オンラインで音楽をストリーミング配信するアーティストの著作権および印税を保護するための音楽近代化法（2018年）などがその代表である。

とはいえ、問題は残されている。法的仕組みを通じてデジタル著作権を取り締まることは、意図としては適切であっても、いまだに難しいのが現状なのだ。◆

キム・ドットコム

インターネットのほぼ無限の可能性を最も図々しく利用した一人であるキム・ドットコムは、1974年にキム・シュミッツとして誕生した。ドイツで高額の詐欺を働いた後、香港に移住し、2005年にファイル共有サイト「メガアップロード」を創設。メガアップロードは、その全盛期には、全インターネット・トラフィックの4パーセントを占めていたとされる。誰でも登録でき、誰でもアップロードできるサイトだった。結果として、ダウンロード可能な違法ファイルの巨大倉庫ができあがり、ドットコムは莫大な広告収入から利益を得ることになる。あふれるほどの金が舞い込むと、彼は車、住宅、飛行機、ヨットを購入した。

だが、こうした散財も2012年には終わりを迎えた。ドットコムは、アメリカで著作権侵害、マネーロンダリングなどの罪に問われた後、ニュージーランドで逮捕されたのだ。彼はこれらの罪を否認している。2020年3月まで、彼はアメリカへの送還を逃れようと画策を続けていた。

地雷は平和になっても気づかない

対人地雷禁止条約（1997年）

背景

焦点
軍備管理

それ以前
1992年 地雷禁止国際キャンペーン（ICBL）が設立される。

1995年 ベルギーが世界で初めて対人地雷を禁止する。

1996年 カナダのオタワで、75カ国が出席する会議が開かれ、地雷禁止条約が暫定的に合意される。

それ以後
1998年 「ランドマイン・モニター」がICBLによって編成され、条約の遵守を監視する。

2010年 「クラスター弾に関する条約」が発効する。2020年現在、121カ国がその目標に取り組んでいる。

2016年 主に紛争の継続が理由で、対人地雷の被害者が150パーセントの上昇を記録する。

1990年代初頭の時点で、地球全体の地中には推定1億1,000万個の対人地雷（APL）が埋められていた。そのほとんどは、アフリカ、中東、東南アジアにおけるかつての紛争から置き去りにされたものだった。地雷は人間に踏まれることで爆発し、恐ろしい数の負傷者や死者を出した。正確な犠牲者数は定かでないが、毎年最大で2万5,000人が、家畜の世話や薪集めなどの日課をこなしている最中に死傷していた。被害を受けるのは地雷を踏んだ本人ばかりではなく、稼ぎ手を奪われた家族にも壊滅的な影響が及んだ。世界中の紛争地帯で地雷がそれほど大量に使用されたのは、配備が簡単で、非常に安価だからである。一方で、地雷を除去するには危険が伴い、高額な費用がかかる。3ドル（2.50ポンド）で購入されたAPLの除去に、1,000ドル（815ポンド）がかかることさえ珍しくないのだ。こうした状況を見れば、人道危機が緊急に拡大しているのは明らかだった。

オタワ条約

解決策は、対人地雷禁止条約（オタワ条約）の制定という形でもたらされた。この条約は、1997年12月にカナダのオタワで122カ国に合意され、1999年3月に発効した。2020年になると、署名国の数は164カ国にまで増えた。すべての署名国は、APLを製造したり使用したりしないこと、備蓄されたAPLを署名後4年以内に残らず破壊すること、「自国の管轄下または支配下にある」地雷原を署名後10年以内に残らず除去することを確約した。地雷除去や医療支援に関する国際協力も、この条約で奨励された。

結果はおおむね好調である。2014年までに7,000万個のAPLが除去され、4,000平方キロメートル（1,544平方マイル）以上に及ぶ地雷地域が一掃された。

対人地雷の被害者の大半（71パーセント）は民間人である。その半数を占めるのは子どもだ。怪我は大人にとっては重傷で済むこともあるが、子どもには致命傷になることが多い。

参照：ジュネーヴ諸条約（p152〜155） ■ 世界人権宣言（p222〜229）
■ 化学兵器禁止条約（p276〜277）

あらゆる種類の**不発兵器**は、**第二次世界大戦の遺産**である。

後年の紛争、特にアフリカやアジアでの紛争で、**安価な地雷**が広く使用されるようになる。

死傷者が増加するにつれ、地雷の禁止および破壊への要求が高まる。

ロシア、中国、アメリカは、**オタワ条約への署名を拒否**しているものの、**地雷禁止は支持**している。

地雷の破壊は人道的な善であるという総意が生まれる。

死傷者の数は推定で3分の2に減少したが、それでもなお、1999年から2018年にかけて13万人以上が犠牲になった。2018年には、依然として毎日20人近くの民間人が地雷などの装置によって死傷していた。

非署名国

この条約への署名を拒んでいる国は32カ国あり、そのうちアメリカ、中国、ロシアは、いずれも国連安全保障理事会の常任理事国である。インド、イラン、シリア、リビアも同じく有名な非署名国である。署名しない理由はさまざまだ。たとえば、アメリカは1997年以来、APLを一切製造しておらず、地雷除去プログラムにも約20億ドルを寄付してきたが、隣国の北朝鮮に脅かされている韓国の防衛にあたってAPLは不可欠だと主張を続けている。2014年、アメリカは、韓国の防衛以外の目的でこうした兵器を使用しないと誓約した。しかし、2020年初頭には、その禁止によってアメリカ軍が「著しく不利な立場に」置かれかねないとして、ドナルド・トランプ政権が同軍による対人地雷の配備制限を撤廃した。◆

無思慮かつ無分別に
襲いかかる兵器によって、
民間人が殺傷されることは
あってはならない。

軍備管理協会

ダイアナの影響

国連から地雷除去の提唱者に任命されたイギリスの俳優ダニエル・クレイグのように、これまで多くの有名運動家がAPLとの闘いを支持してきた。しかし、ウェールズ公妃ダイアナほど世論に影響を与えた人物はいない。オタワ条約が合意される前の1997年1月、ダイアナはヘイロー・トラスト（地雷に反対する世界最大の慈善団体）の後援者として、また国際赤十字の来賓として、アンゴラの地雷原を訪問した。この場所は、同国の内戦中に埋設された何百カ所もの地雷原のうちの1カ所に過ぎなかった。ダイアナがアンゴラの地雷被害者に心を寄せ、公に支援を表明したことは、世界各地のメディアでトップニュースとして報道された。これにより、世界中の人々の怒りに火がつき、地雷禁止への支持が確立されることになった。

1997年8月初旬、ダイアナは、同じく地雷原が点在するボスニア・ヘルツェゴビナの地雷生存者を訪ねた。彼女が亡くなる3週間前の出来事だった。

アンゴラの地雷原を訪問するダイアナ妃。
現在は、息子のヘンリー王子がヘイロー・トラストを後援している。

犯罪者ではなく患者として扱う

ポルトガルの薬物戦略（2000年）

背景

焦点
薬物使用の非犯罪化

それ以前
1868年　イギリスの薬事法に基づき、危険な医薬品や毒物の売買が有資格の薬剤師のみに認められる。

1912年　最初の国際的な薬物統制条約である国際アヘン条約が合意される。この条約は1919年に世界中で発効する。

1971年　アメリカのリチャード・ニクソン大統領が、増加する薬物乱用と闘うための「麻薬戦争」を呼びかける。

それ以後
2012年　ワシントンとコロラドの2州が、アメリカの州として初めて大麻の個人的利用を非犯罪化する。

2014年　世界保健機関（WHO）が、薬物使用を非犯罪化するよう求める。

2019年　31の国連機関が、薬物使用の非犯罪化を支持する。

2000年、ポルトガルは、それまで違法薬物とされていたヘロインやコカインなどの使用を非犯罪化する法案を通過させた。その目的は、薬物使用者を罰するのではなく治療することを通じて、急増する中毒の問題に取り組むことであった。保守主義で知られていたポルトガルにおいて、これは急進的な措置であったと言えよう。

1800年代、アヘン中毒率が上昇するにつれ、薬物使用に関する欧米の見方は硬化していった。イギリスは1839年と1856年の2度にわたって中国と戦争し、もうけの多いアヘン貿易を守ろうとしたが、1868年には薬物および毒物の販売を制限する近代法を世界で最初に成立させた。20世紀に入ると、国際的な薬物統制条約の締結が相次ぎ、麻薬密売だけでなく薬物使用を犯罪化するいっそう厳しい国内法が制定された。それにもかかわらず、薬物の使用や密売は世界中で急増し続けた。

> 薬物を取り締まる法の厳しさと、薬物摂取の発生率に相関はない。
>
> **『エコノミスト』誌**
> 社説、2009年5月5日号

薬物問題への取り組み

1932年から1968年まで首相アントニオ・デ・オリヴェイラ・サラザールの独裁政権下にあったポルトガルでは、1960年代に他国が経験したような薬物使用の急増は見られなかった。ところが、サラザールの死から3年後の1974年、政権が無血革命で崩壊すると、国際貿易が解禁され、大麻やヘロインが流入した。

ポルトガルは当初、薬物使用者や密売人を処罰するという措置で対処していたが、ほとんど成果は上がらなかった。しかし、1983年に新たな法が制定されると、薬物使用者は治療を受けて刑事罰を留保することを選択できるようになった。1987年には、保健省が出資し、公衆衛生運動家のジョアン・カステル・ブランコ・グーラン博士が主導するタイパス・センターがリスボンに開設され、ポルトガル全土の治療センターの見本となった。薬物使用が増え続けるなか、1998年の政府報告書では、グーランが策定した包

参照：救貧法（p88～91）■インターポール（p220～221）
■安楽死（p296～297）■スポーツにおけるドーピングの防止に関する国際規約（p304）

括的な薬物戦略が支持された。この戦略は、薬物の犯罪化の継続よりも、使用者への支援を重視するというものだった。薬物使用者の治療およびその福祉規定に関する法的枠組みを定めた第30号法は、2000年に可決され、2001年7月に発効した。

この法によって薬物使用は非犯罪化されたが、合法化されたわけではない。ポルトガルにおいて、薬物使用は今なお行政違反であり、薬物の配布や販売は依然として重罪にあたる。ただし、所持や使用は刑事犯罪ではなく、公衆衛生問題と見なされる。10日分に満たない薬物の所持で拘束された者は、地域の委員会に連行され、警察ではなく、精神科医、医療従事者、カウンセラーに引き渡される。

1999年から2003年にかけて、ポルトガルでは、いっそう多くの薬物治療センターが開設された。これにより、薬物関連の死者数は半分以下に減少し、汚染された注射針によるHIV／AIDS感染率は劇的に低下し、ハードドラッグを使用するティーンエイジャーははるかに少なくなった。この傾向はおおむね現在まで続いている。ポルトガルでの薬物による死者数は、2015年に小さなピークに達したものの、他のヨーロッパの国より平均して低いままである。

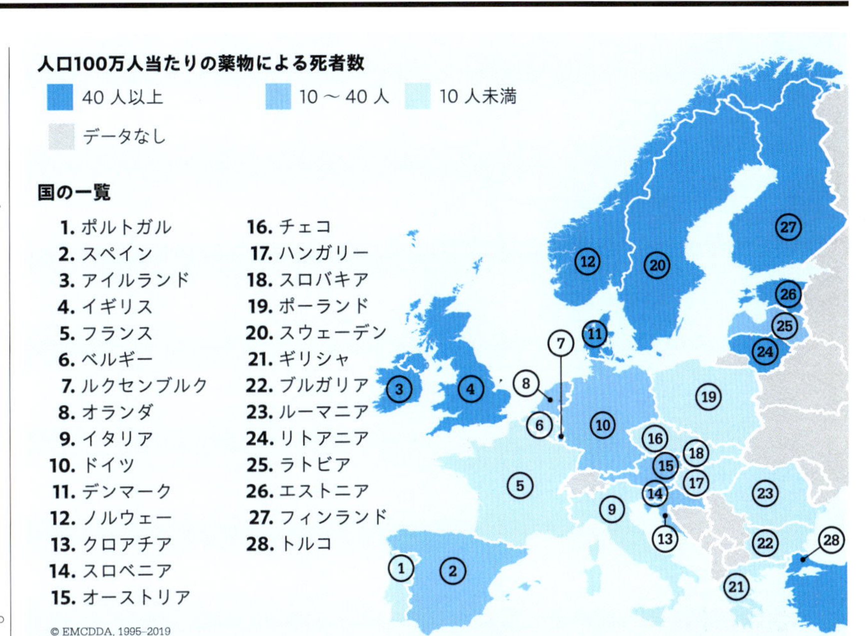

薬物による平均死者数――違法薬物の使用を直接的な原因とする過剰摂取や中毒による――は、2017年のヨーロッパとトルコにおいて、人口100万人当たり22.6人だった。ポルトガルでは、その死者数は人口100万人当たりわずか4人だった。記録された全8,238件の死亡例のうち、34パーセントはイギリスで発生していた。

見習うべき例

オランダ、ドイツ、イタリア、チェコ共和国、スペインは、一部の薬物使用を法令または慣行によって2000年までに非犯罪化し、エストニア、クロアチア、ポーランド、スイスもその後に続いた。しかし、ポルトガルはヨーロッパで最初にすべての薬物使用を非犯罪化し、上記のどの国よりも劇的に薬物関連死を減少させた。

ポルトガルの戦略が功を奏したのは、ドロップ・イン・センター、注射器交換計画、オピオイド代替プログラムといった取り組みへの惜しみない投資を通じて、すべての薬物使用の非犯罪化を後押ししようと決断したことにあるようだ。薬物使用に対する刑事制裁を解除した結果、使用者の治療や密売人の追跡に必要な資源が不要になった。

世界的には、現在20カ国以上が薬物の使用を非犯罪化する何らかの法を有しており、ヴァージン諸島、アメリカの18州、オーストラリアの3州にも同様の法がある。2019年には、31の国連機関の代表者全員が、薬物の所持および使用の非犯罪化を支持した。薬物使用を犯罪と見なす現状はほとんどの国で変わっていないが、ポルトガルのように、改善策を見つける必要性を認める国は増えつつある。◆

ポルトガルの薬物使用者たち。リスボンの治療用ワゴン車のそばで、毎日服用するメサドンの受け取りを待っている。こうしたワゴン車はリスボン市内で毎日2台運行され、年間約1,200人の患者に奉仕している。

結婚はすべての人に開かれたものであるべきだ

同性婚（2000年）

背景

焦点
公民権

それ以前
1791年　フランス革命で、同性愛が合法と宣言される。

1969年　ニューヨークでストーンウォールの反乱が起き、アメリカにおける同性愛者の窮状が明らかになる。

1996年　結婚防衛法により、アメリカ各州での同性婚が認められなくなる。

それ以後
2004年　イギリスで市民パートナーシップ法が可決される。

2015年　連邦最高裁判所が、アメリカ全州での同性婚の権利を支持する。

2017年　ロシア内チェチェン共和国で、同性愛を取り締まる粛清が開始される。

2019年　イラン外務大臣が、同性愛者の処刑を公に擁護する。

2000年に同性婚を認める法案が可決されたオランダでは、翌年の2001年4月1日に、テレビ取材をはじめとする華々しい報道のなか、世界初の合法的な同性婚が実現した。男性カップル3組、女性カップル1組の4組による結婚式は、世界でも極めて寛容な国家が同性愛者の権利を容認したことを示す、歴史的な証となった。

同性間パートナーシップへの法的な承認を求める運動は、1989年、デンマークが世界に先駆けてシビル・ユニオンを導入したことで転換点を迎えた。法制度、とりわけ養子縁組に関する法は国によって大きく異なるものの、シビル・ユニオンでは、税制上の優遇措置、年金、相続などの領域において、結婚と同等または

参照：国民代表法（p188～189） ■世界人権宣言（p222～229） ■公民権法（p248～253）
■市民的及び政治的権利に関する国際規約（p256～257） ■ロー対ウェイド事件（p260～263）

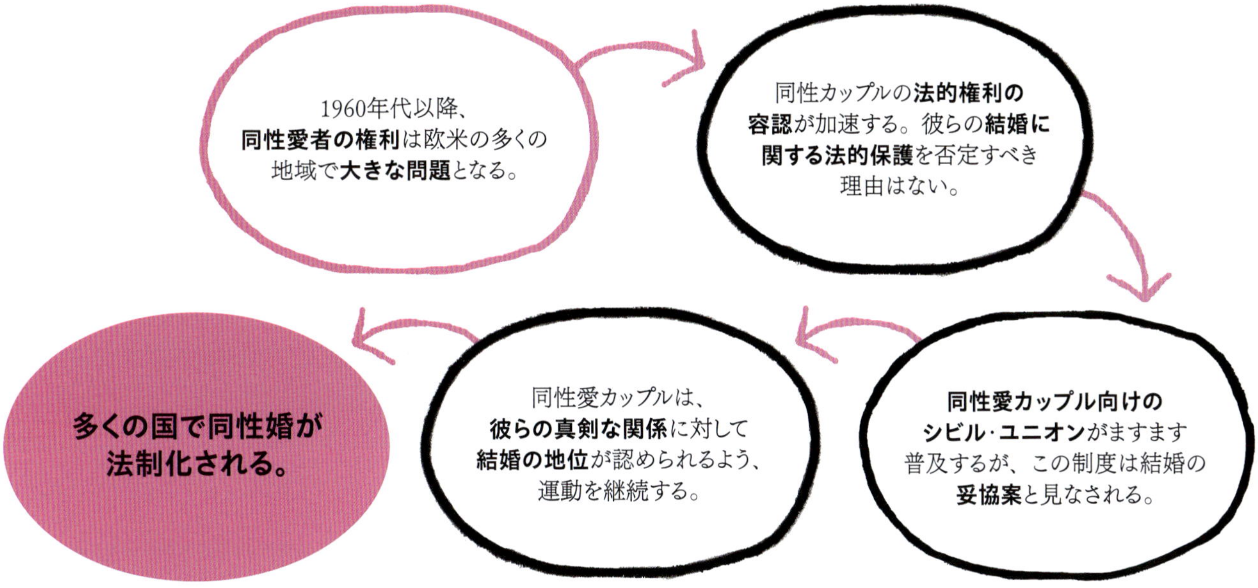

1960年代以降、**同性愛者の権利**は欧米の多くの地域で**大きな問題**となる。

同性カップルの**法的権利の容認**が加速する。彼らの**結婚に関する法的保護**を否定すべき理由はない。

同性愛カップル向けのシビル・ユニオンがますます普及するが、この制度は結婚の**妥協案**と見なされる。

同性愛カップルは、**彼らの真剣な関係**に対して**結婚の地位**が認められるよう、運動を継続する。

多くの国で同性婚が法制化される。

同一の権利が授けられる。しかし、シビル・ユニオンに欠けているのは、結婚の精神性と呼ばれるようなもの――つまり、その本質にある深い関与である。それを反映する事実として、シビル・ユニオンの式には宗教的要素を取り入れてはならず、誓いが交わされることもない。平等な権利を求める運動家たちは、シビル・ユニオンと結婚との間に儀式上、法律上、憲法上のさまざまな違いがあることを指摘し、同性カップルに異なる取り決めを課すことは、彼らを異性カップルより劣った存在として扱うことに等しいと強調した。このような区別は、人種隔離を正当化するために19世紀に利用された合衆国憲法の原理を引用し、「分離すれども平等」であるとして批判された。

文化の変容

同性愛者の権利闘争は1960年代から加速し、同性愛への偏見は一種の虐待として、不合理かつ自滅的なものとして見なされるようになった。シビル・ユニオンは結婚に比べて地位で劣るという主張が定着し、同性婚は文化的寛容性や先進性を測る指標となった。次第に他国もオランダの後に続き、2020年までに、29カ国で同性婚が法制化された。

とはいえ、現在呼ばれるところの「LGBTQ（レズビアン、ゲイ、バイセクシュアル、トランスジェンダー、クィア／クエスチョニング）」の権利が容認されるようになったのは、ほぼ欧米に限られた現象である。同性婚が合法とされている29カ国でいえば、16カ国はヨーロッパに、7カ国は中南米に、2カ国は北米に、2カ国はオーストラレーシアに、1カ国はアフリカに、1カ国はアジアに属している。世界の大部分において、同性婚や同性愛は今なお違法とされているのだ。

> **結婚は、配偶者と配偶者の間に起こるものでなければならず、性別と性別との間に起こるものであってはならない。**
>
> **ヘンドリック・ハーツバーグ**
> アメリカのジャーナリスト
> （1943年～）

ヨーロッパですらも、東西の境界線にほぼ沿うようにして、各国の立場は明確に分かれている。2019年の世論調査によると、フランス、ドイツ、ベルギー、オランダ、イギリス、イタリア、スペイン、ポルトガル、北欧諸国が同性婚を断固支持する一方で、ギリシャ、ハンガリー、ルーマニア、ブルガリア、ポーランド、ラトビア、リトアニア、スロバキアはこれに断固反対した。ただし、2018年のEU裁定では、EUの一カ国で実施された同性婚は、それを違法とするEU諸国でも認められなければならないとされている。

ロシアは1993年に同性愛行為を非犯罪化したものの、同性愛者の権利にはやはり強く反対している。

北アメリカ

同性愛者の権利というテーマは、アメリカにおいても深刻な対立を生じさせた。カナダでは1969年に同性愛が非犯罪化され、2005年に同性婚が法制化されたが、アメリカでは、この問題によって文化的な亀裂が露呈した。当時のアメリカは同性愛者の権利を擁護する活動の中心地となっていたが、同時に伝統的価値観を守る砦でもあった。そのため一部には、同性愛を神およびアメリカそれ自体への犯罪として違法化しようと努める人々もいた。1962年、同性愛——法的には「ソドミー」と定義された——は、イリノイ州を除くアメリカ全州で違法とされた。2003年の時点で、13州では違法の状態が続き、アイダホ州では終身刑を伴った。そこがカリフォルニアであれニューヨークであれ、アメリカの同性愛者権利運動家は、非寛容な中産階級のアメリカ人と対峙することになったのだ。

判例

アメリカにおいて、同性婚は法律上の地雷原とも呼べるような、とりわけ不安定な領域であった。1971年の時点で、連邦最高裁判所はこの問題についての裁定を拒み、「連邦法上の実質的な問題はない」として退けていた。後続の事件でもそれ以上のことは明快には述べられなかったが、1996年に結婚防衛法（DOMA）が可決されたことで、事態は決定的な瞬間を迎えたかのように思われた。DOMAは州主導の一連の活動から生まれた法であり、その制定によって、アメリカ全州には「同性婚を認めない」権利があることが総体的に明言された。ビル・クリントン大統領は署名を行ったものの、これを「争いの種になる、不要な」法と評した。

アメリカの立場を最終的にはっきりさせたのは、後年に下された2件の最高裁判決であった。2013年のアメリカ合衆国対ウィンザー事件において、最高裁はDOMAの大半を違憲とした。すると、すでに同性婚を合法としていた州（マサチューセッツ州が最初である）に加えて、他の州も次々に同性婚を認めた。2015年のオーバーグフェル対ホッジス事件では、最高裁は憲法修正第14条を引用し、同性婚の実施と承認を全州に義務付けた。

アメリカで初めて合法的に結婚した同性カップル、マーシャ・カディシュ（左）とターニャ・マクロスキーは、2004年5月17日にマサチューセッツ州ケンブリッジの市庁舎で指輪を交換した。

イギリスの内務大臣を務めていたロイ・ジェンキンスは、1967年、「文明社会」と自ら称する改革の一環として、性犯罪法を支持した。

性犯罪法

1885年、イギリス議会は刑法改正法を通過させ、男性間でのあらゆる同性愛行為を違法とした。しかし1950年代半ばには、同性愛に対する社会的偏見が続くなかにあっても、それを犯罪化することは時代遅れであるという認識が高まった。政府から委託された1957年のウルフェンデン報告は、同意する成人同士の私的な場での行為について「法が関知するものではない」とした。だが、この報告書は、国民の激しい抗議を恐れた政府によって脇に追いやられた。同性愛を非犯罪化する超党派での取り組みが開始されたのは、1960年代半ばになってからのことだった。

1967年、この改革は、性犯罪法の可決に伴って立法化された。とはいえ、同性愛の承諾年齢は21歳と定められ、2000年になってようやく異性愛の承諾年齢と同じ16歳に引き下げられた。性犯罪法はイングランドおよびウェールズのみに適用された。同性愛はスコットランドでは1981年に、北アイルランドでは1982年に、最終的に合法となった。

それまで異性婚に授けられ、享受されていたすべての法的権利や義務を伴う同性婚は、突如としてアメリカの生活の「現実」となった。これは根本的な転換であった。1996年、同性婚を支持するアメリカ人は27パーセントにとどまったが、2019年には、その数字は61パーセントになった。

宗教的反対

同性愛者の権利と同性婚への進歩的な態度は、欧米における新たな規範の象徴であるかのように思われたが、実際それは期待外れだった。2005年、他の問題では人間の自由の擁護者として知られていたローマ教皇ヨハネ・パウロ2世が、同性婚は「社会を徐々に脅かす……新たな悪のイデオロギー」の一部であると主張した。2000年には、「同性愛行為は自然法に反する」とも述べている。

カトリックの教義は、その最も意欲的な仲間をイスラム世界に見出した。2019年の時点で、イラクは依然として、同性愛は死刑に値すると断じていた。その点でイラクは極端だったかもしれないが、大半のイスラム諸国でも同性愛は違法なままだった。同性愛者への迫害の度合いはイスラム圏内でも異なっていたとはいえ、その要点――すなわち、同性愛はシャリーア法からの逸脱であるということ――は一致していたのである。2017年からチェチェンで行われた同性愛者への迫害は、同性愛を倒錯と決めつけるという点で、典型的なものであったと言えよう。

アフリカおよびアジアの広い地域でも、同性愛はおおよそタブーなテーマとして存在し続けた。中国では1997年に非犯罪化されたが、インドにおいて非犯罪化されたのは2018年になってからのことだった。どちらの場合でも、同性愛者にそれ以外の公民権が拡大されることはほぼなかった。南アフリカは2006年にアフリカで唯一の国として、台湾は2019年にアジアで唯一の国として、同性婚を法制化している。

> **男女の結びつきとしての結婚は、家族内での子作りと育児を伴う点で独特のものであり、その歴史は創世記と同様に古い。**
>
> **ミネソタ州最高裁判所、1971年**

トランスジェンダーの権利

遅くとも2000年以降には、多くの欧米諸国において、トランスジェンダーの権利に関わる信念が受け入れられるようになった。その信念とは、人間の生物学的性別は、どちらかの性別への帰属意識ほど重要ではないというものである。つまり、生物学的な男性は自身を女性と認識でき、生物学的な女性は自身を男性と認識できるということだ。この発想の根底には、社会が少年少女に既定の性役割をあまりにもたやすく強制していること、そのために疎外感や混乱に陥る個人がいることへの確信がある。しかし、トランスジェンダーの概念は欧米以外の地域を困惑させ、欧米でも度を超えた性解放と見なされることが少なくなかった。一部の熱心な女性権利擁護者すらも、トランスジェンダーを否定した。2015年、オーストラリアの知識人で、『去勢された女』の著者であるジャーメイン・グリアは、トランスジェンダーの女性は「女性ではない」とする意見を述べた。

人間の価値

核となる真実は残されている。非異性愛者の権利の擁護は、欧米にほぼ限定された関心事であったとはいえ、それを推進したのは、人類全体に通じる価値を擁護するという原則であった。いかなる人間も、その人自身が設定した条件で判断される権利を有している。セクシュアリティは決して否定されてはならず、それが人間の存在の基本であることに変わりはない。その一方で、セクシュアリティは、いかなる人間の倫理観も示さない。◆

同性婚を求める運動家たちは2015年6月26日、連邦最高裁の外に集まり、同性婚が全米で合法と裁定されたその日を祝福した。

慈悲は犯罪ではない

安楽死（2001年）

背景

焦点
刑法

それ以前
1997年　オレゴン州が、アメリカの州として最初に自殺幇助を合法化する。

1998年　世界初の安楽死サービス提供者であるディグニタスが、スイスに開設される。

それ以後
2002年　オランダに続き、ベルギーで安楽死と自殺幇助が合法化される。

2005年　フランスのレオネッティ法により、終末期患者への治療の制限が認められる。

2017年　ベルギーで、安楽死による法的死者数が2,309名と報告される。そのうち2名は未成年者である。

2019年　イタリアの最高裁判所で、自殺幇助は必ずしも犯罪にはならないと裁定される。

2019年　フランスの裁判所が、ヴァンサン・ランベールの生命維持装置の停止を認める判決を下し、物議を醸したこの事件が終わりを迎える。

安楽死は、とりわけ賛否両論の多い21世紀の問題として残されている。多くの人が問うているのは、故意に人命を奪うことが果たして正当化されるのかどうか、ということだ。医療倫理の目的は人命を維持することであり、それを終わらせることではない。ほぼすべての宗教は、安楽死と同様に、いわゆる「慈悲殺」にも反対している。また、安楽死が合法化されれば、高齢者、障害者、社会的弱者に対する同意なき殺人が認められるようになるのではないか、という懸念もある。一方で、延命がある種の拷問となる不治の苦しみが存在することも確かだ。

安楽死の議論の中心には、生命を維持することはできても、生かされる者の苦しみを必ずしも止めることはできないという現代医学の問題点がある。苦痛の終わりだけを望む患者たちにとって、死ぬ権利に対する彼らの要求は、他者の罪の意識によって踏みつぶされるべきものではない。この論点がさらにはっきり浮き彫りになるのは、痛みを伴わない、医学的に管理された死の手段がたやすく利用できるという場合だ。

> もし患者が死ぬことを
> 願ったとしても、
> これを支えるために医学を
> 利用したくなる……
> その誘惑を拒みなさい。
>
> **ローマ教皇フランシスコ、2019年**

議論の明確化

この議論を理解するうえでは、定義が重要になる。安楽死とは、医師が合法的に可能な状況で、不治または末期の病気に苦しむ患者に死をもたらすことをいう。これをさらに細かく見ると、患者の同意を得て実施される自発的安楽死と、患者が生命維持装置によって人工的に生かされていて自ら同意できない場合に、第三者（一般には近親者）が同意を与える非自発的安楽死に分けられる。

また、安楽死には、医師の注射によってもたらされる積極的なものと、生命維持のための薬を投与しないという消極的なものとがある。後者については、末期患者が死亡するまで鎮静下に置かれる場合の「緩和的鎮静」とは異なる。安楽死に対して、自殺幇助（「医師による自殺幇助」や「幇助死」とも呼ばれる）とは、自殺を望む人に故意に手を貸すことを意味

参照：世界人権宣言（p222〜229）■欧州人権条約（p230〜233）■ロー対ウェイド事件（p260〜263）
■ディッキー・ウィッカー修正条項（p284）

する。医師が患者に致死量の薬を服用させる場合などがその例だ。「幇助死」は、患者が末期の病を抱えていること、終末期の6カ月にあることに特定される用語のため、安楽死とは別物だという見方もある。だが現実的には、これら2つの言葉は区別せず使用されることが多い。

合法化への動き

欧米の世論は、安楽死支持に傾きつつある。オランダは世界に先駆けて2001年に安楽死を合法化し（発効は2002年から）、2002年にはベルギーが、2020年にはルクセンブルクとコロンビアがこれに続いた。自殺幇助は、2016年にカナダで、1997年から2020年にかけてはアメリカ9州とワシントンDCで、さらに2019年にはオーストラリアのビクトリア州と西オーストラリア州で合法化された。オランダ、ベルギー、ルクセンブルクはいずれも、自殺幇助を安楽死と同時に合法化している。スイスでは安楽死が禁じられているものの、自殺幇助は1942年から認められており、外国人もその対象となる点が独特である。自殺幇助を合法とするこれらの国々において、患者の状態や年齢要件などの、許可される条件はそれぞれ大きく異なる。たとえば、ベルギーは2014年にすべての年齢制限を撤廃した。

イギリス人作家のテリー・プラチェットは『ディスクワールド』シリーズをはじめとするファンタジー小説で有名だが、アルツハイマー病と診断された後、幇助死の擁護者となった。

追加のガイドライン

すべての事例には、厳格な法的ガイドラインが設けられている。たとえば、安楽死と自殺幇助をどちらも認めているベルギーでは、患者が「不治の病気」を抱えていること、「意識と能力がある」ことが必須とされ、本人に要請書の提出が求められる。死が差し迫っていない場合には、安楽死を支持するという当初の決定を医師のセカンド・オピニオンによって裏付ける必要があり、正式な要請から実施までに最低でも1カ月の猶予を覚悟しなければならない。オランダでも、ほぼ同様の条件が整備されている。

世論

安楽死はほとんどの欧米諸国で今なお違法とされているが、それを犯罪とするイギリスでも、2019年の世論調査において、安楽死支持が84パーセントへと推移した。とはいえ、耐え難い苦痛を抱える人々が人生を終わらせるための法的手段に関しては、医学的な意見は分かれたままである。◆

苦しみながら死のうとしている
成人が安楽死を希望したなら、
なぜ他者にそれを拒否する
権利があるのだろうか？

カルメンツァ・オチョア
尊厳死に対する権利財団、2015年

ファビアーノ・アントニアーニ

自殺幇助に関する議論を最も正しく浮き彫りにしたのは、イタリアのDJで音楽プロデューサーのファビアーノ・アントニアーニの事例だろう。2014年、アントニアーニは自動車事故に遭って四肢が麻痺し、視力を失った——つまり、肉体的には無力だが、精神的には鋭敏なままだったということだ。彼の主張は、イタリアの主導的な自殺幇助運動家であるマルコ・カッパトに取り上げられた。2017年、カッパトはアントニアーニをスイスに移送するよう手配し、2月27日、アントニアーニは自殺幇助によって40歳で死去した。その後、カッパトはアントニアーニの死の共犯者として告発され、懲役12年の判決を受けることになる。しかし2019年9月、イタリアの最高裁判所は、特定の状況においては、「生命維持治療によって生かされ、不可逆的な病に苦しんでいる患者の……自殺の意思を助長する」者を処罰すべきではないと述べ、カッパトに無罪を宣告した。

全人類の大義

国際刑事裁判所（2002年）

背景

焦点
国際法

それ以前
1950年 ジュネーヴ第4条約が、国際人道法の基礎となる。

1998年 ローマ規程によって、国際刑事裁判所（ICC）が創設される。

それ以後
2005年 ICCが、ウガンダの反政府軍司令官3人に、戦争犯罪と人道に対する罪で初めて起訴状を発行する。

2009年 コンゴ民主共和国の反政府戦士トマス・ルバンガの裁判が始まる。ルバンガはのちに戦争犯罪で有罪を宣告されるが、これはICCによる最初の有罪判決である。

2019年 ICCが、人道に対する罪の疑いでミャンマーの捜査を許可する。

ICCのロゴ。オランダのハーグにあるICC本部の正面のガラス壁に、はっきりと見て取れる。世界初の常設の国際刑事裁判所であるこの建物は、2015年に開設された。

戦争犯罪を訴追する国際法廷の構想は、第一次世界大戦後、ヴィルヘルム2世を紛争開始の罪で裁くことをめぐる議論にまでさかのぼる。しかし、世界初の国際刑事法廷が創設されたのは、第二次世界大戦が終結してからのことだった。ニュルンベルク裁判と東京裁判では、ドイツと日本の政治的・軍事的最高幹部が訴追され、戦時中の軍事行動、ホロコースト、そして戦争を始めた彼らの責任が問われた。だが、これらの法廷は常設のものではなく、終局判決を下した後に活動を停止した。

冷戦中、ソビエト連邦とアメリカが緊張関係にあったことは、国際犯罪への取り組みについて国連（UN）の意見が一致していなかったことを意味する。1991年に冷戦が終結してようやく、常設の国際刑事裁判所の構想が検討されるようになった。旧ユーゴスラビアとルワンダで内戦が勃発し、そこで恐ろしい犯罪が行われたことを受けて、こうした特定の紛争を処理する戦争犯罪法廷が設置された（旧ユーゴスラビア国際刑事裁判所は1993～2017年、ルワンダ国際刑事裁判所は1994～2015年）。1990年代後半になると、国連総会は新たな国際裁判所の創設に向けた一連の会合を立ち上げた。1998年のローマでの最終会合では、「国際刑事裁判所に関するローマ規程」と呼ばれる条約が合意され、2019年時点で123の署名国を集めた。2002年には国際刑事裁判所（ICC）がハーグに開設され、2005年にその最初の起訴状を発行した。

ICCが扱う国際犯罪は、戦争犯罪、人道に対する罪、ジェノサイド、侵略犯罪の4種類で、いずれもローマ規程に盛り込まれている。ローマ規程では、裁判の実施方法、ICCの裁判における被告人の権利、同裁判所の運営に関するそれ以外の側面についても明確に述べられている。

国際犯罪

戦争犯罪は、国家間での、または国家政府と戦う反体制武装組織が存在する状況下での武力戦闘行為の実施に関わるものである。その起源は、許容される戦争行為の方法に関わる1899年および1907年のハーグ条約にあり、これらはのちにジュネーヴ条約に発展した。ジュネーヴ条約は、軍隊の戦闘方法を規制すると同時に、紛争を取り巻くそれ以外の問題——戦争捕虜の待遇など——も規制する。戦争は殺害を伴う可能性が高いが、逃走または降伏する敵兵の殺害を部隊に命じ

参照：ジュネーヴ諸条約（p152〜155）■ハーグ条約（p174〜177）■ニュルンベルク裁判（p202〜209）■ジェノサイド条約（p210〜211）■国際連合と国際司法裁判所（p212〜219）

るような行為は戦争犯罪とされる。ルワンダ軍の司令官ボスコ・ンタガンダは、コンゴ東部でこうした犯罪を行ったことで知られる。

2016年、ICCはアフマド・アル・マフディ〔武装グループ、アンサル・ディーンの幹部〕に戦争犯罪で有罪を宣告した。その罪状は、マリにおける反政府軍と政府軍との戦闘中に、ティンブクトゥにある宗教的・文化的遺跡を故意に狙ったというものだった。

人道に対する罪は、その標的が兵士ではなく民間人であるという点で、戦争犯罪とは異なる。殺人、奴隷化、拷問、国外追放をはじめとする多くの行為は、それらが民間人に対する組織的な武力攻撃を通じて実行され、かつ、武力攻撃を実行する集団の指揮官が事前にその攻撃について知っていたか、または知っていて当然だと考えられる場合に、人道に対する罪と見なされる。性暴力や民間人の処罰は、人道に対する罪に分類される。

ケニア（2007〜2008年）およびコートジボワール（2010〜2011年）では、選挙運動中の組織的暴力——暴徒による政敵の殺害や対抗勢力支持者への乱暴など——が人道に対する罪であると見なされた。ICCは、ムアンマル・カダフィ大佐が死去する2011年に先立ち、抗議者への武力報復を命じた容疑で大佐の捜査を進めていた。2019年、ICCは、ミャンマー北部のロヒンギャの強制移送が人道に対する罪にあたるかどうかについて、捜査を開始することに合意した。

> **この裁判所の管轄は、国際社会全体の関心事である最も重大な犯罪に限られる。**
>
> **ICCのローマ規程第1条、1998年**

2016年以来、100万人を超えるミャンマー西部のロヒンギャが、国連が呼ぶところの「民族浄化」によって祖国を追われている。

ジェノサイドとは、民族的または宗教的集団の全部または一部を破壊しようとする試みのことをいう。この定義はもともと、1948年のジェノサイド条約に成文化されていた。ルワンダおよび旧ユーゴスラビアの特別法廷では、複数の人間がジェノサイドを行ったとして訴追された。しかし、ICCが現在までにジェノサイドの容疑で告発したのは、2010年に起訴されたスーダンの元大統領オマル・アル・バシールただ一人である。

侵略犯罪とは、ある国家が、別の国家の「主権、領域的一体性、政治的独立」に対して武力を用いることである。他の罪とは異なり、侵略犯罪は戦争を始める過程に対応する。ローマ規程の草稿には盛り込まれていなかったが、2010年、同規程はこれを含むように改正された。2017年、十分な数の国家が上記の定義に同意したことで、侵略犯罪に関する規程はようやく有効になった。

ICCが訴追できる対象

ICCは、ありとあらゆる国際犯罪を訴追する法的能力を有しているわけではなく、最も重大な事件や、ICCが呼ぶところの「指揮官責任」を持つ人物に焦点を絞っている。ローマ規程第28条に定められているように、軍司令官は自らの指揮下にある兵士の犯罪に責任を負い、政治指導者は自国の警察や軍の統制に責任を負う。ある国がICCに署名する場合、その国は、ローマ規程内の国際犯罪の定義すべてを自身の国内法に組み込むよう期待される。そうすることにより、国際犯罪を犯した人間に自国で対処できるようになる。ICCの訴追対象は、国が訴追を望まないか、あるいは訴追できない人間に限られる。これがいわゆる「補完性の原則」だが、この原則は偏っているとして批判も受けてきた。たとえば、先進的で安定した法制度のある豊かな国々が訴追を行うことは、法制度がほ

> **我々は常にもっと多くを実現できる。我々は常に改善できる。そして、罪の責任を取らなかった加害者が1人でも存在する限り、私たちは活動を止めるべきではない。**
>
> **ソン・サンヒュン判事**
> 国際刑事裁判所（ICC）元所長
> （1941年〜）

ICC による訴追可能な犯罪が行われた場合、告訴するには 3 つの方法がある。

その犯罪が行われた国の**政府**が、訴追のために**事件をICCに付託**する。

ICCの検察官は、**ICC署名国**内の状況を捜査する許可を請求できる。

国連安全保障理事会がICCに**事件の捜査**を指示する。

ぼ崩壊している国々がそれを行う場合に比べて簡単である。

ケニアの大統領ウフル・ケニヤッタは、2007 年の同国での選挙後暴力に関わる人道に対する罪で告発され、3 年後に ICC に付託された。ケニヤッタは暴力の煽動に対して責任のある被疑者 6 名のうちの 1 名と見なされていたが、証拠不十分で起訴は取り下げられた。2009 年、ICC は、スーダンのダルフール地域で人道に対する罪、戦争犯罪、ジェノサイドを行ったとして、当時のスーダン大統領オマル・アル・バシールへの逮捕状を発行した。アル・バシールは、ICC によって起訴された最初の国家元首となった。ICC は、たとえ国家元首であろうとも、そうした重大な罪状においては刑事免責を得られないという原則に従ったのだ。

ICC への批判

アメリカ、ロシア、中国は、現在まで ICC への加盟を拒否している。これらの国々は国連安全保障理事会の常任理事国であり、ICC に関わるすべての国連安保理決議に拒否権を行使できる。そのため、これらの国々が自国の領土でいかなる犯罪を行っても、それを訴追する有効な手段はない。ただし、これらの国々が ICC 加盟国の領土で犯罪を行った場合には、そうした回避は通用しない。イギリスとフランスの両国は、国連安保理の常任理事国であると同時に ICC の加盟国でもある。ICC は、イギリス軍による 2000 年代半ばのイラクでの行為について捜査を実施したが、この事件は起

スーダンの大統領オマル・アル・バシール（中央、杖を掲げている人物）は、21世紀最初のダルフール・ジェノサイドを煽動した容疑で起訴された。このジェノサイドでは、最大で40万人が死亡した。

曖昧にしてはならない。
ハーグへ行け。

ケニアの政治家
選挙暴力事件への言及、2007年

訴されずに終わった。ICCは近年、非署名国に関連する事件も――非署名国から署名国に逃れた難民に関わる事件ならば――審理可能であると裁定し、その管轄範囲を拡大しようと試みた。2019年には、ヨルダン（ローマ規程に署名している）に逃れたシリア難民（シリアは同規程に署名していない）に代わって、弁護士が訴訟を提起した。

ICCに提訴されてきた事件の大多数はアフリカの事件であったことから、この裁判所は新植民地主義的な機関だとして批判され、一部の国々はICCからの脱退をちらつかせた。別の国々は、ICCがその国の捜査を始めたことへの抗議として脱退を試みた。2018年、ICCは、フィリピン政府が「麻薬戦争」中に人道に対する罪を行ったとして捜査を開始し、フィリピンはICCを正式に脱退することになった。

ICCに有罪を宣告され、その後に服役している人々はごくわずかだ。国際刑事法を専門とするカナダ人教授のウィリアム・シャバスによれば、ICCの前進は、その初期には「極めて遅かった」そうである。事件が有罪に終わった場合でも、上訴されて注目を集めた例は珍しくない。2016年、コンゴ民主共和国の元副大統領ジャン・ピエール・ベンバ・ゴンボは、彼の指揮した民兵が2003年に中央アフリカ共和国で虐殺を行っていたと判明したことにより、戦争犯罪と人道に対する罪で有罪判決を受けた。しかし、この判決は後年、裁判手続上のミスを理由に控訴審で覆されている。

こうした批判がありながらも、ICCは今なお重要な裁判所として、世界中で発生する最悪な残虐行為を捜査している。◆

2016年、ICCは、コンゴの元副大統領ジャン・ピエール・ベンバ・ゴンボに殺人、レイプ、略奪の罪で有罪を宣告した。しかし、この有罪判決は2018年に覆された。

正義が
存在しなければならない。
公正さが存在しなければ
ならない。

ファトゥ・ベンソーダ
ICC主任検察官

ファトゥ・ベンソーダ

元弁護士で元ガンビア法務大臣のファトゥ・ボム・ベンソーダは、1961年に生まれた。2012年からICCの検察官を務め、どの被疑者を国際犯罪で捜査し、その後に訴追するかを決定する責務を負った。検察当局は裁判所から独立しているため、捜査を始める際には、検察官はICCの予審裁判部に許可を申請しなければならない。

2021年に任期が終了するまでの間、ベンソーダはICCの活動の焦点を広げ、アフガニスタン、イスラエル、ミャンマー、バングラデシュで行われた可能性のある戦争犯罪の捜査を開始した。また、武力紛争時の女性へのレイプや搾取に対する訴追件数を増やそうと試みた。

ドーピングはフェアプレーを破壊する

スポーツにおけるドーピングの防止に関する国際規約（2005年）

背景

焦点
スポーツ法

それ以前
1960年　デンマークの自転車競技選手ヌット・イェンセンがローマオリンピック中に死亡する。のちに、イェンセンがアンフェタミンを服用していたことが判明する。

1966年　自転車競技とサッカーの世界選手権において、薬物検査が義務として導入される。

1972年　夏季オリンピックで薬物検査が使用される。

1988年　ツール・ド・フランスで組織的な薬物乱用が発覚する。

それ以後
2009年　アスリート生体パスポートが導入され、個人の薬物検査の結果が電子的に記録される。

2016年　マクラーレン報告書が、2011年から2015年の間に1,000人以上のロシア選手が国家主導によるドーピング乱用に関与したと主張する。

2018年　ロシアが冬季オリンピックから追放される。

スポーツにおけるパフォーマンス向上薬の使用は、2005年10月にユネスコのアンチ・ドーピング規約が採択されるずっと以前から蔓延していた。1967年、国際オリンピック委員会（IOC）は禁止薬物のリストを公表した。1988年には、カナダの短距離走者ベン・ジョンソンがアナボリックステロイドの検査で陽性反応を示し、ソウルオリンピックでの金メダルを剝奪された。

21世紀初頭までに、ドーピングの問題は、国連の法的権限を行使して対処されるべき規模の事柄だと考えられるようになった。国連の教育科学文化機関（ユネスコ）は、スポーツを「教育の手段」と位置付け、その役割を引き受けた。ユネスコの規約は2007年に批准され、署名国は国際法によってその規定に縛られている。実務の大半はユネスコ以外の組織、たとえばIOCによって1999年に設立された世界アンチ・ドーピング機構（WADA）などの付託権限に含まれる。WADAは国際組織と緊密に連携しており、世界アンチ・ドーピング規程——2004年に初めて発効し、その後も定期的に改定されている規程——にも加わっている。

マリオン・ジョーンズ（中央）は、2000年のオリンピックにアメリカ代表として出場し、金メダル3つと銅メダル2つを獲得した。当初はドーピングの疑惑を否定していたが、7年後にステロイドの使用を認めた。

多くの場合、スポーツにおけるドーピング（つまり、不正行為）の動機は、単なる個人の野心の問題にある。だが、この慣習は、国家主導による戦略の一環として故意に行われることもある。東ドイツは1970年代に、世界で初めて組織的なドーピングを導入した。2016年から2017年にかけて、WADAは、規程に違反する選手を最も多く抱える国としてイタリア、フランス、アメリカを名指しし、違反が最も多い競技としてボディビル、陸上競技、自転車競技を挙げた。◆

参照：DNA型鑑定（p272〜273）■ポルトガルの薬物戦略（p290〜291）
■八百長対策タスクフォース（p306〜307）

気候変動との闘い

京都議定書（2005年）

背景

焦点
環境法

それ以前
1988年 気候変動に関する政府間パネル（IPCC）が設立される。

1992年 ブラジルのリオデジャネイロで開かれた地球サミットで、排出量削減に向けた初の国際目標が合意される。

1997年 米国上院が、途上国には遵守の義務がないことを理由に、京都議定書の批准を拒否する。

それ以後
2009年 コペンハーゲン・サミットが、膠着状態のまま終わる。法的拘束力のある合意は結ばれない。

2015年 パリ協定において、2100年までに世界的な気温上昇を2度未満に抑えるという拘束力のない目標が設定される。

2017年 ドナルド・トランプ大統領が、アメリカをパリ協定から離脱させる。

1997年に採択され、2005年に発効した京都議定書は、温室効果ガスの排出削減を明言する工業国間の最初の合意であった。この議定書の基盤となったのは、1992年6月のリオ地球サミットで採択された国連気候変動枠組条約（UNFCCC）である。UNFCCC署名国は1995年以来、年1回の締約国会議（COP）を開催している。京都議定書で定められた目標は、国際法の下で拘束力を有する。

議定書への署名に際して、当事国は、化石燃料の燃焼による排出が世界の深刻な気温上昇につながる恐れがあること、それに伴う影響として、海面上昇、種の絶滅、生物多様性の喪失、異常気象事象――洪水、干ばつ、山火事など――の増加が予測されることに同意した。2015年のCOPで合意されたパリ協定では、2100年までに世界的な気温上昇を2度未満に抑えるという目標が設定された。とはいえ、その達成には前例のない努力が要求されるだろう。

生活様式の変化を求められることはもちろん、改革に必要な金銭的コストを考慮すると、これまでの成果は不十分だ。目標を達成した国もないわけではないが、政治指導者たちは、先進国（署名国）と主要新興国の相対的な責任という複雑な問題をめぐって対立してきた。その間にも、世界全体の排出は増え続け、気温は上昇を続けている。◆

> 大気中の温室効果ガス濃度を安定させ、気候システムに対する危険な人為的干渉を防止する。
>
> **UNFCCCの目標（第2条）**

参照：国際連合と国際司法裁判所（p212〜219） ■絶滅危惧種法（p264〜265）
■生物圏保護区世界ネットワーク（p270〜271）

それは、人々を不利にするスポーツである

八百長対策タスクフォース（2011年）

背景

焦点
スポーツ法

それ以前
1919年　野球チームのシカゴ・ホワイトソックスが、賄賂を受け取ってワールドシリーズの試合を投げ、全米に衝撃を与える。

2010年　国際サッカー連盟（FIFA）の機密報告書がマスコミに漏れ、ワールドカップの前哨戦となる親善試合の一部で八百長があったことが示唆される。

2011年　イスタンブール警察が、トルコでの八百長疑惑で60人を逮捕する。

それ以後
2013年　八百長シンジケートの指導者とされるダン・タンが、シンガポール警察に逮捕される。

2014年　「スポーツ競技の操作に関する欧州評議会条約」が署名され、2019年9月に発効する。

2016年　テニスのスター選手であるノバク・ジョコビッチが、2007年に試合を投げるよう依頼されたと主張する。

あらゆる形態のスポーツは、古くから賭け事と結びついている。違法な賭博行為がスポーツの品位を損ないかねないことは、常に危惧されてきた問題だった。

しかし、この問題に取り組もうという試みは、2011年にインターポール（国際刑事警察機構）が八百長対策タスクフォース（IMFTF）を設立したことで新たな局面を迎えた。その設立の理由は単純で、スポーツは巨大なグローバルビジネスに成長し、組織的に展開される不正行為に対してますます脆弱になっていたからである。長年続く不正行為の手法の一つは、わざと試合を「投げる」（負ける）よう競争者を誘導するというものだった。そうすることで、すべてのスポーツ競技の結果が事前に確定されるというわけだ。犯罪的な賭博組織は、内部情報に基づいて賭けをしつつ、この方法によって莫大な利益を得ることができた。インターポールは、こうした八百長を1兆ドル規模の産業と評した。スポーツがその品位を維持しようというのなら、このような腐敗の根絶は不可欠だった。

> スポーツ競技の操作には組織犯罪が関与しているため、この現象はスポーツの品位と倫理にとっての世界的な脅威となっている。
>
> **欧州評議会、2019年**

世界的なネットワーク

違法賭博シンジケートの拠点は東南アジアにあり、ここでは多くのスポーツが、チームオーナー、審判、選手全員が関与する不正行為で告発されている。

2010年頃から、アジアのシンジケートは、世界の舞台へ目を向けるようになった。個人プレーのスポーツはチームプレーのスポーツに比べて不正が仕組まれやすいが、後者は世界的な人気の高さから多くの賭け金を生むため、犯罪者の格好の標的となる。その一例がクリケットのパキスタン代表チームであり、同チームの選手2名は、2010年の国際試合中、事前に決められていたタイミングで故意にノーボールを投げたとして有罪になった。最終結果とは関わりなく、試合の特定の局面で行われるこうした八百長は

参照：インターポール（p220〜221） ■ 国際刑事裁判所（p298〜303）
■ スポーツにおけるドーピングの防止に関する国際規約（p304）

スポーツは、いかなる場所でも**賭博シンジケート**の標的となるため、**八百長が起こり得る**ことは明らかである。

↓

スポーツ産業が世界規模になるにつれ、業界における**違法賭博の利益**は増大する。

←

東南アジアで、**八百長シンジケート**が急拡大する。

↓

世界中の**法執行機関**が**情報を共有**し、犯罪組織との闘いを手助けする。

→

国際捜査は、八百長に対して一定の成果を収めた。

「スポット・フィクシング」(spot-fixing)と呼ばれ、大金が絡むことも珍しくない。

法執行機関の世界的なネットワークと連携しながら、IMFTFは情報を共有し、国際捜査のためのプラットフォームを提供している。その成功談の一つは、ダン・タン（右の囲み参照）がシンガポールで逮捕・拘束されたことだろう。2011年、サッカーの国際的な運営組織である国際サッカー連盟（FIFA）は、汚職防止研修プログラムの資金となる数百万ユーロをインターポールに供与することに合意した。しかし、当時はFIFA自体もスキャンダルに揺れており、会長のゼップ・ブラッターをはじめとする多くの幹部に汚職の容疑がかけられていた。FIFAが2022年のワールドカップ開催国をカタールに決定するまでの招致過程にも、収賄の疑惑が集中していた。

このような大規模な汚職の根絶を組織に期待できる範囲は限られており、犯罪者にとってのギャンブルの魅力はオンライン賭博によってますます高まっている。とはいえ、国境を越えた努力により、インターポールはこの問題を阻止することに一定の成果を上げてきた。◆

ケロン・キング

1964年にシンガポールで生まれたタン・シート・エン、別名ダン・タンは、かつてインターポールに「世界で最も悪名高い八百長シンジケートの指導者」と呼ばれた。「ケロン・キング」（「不正行為の王者」）の名前でも有名である。1990年代初頭のシンガポールにおいて、仲間のウィルソン・ラジ・ペルマルと共同で八百長を始めたとされ、違法賭博行為で一時的に投獄された。2010年にはイタリアのサッカーに狙いを定め、東ヨーロッパの犯罪組織と結託して試合を買収したと噂された。

タンとペルマルには、ハンガリー、ナイジェリア、フィンランドでの八百長容疑もかけられた。2011年、ペルマルはフィンランドで逮捕されたが、世界的な八百長ネットワークの首謀者はタンであるとして、彼を非難した。2013年、タンは現地法の下でシンガポール警察に逮捕され、正式には起訴されないまま拘束された。2019年12月には釈放されたが、イタリアおよびハンガリーでは今なお起訴されたままである。タンは、あらゆる不正行為の疑惑を否定している。

クリケットの南アフリカ代表キャプテンを務めたハンジー・クロンジェ（手前）は、2000年に八百長を認め、クリケット界から永久追放された。2002年に飛行機墜落事故で死去している。

忘れられる権利

グーグル・スペイン対 AEPD および マリオ・コステハ・ゴンザレス（2014年）

背景

焦点
プライバシー法

それ以前
1995年　EUが、個人情報の保護を目的としたデータ保護指令を定める。

それ以後
2003年　アメリカの歌手で俳優のバーブラ・ストライサンドが、ネット上にある自宅の画像の公開を差し止めようとする。これにより「ストライサンド効果」が生じ、かえって画像への関心が高まることになる。

2015年　フランスの規制機関であるCNIL（情報処理および自由に関する国家委員会）が、グーグルに対し、プライバシーに関するEU規則の全世界への適用を強制しようと試みる。

2016年　一般データ保護規則（GDPR）がEU議会で承認される。

2019年　欧州司法裁判所（ECJ）が、忘れられる権利の世界的施行に向けた法制化の試みを、ヨーロッパに限定せざるを得ないと認める。

2009年、スペインの実業家マリオ・コステハ・ゴンザレスは、グーグル検索エンジンで自分の名前を検索していたとき、その11年前にスペイン紙に掲載された2件の法的告知を目にした。それは、ゴンザレスの自宅が債務返済のために競売にかけられたという当局からの通達であった。新聞の旧版がデジタル化されたことに伴い、これらの告知へのリンクがグーグルによって作成されていたのだ。競売の件は公式な報道ではあったが、リンクがつながっていれば、ゴンザレスのかつての経済問題に誰もがオンラインでアクセスできることになる。ゴンザレスは財務アドバイザーとして働いていたため、このことは彼の経歴に損害を与えかねなかった。しかし、新聞社は法的な表示義務があることを理由に挙げ、告知の削除を拒んだ。グーグルも同様に非協力的だった。ゴンザレスは裁判に訴えた。

マリオ・コステハ・ゴンザレスは、グーグルとの法廷闘争に費やした金額の公表を拒否し、それは理想のための闘いであって、その理想が勝利したのだと述べた。

スペインのデータ保護機関は、グーグル側がゴンザレスの過去の金銭的失敗につながるリンクを「抹消」すべきだと認めたものの、同社をその判断に従わせる手段はなかった。スペインの裁判所はこの件を裁定できず、EUの最高裁判所である欧州司法裁判所（ECJ）に付託した。ゴンザレスの事件では、2つの根本的な問題が提起された。1つ目は、過去を法的に無関係なものと見なす、合法的な「忘れられる権利」は存在するのかということ。2つ目は、仮にそうした権利が存在するとして、インターネットにどのように適用されるのかということだ。

公共の利益

グーグルはその答弁において、次のように主張した。同社はアメリカの企業として、アメリカの法律にしか責任を負わない。同社は「データ収集会社」ではなく、他者が保持する情報を示す検索エンジンを提供しているに過ぎない。また、ゴンザレスに関する情報は明確な真実であるため、この真実を抑圧しようとするすべての試みは、表現の自由に対する攻撃と同義である。つまり、ゴンザレスの

参照：アメリカ合衆国憲法と権利章典（p110〜117） ■欧州人権条約（p230〜233） ■欧州司法裁判所（p234〜241）
■WIPO 著作権条約（p286〜287） ■オープン・インターネット命令（p310〜313）

「忘れられる権利」を強いるために用いられた基準は、法的観点からは定義不可能なものだった。

エンリケ・ダンス
スペインの情報システムおよびイノベーション教授、2019年

自宅が競売にかけられたことは公共の利益に関する正当な問題であり、これを消失させるべきではない——それがグーグルの言い分だった。

ECJ の判決

ECJ が判決を下す際には、必ず初めに法務官の仮決定を受けることになる。ある法務官は2013年、グーグル・スペインはスペインの企業であり、ゆえにヨーロッパ法の適用対象であるとして、同社の最初の主張を退けた。しかし、同社のそれ以外の反論については支持し、ECJ もこれに同調するものと思われた。

ところが、2014年、ECJ は大衆を驚かせる判決を下した。グーグルは「データ収集会社」であり、したがって、その検索から浮上するどのような情報にも責任があると判断したのだ。さらにオンラインデータが「経過した時間を踏まえて……不適切、もはや関連がない、または過剰である」と見なされる場合には、そのデータの削除が認められると裁定した。

2014年の ECJ 判決は、国家間の文化的・法的な差異を浮き彫りにした。アメリカでは、表現の自由（報道の自由を含む）に対する権利が、他のすべてを上回る。一方、フランス法は2010年から「忘れられる権利」を明記し、プライバシー保護を基本的人権として尊重するとともに、これを自由な表現の権利に優先されるべきと定めている。もう一つの問題は、インターネット・コンテンツは実質的に、国内法や国際法といった単一の法に支配されないことだ。この ECJ 判決を強く批判したある人物は、なぜ重力を禁じる法を同時に成立させなかったのか、そうした法にも同程度の効果はあったはずではないか、と疑問を呈した。

大きな譲歩

2019年、ECJ は、「忘れられる権利」の拘束力が適用されるのはヨーロッパのみであると認めた。ECJ の判決に対する重要な反論は、たとえグーグルが何かを「抹消」するよう強いられたとしても、インターネットにアクセスできる人間はそれらを引き続き閲覧可能であるということだった。リンクを削除できても、コンテンツは削除できないのである。情報を瞬時に利用したいという欲求に駆動されるデジタル世界にあって、「忘れられる権利」を守ろうとするすべての法的判断は——それがいかに強力なものであれ——的外れになることを避けられなかった。新たなデジタル世界におけるプライバシーの法的権利を厳しく再評価しようという目論見は、単なる茶番に終わった。自身のプライバシーを守るためにグーグルに対抗する運動を始めたゴンザレスは、結局のところ、彼が忘れ去られることを望んだ事実そのものによって、世界中に知られることになったからだ。◆

世界中のインターネットユーザーが目にする検索結果が、ヨーロッパのデータ規制機関によって決定されることがあってはならない。

トーマス・ヒューズ
プライバシー団体「アーティクル19」の事務局長、2019年

法務官の役割

2019年9月、ECJ はポーランドの法務官マチュイ・シュプナールの助言に従い、「忘れられる権利」は EU 加盟国のみに適用される権利であることを渋々認めた。その5年前には、フィンランドの法務官ニロ・ヤスキネンの助言に反し、グーグルには同社が発したデータに対して責任があると裁定した。

法務官は、ECJ 所属の裁判官から独立して振る舞い、法の新たな論点が提起されたと考えられる事件のみを審理する。そうした事件ごとに1人の法務官が割り当てられ、紛争当事者に尋問する権限が与えられる。その役割は助言を行うことだが、ECJ の裁判官は事件を審議する際、法務官から提出される「理由を付した意見」を踏襲することがほとんどである。法務官は、EU 加盟国から指名された11名が存在し、6年の任期を務める。

自由で開かれたインターネット

オープン・インターネット命令（2015年）

背景

焦点
インターネット法

それ以前
1996年　アメリカの電気通信法により、従来のケーブルモデム接続ISPのみが規制される。ブロードバンド接続ISPは対象外とされる。

2010年　チリが世界に先駆けて、ネット中立性を法律に明記する。

2014年　アメリカの連邦通信委員会（FCC）による世論調査で、回答の99パーセントがネット中立性を支持する。

それ以後
2015年　欧州連合（EU）規則2015/2120が、ヨーロッパにおける平等なネットワークアクセスの保護を目指す。

2017年　FCCが、「インターネットの自由回復命令」を通じて、2015年の裁定を覆す。

2019年　コロンビア特別区控訴裁判所が、ネット中立性を撤廃するというFCCの決定を支持する。

アメリカにおけるインターネットとその未来に関して、最も異論が多く最も悩ましいのは、ネット中立性（コロンビア大学の法学教授ティム・ウーが2003年に考案した造語）の問題だろう。ネット中立性とは、インターネット上のあらゆるコンテンツやサービスへのアクセスは、インターネット・サービス・プロバイダー（ISP）による干渉を受けてはならないという原則を意味する。この原則は、デジタルデータの配送メカニズムのみに関わるもので、デジタルデータ自体を変容させるものではない。

しかし実際には、ネット中立性は情報へのアクセス可能な方法だけでなく、アクセス可能な情報の種類をも決定付ける。インターネットが普及し、結果として世

参照：アメリカ合衆国憲法と権利章典（p110〜117）■世界人権宣言（p222〜229）■WIPO 著作権条約（p286〜287）
■グーグル・スペイン対 AEPD およびマリオ・コステハ・ゴンザレス（p308〜309）

界がインターネットにほぼ完全に依存するようになった現状を考えれば、これは極めて重要な問題である。

ISP とコンテンツ・プロバイダー

インターネットは、コンテンツ・プロバイダーと消費者との間に生じるデジタルな相互作用であり、両者の間におけるほぼ無限のデジタルデータの転送（トラフィック）を可能にしている。メッセージ、電子メール、オンラインショップから、動画ストリーミング、ソーシャルメディア・サービス、検索エンジンに至るまで、ありとあらゆるものがインターネットを利用している。コンテンツ・プロバイダーと消費者を物理的に結びつけているのは、巨大で複雑な世界的通信網であり、この通信網を構成するケーブルと送電塔は ISP によって提供される。各 ISP はこうした高価なインフラを構築すると同時に、そのネットワークを利用するすべての供給者と消費者に料金を請求するための財務モデルを作成する。

あらゆるインターネット・ユーザー（コンテンツ・プロバイダーや消費者）は、ISP にネットワーク使用料を支払わなければならない。仮にその ISP がネット中立性を守っているなら、ユーザーは自身のインターネットへのアクセスが完全に公平であることを確信できる。ISP は、コンテンツを優先的に処理することも、後回しにして処理することもない。グーグル、ユーチューブ、フェイスブック、ツイッター〔現在の X〕のような、無数のユーザーを抱える最大手のコンテンツ・プロバイダーでさえ、地域の個人事業主やコミュニティによるウェブサイトのような、小さなプロバイダーと同様に扱われるのだ。

> **我々は、情報ネットワークを育み、保護する。なぜなら、それは我々の経済、民主主義、さらには文化的・私的生活の中核だからである。**
>
> **ティム・バーナーズ・リー**
> ワールド・ワイド・ウェブの発明者、2006 年

インターネットは、第一に**ビジネスチャンス**と見なされるべきなのか、
あるいは新種の**公共サービス**と見なされるべきなのか？

自由市場においては、
企業が商業利益のために
**インターネットへのアクセスを
操作**する。

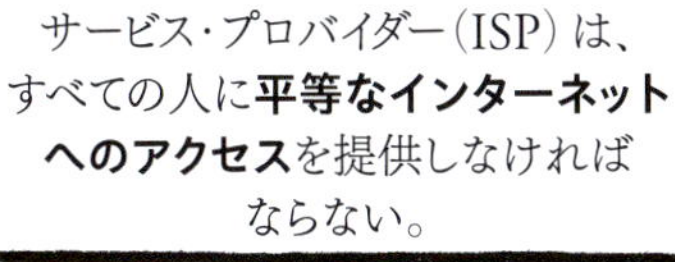

政府規制下のインターネット・
サービス・プロバイダー（ISP）は、
すべての人に**平等なインターネット
へのアクセス**を提供しなければ
ならない。

**政治的な優先度と自由市場における優先度の対立は、
立法に影響を及ぼす。**

無秩序な市場では、ISP は自社の商業利益のためにコンテンツをブロックしたり、通信速度を意図的に落としてダウンロードの速度や品質を低下させる「スロットリング」を行ったりすることを選択できる。価格設定による差別化を図ることも可能で、たとえば、人為的に速度を上げた「高速レーン」（有料優先権）に対してコンテンツの供給者に追加料金を課したり、ゼロレーティング・アクセス（無料ユーザーが利用できるコンテンツを制限すること）で他の供給者を不利に扱ったりできる。

インターネットがその初期にあった 1996 年、アメリカで ISP を規制する最初の試みとして、電気通信法が制定された。従来の電話網（ケーブルモデム回線やダイヤルアップ回線）を有する ISP を「電気通信サービス」、あるいは 1934 年通信法に基づく「コモン・キャリア」に分類し、公益企業として規制しようとしたのだ。ブロードバンド接続 ISP は「情報サービス」に分類され、規制の対象外となった。この区別は、ISP がすべての人にコンテンツへの平等なアクセスを提供する義務を負うか否かがこれによって規定されたため、極めて重要だった。

FCC の方針

アメリカの全通信システムの規制機関である連邦通信委員会（FCC）は、ここ何年かの間に、その方針を幾度か変更してきた。2002 年、FCC は、ケーブルモデム接続 ISP を「コモン・キャリア」ではなく「情報サービス」として再分類した。2008 年に試みた ISP への規制は失敗に終わった（p312 の囲みを参照）。ネ

ット中立性の利点が圧倒的に多いことを確信し、国民からも強力な支持を得ると、FCCは2015年4月にオープン・インターネット命令を発した。この規則は、ISPを「情報サービス」ではなく「電気通信サービス」と指定することで、電話会社などと基本的に同じであるという考え方を補強するものだった。以降、ISPはすべての人に平等なインターネットアクセスを提供する義務を負うことになった。オープン・インターネット命令には「ブライトライン・ルール」と呼ばれる明確な指針が設けられ、ISPはこれに従うことを求められた。ブロッキングの禁止、スロットリングの禁止、透明性の向上、有料優先権の禁止などがその例である。

賛否両論

オープン・インターネット命令が制定された2015年前後には、ネット中立性を法によって保護すべきか否かをめぐる激論が交わされていた。アメリカ政府はインターネットを公益に役立つものとして扱い、公益事業として規制の対象とすべきなのか？　あるいは、インターネット・アクセスの条件は自由市場によって設定可能とすべきなのか？

法制化支持派は次のように主張した。政府による緩やかな規制は、インターネットの発展にとって不可欠な条件であり、それは最大多数に最大利益を与えることで達成される。インターネットは、無制限な自由市場には委ねられない重要なものだ。ほぼすべてのISPは、特定のサイトを宣伝または高速化して他のサイトを抑制またはブロックすることで得られる商業利益に関心を抱いている。多額の使用料を払う人がISPに優遇されれば、少額しか払わない人はインターネットの周縁に追いやられる。また、ISPの選択肢が限られたり存在しない農村地域では、どのISPも事実上の独占権を悪用する誘惑に駆られることは間違いない。

自主規制に対する反論は他にもある。それは、ISPが自身の短期的な財務利益だけに基づいて閲覧可能なものとそうでないものを決められるのであれば、いかなる2回線のネットワーク（two-track network）（右図を参照）も一種の検閲になるということだ。そのうえ、ISPはウェブサイトのブロックなどを通じて、政治的影響力を振るうこともできる。

政府による規制の反対派は、インターネットは1990年代に突然出現して以来、完璧に自主規制できることを証明してきたと主張する。ISPによれば、2回線のネットワークは自由市場によって支配されている。たとえば、アメリカで使用される全帯域幅の30パーセント以上を占める動画配信サービスが、同じISPを使用する他のコンテンツ・プロバイダーを閉め出しているなら、限られた帯域幅を不均衡に使用していることに対して、その動画配信サービスがより多くの額を支払うべきなのではないか？　加えて、インターネットユーザーは誰でも――それが家庭利用であれ商用利用であれ――必要に応じて、より高速かつ高品質なサービスにより多くの額を支払うことを選択できる。ISPの収益が増えれば、結果、新たなインフラへの投資額も増え、長期的にはすべての人の利益につながる。

> **合衆国憲法修正第1条が言論の自由を規制する案ではないのと同様に、これはインターネットを規制する案ではない。**
>
> **トム・ウィーラー**
> FCC委員長、2015年

オバマ政権下でFCC委員長を務めたトム・ウィーラーは、ネット中立性の擁護者であり、規制が必要だと考えている。

コムキャストとビットトレント

ネット中立性への反対論として説得力があるのは、「施行するのが難しい」というものだ。2017年にFCCがネット中立性を破棄するずっと以前から、ISPはしばしば、帯域幅を過剰に消費しているとみられるトラフィックの速度を違法に遅くしていた。

2008年、アメリカで最も有名なネット中立性関連事件が起きた。コムキャストはそれまで数年間、ビットトレント（映画など大容量ファイルのダウンロードに使用されるファイル共有サービス）経由でのデータ転送を組織的に妨害したり、実質的に遮断したりしていたのだ。同社は、ビットトレントの転送速度を遅くしたのはトラフィック密度が高い時間帯のみだと主張したが、実際にはほぼ常時そうしていた。運動家たちは、この行為を「インターネット上での自由な選択の妨害」と断じた。

FCCはコムキャストがビットトレントをスロットリングしてネット中立性を犯したと非難、2008年に停止命令を出した。コムキャストもFCCを訴え（『コムキャスト対FCC事件』）、2012年、コロンビア特別区控訴裁判所はFCCに不利な判決を下した。

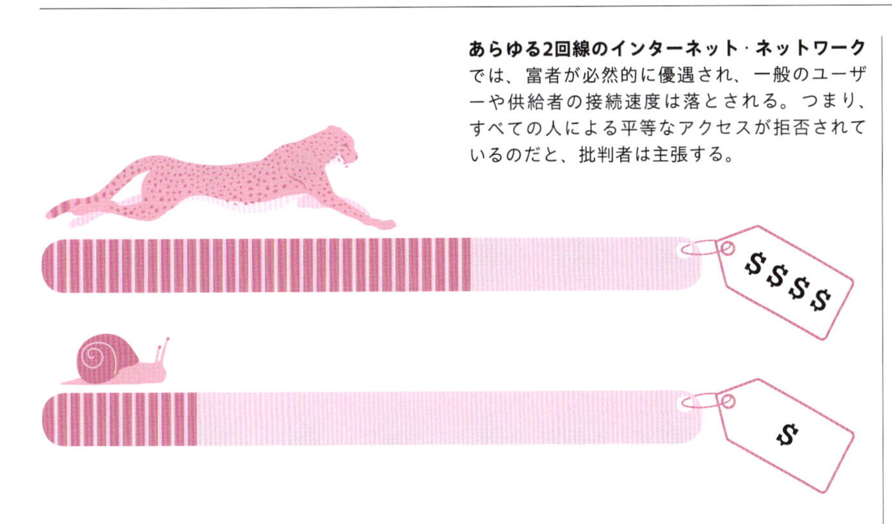

あらゆる2回線のインターネット・ネットワークでは、富者が必然的に優遇され、一般のユーザーや供給者の接続速度は落とされる。つまり、すべての人による平等なアクセスが拒否されているのだと、批判者は主張する。

膨大な資源を利用し、それぞれに商業上の優先事項を抱える競合企業の一部が、ネット中立性の問題をめぐって衝突しているのは皮肉な話だ。たとえば、グーグルはコンテンツ・プロバイダーであると同時にISP企業の親会社でもあり、ネット中立性に反対するコムキャスト、ベライゾン、AT&Tといった ISP 界の大手競合企業と対立してきた。検索エンジンとして大量のデータを送信し、ゆえに膨大な帯域幅を占有しているグーグルは、なぜ同社が他よりはるかに高いアクセスの対価を支払い、実質的に競合相手を支援しなければならないのかと異議を唱えている。

インターネットの驚くべき発展に貢献したものは何か？
それが、政府による強引な規制でないことは確かである。

アジット・パイ
FCC委員長、2017年

政治的偏向

規制されたインターネットを支持する人々と自由市場のインターネットを支持する人々の間で続けられた泥沼の闘争には、明確な政治的要素が存在した。2015年のオープン・インターネット命令の責任者を務めたFCC委員5名は、バラク・オバマ大統領の政治任用者であった。しかし2017年までに、ほとんどのFCC委員は、ドナルド・トランプ大統領に新しく任命された。彼らが企業の利権を支持しているのは明らかで、FCCは2015年の決定を2017年12月に覆し、ISPによる規制を州や地域でも禁じる「インターネットの自由回復命令」を採択した。

2017年の命令を受けて、独自にネット中立性の実施を望んでいた各州との法廷闘争は避けられなくなった。2018年初頭には、20以上の州がこの命令に反対する訴訟を起こしたが、2019年10月、コロンビア特別区控訴裁判所は、FCCによるネット中立性撤廃のための行動はその権限の範囲内であると認め、ネット中立性支持派は大きく後退した。同裁判所による物議を醸す判決は、ネット中立性への一貫した国民の支持と衝突した。一部の世論調査では、アメリカ人の80パーセントがネット中立性を明確に支持していたのだ。他の方法では解決されない、大きく意見が分かれる議論を最終的に裁定するのは、おそらく連邦最高裁ということになろう。最高裁での判決は、世界中のインターネットに支配的影響力を有する国としてのアメリカの立場にも、直接的な影響を及ぼすことが予想される。

さまざまなアプローチ

アメリカでのネット中立性をめぐる激しい論争は、テクノロジーが絶えず進化する世界で法を定めることの難しさをうかがわせる。この問題は、アメリカに限られたことではない。たとえば欧州連合では、その解決策としてネット中立性を強く支持することが選ばれ、EU離脱後のイギリスもこの姿勢に賛成している。ヨーロッパのこうした態度は、フィンランドに駆り立てられた部分があった。同国は2009年に「ユニバーサルサービス義務」（USO）を導入することで、ネット中立性を強く支持し、ブロードバンドの提供を法的に義務付けたのだ。多くの国々では、農村地域におけるブロードバンドの利用可能度が、ネット中立性と同様の差し迫った課題として残されている。◆

アジット・パイは、2017年にトランプ大統領によってFCC委員長に選ばれ、ネット中立性を求める運動家の格好の標的とされていた。皮肉にも、2012年に彼を初めてFCC委員に任命したのは、当時のオバマ大統領であった。

これはお金の問題ではない。平等の問題である

同一賃金認証法（2017年）

背景

焦点
雇用法、平等の権利

それ以前
1919年　アメリカのミシガン州とモンタナ州で、同一賃金法が可決される。

1951年　国連の国際労働機関の同一報酬条約において、同一価値の労働に従事する男女に同一賃金を支払うという原則が述べられる。

1957年　ローマ条約において、男女同一賃金が欧州経済共同体（EEC）の主要原則として列挙される。

1963年　アメリカで同一賃金法が導入される。

1975年　アイスランドで女性たちが1日間のストライキを決行し、仕事、料理、子どもの世話などを拒否する。

それ以後
2019年　ニューヨーク州知事アンドリュー・クオモが、潜在的雇用主による過去の給料についての質問を禁じ、同州の1944年法を補強する。

2017年6月、アイスランド議会は、男女間賃金格差を埋めるための法案を通過させた。多くの国々と同様に、アイスランドは古くから同一賃金法を有していたが、雇用主は依然として女性の報酬を男性の報酬より少なくしていた。新たな法は、同一賃金を着実に実現するためのものだった。

この法では、次のことが宣言された。アイスランドで25人以上の従業員を雇用するあらゆる企業は、その給与体系が同一賃金法に適合していることを保証する証明書を取得しなければならない。大企業は2019年の終わりまでに、中小企業は2020年から2022年の間に、それに従う必要があった。

同一賃金認証法は女性の突破口として期待され、他の国々でも同様の法律を求める声が広がった。しかし批判者たちは、アイスランドに女性の同一労働同一賃金を保証する法がすでに存在していることを理由に、この法は不要だとした。男女間賃金格差が持続しているとの調査結果には不備があり、新たに法律ができたこ

女性の賃金は、ほぼすべての国で**男性の賃金を大きく下回ったまま**である。

→

たいていの国には**同一賃金法**が存在するが、**徹底が難しい**ことから、**格差は限られた程度しか縮まっていない**。

↓

2017年、**アイスランドで可決された法案**により、一般雇用主はその賃金体系が**国の同一賃金基準**に適合していることを証明しなければならなくなった。

←

ただし、雇用主が男女を**異なる職務**で雇用すれば、**同一賃金法を回避**することは依然として可能である。

参照：労働組合法（p156〜159）■労働者災害保険制度（p164〜167）■国民代表法（p188〜189）■公民権法（p248〜253）■ロー対ウェイド事件（p260〜263）■同性婚（p292〜295）

フォード縫製工のストライキ

1968年6月7日、イギリスのダゲナムにあるフォードの自動車工場で、縫製工の女性たちがストライキを決行した。彼女たちは自動車のシートカバーを製作しており、その貢献がなくなると、生産ラインはたちまち停止に追い込まれた。ローズ・ボーランド、アイリーン・ピューレン、ヴェラ・サイム、グウェン・デイヴィス、シェイラ・ダグラスに率いられた縫製工たちは、自らの仕事がB級（熟練度が低い）と評価されたことに抗議した。この評価は、C級（熟練度が高い）の従業員、すなわちほとんどの男性より少ない賃金しか得られないことを意味した。

女性たちは、縫製には極めて高度な技能が必要だと訴え、自分たちが同一賃金を受けるのは当然だと主張した。

フォードの工場はイギリス経済にとって重要だったため、このストライキは注目を集め、他業種の女性たちも平等を求め運動を始めた。最終的には、雇用・生産性担当国務大臣のバーバラ・キャッスルが縫製工に代わって賃上げを交渉、男性の賃金との格差を8パーセント以内に縮めた。それから2年後、同一賃金法が導入された。

縫製工のストライキのリーダーたちが、バーバラ・キャッスルの事務所の外で抗議する。3週間後、キャッスルは彼女たちの不満を聞き入れることに同意した。

とで、雇用主は女性の雇用を断念するだろうと主張した。また、世界経済フォーラムのグローバル・ジェンダー・ギャップ指数——世界各地の女性の賃金を監視する指標——において、アイスランドがそれまでの10年のうち9年間首位を守っていたことも指摘された。

男女の賃金は同一であるべきだという考え方は古くから存在していた。1839年、フランスの作家ジョルジュ・サンドは戯曲『ガブリエル』において、男性と同等に出世しようとする女性を阻む見えない障害を「頑強な水晶の天井」と表現した。これが、後世のフェミニストが呼ぶところの「ガラスの天井」である。

2度の大戦の終結後、それまで男性が担っていた仕事を女性が引き受けざるを得なくなると、同一賃金を求める声がようやく広く聞き入れられるようになった。1944年、ニューヨーク州は、女性が男性との同一労働に対して同一賃金を受けるべきであるとする法律を定めた。この「同一労働同一賃金」は、1957年に新設された欧州経済共同体（EEC）の主要原則にもなった。

アメリカは1963年の同一賃金法で最初の国内法を導入し、イギリスもこれに続いて1970年に同一賃金法を制定した。そのうちに、多くの国々が独自の法を取り入れるようになった。

同一賃金法が定められてなお、男女間賃金格差——男女が受ける時間当たり平均賃金率の格差——は根強く残っている。女性の賃金は、平均で男性の賃金の77パーセント程度である。その理由は複雑だ。女性は男性と比べて、看護師や教師といった低賃金の仕事に就く人が多いため、全体的に賃金率が低くなる。これに対して、一般に男性のものとされる技術者などの職種は、賃金が高い。また、女性は世界全体の家事や無給のケア労働の76.4パーセントを担っていることから、有給の仕事に従事する時間を確保しづらい。企業内でも、女性は賃金の少ない職務を占める傾向があり、賃金水準のトップまで上り詰める女性はまれだ。アイスランドは世界でも比較的男女平等な国だが、それでもやはり、女性CEOは20パーセント未満しか存在しない。

> 全職業のうち
> 99.6パーセントでは、
> 男性は女性より
> 高い賃金を得ている。
> それは偶然ではない。
> 差別なのだ。
>
> **エリザベス・ウォーレン**
> アメリカの政治家兼弁護士（1949年〜）

今後の長い道のり

アイスランドの法律は、キャリアにおけるニーズや野心に関する男女格差を撤廃できないかもしれないが、不平等の是正に向けた確かな一歩ではある。とはいえ、賃金格差は（教育、健康、政治代表の格差と並んで）、68.6パーセントという世界全体の男女間格差のほんの一面に過ぎず、（153カ国の現在の変化率に基づくと）この格差は99.5年間埋まらないだろうと世界経済フォーラムは予測している。◆

要覧

要覧

本書が提示した、法に関する画期的な出来事は、近代法の根幹を成すものである。これらの重要な出来事が達成されたのは、歴史上の偉大な法学者のみならず、新たな構想、先例、法案をもたらした君主、神学者、政治家、運動家のおかげでもある。クローヴィスやチンギス・ハンなどの統治者は、国家の市民法を整備し、これらの法典はのちの政府に影響を及ぼした。イスラムの学者たちは、「ファタワ・エ・アラムギリ」を編纂し、これをきっかけに南アジア全体の法が成文化された。F・W・デクラーク大統領は、南アフリカのアパルトヘイト法廃絶を監督し、平等の拡大に向けた一歩を踏み出した。以下に挙げる法整備も、近代法制定の進展に寄与してきた。

アパルトヘイト法の撤廃
1991年

アパルトヘイト政策——南アフリカの住民を人種によって隔離し、大多数を占める黒人を差別するとともに、白人を優遇する政策——は、1948年に整備された。1991年、南アフリカの活動家や国際社会からの圧力が高まると、F・W・デクラーク大統領は、残存するアパルトヘイト法の大半を廃止した。これらには、白人に最良の土地を与える1913年および1936年の土地法や、すべての赤ん坊を出生時に人種で分類する1950年の人口登録法などが含まれていた。1994年、アパルトヘイト法が完全撤廃され、非白人を多数派とする政府が選出されたことで、アパルトヘイト制度は正式に終了した。

参照 ニュルンベルク法（p197）■公民権法（p248〜253）

エゼルベルト法
600年

知られているなかで最古のイングランド法は、ケント王エゼルベルトが作成した法典である。エゼルベルトは、イングランド初のキリスト教徒の王であった。エゼルベルト法は、12世紀の『ロチェスター書』に今なお残されている。当時の慣例であったラテン語ではなく古英語で書かれている点で、この法は、ゲルマン語で記された最初の法典でもある。ゲルマン法に基づいており、暴力犯罪、権利と義務、人命金（贖罪金）、王の地位といった問題を取り扱っている。

参照 ドゥームズデイ・ブック（p58〜59）■マグナ・カルタ（p66〜71）

大いなる平和の法
12世紀

12世紀頃、ホデノショニとして知られるアメリカ先住民の5部族（のちに6部族）が集まり、イロコイ連邦を誕生させた。その指導者で、「グレート・ピースメーカー」とも呼ばれるデガナヴィタは、仲間のハイアワサとともに、「大いなる平和の法」を制定した。この法は、ワンパム（貝殻ビーズ）の模様を通じて伝えられる口承憲法であり、諸部族を結びつける社会的・倫理的規範を示すものだった。大いなる平和の法によって達成されたイロコイの統一は、アメリカ建国の父であるベンジャミン・フランクリンを感化した。1988年にアメリカ上院が公式に認めたように、この法の条文は、フランクリンが起草したアメリカ合衆国憲法に影響を与えたのである。

参照 ウェストファリア講和（p94〜95）■アメリカ合衆国憲法と権利章典（p110〜117）

オーストラリアの流刑植民地
1788年

1788年1月、イギリスから移送された囚人736人がオーストラリアのボタニー湾に到着し、この大陸初の流刑植民地が誕生した。移送はイギリスでの収監より費用がかからなかったため、軽犯罪に対しても頻繁に科された。以降の80年間で、16万人以上の犯罪者がオーストラリアに移され、イギリスはその新たな植民地に住民を増やすことができた。一方で、病気、紛争、土地の押収により、オーストラリアの先住民の人口は激減した。この植民地が繁栄すると、新たな入植者が続々と押し寄せ、犯罪者の移送に反対するようになった。そのため、移送は1868年に廃止された。

参照 トルデシリャス条約（p86～87）■救貧法（p88～91）

オスロ合意

1993年、1995年

イスラエルとパレスチナの永続的な和平のため、イスラエル政府とパレスチナ解放機構（PLO）との間で、ノルウェーで交渉が開始され、1993年（ワシントンDC）と1995年（エジプト）に2つのオスロ合意が調印された。これ以前には、イスラエルとアラブ諸国軍（エジプト、シリア、ヨルダン）との6日間戦争後に全会一致で可決された国連安全保障理事会決議242があった。オスロ合意は決議242の主要目標の一つを達成した。PLOはイスラエルの生存権を承認し、パレスチナを代表する組織として認められた。オスロ合意はまた、ガザと西岸地区の占領地においてパレスチナ人に一定の自治権を付与し、双方に対して暴力を煽動しないように求めた。合意の定める5年の暫定期間は、協定に至ることなく1999年に終了し、暴力が再燃し、合意の条項はほとんど破棄された。

参照 ウェストファリア講和（p94～95）■ヴェルサイユ条約（p192～193）

カプ

500年頃

古代ハワイのカプ制度は、日常生活の大半に関する一般に認められた規範として定められ、宗教、性役割、生活様式、政治などをその対象としていた。ポリネシアの伝統である「タブー」と同様に、カプは「禁忌」と訳されるが、「神聖なもの」を意味する場合もある。カプを破った者には、たとえそれが故意でなかったとしても、厳罰が下された。19世紀初頭までには、この制度に対する信用は失われていった。1819年、カメハメハ2世は、男女が共に食事をすることを認めてカプを公的に破り、これを廃止した。

参照 儒教、道教、法家の説（p26～29）

感染症抑制および予防法

2009年

2020年にCOVID-19のパンデミックに襲われた際、韓国が迅速にウイルスへの対抗措置を講じることができたのは、感染症を対象とする法律をすでに有していたためである。同国政府は大規模な検査のみならず、2015年に――すなわち、MERS-CoVという同様のコロナウイルスが韓国で流行した年に――この法に追加された措置を採用した。その結果、当局は携帯電話や電子メールなどのデータを収集し、感染を診断される以前の患者の行動を把握できるようになった。さらに、こうしたデータはソーシャルメディア上で公開され、接触の可能性のある人々への注意喚起、追跡、検査に用いられた。一部には侵害的だという見方もあったが、この措置は、韓国が感染レベルを抑制するのに役立った。

参照 市民的及び政治的権利に関する国際規約（p256～257）

基層法に関する法律

2000年

パプアニューギニアがイギリスから独立する1975年まで、パプアの法制度はイギリスのコモン・ローに基づいていた。だが、新たなパプアの憲法には、慣習法とコモン・ローがどちらも採用された。この法は、慣習法がパプアの基層法の重要な法源であることを確かめ、それが成文法と矛盾する場合や、国の利益や目標と相反する場合を除き適用されることを保証するためのものである。

参照 セントキャサリンズ・ミリング事件（p169）

空法

1784年

1783年、モンゴルフィエ兄弟がフランスのパリ上空に世界初の有人熱気球を上げた。この革新的な出来事は、空域の主権に関する疑問を投げかけるものだった。警察は命令を発し、特別な許可なくパリ上空を気球で飛行することを禁じた。ベルギーとドイツもまもなく同様の法を通過させ、これらは専門的な航空法の先駆けとなった。

参照 ハーグ条約（p174～177）

刑書

紀元前536年

知られているなかで最古の中国法は「刑書」と呼ばれる。これは鄭国の宰相であった子産が、三脚付きの青銅器一式に刻ませたものである。この器は現存しないが、重労働、身体の切断、去勢、死刑をはじめとする22の厳罰が列挙されていたという。それらが使用されていたことや、それらに対する反発があった証拠は、隣国の役人による抗議文に残されている。

参照 中国の周王朝（p24）■儒教、道教、法家の説（p26～29）

現代奴隷法

2015年

現代奴隷法は、過去の法律および被害

者への賠償を強化するイギリスの法である。イギリス国内で商品やサービスを提供し、世界での売上高が3,600万ポンドを超えるすべての組織は、この法に基づいて年次報告書を公表し、その業務のいかなる部分にも人身売買、奴隷状態、強制労働を生じさせないための措置を示さなければならない。2019年には内務省による見直しが行なわれ、この法をいっそう強化し、対象範囲を公共部門にまで広げることが求められるようになった。

参照 奴隷貿易廃止法（p132～139）

シエテ・パルティダス
1256年

スペインのカスティーリャ王アルフォンソ10世の下で編纂された「シエテ・パルティダス（七部法典）」は、すべてのカスティーリャ人が守るべき法的、道徳的、哲学的な規則を定めた。ローマ法に基づくこの法典の目的は、立法によって争点を解決すること、また王国全体の統一法典となることであった。1500年代にスペイン帝国が拡大すると、シエテ・パルティダスは中南米に持ち込まれ、19世紀までその影響力を維持した。

参照 トルデシリャス条約（p86～87）

ジャンヌ・ダルクの裁判
1431年

フランスにあるルーアンの教会裁判所で開かれたジャンヌ・ダルクの裁判は、中世でも有数の記録に残る出来事である。ジャンヌは幻視を体験した後、自身がフランスからイングランド人を駆逐し、王太子をシャルル7世として即位させられると確信した。多くのイングランドとの戦闘を勝利に導いたが、やがてイングランドと同盟を結んでいたフランスのブルゴーニュ軍に捕えられた。ジャンヌは70の罪で告発され、そのほとんどは神の啓示を受けたという彼女の主張に基づくものだったため、冒瀆的であると判断された。ジャンヌは異端の罪で有罪となり、火あぶりの刑に処せられた。

参照 ガリレオ・ガリレイの裁判（p93）■セイラム魔女裁判（p104～105）

商標登録法
1875年

1875年に商標登録法が成立すると、イギリスの企業が正式に商標を登録して法的保護を受けられ、他社から製品の独自性を模倣されないための制度が初めて整備された。この法において、商標とは、個人または会社の図案、マーク、名称のことで、「何らかの特殊かつ独特な方法で印刷されたもの」と定義された。イギリスで初めて登録されることになった（1876年1月1日）商標は、バス・ブリュワリーの特徴的な赤三角形であった。

参照 ヴェネツィア特許法（p82～85）■アン法（p106～107）■WIPO著作権条約（p286～287）

スコープス裁判
1925年

1925年、アメリカのテネシー州でバトラー法が可決され、学校で進化論を教えることが禁じられると、活動家たちはその妥当性に強く反対した。物理学教師のジョン・スコープスは、自らすすんで人類の進化について教えたことで告訴された。彼の裁判では、検察側で反進化論者のウィリアム・ジェニングス・ブライアンと、著名な弁護士のクラレンス・ダロウが対決し、双方が雄弁な主張を展開した。スコープスは有罪となり、罰金100ドルを科せられた。しかし、科学と宗教の対立に関する議論を公の場に持ち込んだという点では、スコープスとその支持者の目的は達成された。

参照 ガリレオ・ガリレイの裁判（p93）

世界報道自由指数
2002年

情報隠蔽に対抗するため、国境なき記者団（RSF）は2002年から毎年、世界報道自由指数を発表している。これは、ジャーナリストに与えられる自由度に応じて、180カ国を順位付けしたものである。RSFは専門家から回答を集め、ジャーナリストに対する虐待や暴力行為を分析したうえで順位を決定している。2020年には、ノルウェーが4年連続で首位を獲得し、北朝鮮がトルクメニスタンに代わって最下位となった。

参照 世界人権宣言（p222～229）

ソクラテスの裁判
紀元前399年

哲学者ソクラテスは、多数派の意見に支配されるのではなく、真に教養ある賢明な者のみが権力を握るべきだと主張し、アテネの民主政治に反対したことから批判の的となった。ソクラテスの教えに触発され、多くの若きアテネ市民が現状に疑問を呈するようになると、紀元前399年、3人の雄弁家がソクラテスを「不敬神」および「若者を堕落させた罪」で告発した。くじ引きで選ばれた500人の陪審員は有罪判決を下し、ソクラテスはドクニンジンの自己服用による死刑を宣告された。

参照 プラトンの法（p31）■アリストテレスと自然法（p32～33）■ガリレオ・ガリレイの裁判（p93）

ソボルノ・ウロシェニエ
1649年

1649年にソボルノ・ウロシェニエ（ゼムスキー・ソボル議会の法典）を導入する以前、ロシアは「困難の時」と呼ばれる時代にあり、国内では汚職がはびこっていた。混乱が広がると、法典によって社会を安定させていた近隣国に感化されたモスクワ市民の団体が、ロシアもそれに倣うべきだと要求した。政治家のニキータ・オドエフスキーが法典の編纂を任され、ロシアの判例およびビザンツ法（キリスト教信仰の影響を受け、6世紀からコンスタンティノープルが陥落した1453年まで使用されていたローマ法）から規範が集約された。この新たな法典は極めて綿密なもので、宗教、財産、土地所有、相続、商業、旅行の許可、軍役、刑法などを25章にわたって網羅していた。また、農民を奴隷と位置付け、正教会の権力を制限した。

参照 奴隷法（p98〜101）■ロシア憲法（p190〜191）

中世のロースクール
11〜13世紀

1070年頃、ユスティニアヌスの『学説彙纂』が再発見された。同書はローマ法の集成であり、500年以上も学者たちの間から失われていた。この出来事を受けて、1088年頃にはボローニャにヨーロッパ初の大学が設立され、法学が奨励されるようになった。1100年代になると、ボローニャの法学者グラティアヌスが、カノン法の教科書である『教令集』を執筆し、カノン法の教育も始まった。この大学は、古代以来初となる専門の法学校となり、他のヨーロッパの教育機関もこれに追従した。12世紀末までには、オックスフォード、パリ、モンペリエの大学でも、法学が教えられるようになった。

参照 法学者ウルピアヌス（p36〜37）■グラティアヌスの『教令集』（p60〜63）

チンギス・ハンのヤサ
1206年

チンギス・ハンは、北東アジアに広がるモンゴル帝国に統一をもたらし、統治一族のみが確認し施行できる慣習法を課した。ヤサの写本は現存しないが、二次資料によれば、この法はチンギス・ハンへの服従と遊牧民族の結束を促し、罪に対する罰を成文化したものであった。

参照 中国の周王朝（p24）■プラトンの法（p31）

月協定
1979年

国際社会が宇宙に対する管轄権を確実に保持できるように、1979年の国連総会において、月その他の天体を対象とする月協定が採択された。この協定は、宇宙空間という領域を「人類共通の遺産」であるとし、ゆえにその環境は保護されるべきだと述べるものである。オーストリアが5番目の批准国となった1984年に発効し、月などの天体の天然資源が将来的に搾取されることを規制する国際団体の設立を求めている。18カ国が加盟しているが、有人宇宙飛行を行なっている国はまだ1カ国も批准していない。

参照 生物圏保護区世界ネットワーク（p270〜271）■京都議定書（p305）

ドイツ民法典
1900年

1871年にドイツ帝国が統一された当初、その旧国家は独自の多様な民法を保持していたが、やがて単一の全国的なドイツ法典の必要性が広く認識されるようになった。ローマ法に基づくドイツ民法典、通称「BGB」は1881年に起草され、1896年に最終的に公布された。1900年に施行され、ドイツ全土にわたる国民的な民法として成立した。BGBは近代ドイツ法の基礎を築き、中国、イタリア、日本、韓国、スイスなどの国々でも民法の手本として用いられた。

参照 十二表法（p30）■ナポレオン法典（p130〜131）

唐律
624年

法の記録に関する中国の長い伝統は、西周王朝（前1046〜前771年頃）にさかのぼる。502の条文と注釈を備えた唐律は、現存する最古の完全な法典である。儒教の哲学に、法の成文化という法家の伝統を組み合わせたもので、一般の規則を記した部分と、特定の罪を記した部分の2部から構成される。唐律は、中国や東アジアの全域にわたり、その後の法典に影響を与えた。

参照 中国の周王朝（p24）■儒教、道教、法家の説（p26〜29）

ドラコンの法
紀元前621年

アテネの貴族ドラコンは、恣意的な刑罰や血の復讐を減らすため、都市国家アテネに必要な最初の成文法の編纂を依頼された。ドラコンの法は、有力貴族を優遇し、軽犯罪にも厳罰を与えるものだった。アテネ市民は、たちまちこうした極端な罰に抗議した。前594年頃、アテネの執政官ソロンは、殺人に対する流刑のみを残し、ドラコンの法の大半を廃止した。今日の英語では、厳格すぎると見なされることを「draconian（ドラコンのような）」と呼ぶ。
参照 プラトンの法（p31）■アリストテレスと自然法（p32〜33）

ドレフュス事件
1894年

1894年、ユダヤ教徒のフランス陸軍大尉アルフレッド・ドレフュスは、根拠のない証拠によって、ドイツに機密を売ったというぬれぎぬを着せられた。ドレフュスは反逆罪で軍法会議にかけられ、フランス領ギアナの悪魔島に収監された。1896年には、真犯人がフェルディナン・ヴァルザン・エステルアジ少佐であることを示す新証拠が見つかったが、適切な調査は行なわれず、エステルアジは無罪となった。小説家のエミール・ゾラは、ドレフュスを支援するために『私は弾劾する』という公開書簡を書き、これによって国民は誤審に対する不安を募らせていった。ドレフュスの犯行を示唆する文書は捏造であることが明らかになったものの、1899年に開かれた2回目の軍法会議で、ドレフュスは再び有罪を宣告された。刑は減刑され、ドレフュスは大統領恩赦を受けた。1906年、控訴裁判所の判断により、ドレフュスは最終的に無罪となった。
参照 ガリレオ・ガリレイの裁判（p93）■セイラム魔女裁判（p104〜105）

西ゴート法典
643年頃

西ゴート法典は、西ゴート王国（現在のスペインと南フランス）の統治者キンダスウィントによって導入され、その息子レケスウィントによって654年に改正された。この法典は、ローマ法からゲルマン法への移行を示すものであり、初めて全住民をその対象に含めるものだった。それ以前には、王国に住むローマ人にはローマ法が、西ゴート族にはゲルマン法が適用されていた。
参照 十二表法（p30）■グラティアヌスの『教令集』（p60〜63）

パン・ビール法
1202年

食品の販売を規制する最初のイングランド法は、パン・ビール法である。この法は、悪徳業者から市民を守るため、ビールに対して支払われる価格が適正であることを保証し、1ファージングで販売されるパンの標準的な重さを定めた。
参照 レクス・メルカトリア（p74〜77）■シャーマン反トラスト法（p170〜173）

ファタワ・エ・アラムギリ
17世紀後半

ファタワ・エ・アラムギリは、ムガル帝国のシャリーアに基づく法典である。その名前は、この法典を導入したアウラングゼーブ帝の称号である「アラムギリ」（「世界を征服する者」）に由来している。イスラム教スンニ派の四大法学派の一つ、ハナフィー学派の学者によって編纂されたこの法典は、インドのムガル帝国に司法の基礎を築き、家族、奴隷、課税、戦争、財産といった、生活のあらゆる側面を取り扱った。後年には、南アジア全域の法の成文化に影響を及ぼした。
参照『実利論』と『マヌ法典』（p35）■コーラン（p54〜57）

ブレホン法
7〜17世紀

ブレホン法、またはフェネチャス（アイルランドの自由民であるフェニの法）として知られる古代のアイルランド法は、ブレホンという放浪の調停者たちによって解釈され、保存されていた。その歴史は青銅器時代にさかのぼるが、最初に成文化されたのは7世紀のことである。ブレホン法は階層制度をとり、下層に属する人には厳罰が科せられた。ただし、その刑法は暴力的な刑や極刑を退け、罰金や賠償による解決を好んだ。1600年代にイングランドがアイルランドをその支配下に置くと、ブレホン法は禁じられ、イングランドのコモン・ローが施行された。
参照 初期の法典（p18〜19）■グラティアヌスの『教令集』（p60〜63）

米国愛国者法
2001年

アメリカがイスラム過激派組織アルカイダによる史上最悪のテロ攻撃を受けた2001年9月11日から1カ月後、ジョージ・W・ブッシュ大統領は、米国愛国者法〔英語では「THE USA PATRIOT ACT」、「Uniting and Strengthening America by Providing Appropriate Tools Required to Intercept and Obstruct Terrorism」の頭字語〕に署名した。この法律は、情報機関や法執行機関の監視権限を拡大し、とりわけ被疑者個人の自宅、事業所、電子メール、電話、財務記録の調査を容易にする措置を含むものであった。そのため、そうした権限が公民権を脅かすのではないかという懸念が繰り返し提起されている。2005年以降、米国愛国者法の16の条項は「サンセット」（失効）することになっていた。しかし、2006年に修正法が成立した結果、サンセット条項のうち14の条項は恒久化され、残り2つの条項も延長された。2011年には、3つの主要な監視措置が2015年まで延長されることが決まった。2015年の米国自由法によってアメリカ政府のデータ収集権限は制限されたが、米国愛国者法の鍵となる監視権限は再度復活し、延長された。

参照 市民的及び政治的権利に関する国際規約(p256~257)

ヘビアス・コーパス法(人身保護法)

1679年

1215年に承認されたイングランドのマグナ・カルタには、「ヘビアス・コーパス」の概念——すなわち、人は不法に投獄されてはならないという考え方が述べられていた。王政復古後の1660年、議会はこの概念を正式に法に明記すべきだと決定した。ヘビアス・コーパスはラテン語で「身柄を持参すべし」を意味し、法において、人が拘束された場合には法廷に引き出され、その拘束の合法性を判断される必要があることを示している。現代のコモン・ローの基本理念でありながら、ヘビアス・コーパスは歴史上のさまざまな時期に停止されてきた。第二次世界大戦中に「敵国人」が罪状なく拘束されたときなどが、その例である。

参照 マグナ・カルタ(p66~71) ■ 名誉革命とイングランドの権利章典(p102~103)

ベルン条約

1874年

郵便制度は18世紀から19世紀に拡大したが、国際郵便を管理する一般的な協定を欠いていたことが貿易の妨げとなっていた。1874年、スイス政府に招集された会議の場で、22カ国の代表がベルン条約に合意した。1875年にこの条約が発効すると、一般郵便連合が創設され、ヨーロッパの19カ国にアメリカとエジプトを加えた単一の郵便区域が誕生し、統一的枠組みの規則や規定に基づいて郵便をやりとりできるようになった。最初の10年間で、加盟国は55カ国に増えた。1878年、一般郵便連合は万国郵便連合に改称され、ベルン条約は万国郵便条約となった。万国郵便条約は、相互主義の原則に基づくその後の同様の国際協定に道を開いた。たとえば、1883年には、特許や商標の保護を盛り込んだ「工業所有権の保護に関するパリ条約」が結ばれた。

参照 世界貿易機関(p278~283) ■ オープン・インターネット命令(p310~313)

マルティン・ルターの裁判

1521年

1517年、マルティン・ルターは、ドイツのヴィッテンベルクにある教会の扉に「95カ条の論題」を釘で打ち付け、ローマ・カトリック教会の虐待を非難した。この行為は、教会の教義や慣行に異議を唱える運動、通称「プロテスタント宗教改革」の先駆けとして広く認められている。1521年、ローマ教皇はルターを破門し、ルターは異端の罪で告発され、神聖ローマ帝国のヴォルムス帝国議会で裁判にかけられた。ルターはこの裁判を利用し、自らの思想を擁護・拡散した。すぐに彼の逮捕を要求する勅令が出されたが、ザクセン選定侯フリードリヒ3世がルターを保護したため、この勅令は実施されなかった。ルターは活動を続け、最終的にはプロテスタントの創始に寄与した。

参照 ガリレオ・ガリレイの裁判(p93)

流刑法

1717年

イギリスの刑務所における空間不足の解消を主な目的として、1717年、議会制定法により、犯罪者の北アメリカへの移送が始まった。囚人は、軽犯罪に対しては7年間、重大犯罪に対しては14年以上の間、無報酬で働く契約によって束縛された。1776年にアメリカが独立すると、イギリスは代わってオーストラリアに犯罪者を送るようになった。

参照 救貧法(p88~91)

ワイタンギ条約

1840年

1830年代、イギリスからニュージーランドに到達する移民が増えるにつれ、イギリス政府は自国の利益を守るため、そして土地の権利を確保するために、マオリの族長たちと条約を結ぶ必要性を認識した。条約は起草され、マオリ語に翻訳された(ただし、そこには、マオリに権利が譲渡された範囲を曖昧にする矛盾も含まれていた)。この条約を通じて、イギリスはニュージーランドに対する統治権と、マオリの土地を購入する独占権を得た。その見返りに、マオリ族はすべての土地の所有権を保障され、イギリス国民としての権利と特権を獲得した。

参照 トルデシリャス条約(p86~87) ■ セントキャサリンズ・ミリング事件(p169)

用語集

この用語集では、別の項目内で定義されている用語を**ゴシック体**で表記する。

委任(Mandate)
有権者から政府の代表者に与えられる特定の行動をとる権限または命令。

訴え(Action)
2者以上の当事者間の紛争解決についての、**裁判所**に対する正式な要求。

王権神授(Divine right of kings)
君主は神から正統性を授けられ、地上のいかなる権威にも支配されないという教義。

戒厳令(Martial law)
国における平時の民政に代わる軍政。たいていは、危機に際して秩序を維持するために行なわれる。

革命(Revolution)
社会秩序や政治体制が突如として、多くの場合は暴力的に、民衆によって覆されること。

カノン法(Canon law)
キリスト教会の組織を規制し、キリスト教信仰を**成文化**する法体系。

株式会社(Corporation)
株主に所有され、商取引を行なう権限を与えられている独立した法人。

管轄権(Jurisdiction)
国家、**裁判所**、または**裁判官**が法的決定を下し、法を執行する権限。たとえば、国家はその領土内の人々、財産、あるいは環境に対する管轄権を有する。

議会(Parliament)
国の政府の立法部門または**立法府**。多くの場合、**選挙**で選ばれた政治家で構成される。

議会制定法(Act of Parliament)
イギリス**議会**によって制定される新たな法律、または現行法に加えられる変更。

起訴状(Indictment)
犯罪を告発する正式な文書。

行政府(Executive)
法や政策を確実に実施・執行する責任を負う政府部門。

共和国(Republic)
君主のいない**国家**。こうした国家においては、権力は国民に属し、選出された代表者によって行使される。

禁輸措置(Embargo)
特定の国との貿易や、その他の商業活動を停止するよう求める政府命令。外交手段として利用されることが多い。

刑法(Criminal law)
最も重大な部類の悪事をなした人間を**国家**が罰する際に用いられる法の分野。

啓蒙時代(Enlightenment, The)
1685年から1815年にわたる、「理性の時代」とも呼ばれる期間。この期間に、ヨーロッパの思想家は宗教や権威に関する既成概念を疑問視し、自由、進歩、寛容などの理想を掲げた。

契約(Contract)
2者以上の当事者間で、何らかの申込が行なわれ、承諾され、各当事者が利益を得ることを前提として結ばれる、法的拘束力のある合意。

原告(Plaintiff)
裁判所において、**被告**を提訴する個人、組織、**国家**または国。

憲法(Constitution)
国の統治方法に関する原則および法。

権利(Rights)
法によって、または倫理の問題として、個人に認められているもの。

権利章典(Bill of rights)
国または**国家**のすべての**市民**に共通する最も重要な**権利**と自由についての正式な宣言。

権力分立(Separation of powers)
政府を**行政府**、**司法府**、**立法府**の3つの部門に分けること。これらの組織を分離・独立させることで、いずれかの部門に権力が集中することを防ぐ。

控訴(Appeal)
下級**裁判所**の決定を覆すことを目的とした、上級裁判所への要求。

公民権(Civil rights)
社会に属する人々が、その性別、人種、宗教に関わりなく、平等な待遇と平等な機会を与えられる**権利**。**選挙権**、公正な**裁判**を受ける権利、行政サービスや公共施設を利用する権利などがその例である。

国際法(International law)
主権国家の**権利**および義務を定める法体系。

国民国家(Nation state)
大多数の**市民**が共通の言語と文化を有する独立した**国家**。こうした市民は「国民」を名乗り、国家はその名のもとに統治される。

国民投票(Referendum)
特定の問題、提案、政策についての、有権者による直接投票。

国家(State)
1) **主権**を有する政治的地域、およびその地域の住民。2) **連邦制度**の構成員。3) 政府およびその機関。

コモン・ロー(Common law)
法令集や成文**憲法**からではなく、**判例**に基づく過去の**裁判所**での決定から導き出された国法。コモン・ローは、英語圏の国々の大半において、法制度の基礎を成している。**シヴィル・ロー**も参照。

最高裁判所(Supreme court)
下級**裁判所**に対して**管轄権**を有する、国または**国家**の最高位の裁判所。アメリカにおいては、最高裁判所は最高位の**連邦**裁判所であり、合衆国**憲法**を解釈する権限を有する。

サイバー犯罪(Cybercrime)
コンピューターやインターネットを利用して行なわれる犯罪活動。

裁判(Trial)
裁判所の**裁判官**による正式な**証拠**調べ。**刑法**または**民法**の事件で**評決**を下すために行なわれる。

裁判官(Judge)
法的事項や**裁判**手続を取り仕切る権限のある公務員。

裁判所(Court)
法的紛争を**審理**して解決する権限のある機関または制度。法的紛争が審理される場所を指すこともある。

詐欺(Fraud)
金融上の、または個人の利益を確保するための犯罪的策略。

差別(Discrimination)
個人または集団に対する、人種、性別、宗教、身体障害、社会階級、セクシュアリティなどの要素に基づいた不公平かつ不当な扱い。

参政権(Suffrage)
選挙や**国民投票**を通じて投票する**権利**。普通選挙権とは、性別、人種、社会的地位、財力に関わりなく**市民**が投票する権利をいう。婦人参政権とは、女性が男性同様に投票できる権利のことである。

シヴィル・ロー/民法(Civil law)
1) **判例**ではなく**ローマ法**および**法典編纂**に基づく法制度。主にヨーロッパ大陸と南米で使用されている。2) 私的団体や個人間における犯罪ではない紛争に対処する法分野。

ジェノサイド(Genocide)
多くの人々、とりわけ宗教的集団、人種的集団、**国家**的集団全体を意図的に狙って殺害したり、これらの集団に重大な危害を加えたりすること。

自然法(Natural law)
すべての人に共通する正義の体系。変化する社会の規則からではなく、変化しない自然の規則から導かれる。

司法審査(違憲審査)
(Judicial review)
立法府または**行政府**によって下された決定や裁定の合法性を**司法府**が審査できる手続であり、抑制と均衡のシステムとなっている。司法審査の重要な例には、法が合衆国**憲法**に違反するかどうかを判断する連邦**最高裁判所**の権限などがある。

司法府(Judiciary)
司法に対する責任を負う政府部門。**裁判官**や**裁判所**もその一部である。

市民(Citizen)
都市、あるいは**国家**や国などの大きな共同体に属する個人。

シャリーア法(Sharia law)
イスラム教の神聖な法体系。ムスリムの宗教的および世俗的生活を規定する。

重罪(Felony)
多くの法体系で、軽罪よりも重大だと見なされる犯罪。

修正(Amendment)
法律、**成文法**、または**憲法**に対する正式な追加や変更。アメリカの**権利章典**は、合衆国憲法の最初の修正10カ条で構成されている。

主権(Sovereignty)
国家——あるいはその統治者、指導者、**議会**、政府——が保有する権限で、外部からの支配や影響を一切受けない。

巡回裁判所(Assize)
中世イングランドの各カウンティで定期的に開かれていた**裁判所**。

証拠(Evidence)
裁判官や**陪審**が**評決**を下すために、**裁判所**、**審理**、または**裁判**で提示される情報。

証書/聖約(Covenant)
1) **裁判所**で強制される、拘束力のある契約書。2) (聖書) 神と人間との間で、深い信仰心に基づいて交わされた拘束力のある合意。

商標(Trademark)
ある事業者の品物やサービスを他の事業者のそれらと区別する単語、フレーズ、記号またはシンボルのこと。商標は登録が可能で、これにより、所有者はその商標を使用する排他的権利を得る。

条約(Treaty)
国家間の協定——たとえば、貿易協定、同盟、戦闘行為の終了など——を設けるための正式な**契約**。

人権(Human rights)
すべての人に固有で、法によって定義・保護される自由および**権利**のこと。生命に対する権利、自由に対する権利、安全に対する権利などが含まれる。

人道に対する罪(Crimes against

humanity)
民間人に対して広く行なわれる、意図的かつ組織的な攻撃。殺人、レイプ、拷問などが含まれる。

審理(Hearing)
裁判所、またはそれ以外の法的意思決定機関における手続。通常は**裁判**より短く、略式で行なわれる。

制定法(Act)
立法府によって正式に可決された**成文法**または法律。

成文法(Statute)
立法府によって制定され、正式に成文化された法。既存の成文法が**修正**される場合もある。

絶対君主制(Absolute monarchy)
王または女王が**国家**を完全に支配する君主制。**立憲君主制**も参照。

選挙(Election)
国、**国家**、または地域の住民(有権者)が、公職の地位に就く個人を選ぶために投票する正式な手続。

戦争犯罪(War crime)
戦争に関する**国際法**および慣習に違反して行なわれる、戦争中の行為。人質を取ること、児童兵を利用すること、民間人や捕虜を意図的に殺害することなどがその例である。

訴訟(Litigation)
対立する2者以上の当事者間の争いを**裁判所**で解決する手続。

訴訟代理人(Advocate)
裁判所で誰かを支援または擁護したり、その人物に代わって弁論したりする弁護士。

訴追(Prosecution)
被告の有罪を証明するため、**証拠**を提出する手続。

損害賠償(Damages)
他の当事者の不法行為によって損害や傷害を受けた当事者に対して、**裁判所**から与えられる金銭。

大勅書(Papal bull)
宗教、法律または政治に関わる重要事項について、教皇から発せられる**勅令**。

知的財産(Intellectual property)
特許権、**著作権**、**商標**などを扱う法によって保護される創作や発明。これにより、人々は自分の創作物に対する認知を求めたり、その創作物から金銭上の恩恵を得たりすることが可能になる。

仲裁(Arbitration)
公平な第三者が法的紛争に関して拘束力ある決定を下すことにより、**裁判所**での解決を必要としない仕組み。

直接民主制(Direct democracy)
単なる原則的なものではなく、実質的な国民による政治体制。**市民**は、自分たちに影響を及ぼすあらゆる問題について投票を行なう。

勅令(Edict)
権力者によって発せられる公式の宣言、命令、または指示。

著作権(Copyright)
独自の創造的な作品を複製、販売、または配布する排他的権利。通常は一定の年月にわたって保護される。

DNA
デオキシリボ核酸。大きな分子であり、固有の遺伝情報を運ぶことから、個人を正確に特定するために使用される。

適正手続(Due process)
人々への公平な待遇とその法的**権利**の尊重を確保すべく定められた規則および原則に従い、法的手続を実行すること。

都市国家(City-state)
周辺領土とともに政治的に独立した**国家**でもある都市のこと。

特許権(Patent)
発明者にアイデアの所有権を与え、その発明が発明者の許可なく模倣されることを防ぐ法的保護の一種。特許権が発明を保護するのに対し、**著作権**はアイデアの表現を保護する。

陪審(Jury)
陪審員と呼ばれる人々の集団。宣誓を行なったうえで、提出された**証拠**に基づき、**裁判所**での事件の**評決**を下す。

判決(Judgement)
法的事項に関する**裁判所**または**裁判官**の最終決定。

判例(Precedent)
過去の**訴訟**事件での**判決**や裁定によって確立された原則または規則。同様の問題を扱うその後の事件において、裁定の正当性を示すために引用される場合がある。

判例法(Case law)
過去の**裁判**で**裁判官**が下した決定に基づく法。**判例**も参照。

比較法(Comparative law)
異なる法体系を比較・対照して行なわれる研究。

引き渡し(Extradition)
罪に問われている個人を、その犯罪が行なわれたとされる**国家**または国へ送り返すこと。

被告人(Defendant)
裁判所で**訴追**された個人または組織。

批准/承認(Ratification)
法、**条約**、**契約**、**修正**などに署名したり、正式に承認したりすることで、それらを法的に有効にする手続。

非犯罪化(Decriminalization)
ある行為への法定刑罰を廃止または軽減すること。

評決(Verdict)
裁判所で提出された**証拠**に基づき、**裁判官**または**陪審**が下す結論。

普遍的管轄権(Universal jurisdiction)
国際法において、**人道に対する罪**、**戦争犯罪**、**ジェノサイド**といった重大な犯罪に対し、その犯罪がどこで行なわれたかを問わず、国内**裁判所**が個人を**訴追**できる権限。

不法行為法(Tort law)
一方の当事者に損害や傷害をもたらすような他方の当事者の不法な行為を取り扱う**民法**の分野。

ヘビアス・コーパス(人身保護)
(Habeas corpus)
(ラテン語で「ハベアース・コルプス」、すなわち「身柄を持参すべし」の意)。投獄または拘束されている個人が、その拘束が合法であるか否かを確かめるため、**裁判所**に出廷する**権利**。人身保護**令状**は、拘束者に対して、被拘束者を裁判所に連れて行くよう命じるものである。

弁護(Defence)
証拠を提示することで**被告人**の無実を証明しようという一連の試み。

法案(Bill)
新たな法律や現行法の変更について議論するために提出される案。

法案(Legislation)
準備中、制定中、または成立の途中にある法律。

封建制度(Feudal)
中世における政治、社会、経済、軍事の制度。この制度では、国の君主がピラミッド状の階層の頂点に立ち、統治を行なった。社会の各階層に属する人々は、自分より「下」の人々に**権利**を請求することを認められていたが、同時に「上」の人々に対して義務を負わなければならなかった。

法廷弁護士(Barrister)
イギリスおよび**コモン・ロー**制度を有する国々で、上級**裁判所**と下級裁判所のどちらにも**訴訟代理人**として出廷できる弁護士の一種。

法典(Law code)
国または**国家**に採用された、包括的かつ体系的な成文の法集成。

法典編纂(Codification)
法を**憲法**や**法典**などの体系に整える作業。

法執行(Law enforcement)
逮捕、処罰、更生、抑止を通じて法の遵守を徹底させる手続。

法執行者(Magistrate)
軽犯罪を扱う**裁判所**において、法を執行する司法官。イングランドおよびウェールズでは「治安判事」と呼ばれる。

法律顧問(Counsel)
1) **法廷弁護士**。2) **裁判所**において依頼人の代理を務めたり、法的助言を与えたりするために任命された弁護士。

マグナ・カルタ(Magna Carta)
イングランドの王権による権力濫用を制限するため、1215年に起草された**権利**の憲章。

民事訴訟(Lawsuit)
民法において、**原告**が、**被告**の不法な行為によって損害を被ったと主張している場合の**裁判所**での事件。

民主主義(Democracy)
最高権力が国民に属するか、あるいは国民に選ばれた代表によって行使される政治の形態。

無罪(Acquittal)
ある犯罪について、**被告**に罪はないとする**判決**。

有罪判決(Sentence)
裁判所で有罪と判明した**被告人**に対し、**裁判官**から与えられる罰。

立憲君主制(Constitutional monarchy)
王または女王が公選**議会**と権力を分かち合う君主制。**絶対君主制**も参照。

立法府(Legislature)
法の制定および成立に対する責任を負う政府部門。

令状(Warrant)
誰かに何らかの行為を認める法的文書。特に、警察に対して逮捕、差し押さえ、家宅捜索などの許可を与えるものをいう。

令状(Writ)
個人に対して、特定の行為の実行や中止を命じる正式な法的文書。

連邦議会(Congress)
アメリカ合衆国**憲法**が定める、**連邦政府**の立法部門を形成する機関。**選挙**で選ばれた2つの**議会**、すなわち上院と下院で構成される。

連邦制度(Federal)
全体を司る中央政府(連邦政府)が存在する一方で、意思決定に関する多くの領域は州政府などの地域政府が担う政治制度をいう。連邦政府と地域政府間の権力分立は、通常、**憲法**によって保証されている。

労働組合(Trade union)
賃金と労働条件の維持・向上を目指して、雇用主や政府と交渉する従業員の組織。

ローマ法(Roman law)
古代ローマの法制度。今なお、**シヴィル・ロー**諸国の法体系の基礎となっている。

索引

太字のページ番号は、その用語に主に言及しているページであることを示す。

【あ行】

【さ行】

【た行】

【な行】

【は行】

【ま行】

【や行】

【ら行】

【わ行】

【その他】

タイトル引用出典

第1章 法の始まり

p.18 ハンムラビ法典
p.20 レビ記 第16章34節
p.24 「文王を称える詩」,『詩経』
p.25 アントニヌス・ピウス(ローマ皇帝, 138〜161年)
p.26 商鞅(古代中国の哲学者兼政治家)
p.30 十二表法 第12表
p.31 プラトン『法律』
p.32 キケロ(ローマの政治家)
p.34 ユスティニアヌス『学説彙纂』
p.35 『マヌ法典』
p.36 法学者ウルピアヌス, ユスティニアヌスの『学説彙纂』より
p.38 「ピルケイ・アヴォート」
p.42 コンスタンティヌス1世(ローマ皇帝, 306〜337年)

第2章 中世の法

p.52 ウィリアム2世(イングランド国王, 1087〜1100年)
p.54 コーラン 第5章48節
p.58 アングロ・サクソン年代記(1085年)
p.60 グラティアヌス『教令集』 第2部事例5設問1第6節
p.64 クラレンドン法
p.66 マグナ・カルタ 第40章
p.72 トマス・アクィナス(イタリアの哲学者兼神学者)
p.74 ジャイルズ・ジェイコブ(イギリスの法律ライター)

第3章 帝国と啓蒙思想

p.82 ヴェネツィア特許法
p.86 トルデシリャス条約
p.88 救貧法(1535年)
p.92 フーゴー・グロティウス『戦争と平和の法』
p.93 ガリレオ・ガリレイの裁判の判決
p.94 ヘンリー・キッシンジャー(アメリカの政治家兼外交官)
p.96 チャールズ1世に対する罪状
p.98 ヴァージニア奴隷法(1705年) 第2条
p.102 イギリス権利章典
p.104 出エジプト記 第22章18節
p.106 アン法 第2条
p.108 エメル・ド・ヴァッテル『国際法』
p.109 ダニエル・ブーアスティン『The Mysterious Science of the Law』
p.110 アメリカ合衆国憲法 第6条
p.118 人と市民の権利の宣言 第1条

第4章 法の支配の台頭

p.124 フランクリン・D・ルーズベルト(アメリカ合衆国第32代大統領)
p.130 ナポレオン法典 第1巻
p.132 イザヤ書 第58章6節
p.140 パトリック・コフーン(スコットランドの治安判事)
p.144 賭博法(1845年) 第18条
p.146 ジャン゠ジャック・ルソー(フランスの哲学者)
p.148 オルダーソン判事, ハドレー対バクセンデール事件の判決
p.150 エルネスト・ピナール(フランスの検察官)
p.151 デズモンド・ツツ(南アフリカの聖職者)
p.152 メゼビン・アダム(英国赤十字社博物館兼資料館の学芸員)
p.156 労働組合会議 公式ウェブサイト
p.160 ヨハン・レヴァルト(スウェーデンのジャーナリスト)
p.162 五箇条の御誓文 第4条
p.163 チャールズ・ダーウィン(イギリスの科学者)
p.164 オットー・フォン・ビスマルク(ドイツの政治家)
p.168 リチャード・パーカー殺害容疑での起訴状, ダドリーとスティーブンス事件
p.169 『Law in Action: Understanding Canadian Law』, ピアソン教育委員会
p.170 シャーマン反トラスト法(1890年)
p.174 ハーグ条約(1899年) 第1章第1条
p.178 アン・リドリー, 会社法
p.180 『ニューヨーク・デイリー・トリビューン』紙(1911年)
p.184 カラム・デイヴィス『The Transformation of the Federal Trade Commission 1914–1929』
p.186 フェリックス・フランクファーター(オーストリア系アメリカ人の法学者)
p.188 スーザン・B・アンソニー(アメリカの女性の権利保護活動家)
p.190 ロシア憲法 第18条
p.192 デイヴィッド・ロイド・ジョージ(イギリス首相, 1916〜1922年)
p.194 アトキン判事, ドナヒュー対スティーブンソン事件の判決
p.196 ホーマー・S・カミングス司法長官(アメリカの政治家)
p.197 米国ホロコースト記念博物館 公式ウェブサイト

第5章 新たな国際秩序

p.202 アン・トゥサ、ジョン・トゥサ『The Nuremberg Trial』
p.210 ラファエル・レムキン(ポーランドの弁護士)
p.212 ハリー・S・トルーマン(アメリカ合衆国第33代大統領)
p.220 インターポールのモットーより抜粋
p.222 世界人権宣言 第7条
p.230 欧州人権条約 第5条
p.234 マンス卿(イギリスの裁判官)
p.242 ハンス・クリスチャン・アンデルセン(デンマークの作家)
p.244 ジョン・F・ケネディ(アメリカ合衆国第35代大統領)
p.248 マーティン・ルーサー・キング・ジュニア(アメリカの公民権活動家)
p.254 連邦最高裁判所, ミランダ対アリゾナ事件の判決
p.256 市民的及び政治的権利に関する国際規約 序文
p.258 無責離婚を求めて運動するイギリスの団体「Resolution」
p.259 米国組織犯罪統制法(1970年)
p.260 ポッター・スチュワート, ロー対ウェイド事件の判決
p.264 リチャード・ニクソン(アメリカ合衆国第37代大統領)

第6章 現代の法

p.270 『ガーディアン』紙(2011年1月)
p.272 ジム・ドワイヤー, ピーター・ニューフェルド, バリー・シェック『無実を探せ!』
p.274 バラク・オバマ(アメリカ合衆国第44代大統領)
p.275 ジャスティン・ダート(アメリカの障害者の権利保護活動家)
p.276 化学兵器禁止機関
p.278 ロベルト・アゼヴェド(世界貿易機関事務局長)
p.284 ジュリア・ニューバーガー,『ランセット』誌
p.285 ミーガン・ニコール・カンカ基金 公式ウェブサイト
p.286 ジョン・オズワルド(カナダの作曲家)
p.288 ジョディ・ウィリアムズ(アメリカの人権活動家)
p.290 ジョアン・カステル・ブランコ・グーラン(ポルトガルの国家麻薬調整官)
p.292 ピーター・ハート・ブリンソン『The Gay Marriage Generation』
p.296 イギリスの慈善団体「Dignity in Dying」のスローガン
p.298 コフィー・アナン(国連事務総長, 1997〜2006年)
p.304 ユネスコ, スポーツにおけるドーピングの防止に関する国際規約
p.305 『ガーディアン』紙(2005年2月)
p.306 クリス・イートン(スポーツ・インテグリティ・ディレクター, 国際スポーツ安全センター)
p.308 一般データ保護規則 第17条
p.310 ネット中立性を訴えかけるキャンペーンウェブサイト battleforthenet.com
p.314 男女平等を求めて運動するイギリスの慈善団体「The Fawcett Society」

図版出典

Dorling Kindersley would like to thank Ira Sharma, Vikas Sachdeva, Shipra Jain, and Sampda Mago for design assistance; Chauney Dunford, Maisie Peppitt, Janashree Singha, and Tanya Singhal for editorial assistance; Miriam Kingston for advice on the contents list; Alexandra Beeden for proofreading; Helen Peters for indexing; DTP Designer Rakesh Kumar; Jackets Editorial Coordinator Priyanka Sharma; Managing Jackets Editor Saloni Singh; and Geetika Bhandari for picture research assistance.

PICTURE CREDITS

The publisher would like to thank the following for their kind permission to reproduce their photographs:

(Key: a-above; b-below/bottom; c-centre; f-far; l-left; r-right; t-top)

18 Alamy Stock Photo: Ivy Close Images (br). **19 Alamy Stock Photo:** Science History Images (crb). **Getty Images:** DEA PICTURE LIBRARY / De Agostini (cla). **21 Alamy Stock Photo:** Art Collection 2 (cla). **23 Alamy Stock Photo:** Ira Berger. **25 Getty Images:** API / Gamma-Rapho (cb). **27 Alamy Stock Photo:** China Span / Keren Su. **29 Dreamstime.com:** Mariusz Prusaczyk. **31 Dreamstime.com:** Whirlitzer (cr). **33 Alamy Stock Photo:** Janetta Scanlan (tr). **35 Alamy Stock Photo:** Mark Markau (br). **37 Alamy Stock Photo:** Chronicle (cla). **iStockphoto.com:** Nastasic (br). **40 Alamy Stock Photo:** Lebrecht Music & Arts / Lebrecht Authors. **41 Alamy Stock Photo:** Lebrecht Music & Arts / Lebrecht (bl); Historic Images (tr). **44 Alamy Stock Photo:** Niday Picture Library. **46 Alamy Stock Photo:** Classic Image. **47 Alamy Stock Photo:** imageBROKER / hwo. **53 Alamy Stock Photo:** Granger Historical Picture Archive / Granger, NYC. **55 Dreamstime.com:** Yulia Babkina. **56 Bridgeman Images**. **57 SuperStock:** Universal Images. **59 Alamy Stock Photo:** IanDagnall Computing. **61 Alamy Stock Photo:** Aurelian Images. **62 Alamy Stock Photo:** Glasshouse Images / JT Vintage. **63 SuperStock:** Universal Images. **65 Alamy Stock Photo:** Art Collection 2. **69 Alamy Stock Photo:** Pictorial Press Ltd. **70 Alamy Stock Photo:** World History Archive. **71 Alamy Stock Photo:** Ian Dagnall. **73 Alamy Stock Photo:** Granger Historical Picture Archive / Granger, NYC (tr). Getty Images: UIG / Prisma (bc). **75 Alamy Stock Photo:** INTERFOTO / History. **76 Alamy Stock Photo:** Timewatch Images. **77 Getty Images:** UniversalImagesGroup / Prisma. **83 Alamy Stock Photo:** Sergey Borisov. **84 Getty Images:** Dea / A. Dagli Orti / De Agostini Editorial. **85 Alamy Stock Photo:** Art Collection. **87 Alamy Stock Photo:** Pictorial Press Ltd. **89 Alamy Stock Photo:** Granger Historical Picture Archive / Granger, NYC. **90 Getty Images:** Stringer / Fotosearch (br). **91 Alamy Stock Photo:** The Print Collector / Heritage Images. **92 Alamy Stock Photo:** Pictorial Press Ltd (cr). **94 Alamy Stock Photo:** INTERFOTO / History (br). **97 Alamy Stock Photo:** incamerastock. **100 Alamy Stock Photo:** Virginia Museum of History & Culture. **101 Alamy Stock Photo:** North Wind Picture Archives (tl, crb). **102 Alamy Stock Photo:** GL Archive (cb). **103 Alamy Stock Photo:** GL Archive. **105 Alamy Stock Photo:** Pictorial Press Ltd. **106 Alamy Stock Photo:** Chronicle (cb). **109 Alamy Stock Photo:** Archive Images (cr). **112 Alamy Stock Photo:** IanDagnall Computing. **115 The New York Public Library**. **116 Alamy Stock Photo:** Granger Historical Picture Archive / Granger, NYC. **117 Alamy Stock Photo:** IanDagnall Computing. **119 Alamy Stock Photo:** World History Archive. **127 Alamy Stock Photo:** Granger Historical Picture Archive / Granger, NYC. **128 Alamy Stock Photo:** © Aldo Liverani / Andia. **129 Dreamstime.com:** Luckyphotographer. **130 Getty Images:** Universal Images Group / Christophel Fine Art (br). **131 Alamy Stock Photo:** Classic Image. **135 Alamy Stock Photo:** incamerastock (t); Nic Hamilton Photographic (bl). **136 Alamy Stock Photo:** Everett Collection / Everett Collection Historical (bc); World History Archive (tc). **137 Alamy Stock Photo:** The History Collection. **141 Alamy Stock Photo:** Chronicle. **142 Alamy Stock Photo:** GL Archive. **143 Alamy Stock Photo:** The Picture Art Collection. **145 Alamy Stock Photo:** The Granger Collection. **147 Getty Images:** Stringer / Hulton Archive. **149 Alamy Stock Photo:** Archivah. **150 Alamy Stock Photo:** Lebrecht Music & Arts / Lebrecht Authors. **153 Alamy Stock Photo:** Pictorial Press Ltd (bl); The History Collection (cra). **154 Alamy Stock Photo:** Shawshots. **158 Alamy Stock Photo:** North Wind Picture Archives (tl); Prisma Archivo (br). **159 Getty Images:** Stringer / Hulton Archive. **160 Alamy Stock Photo:** Artokoloro (cr). **162 Alamy Stock Photo:** Chronicle. **165 Alamy Stock Photo:** GL Archive (tr); INTERFOTO / History (ca). **166 Alamy Stock Photo:** Falkensteinfoto. **168 Alamy Stock Photo:** 19th era 2 (cb). **171 Alamy Stock Photo:** Glasshouse Images / JT Vintage (cla); Universal Images Group North America LLC / Encyclopaedia Britannica, Inc. / Library of Congress (tr). **173 Alamy Stock Photo:** Craig Joiner Photography (crb). **Dreamstime.com:** Demerzel21 (tr). **175 Library of Congress, Washington, D.C.:** Kurz & Allison LC-DIG-pga-01949 (digital file from original print) LC-USZC4-507 (color film copy transparency) LC-USZ62-1288 (b&w film copy neg.) LC-USZC2-1889 (color film copy slide). **176 Alamy Stock Photo:** Historical image collection by Bildagentur-online. **177 Getty Images:** Foto Frost / Ullstein Bild Dtl.. **179 Alamy Stock Photo:** Painters. **181 Getty Images:** Hulton Archive / Archive Photos. **182 Alamy Stock Photo:** Granger Historical Picture Archive / Granger, NYC. **183 Alamy Stock Photo:** Everett Collection Historical / Everett Collection (tr); WS Collection (bl). **185 Alamy Stock Photo:** Granger Historical Picture Archive / Granger, NYC (cla). **Getty Images:** Bettmann (tr). **187 Alamy Stock Photo:** Imago History Collection (clb). **Missouri Valley Special Collections, Kansas City Public Library, Kansas City, Missouri:** (cra). **188 Getty Images:** Hulton Archive / Heritage Images (bc). **189 Getty Images:** Bettmann. **191 Getty Images:** Corbis Historical / Michael Nicholson. **192 Alamy Stock Photo:** Sueddeutsche Zeitung Photo / Scherl (cb). **195 Dreamstime.com:** Aliaksei Haiduchyk. **196 Getty Images:** NurPhoto (crb). **204 Getty Images:** Bettmann. **205 Getty Images:** The LIFE Picture Collection / Thomas D. Mcavoy. **206 Getty Images:** Bettmann (bl); Library of Congress / Corbis Historical (tr). **208 Getty Images:** Bettmann. **209 Alamy Stock Photo:** The Picture Art Collection. **211 Getty Images:** Bettmann (cla); Hulton Archive / Malcolm Linton (clb). **214 Alamy Stock Photo:** Granger Historical Picture Archive / Granger, NYC. **215 Alamy Stock Photo:** Pictorial Press Ltd. **218 Getty Images:** AFP / Walter Astrada. **219 Alamy Stock Photo:** UPI / Jemal Countess (ca). **Rex by Shutterstock:** Sipa / Dommergues (clb). **220 Alamy Stock Photo:** Pictorial Press Ltd. **225 Alamy Stock Photo:** Everett Collection Historical / Everett Collection (cra). **Getty Images:** GPO / Hulton Archive / Zoltan Kluger (bl). **227 Alamy Stock Photo:** Shaun Higson / South Africa (tl). **iStockphoto.com:** E+ / Bill Oxford (bl). **228 Getty Images:** NurPhoto / Ronen Tivony. **229 Getty Images:** John Phillips. **231 Getty Images:** Picture Post / Kurt Hutton. **233 Getty Images:** Anadolu Agency / Anadolu (br); Christopher Furlong (tl). **237 Alamy Stock Photo:** INTERFOTO / History. **238 Getty Images:** Roger Viollet / Harlingue. **240 Getty Images:** Keystone / Hulton Archive. **241 Alamy Stock Photo:** Agencja Fotograficzna Caro / Eckelt (br); World History Archive (tl). **243 Alamy Stock Photo:** mauritius images GmbH / Johannes Heuckeroth (ca). **iStockphoto.com:** E+ / KristianSeptimiusKrogh (bl). **245 Alamy Stock Photo:** mccool (bl). **SuperStock:** Fine Art Images / A. Burkatovski (cra). **247 Federation of American Scientists:** https://fas.org/issues/nuclear-weapons/status-world-nuclear-forces (b). **251 Alamy Stock Photo:** IanDagnall Computing (cla). **252 Alamy Stock Photo:** World History Archive. **253 Getty Images:** Bettmann (tl); Rolls Press / Popperfoto (br). **255 Alamy Stock Photo:** PictureLux / The Hollywood Archive (cla). **Rex by Shutterstock:** AP / Matt York (tr). **257 Getty Images:** IP3 / Nicolas Kovarik. **259 Getty Images:** Washington Bureau / Archive Photos (crb). **261 Getty Images:** Bettmann. **262 Getty Images:** The LIFE Picture Collection / Cynthia Johnson. **263 Getty Images:** Julie Bennett. **265 American Bird Conservancy:** Endangered Species Act: A Record of Success (br/Data). **Dreamstime.com:** Artof Sha (br/Bird). **271 Getty Images:** Moment / James Forsyth. **273 Alamy Stock Photo:** Science History Images. **275 Getty Images:** Fotosearch / Archive Photos (cr). **277 Getty Images:** AFP / Mohamed Al-Bakour (cla); AFP (clb). **281 Getty Images:** AFP / Khaled Desouki (cla); Sygma / Sion Touhig (crb). **283 Getty Images:** Bloomberg. **285 Rex by Shutterstock:** AP / Denis Paquin (crb). **287 Alamy Stock Photo:** History and Art Collection. **288 Getty Images:** LightRocket / Peter Charlesworth (cb). **289 Getty Images:** Tim Graham Photo Library / Tim Graham. **291 European Monitoring Centre for Drugs and Drug Addiction:** © EMCDDA, 1995–2019 (tr). **Getty Images:** Corbis News / Horacio Villalobos (bl). **294 Getty Images:** Keystone-France / Gamma-Keystone (clb). **Rex by Shutterstock:** AP / Elise Amendola (tr). **295 Getty Images:** Alex Wong. **297 Getty Images:** Corbis Entertainment / Colin McPherson. **300 Dreamstime.com:** Mikechapazzo. **301 Getty Images:** AFP / Fred Dufour. **302 Getty Images:** AFP. **303 Getty Images:** AFP / Michael Kooren (clb). **Rex by Shutterstock:** Alan Gignoux (tr). **304 Getty Images:** AFP / Jeff Haynes (cb). **307 Getty Images:** ALLSPORT / Graham Chadwick. **308 Reuters:** Vincent West (cb). **312 Getty Images:** Mark Wilson. **313 Dreamstime.com:** Simi32 (tl). **Getty Images:** Alex Edelman (br). **315 Alamy Stock Photo:** Trinity Mirror / Mirrorpix